U0071055

曹汝霖回憶錄

（新注本）

曹汝霖——原著／蔡登山——主編

導讀：曹汝霖和其回憶錄

曹汝霖（1877－1966）字潤田，生於上海。祖父、父輩兩代均在洋務企業江南製造局任職。曹汝霖十八歲時，以第五名的成績考中秀才，後入漢陽鐵路學堂就讀。一九〇一年赴日本留學，先後就讀於早稻田專門學校、東京法學院（中央大學前身）。一九〇二年清政府派載振出使日本，曹汝霖以留學生代表身份與之結識。一九〇四年曹汝霖學成畢業後，應載振之邀，回國後供職於載振擔任尚書的商部商務司，後被調入外務部。一九一三年被袁世凱指派為第一屆參議院議員。同年八月任外交部次長。一九一六年四月任交通總長，後兼署外交總長，並任交通銀行總理。一九一七年一月通過西原龜三向日本興業等銀行借款五百萬日元，是「西原借款」之一。七月任段祺瑞內閣交通總長。一九一八年三月兼任財政總長，又向日本大宗借款，充作軍餉。一九一八年秋，不惜喪失山東鐵路主權，向日本再次借款。一九一九年初任錢能訓內閣交通總長。其仕途之順遂，鮮少人能及之。

今年是「五四」運動一百週年，回看百年前也就是一九一九年五月四日，「火燒趙家樓，痛打章宗祥」的口號是如此地激昂響亮，似乎離我們不遠。其所謂趙家樓，是指位於北京長安街東端之北的趙家樓胡同，也就是曹汝霖的宅第所在地。「五四」運動前，曹汝霖曾集交通總長、財政總長、交通銀行總理等數職於一身，是北洋政府權重一時的政客。一九一九年的巴黎和會上，由於部分列強與日本事前簽署了密約，協約國公然將戰敗國德國在山東的權益轉讓給日本，激起中國人民的強烈不滿，從而引發了具有劃時代意義的「五四」運動。

五月四日當天下午，北大及北京其他各校大學生齊集天安門後，即出發往東交民巷，推派代表向美國公使館致送請願書。原訂再往日本使館，但被勸阻。各校學生義憤填膺，決定即往趙家樓曹汝霖住宅抗議。當時曹汝霖正在公府參加徐世昌總統歡迎章宗祥回國宴會，陸宗輿也在座，餐畢，陸宗輿先回家。此時學生示威消息傳來，曹、章馬上趕回曹宅，由旁門進入，學生們衝進來時，曹汝霖藏進兩間臥室夾層的箱子間，而章宗祥由僕人引入地下鍋爐旁，但據曹氏僕人目睹：曹聽到叫罵聲後，溜出小後門直奔廚房，換上廚役的衣帽，又出東小門逃往東交民巷法國醫院。而學生旋自汽車房取出汽油數桶，在客廳書房放火燃燒。章宗祥聽到上面起火，即自地下鍋爐房跑出，向後門奔走，即被學生當做曹汝霖而圍打，此即火燒趙家樓事件。當

時，交通總長曹汝霖因負責把部分權益讓予日本，與貨幣局總裁陸宗輿及駐日公使章宗祥並稱為「三大賣國賊」。因為當天有一些學生被抓，事件演變成大規模的罷課、罷工及罷市。而且風潮不斷擴大，上海等大城市也跟著罷課、罷工及罷市。六月十一日，總統徐世昌頒令罷免曹、陸、章三人職務。

「五四」運動給曹汝霖帶來的直接後果就是他從此脫離政界，另一個更深刻的影響就是「賣國賊」之名永遠地釘在了歷史的恥辱柱上。曹汝霖說：「此事對我一生名譽，關係太大」，又說：「不意國府編輯教科書又將此事列入教科書，加以渲染，遂使全國學子，知有五四運動之事，即知有不佞之名，不佞之謗滿天下，實拜國定教科書之賜也。」即使到了晚年他寫回憶錄時，仍有憤憤不平之意：「此事距今四十餘年，回想起來，於己於人，亦有好處。雖然於不明不白之中，犧牲了我們三人，卻喚起了多數人的愛國心，總算得到代價。」

曹汝霖在回憶錄的自序裡，說：「自服官外部，職務所繫，與日本接觸特多。終清之世，中日交涉皆以和平解決，由是反對者疑我遷就日人，以仇視日人者轉而忌嫉於我，加我以親日之名。及入民國，日本態度趨於強硬，乘歐戰方酣，逞其野心，出兵佔領青島，猶以為未足，又提二十一條。余與陸子興（徵祥）外長，權衡利害，折衝樽俎，雖未全部承認，終屈於日本之最後通牒。國人既懷恨日本，遂益遷怒於親日之人。甚至張冠李戴，謂二十一條由我簽字；其後巴黎和會失敗，亦歸咎於我；於是群起而攻，掀起五四風潮，指我為賣國賊，大有不共戴天之概。然而事實經過，何嘗如此！清夜捫心，俯仰無愧。徒以三人成虎，世不加察，以致惡性宣傳，儼如鐵案，甚矣，積非成是之可懼也！」

關於一九一五年一月十八日，日本駐華公使日置益覲見中華民國的大總統袁世凱，遞交了二十一條要求的文件，在曹汝霖的筆下，袁世凱對日本提出的「二十一條」有清醒認識：「意在控制我國，不可輕視」，至於如何與日本交涉談判，哪一條可以退，哪一條決不含糊，袁世凱「逐條用朱筆批示，極其詳細」，在談判中，「我與陸子興總長，殫精竭慮，謀定後動。總統又隨時指示，余每晨入府報告，七時到府，總統已在公事廳等著同進早餐，報告昨日會議情形，討論下次應付方針，有時議畢又入府請示……」最終，幸賴我「府院一體，上下一心」，「日本所提之二十一條，議結者不滿十條；而第五項辱國條件，終於拒絕而撤回。會議結果，雖不能自滿，然我與陸總長已盡最大的努力矣」。

然而北京大學張忠紱教授在其《中華民國外交史》卻有不同的看法：「二十一條交涉結束之後，日本雖未能完全如願，一舉而將中國置於日本保

護之下，但日本慾望之大部分已獲得滿足。因二十一條交涉所簽訂之條約換文，日本在北滿之地位已增鞏固；德人在山東之勢力範圍已被日本剷除，日本且獲得繼承德人在山東之權利；日人已對外警告：日人認為福建省為日本獨有之勢力範圍；日本且已進行侵入英人在華之勢力範圍；且北京已在日本威脅包圍之下。自商務、軍事、政治各方面言之：華北已在日本勢力籠罩之中。」

一九一六年十二月二十八日西原龜三與曹汝霖、陸宗輿達成交通銀行借款五百萬，當時曹汝霖是交通銀行總理，陸宗輿為交通銀行股東會會長，這是所謂「西原借款」的開始。在曹汝霖回憶錄裡，詳細記載了「西原借款」的來龍去脈，以及資金的用途走向。他說：「余攝財政十個月，經手借款為一億零五百萬日元。此外參戰借款等，均為陸軍靳雲鵬經手，與財政部無關，余亦未嘗顧問。而我經手借款之中，除了二千五百萬日元為交通銀行所借，二千萬日元為東海所用，財政部實用者只有六千萬日元，合之銀元尚不足五千萬元。而余在任，官員無欠薪，軍警無欠餉，學校經費月必照發，出使經費月必照匯，即清室優待費用四百萬元從未積欠，至交卸時，庫存尚有三百萬元，此皆財政部有帳可稽……」「自知才疏任重，遭謗招怨……後由財部庫藏司出納主任周叔廉君輯有西原借款收支小冊子，分門別類，按月日登記，一目了然，閱之自可明瞭西原借款之用途矣。」

張忠紱教授對於「西原借款」論斷云：「日本在此時期中之對華借款本為有計畫之經濟侵略：其目的甚為遠大，故其借款條件不必盡苛。中國國務總理段祺瑞內而受親日派之包圍，外而惑於日本之甘詞重幣，只圖暫時財政之充裕，並維持本黨之地位，不惜飲鴆止渴，贈送國權，使日本假借款以侵略中國之計畫大部得以實現。除吉長、四鄭、吉會以及滿蒙四路均被抵押外，並將無線電臺，全國之有線電信事業，吉黑兩省之金礦及森林，濟順、高徐二鐵路均讓與日本。此外中國復向日本舉借大宗之軍械及參戰借款，以供內爭之用，尤為國人所詬病。」而其中在章宗祥對山東二鐵路借款換文中，有「欣然同意」之語，（雖然章宗祥自辯「不過外交文書上之套語」）是巴黎和會討論山東問題，中國失敗的主因，也是「五四」運動的導火線。

抗日戰爭時期，曹汝霖曾公開表示要以「晚節挽回前譽之失」，不與日本人合作，拒絕擔任偽政府主席一職，後被動掛上偽華北臨時政府最高顧問、華北政務委員會諮詢委員等虛銜，但並未給日本人出力，算是保持了晚節。曹汝霖一再強調，他之親日，親的是日本友善之人民，而非橫行無忌之軍國主義。全面抗戰一觸即發之際，曹汝霖受邀赴盧山面見蔣介石，對與如何與日本作戰、注意事項等等都有所進言，頗為蔣介石所贊同，應該是進

一步增強了蔣介石的持久抗戰決心。當有人問他為何轉換觀念，他說「我主張親日，不是親帝國主義者的日本。現在他們侵略我國，與我為敵，怎能再講親善？」曾任日本首相的吉田茂在《曹汝霖回憶錄》日譯本序言中也曾指出，「但他的親日，絕非是盲目的，而是基於一種堅強的信念，認為中日兩國，如果不能合作，便不能希望有真正的東亞和平。」

　　曹汝霖晚年應香港陳孝威將軍之請，於一九六〇年九月六日至一九六三年五月十六日在香港《天文臺報》連載《一生之回憶》。後續有補充，交《春秋》雜誌刊載，前後歷六年始殺青，於一九六六年一月結集出書，都三十萬言。其中談到廿一條的簽訂，其過程至為詳盡。而根據史料當時陸徵祥實已退居總統府外交最高顧問，因此身當其衝者原為外交總長孫寶琦與次長曹汝霖。然因孫寶琦在日置義公使面遞條約時，即大發議論，袁世凱斥為荒唐粗率，不足當此重任，乃「臨陣換將」發表陸徵祥接任外交總長。當中日雙方在外交大樓開議時，陸徵祥頗能以堅忍之精神、迂迴之戰略，逐條辯護，據理力爭。自二月二日正式開始談判，至四月二十六日，日本提出最後修正案止，歷時八十四天，正式會議二十五次，會外折衝不下二十餘次。四月底，談判完全陷入僵局，日本再次調動軍隊，向中國發出最後通牒。袁世凱缺乏談判籌碼，只能一面拖延，一面讓其秘書顧維鈞將條款內容對外披露，希望獲得國際輿論支持，以抵抗日方壓力。但當時歐戰正酣，友邦亦無法分心東顧，國際援助無望，內審國勢又無力捍衛主權，於是只得委曲求全。至五月九日，在日本提出最後通牒脅迫之下，袁世凱及北洋政府乃被迫接受了二十一條要求當中的大部分條款，史稱「五九國恥」。觀之，五月九日下午，在通牒到期前五小時，陸徵祥親送覆文至日本駐華公使館，五月廿五日，陸徵祥親筆簽署條約，在在都見於外交檔案以及新聞報導，委實也輪不上一個次長與外國簽約。難怪曹汝霖在回憶錄前言中埋怨「張冠李戴，謂廿一條由我簽字」，其忿忿不平可以想見。

　　二十一條簽字後，陸徵祥即坦言「我簽字即是簽了我的死案，三、五年後，一輩青年不明今日苦衷，只說陸徵祥簽了喪權失地的條約，我們要吃他的肉。」學者陳恭祿說：「就國際形勢而言，中日強弱懸殊，和、戰均不利中國，衡其輕重利害，決定大計，終乃迫而忍辱簽訂條約，何可厚非？」名報人王芸生也評價說：「綜觀二十一條交涉之始末經過，今以事後之明論之，中國方面可謂錯誤甚少。若袁世凱之果決，陸徵祥之磋磨，曹汝霖、陸宗輿之機變，蔡廷幹、顧維鈞等之活動，皆前此歷次對外交涉所少見者。」可說是持平之論。

　　學者胡志偉在談及此回憶錄說：「曹汝霖執筆寫這本回憶錄時已八四

高齡，記憶力衰退，而且身處美國小城，搜羅中國近代史資料不易，筆端舛錯在所難免。另外全書最大的缺點是，所有人名幾乎全用表字而非名字。讀者諸君閱到仲和、叔魯、達銓、鄰葛、伯唐、慕韓等等，誰能明白是指章宗祥、王克敏、吳鼎昌、楊宇霆、汪大燮、孫寶琦等大官呢？」因此我就這些字號盡其所能的註解出來，如顧少川（維鈞）、伍梯雲（朝樞）、伍秩庸（廷芳）、吳止欺（振麟）、周緝之（學熙）、李贊侯（思浩）、張季直（謇）、曾雲沛（毓雋）、章仲和（宗祥）、張堅白（鳴岐）、羅叔蘊（振玉）、鄭蘇戡（孝胥）、殷亦農（汝耕）、章行嚴（士釗）、陳雪暄（調元）、顏駿人（惠慶）、鄭士琦（汝成）、傅清節（良佐）、段香巖（芝貴）、王叔魯（克敏）、倪丹忱（嗣沖）、張岱杉（弧）、蔡耀堂（廷幹）、陳公俠（儀）、陳二庵（宧）等等成千上百的名號，一一註出，可免讀者翻檢之勞。另外有些段落非常長，不易閱讀，我也重新加以分段。

　　當曹汝霖在晚年的夕陽歲月裡，在異國他鄉，回想自己的一生，他留下的回憶，無疑就有了一種親證歷史、還原事情本來面目的樸素價值。當我們隨著他的娓娓道來，從正史看野史，再從野史反證正史，不能不因歷史的撲朔迷離而低首徘徊，悵歎不已！

前言

　　曩以老友李北濤兄之鼓勵，寫五四運動始末，就正北濤，乃承陳孝威氏見而謬稱為有關民初史實，發表於《天文臺》報。我女慶稀閱之，以與學校教科書所述者有異，即請我於有興時，將清末民初經歷之事，擇要紀錄，以明實情。嗣去日本，舊侶重逢，閒話當年，欷歔感概，為免真相久淹，亦嘗以是為請。惜行旅栗碌，人事紛紜，荏苒經時，未遑執筆。迨來美國，居女兒家，心境怡然，輒多暇晷，因念北濤兄之所啟發者，余既為文以發其凡，而於友好與我兒之所期待者，詎可無言以饜其望。用是優遊之餘，展紙揮毫，伏案自課，寫我一生之回憶。誠知明日黃花，早成陳蹟，記憶欠周，掛漏難免，然以親歷之事，印象究深，靜思冥索，腦際尚能反映，即有出入，亦因老邁記憶力衰之故也。

　　余自知為平凡人，富於保守性，樂為寬大，橫逆之來，能受則隱忍受之，不欲與人爭論。自服官外部，職務所繫，與日本接觸特多。終清之世，中日交涉皆以和平解決，由是反對者疑我遷就日人，以仇視日人者轉而忌嫉於我，加我以親日之名。及入民國，日本態度趨於強硬，乘歐戰方酣，逞其野心，出兵佔領青島，猶以為未足，又提二十一條。余與陸子興（徵祥）外長，權衡利害，折衝樽俎，雖未全部承認，終屈於日本之最後通牒。國人既懷恨日本，遂益遷怒於親日之人。甚至張冠李戴，謂二十一條由我簽字；其後巴黎和會失敗，亦歸咎於我；於是群起而攻，掀起五四風潮，指我為賣國賊，大有不共戴天之概。然而事實經過，何嘗如此！清夜捫心，俯仰無愧。徒以三人成虎，世不加察，以致惡性宣傳，儼如鐵案，甚矣，積非成是之可懼也！

　　余今已臻耄耋之年，飽諳世味，毀譽皆忘。回憶抗戰期中，國人捐生赴義，前仆後繼；則余招尤受謗，僅為政治之犧牲，其事渺小，又何足論。丁茲劫運，猿鶴蟲沙，余猶能乘桴海外，寄跡殊方，受愛女快婿之供奉，於明窗潔几間，從容秉筆，追往懷舊，是彼蒼於我，加惠獨厚，雖滿腔塊壘，亦將渙然冰釋矣。

　　以是斯編之作，只為事實之提供，聊留雪泥鴻爪。至於評議政事，臧否人物，走筆所至，純出主觀，自不足為定論，幸一笑置之。

中華民國五十三年十一月八十九老人曹汝霖序於美國密歇根米特蘭城寄廬

日譯本序言

　　近世紀以來，中日兩國的關係非常複雜微妙，在這段期間，為了維持兩國的友好，不辭辛勞，奔走斡旋的人士，雖不在少數，但是像曹汝霖先生這樣，身居要津，並且處理過這麼多重要案件的人，可以說是別無倫比了。

　　曹汝霖先生在清末，即投身宦海，民國成立後，又入閣歷任外交、交通總長，最後任財政總長等重要職位，發揮了他的長才。當時恰值中日兩國間，問題最多的時候，日俄戰爭之後，又有日本在滿蒙的進出，繼之隨第一次世界大戰的發生，再有日本出兵山東，及二十一條的要求，凡爾賽和約簽訂後，中國連續不斷的排日運動等等，都是使得兩國的關係，日益險惡，曹氏在這許多問題的旋渦中，往往成了中心人物。五四運動爆發，曹氏住宅遭受破壞和焚毀，也是在這一時期。曹氏因為原是留日學生，精通日本情形，且一向對日本懷有好感，所以被公認為親日派。但他的親日，決非盲目的，而是基於一種堅強的信念，認為中日兩國，如果不能合作，便不能希望有真正的東亞和平。因此在他掛冠去位之後，從事於實業時，凡是遇到兩國之間有所爭持，有關人士照例的還是要登門求教，並請其協助調解，由此可以看出他的識見，與節操之不凡了。

　　戰後曹氏來日，旅居數載，然後赴美，在寄留美國期間自撰回憶錄，取名為《一生之回憶》，去年一月在香港付梓。同年三月他又酌加修訂寄來給我，希望能譯成日文。經我閱讀後，發現很多中日交涉中的秘辛，以及中國政界的內幕逸事，趣味盎然，可稱為研究中國政治及中日外交的必讀之書。因此與友人商洽，決定刊印日文版。惜曹氏未及見其完成竟於去歲八月溘然長逝了，結束了他九十年多彩多姿的一生。他逝後我仍與友人組織了一個刊行會，進行翻譯的工作，並且承鹿島研究所出版會的好意，概允印行出版，在我說來已達到了最高的願望。

　　茲謹將本書獻於故人靈前，同時向致力翻譯這部有意義的著作的各位先生，敬申由衷的謝忱。

（本文承汪公紀先生譯為中文，附此致謝。）

吉田茂寫於昭和四十二年九月

陳序

　　言中華民國初年歷史，其領袖人物，首推孫中山、袁項城前後兩總統。當時兵權，握於北洋諸鎮。合肥段公祺瑞字芝泉，久任項城總統任內陸軍總長將五年。項城逝世，合肥起為國務總理兼陸軍總長者凡三次，間又兼督辦參戰事務，軍事權力，與日俱大。合肥有三造共和之功，世所共知，一次對德宣戰，創我國對外宣戰之紀錄。惟其二次武力統一，均歸失敗，卒引起直皖戰爭，因而結束其軍權。最後致力於孫段張三角同盟，以謀和平統一，再起而任執政，非復曩日全盛時代，但其十四年來事績，與民初歷史相始終，固為唯一中心人物也。近世競尚傳記，合肥門生故吏滿天下，迄未見有傳述段合肥之專著，以為國史取材而補其缺漏，輒興浩歎！餘生也晚，初未追隨於左右，後未寄托為心腹，雖習聞其事績，或出於目見，或得之傳聞，總不若參預其帷幄，輔佐其機要者之能知其所以然也。而山鳴谷應，風起雲從之賢豪俊傑，計不下十百千人。今日碩果僅存者，唯曾雲霈（毓雋）、曹潤田（汝霖）二先生而已。二公者，皆具有史才，號稱史筆，尤備史德，固獨擅一時之作史者，然均年登大耋（九十），雲霈先生，今年九十有三，身居大陸，未必有著述自由；潤田先生遠居美國，資料難集，未能作完整之史述，蓋亦無可如何耳。

　　當大陸變色前，潤田先生已潔身來香港少駐，旋赴日本東京。以其素喜讀余論文，讀罷輒低徊而不能自已，知錢新之先生在港，常閱《天文臺》報，按期不脫，乃函致新之先生，於其閱畢後，再按期以空郵寄東京。先生並向日本朝野，我國旅日名流，對余文多方延譽，津津樂道。前香港英文虎報總編輯吳嘉棠君嘗聞其事，舉以告余，余由是引以為知己之感。民國四十九年余因李北濤先生而請先生為《天文臺》報寫回憶錄，一篇既出，洛陽紙貴。先生於民初，久居外交、財政、交通等部總長，其所紀錄，即零縑斷絹，無一而非第一手資料，重以先生以法律家，而為歷史家，邏輯周衍，猶其餘事，而合肥生平，亦可見其一鱗半爪矣。

　　先生之寫回憶錄也，應余之請也，余之請先生寫回憶錄也，欲世人之多知民初史事也。《天文臺》報載此回憶錄，始於民國四十九年九月六日，至民國五十二年五月十六日完竣。正擬徇讀者需求，計畫刊印專書出版，而先生對已刊出之稿，續有補充，較原稿不啻倍蓰。春秋雜誌復取而刊載之，前後歷五年而始殺青，茲且付諸剞劂矣。今年十一月為先生九秩大慶，康強矍鑠，有文潞公精神，目睹是錄，緬懷前塵，必歡然而浮一大白也。

先生屢囑序于余，余之言，焉足為先生重。然稗官野乘，史必從實，其可為先生徵信者，惟合肥！謹錄合肥贈先生五言長古一篇，詩為心聲，發語由衷，先生志節，可以大明於天下，昭然於後世矣。其詩曰：

不佞持正義，十稔朝政裏。立意張四維，一往直如矢。側目忌憚者，無辭可比儗。謂左右不善，信口相訹訾。唱和聲嘈雜，一世胥風靡。賣國曹陸章，何嘗究所以？章我素遠隔，何故謗未弭。三君曾同學，宮商聯角徵。休怪殃池魚，亦因城門燬。歐戰我積弱，比鄰恰染指。陸持節扶桑，樽俎費唇齒。撤回第五條，智力亦足使。曹迭掌度支，讕言騰意苡。貸債乃通例，胡不諒人只。款皆十足交，絲毫未肥己。列邦所稀有，誣衊乃復爾。忠恕固難喻，甘以非為是。數雖一億零，案可考終始。參戰所收回，奚啻十倍蓰。

知先生莫如合肥；信先生亦莫如合肥！知合肥，信合肥，莫如天下後世！合肥之言，必不吾欺，更必不欺後世。故是詩也，可作為先生回憶錄之序文讀，亦可為先生九十大慶之壽序讀。是回憶錄也，作段合肥傳記之一部分可，作民初外交財政之縮影亦無不可。是為序。

中華民國五十四年八月十五日陳孝威寫於香港

李北濤序

　　曹先生潤田所寫之回憶錄，先後分載於《天文臺》報及春秋雜誌，洛陽紙貴，傳誦一時。今者陳孝威社長，以其有關近代史乘，將印成專冊傳世，先生自製序文，由美寄來，並承徵序及余。迴憶十三年前，與先生同客東瀛，時往請益，偶或煮茗清談，盤桓竟日。適見日本老外交家重光葵氏為盟總所整肅，在獄中寫回憶錄，名曰《昭和動亂錄》，公之於世。書中詳述軍閥如何專橫，外交如何掣肘，大得日本人士之同情。期滿出獄，群集獄門，爭相迎慰者近萬人。因勸先生何不效法，亦將五四風潮經過寫告國人，以期真相明白。先生慨然嘆曰，往事雲烟，置之久矣，自問無愧於心，毀譽何有於我哉。余曰不然，毀譽固可不計，是非不可不明，永遠緘默，真相愈晦，公來口述，由我筆記何如，先生亦莞爾。旋余因事返港，逾二年，先生亦由愛女快婿，迎養赴美，身心安適，往返函候之餘，余因重申前請，至是幸得復允，而其《一生之回憶》竟告厥成，誠盛事也。

　　竊按先生早歲，孝事重堂，鄉里稱譽，迨遊學返國，有聲於朝。五四風潮，熱血青年，憤外交之軟弱，遂集矢於先生，其實一唱百和，是非莫辨。抗戰前，大公報記者王芸生所著「六十年來中國與日本」，考據精詳，中載先生折衝樽俎，不卑不亢各事實，足使當日誣謗，不辯自明。尤有進者，當年反對日本二十一條最烈者，為合肥段芝泉陸長，若果先生與段處於相反地位，則後來合肥秉政，何以對於先生，倚重備至。合肥晚年在滬病危，且曾貽書當局，言先生及吳光新二人生計不寬，請為優待，於此更可見先生所受之種種誣衊，不攻自破矣。

　　我國文人積習，向喜穿鑿附會，立異矜奇，甚至以訛傳訛，不惜繪聲繪影，以逞一時之快，歷史所載，舉不勝舉。甲午戰敗，李文忠公鴻章奉派赴日，簽訂城下之盟，曾為日人槍傷，生命幾乎不保。詎時人對李，竟有微辭，而有「李二先生是漢奸」之詩句。無事生非，自古已然，積非成是，於今為烈。

　　今讀先生斯記，對於以往一切，照實紓寫，語意含渾，不加怨尤，對於政敵姓名，且不寫露，涵養功深，克享大年，前輩風儀，於茲可見。校閱既竟，歡喜讚歎，謹綴數言，以誌敬佩。

中華民國五十三年歲次甲辰李北濤序於香港寓廬

李猷序

　　曹丈覺盫，頃自美郵書，以近應孝威將軍之請，撰「我之一生」刊於香港《天文臺》報，凡十餘萬言，將印專冊以貽戚好，命為序言，敢不從命。公此文之初布也，四方人士仰望風采者，皆爭相傳閱。而戚好朋舊，尤歡喜雀躍，以為得於數萬里外，如明鏡侍坐，聽講八十年掌故也，公自清季遊日歸國入外務部，由丞參洊膺卿貳。洎民國歷主財政、交通、外交諸部，未五十而翛然退隱，閒居林泉者四十餘載。邇歲自日徙美，居密歇根，年愈高而神愈王，手寫所憶，於事親、持躬、齊家、迪後諸端，言之尤詳。蓋公天性仁孝，此日回思，猶餘風木之痛也。三十四年冬，猷始謁公於津門。其後四年，公自臺往香港，重逢於吳興錢先生（新之）座上。今別公又十二載矣，日讀此編，如親笑語。蓋慶公神明彊固，壽將無量，而悲吳興之不及見此編也。公今年八十有八，東瀛之俗曰米壽。今書成適值其會，可謂盛事矣。夫回憶錄之體製，雖昉於歐美，然吾國固有自撰年譜及行年錄等之例。惟類皆編年，多紀述服官經歷，或著作類目，要擇其可以自炫於世者書之，與公述事之志不同。世之讀此編者，當三致意於公之寬容能忍，與夫恬淡自逸之致為不可及焉。

中華民國五十二年七月愚姪李猷謹序

目　次

導讀：曹汝霖和其回憶錄／蔡登山　　　003

前言　　008

日譯本序言　　009

陳序　　010

李北濤序　　012

李獻序　013

一、幼年景象老去未忘懷　　021

二、完姻後適值戊戌變法　　027

三、遊學漢皋拳匪鬧北京　　030

四、鶩附郭田赴日本留學　　032

五、蔡鈞升官吳氏被放逐　　034

六、學校畢業見習裁判所　　038

七、同范靜生商辦速成班　　039

八、日本明治時代之一瞥　　041

九、聯軍和成老臣薨於京　　045

十、日俄戰爭引起親日感　　046

十一、畢業回國派商部行走　　048

十二、北京市政今昔之改觀　　050

十三、殿試中式引見授主事　　054

十四、東三省會議調充隨員　　056

十五、會議完畢奏調外務部　　059

十六、兩宮回鑾慈禧行新政　　063

十七、修訂官制袁宮保晉京　　064

十八、袁兼外尚革新外務部　　067

十九、初次召見奏陳立憲事　　069

二十、地方自治先設諮議局　　072

二十一、預備國會設立資政院　　074

二十二、兩宮賓天僅相隔一日　　075

二十三、嗣君登極一語竟成讖　　076

二十四、隨倫貝子赴日本答禮　　079

二十五、設郵傳部籌贖回路權　　081

二十六、遭彈劾想起端方革職　　083

二十七、罷免袁世凱鑄成大錯　　085

二十八、調查東三省條陳十事　　086

二十九、開跳舞會酬治疫會員　　090

三　十、補左侍郎使法未成行　　091

三十一、武昌起義星火竟燎原　　092

三十二、起用項城為總理大臣　　094

三十三、唐紹儀奉旨南下講和　　095

三十四、受優待條件清帝遜位　　097

三十五、民國改元北京起兵變　　098

三十六、業律師領第一號證書　　101

三十七、選舉總統公民團起鬨　　104

三十八、出任外次加儀同特任　　107

三十九、修新華宮豎子出風頭　　109

四　十、承認民國各使遞國書　　111

四十一、政事堂成立釐定官制　　112

四十二、日使面遞廿一條覺書　　114

四十三、外交大樓中日開會議　　116

四十四、召大會討論最後通牒　　123

四十五、總統感國恥氣忿發憤　　126

四十六、清華大學周寄梅奠基　　127

四十七、帝制運動先設籌安會　　128

四十八、我父花甲項城贈綏金　　130

四十九、借謝壽進最後之勸告　　131

五　十、逢場作戲貽終身之憾　　132

五十一、撞車受傷住醫院治療　　135

五十二、項城禁賭一場沒結果　　136

五十三、濫捕亂黨乘機進忠告　　138

五十四、保舉顧少川閒話使才　139

五十五、設中央醫院又修湯山　140

五十六、英使勸進誤盡了項城　142

五十七、蔡松坡入滇聲討帝制　143

五十八、取消帝制項城薨於位　145

五十九、黃陂繼總統張勳復辟　148

六　十、馬廠誓師合肥討復辟　152

六十一、合肥組閣徵余長交通　154

六十二、兼長財部西原談借款　156

六十三、馮河間阻撓合肥征南　158

六十四、奉軍入關張作霖干政　162

六十五、新國會舉東海為總統　164

六十六、青島撤兵換文之經過　168

六十七、巴黎和會失敗拒簽約　170

六十八、五四運動終身受冤誣　175

六十九、漫談財交任內兩三事　182

七　十、舊居被燬北京蓋新宅　187

七十一、交通銀行鬧擠兌風潮　188

七十二、梁士詒組閣曇花一現　191

七十三、皖直開戰北洋始解體　193

七十四、靳雲鵬設計謀毒同僚　196

七十五、直奉火拼竟殃及池魚　198

七十六、痛遭大故一怒散兩姬　200

七十七、徐蔚如講經達銓辦報　204

七十八、靳雲鵬忘恩不顧師門　206

七十九、暗殺之風蔓延到天津　208

八　十、徐東海下野曹錕賄選　209

八十一、邂逅女學生竟成眷屬　211

八十二、三角聯盟奉直又啓釁　214

八十三、馮玉祥回京逼宮盜寶　216

八十四、還鄉葬父合肥任執政　218

八十五、合肥囑赴奉邀張作霖　222

八十六、在病中聞徐又錚被戕　224

八十七、老母古稀靜真生一女　227

八十八、子女出洋談婚姻問題　228

八十九、馮玉祥陰謀逼段下野　231

九　十、張作霖開府稱大元帥　233

九十一、張作霖殉國於皇姑屯　236

九十二、張學良懷疑殺楊宇霆　238

九十三、北伐告成東北亦易幟　239

九十四、九一八事變震動全國　240

九十五、吉田茂請合肥商停戰　244

九十六、成立冀察政務委員會　246

九十七、日軍設立冀東偽政權　247

九十八、遜帝出關成立滿洲國　249

九十九、西安事變種下了禍根　251

一〇〇、禳災弭兵建金剛法會　253

一〇一、合肥南下受蔣公禮遇　255

一〇二、侍母到杭建水陸道場　257

一〇三、廬山應召蔣先生邀請　259

一〇四、合肥留遺囑逝世滬濱　263

一〇五、老母八旬我又得一女　264

一〇六、七七事變平津逐易手　265

一〇七、十九軍抗日戰爭開始　267

一〇八、南京失守德使出調停　269

一〇九、天津日憲兵橫行無忌　271

一一〇、抱不平遭日憲兵疑忌　273

一一一、堅辭華北偽政府主席　275

一一二、與王叔魯病牀一席話　277

一一三、華北臨時偽政府成立　280

一一四、就公司董事長的開始　282

一一五、堅辭聯準銀行董事長　286

一一六、貝島會社收買正豐礦　288

一一七、明治礦業開發磁縣礦　291

一一八、汪組偽政府竟稱還都　293

一一九、遊青島訪老友章仲和　295

一二〇、徐東海高齡病逝津門　　297

一二一、吳佩孚設宴硬拉交情　　299

一二二、王揖唐繼任偽委員長　　301

一二三、松岡洋右急功反誤國　　303

一二四、日襲珍珠港掀起大戰　　305

一二五、收容協和醫生之經過　　307

一二六、四十七年夫妻竟永訣　　311

一二七、王克敏再起實行統制　　312

一二八、雷電一霎慈母痛歸天　　314

一二九、王蔭泰任末代委員長　　316

一三〇、釋放教授岡村踐諾言　　318

一三一、雅爾達協定中俄詭計　　320

一三二、波茨坦宣言日本乞降　　321

一三三、太和殿受降盛極一時　　322

一三四、勝利後平津形形色色　　323

一三五、肅奸工作北方亦開始　　327

一三六、蔣先生關垂戴笠道歉　　330

一三七、老友受累達銓盡友誼　　332

一三八、摒擋還鄉葬先母亡室　　334

一三九、追述匯業倒閉之經過　　335

一四〇、父老相勸還鄉度晚年　　337

一四一、徐蚌會戰國軍受重創　　341

一四二、和談不成金融總崩潰　　343

一四三、共軍渡長江直下上海　　344

一四四、慶稀告奮勇陪我遠行　　345

一四五、中共通緝窮途走香港　　349

一四六、避居日本感舊雨溫情　　353

一四七、日暮窮途友情之可貴　　358

一四八、留日時間種種之接觸　　359

一四九、日本五十年之今昔觀　　365

一五〇、盟軍佔領日本之聞見　　369

一五一、故人云亡四女亦病故　　373

一五二、臥病東京慶頤成婚禮　　375

一五三、留日八年別時多感慨　380

一五四、來新大陸就養女兒家　383

一五五、米特蘭市巡遊之所見　386

一五六、遊覽都市泱泱大國風　387

一五七、故舊凋零我亦櫻小極　389

跋語　391

一、幼年景象老去未忘懷

　　余家清貧，亦為書香之家，向住在上海城內。我生於清光緒二年（丙子）十二月初十日，生時難產，歷三晝夜，始產生，母氏劬勞，慈恩罔極。生後六個月，又出天花，脆弱小體，遍身都是，連眼耳鼻嘴裏，滿是天花，時逢炎暑，勢極危險。我母晝夜看護，繼祖母及外祖母，亦勤勞護持，一條小命得以保全，至今思之，銘感不已。先祖父以我八字五行缺水，故命名汝霖字潤田。余終鮮兄弟，只有兩妹，二妹名汝金，小我三歲，適曾志忞（澤霖），三妹名汝荃，小我八歲，適王稚虹（守善）。

　　先祖載山公，諱鍾坤，國子監生，無昆季。喜繪山水，有人求之，輒繪以贈。又研究中國營造法。余幼時尚為我繪山水於團扇及扇面，惜未携出。入江南製造局，主工程處，凡有營造，悉經其手。性極節儉，平時布衣布履，履襪都由家製，出門多步行。又極和善，從沒有疾言厲色。常宿於處中，自煮簡單飯食，有時工人代煮，即與工人同食，邊吃邊說工作，照現在說法，可稱為平民化，沒有官場習氣，又沒有階級思想之人也。局例有勞績保舉，三年一次，分尋常異常，先祖總列入異常。先祖母姚氏早卒，生先父；繼祖母厲氏，生叔成祺，庶祖母生叔成龢。及長，我父為娶婦，生二子一女，長名右民，次名祖光，女適袁惕。先父豫材公，諱成達，附貢生，五歲喪母。自我幼時，已入製造局，主材料庫事。庫設總所分所，總所設正副兩主任，正主任為張和卿（鼎），後張出任邑宰，我父即承其乏；分所有七八處，每處設司事一人，司各分所之事，由總所總其成，事至繁瑣，我父處之井然。每見他老人家回家後，尚稽核複算，輒至深夜。製造各廠購料事，都由總所經理，時有競賣賄購情事，我父倡議設議價處，價由標決，貨由公認，賄競之風遂絕，公家可省費而可得佳料矣。

　　父性豪爽，不斤斤與人較量，親友來求助者，無不量助。時因物價低廉，家用又省，故雖所入菲薄，尚有餘力助人。每次保舉，總列異常，保至教諭。此是循例公事，固不足道，不過表示我祖若父，皆能靖恭厥職而已。

　　父淡於仕進，喜杯中物，惟飲不及醉。有力者招之他就，終辭謝，任事二十餘年，未嘗他調，謂能溫飽事蓄足矣，不求進取也。江南製造局，創於洪楊平後，曾文正公奏請設立，位於上海城外黃浦江邊，有船塢，能造二千噸之兵艦，又有小型鍊鋼廠，此外有鎗砲子彈火藥修機等廠，是一小型兵工廠，出品不多。材料庫者，即儲藏製成品，及收購應用物品之所也。局中附設廣方言館，及翻譯西書館，還有化學研究館。廣方言館，招考年幼生徒入

學各國語文，譯書館專譯西書，學生入館並授漢文，畢業後擇優送北京同文館深造，成就出使人才甚多，中西文均可觀，如陸徵祥、劉鏡人、唐在復、胡惟德、戴陳霖、劉式訓等，其尤者也。譯書館則請西人傅蘭雅主其事，傅精算數，並能華語，擇有關算學格致西籍，由傅口授華員筆譯，刊行於世，裨益士林匪鮮。化學研究館是後新設者。

高昌廟又名高昌鄉，沿黃浦一片荒地，農田亦少，居民無多。自設製造局後，始造石子馬路，東達南門，西至斜橋，漸成市縣，住家增多。交通工具，只有獨輪人力推車或騎驢，自修馬路後，始有人力車稱為東洋車。我祖若父皆供職斯局，故於黃浦江近邊，購地畝許，建屋數椽，我於六歲時由城內遷居新屋。屋前有一小河，時有小船駛進，院內有果木樹及菜畦，久居城內之屋，逼窄無空地，一到郊外，空氣一新，童心喜悅。我祖愛我，時挈我逛城隍廟，告我城隍等於陽間的官府，判斷人間善惡。上海城隍姓秦，生前有功德於上海，故上海人立廟奉祀，列代皇帝亦有封號。廟內地甚廣，我不喜歡到廟內，喜歡在廟外的豫園遊玩。池塘蓄金魚近百尾，大的長七八寸，凸眼扇尾，有紅白色的，有黃白又有黑白，且有全紅全黃金紫的，游泳池中，悠然自得。又有大假山，層巒疊嶂，恍若真山。入山洞後，曲折盤旋而上，其中有亭有橋，花木扶疏。登山巔而望，浦江帆影，隱約可見。最高有五老峯，五石矗立，形若老人，形態不同，故以此名。下山即到九曲橋，平鋪石板，圍以石欄，水不深而清。橋之中心，有湖心亭，作品字形。我祖告我，這亭有柱無樑，互相鈎連而成，是中國舊營造法，視之果然無樑。依窗品茗，幽靜之至。有賣小吃的人，托盤兜售，有甘草黃連頭、五香豆腐干、五香蠶豆等，我小時都喜歡吃。園中廳事有好幾所，都是各商業集會之所，都有命名，不能記憶。

有點春堂者，春天為藝蘭家賽蘭花會之所，各家攜蕙蘭之佳種競賽，都是珍品。我祖曾攜我參觀，見蘭花佳種，種在深紫泥盆，紫檀盆架各式不同，陳列雅緻，有名梅瓣者，有名荷瓣者。我祖告我，這都是有閒階級，每年買了數十簍蘭草，其中偶有二三種特別的，用心培植，開花後拿到這裏來比賽，奇葩異種，幽香撲鼻，真雅觀也。又有四美軒，為珠寶商擺攤陳列求售者。後來到北京，每逢正月，自三日至十五日，在火神廟院中亦有設珠寶古玩攤求售，與此相仿，閨秀少婦，多來觀覽收買，仕女雲集，熱鬧異常，此南北風俗相同之處也。園中商店，以扇箋店，筆墨店，裱裝店，古董書坊，關於文化者居多。又有專製風箏者，各式各樣，名目不同，有蜈蚣形者，長至兩丈以外，非一人之力所能放也。又有鳥市蟲市，鳥市有黃鶯、鸚鵡、孔雀、百靈等；蟲市有促織、蟋蟀、蟈蟈，螳蜋之類，此皆秋天才有，

童年到此，流連不肯走。小吃有東園門的南翔緊酵小饅頭，用薑絲香醋同食，鮮美之至，後至南翔，所製反不如也。長廊下有食攤，售酒釀湯圓、桂花糖粥、胡葱餅等，都是價廉物美之食品，余每去必嘗二三味。又有錫澆小玩具，玲瓏逼真，余亦愛之，每去必購一二件而回，而今恐不可得了。

小時最喜歡過年，臘月廿日後，即開始揮簷塵，收拾屋宇各處，椅披桌圍都用紅緞，屋中掛燈結綵，煥然一新。至廿三日送竈神，每用糖元寶、荸薺、慈菇，意為竈神見玉帝時，使他口中糖粘不能說話，若問這人家不好嗎，則只說不是不是，荸薺諧言；若問這人家好嗎，則說是個是個，慈菇諧音也，似含有向灶神行賄之意。此種習俗，自古已然，孔子已有媚灶之說，由來遠矣。送竈過後，即在除夕以前，敬神祀祖，敬神則用三牲（豬肉雞魚），祀祖必須主婦下廚做菜。到了除夕，不分長幼，大家擲骰子，狀元紅哪，升官圖哪，可以通宵，名曰守歲。元旦開門，即放高升鞭炮，家家如此。彼此賀年，初五為止，滿街炮竹殘紙，到處飛揚。大門都換春聯，給長輩拜年後還給壓歲錢，大家都穿新衣，見面都喊恭喜發財，店鋪休業，在裡邊打鑼鼓為樂，街上還有掉龍燈踏高蹺為戲之人。到了元宵，各處有燈市，五花八門，各盡巧妙，過年才告完了。童年每喜過新年，即是為此，然非承平之世，亦不可能也。

滬俗過年祀祖，必用蒸三絲（肉絲火腿絲冬筍絲），要三色排齊蒸熟，川糟青魚，紅燒豬蹄膀加水筍，普通舊家，總要主婦自製，以示虔誠。新年必將列代祖像懸供，稱為掛真，元宵為止，每日必上供，亦追遠之意也。滬俗過年，有糟鉢頭一味，用白糟和以煮熟的鮮鹹肉豬肚豬腸等，置於大鉢一二日，糟味透入，鮮香可口，且可耐久，每為臨時飼客之用。又有一味名掛記菜，用胡蘿蔔切絲晒乾，加香菌醬菜醬瓜等絲，用重油炒熟可經月不變味。此味恐係家中人製以寄征人者，故名掛記，寓紀念之意也。這幾樣菜，並非特別嘉肴，童時食之，至老猶愛而不忘。張翰秋風起，思蓴鱸，蓴產於西湖最佳，鱸產松江以四鰓者為佳，淡而無味，必須與雞湯同煮，才有美味，亦是童而食之，每逢季節，輒起鄉思。現在兒童已不知此味，故記之亦上海食譜之一，這是上海風俗，現在已不易見了。端午大家以蘆葉包米為粽，初以投江弔屈原，後為餽送應時之品，大江一帶此風至今猶存。又有競賽龍舟，以嘉定為最勝。我婦住南翔，南翔通嘉定，有大湖，每逢端午，即有賽龍舟之戲。龍舟多至數十艘，日間列隊遊行，每舟結采懸燈，划手穿鮮衣左右分划，整齊劃一。至晚則燈綵齊明，各賽技術，行動快捷，花樣變幻，真令人目眩神迷，湖中反映，嘆觀止矣！承平景象，徒增回憶。

稍長，我父亦帶我出遊，但不是城隍廟而是十里洋場，時遊徐園、愚園

及張氏味蒓園。徐園、愚園，尚有亭臺樓閣，古色古香，然終不及豫園大假山之可玩。張園則完全西式，有一大洋廳名安塏第，旁有古董舖、遊藝場。園內道路寬廣，可馳車馬。園中草地，碧草如茵，其時尚不多覯。仕女雲集，多在安塏第玻璃廳品茗談笑。張氏名味蒓，亦住其中，故即以名園。

有時帶我去看戲。其時尚有崑班戲園，後因不能投人所好，未幾即停歇，只有京劇戲園。其時戲院都名茶園，我父於遊戲中，寓有教育之意，如看戲，演出忠孝節義的戲，不但跟我說明戲中情節，還指說誰是忠臣，誰是奸臣，更說明忠奸的分別。凡此之類，我覺得於幼年心理上頗有益處。每於晚飯後，鯉庭承訓，講做人之道，第一要誠實。他說我最恨是欺騙，凡人做了欺騙的事，即使一時瞞過，到底終要戳穿，你想那時怎樣能對人？且人做了一次欺騙的事，人家對你，即要時時起疑心，有戒心，後來做誠實的事，人家亦要帶著疑心防你，你想難受不難受？故對人做事，總要誠實，這是最要緊的。又說做人要忠恕，所以曾夫子說夫子之道，忠恕而已矣！可見聖人對於忠恕二字，看得如何重要。忠字，並非一定對皇帝說的，做事能盡其職即是忠，即俗語所謂赤心忠良。恕是對人說的，人總是有長處短處的，要取人的長處，不要盡挑人的短處，人家如對你不好，你先要自己想一想，我是對他有不好之處嗎？切不可自己不認錯，專說人家的錯。自己不願做的事，不要勉強人做，論語所謂己所不欲，勿施於人，即是這意思。

又說交友之道，人總有朋友，但是交朋友，不可隨便。所謂擇交，要擇比我好的人，跟他做朋友，那於你有益處。若交了不如你的朋友，那不但於你沒有益處，反而有害處。譬如你現在還在讀書，如交學問比你好的朋友，那麼，你有不懂之處，可請教於他，你有不明之處，他會指教你，這就是叫益友。若不如你的人，而且品行又不好，他只會領你做壞事，帶你到不好地方去，這即是叫損友，對這種人，應遠而避之，不可跟他做朋友。交友之道，非常要緊，將來做事，亦大有關係，不可不慎。又云做人要勤儉，勤即是用自己勞力之意，你看農人種田，從插秧到收成，何等勤勞，若一貪懶，收成即不好了。這是一個譬方，無論做什麼事，總得用勞力，盡力去做，凡事沒有不勞而獲的。但勤與儉，不能分開，若勤而不儉，即以辛苦得來的錢，隨意揮霍亂用，小則不能成家，大則不能立業。故要勤又要儉，這是一定的理。你看富有人家，都是從勤儉得來，但亦不必過分，過分勤勞反有害身體。自己要體諒，能擔任多少力，即用多少力，不可過分的用力。講到儉，也不可過分，過分儉，即近於吝，應用的地方，自然要用，若一味省儉，即成為吝嗇。這要看自己量力而行，故說過猶不及。

又云做事要有恆心，不要高興時即做，不高興時即不做。讀書亦如此，

今天讀這本，明天又讀那本，這叫始勤終怠，有始無終，結果一事無成，一書也讀不通。這恆即是要有常性，確是難事，要慢慢的練習，起初勉強而行，自然能成習慣。若能做到恆字功夫，即可無事不成，俗語說，天下無難事，只怕有心人，即是此意。又云人要知足，只是貪求無厭，終必失敗，故曰知足不辱，尤以人要自重自愛兩句，勉勗最多。能自重，才能使人看重；能自愛，自然不做不應該做的事。我望你在社會上，做一個好人，大家稱你為正經人，我願足矣！又以做事需要忍耐，不宜性急，耐能成功，急多債事。你性太急，更應切戒。每於晚飯後，在書房旁坐，面聆庭訓，往往講至一二小時，娓娓不倦，足見我父期望之深。現在想來，似屬老生常談，然使我小子今日尚自覺不愧不怍者，都是先君子訓廸之功，茲所記者，不過什之一二，以示後人耳。後我晉京時，我父又說，你已將踏進社會做事，做事毋忘耐字，茲將臨別，以耐軒為我別號。

十四歲冬天，繼祖母病篤，病係外症，在臀上生一血瘤，初似豆大不以為意，慢慢的一年一年的大起來了，經過五六年之後，竟大若核桃。以病在下部，堅不肯就醫，後經大家苦勸，始允就醫。那時沒有外國外科，只有中國的外科醫生敷藥，毫不見效，越來越大，後竟大若石榴。經數月之後，甚至潰爛，每次換藥，都是我母親為洗換。延至年終，時時昏厥，醫藥無效。我想古時有割股療親之事，或須神靈感召，存萬一之望，遂於雪夜，中庭焚香跪禱，願割股以療祖母，祈神靈默佑，用利剪將左臂割肉一片，和粥以進，越日沒有昏厥，竊自喜慰，以或能得救，豈知隔了一日，又昏厥了，昏厥的時間更長。先祖在牀前告之曰：你這樣太苦了，你安安靜靜的去吧，我不久也要來了。祖母似頷首領會，有頃又昏厥。這次情形不同，時時叫苦，喉間痰聲咯咯，不久即安然長眠辭世了，享年僅五十有六。我同小叔痛哭不已，我母以久經服侍，精神疲倦，哭不成聲。於是辦喪事。停靈在家，每七由僧道誦經禮懺，到五虞為止。

越年之夏，我祖病重傷寒症，醫藥無效，據中醫云：這是斑疹傷寒，要斑疹發出，始可有救。過了七日，即溘然長逝，嚥氣後斑疹始見。一年之間，兩遭大故，我父傷痛自不待言，余亦格外傷心，每一念挈遊豫園，即歷歷在目，晚間尚夢哭而醒。先君即奉祖父繼祖母與姚氏祖母之柩同葬於高祖之穆位。古人有割股療親之記載，雖云孝行，然明知無效，際此醫學昌明之世，更不足為訓也。

十五歲，出就外傅，受業於秦硯畦先生。秦師本應聘在我家教讀，為浦東召稼樓奚氏以重金聘去，我父令我到奚家就讀。奚氏為大地主。是年適逢荒年，當地大地主，都照向例，不但免租，且開倉糶米。奚氏不肯開倉糶

米，並雇汎勇，保護穀倉，於是激怒農民，男男女女各攜布袋，蜂擁而來，以鋤打開倉門，兩日之間，被搶一空，名曰搶荒，汎勇不敢攔阻，可謂為富不仁者戒。以今日言之，即是農民與地主之鬥爭矣！我鄉為魚米之鄉，富人都購稻田，收租過日。地主與佃戶，總是很和氣，遇著荒年，總是自動減免租米，仍照例完糧。佃戶到了年終，向地主送些雞蛋之類，地主送還以年糕花生，彼此很客氣，極少有開倉收租，逾期不交，送縣追繳。這種地主，為人不齒，從未聞有地主剝削搾取農民之事也。余從秦先生，初學八股文試帖詩，讀完五經，又讀周禮，看綱鑑。嗣又從上海本城汪季航先生。汪先生講小學，嗜杯中物。十六歲，初應童子試。時考試童生，分縣府及院試，縣府取後，方可應院試。縣府試發榜寫成圓形，都錄取。院試則欽派提學，按府臨試，須到松江。時學政瞿子玖宗師。先祖陪我到松江應院試，未蒙錄取，廢然而返。後又就讀於經蓮珊（元善）先生家塾。經家亦在高昌廟，離我家不遠，但食宿於經家。業師為張驤衢先生，是精於制藝者。同學有蓮老令嗣，經享沐、享頤昆季，還有一幼弟、幼妹。又有施魁元、星伯昆仲皆植之之姪輩，老同學久不通音訊，不知情況如何。

十八歲，又應童子試，提學為龍湛霖宗師，以第五名入泮，始青一衿，惜先祖已不及見矣。松江城門口，有一石碑，刻十鹿，一鹿向前，九鹿回後，又無記載，俗稱十鹿九回頭，諷松江人無前進之勇氣，其實卻不如此，不知何人何時所立者也。

二、完姻後適值戊戌變法

二十一歲，雙親為我完姻，娶王氏名梅齡，梓生先生之女，培孫之胞妹（培孫事，後有另記）。卻扇之夕，即感失望，又以個性不同，一直不能和洽。少年夫妻，不能融和，真是莫大之遺憾。我之婚姻，既無媒妁之言，又非父母之命。記得十二三歲時，有王梓生先生，遠道來訪父，父尚未歸，遂陪閒談，有問必答。少頃父歸，留在家晚膳，余亦同坐。王對父說，我有一女，與令郎年相若，擬許配令郎，我父猶遜謝，後竟定婚。彼此都是小孩，又未見過，自然不知長大後性情脾氣，此由於舊式婚姻，只重門當戶對之觀念也。

越年生一女，生時僅七月，因製造局火藥庫爆炸，受驚而產，眼尚未開，又不能咀乳水，由外祖母及我母，以中國育嬰法，用細銀管滴乳育養，居然長成。我父以聞爆聲而生，又以初次得孫而喜，即命名聞喜。此女很聰明，周歲未滿，即能得祖父母歡心，對我父尤甚。我父夜歸，總攜菓品給她，她總等祖父歸來後，才肯睡覺，即晚歸亦如此，故我父特別喜歡，我心亦稍慰。

入泮第二年，即逢鄉試，我不喜作八股文，每逢入試，在場作文，又厭又急，出場後疲乏不勝，自問無登賢書之望。且聞即將廢科舉，故稟准我父，從未入鄉闈。

又越年，逢會試之年。各省舉子，俱集京師。南海康有為先生，約集舉子千三百餘人，聯名上萬言書，請都察院代奏，請修改馬關條約，免割臺灣，寧加賠款。格於廷議，未獲上達。遂在京開強學會，昌言變法，士大夫同情附和者頗眾。當時之士大夫，即今日所謂知識分子也，從此風氣大開。時經蓮珊先生（元善），紹興人，設立兩等學堂（高小高中之意），於其家之附近。名為學堂，仍是書院。惟學生膳宿於堂，分仁義禮智孝弟忠信八齋，學生共有六七十人，每齋請一教師。余分在仁字齋，業師為錢秋槎先生，紹興老孝廉，講經學又長制藝文。義字齋業師鈕惕生先生（永建），亦名孝廉，講史地學，又講新學，余亦師事之。後鈕先生從事革命，余則入仕清廷，音信遂絕。

余在兩等學堂攻讀，正是維新變法之時，每日報上登載，都是變法之上諭，有廢八股考試改用策論，有令各省設立學堂，有准人民上書代奏，都察院不准擱置，有設立鐵路局，修造鐵路，設立礦物局，准人民開採，有飭趕修蘆漢粵漢各鐵路，有獎勵士民著譯新書，保有版權，有發明新器，給予

專利，有飭地方官保護商務，有飭駐外使臣保護華僑，有飭各省考選學生赴日本及歐美留學，有裁汰綠營，有八旗綠營改練新式兵操，有飭各部裁汰冗員，登進新士，每日上諭，總有數條，乃至十數條，讀之令人興奮。後又有禮部員司王照，因上書請部堂代奏，禮部堂官不與代奏，為帝所聞，竟將禮部尚侍，一律罷免，而賞王照以五品京堂。一時轟轟烈烈，士大夫均欣喜相告，以為國家有變法自強之望矣。余因手頭無參考資料，初稿未曾列入，後閱《天文臺》報載梁敬錞先生《戊戌變法演講集》，參以我記憶所及，特行摘錄補記，亦有清末季重要之掌故也。

時光緒帝親政伊始，翁同龢為帝師，時以時局危急進言。因甲午喪師失地，列強對中國，各定勢力範圍，帝以瓜分之局，迫在目前。又以翁師傅之保舉，召見康有為、梁啟超。康梁二氏，又奏陳國家危殆，非變法不足以圖存，帝遂下變法諭旨，繼續連下以上各諭旨，大都皆康梁二氏，由翁師傅轉陳者也。其時帝已親政，太后移蹕頤和園。朝中大臣分新舊兩派，新派以翁師傅為首，又有張蔭桓、徐致靖、文廷式等，主張輔弼皇帝，推行新法。舊派以徐桐、倭仁、剛毅、趙舒翹等，以依和太后，阻撓新政，極力反對新派。疆臣中如：李鴻章、劉坤一、張之洞等，雖贊成新派，然尚有觀望之意。光緒帝雖已親政，大權仍在太后，每次上諭，先赴頤和園，得太后同意而後下。太后表面上，雖同意變法，想不到鬧得如此之大，當康有為召見後，僅派在總理衙門行走（即辦事之意），梁啟超僅賞六品銜，可見帝秉承懿旨而行，不敢自己作主。後因王照上書被阻，一怒罷斥禮部全部堂官，太后遂諭翁同龢開缺回籍。帝始露獨斷之心，以康之保舉，起用譚嗣同、楊銳、劉光第、林旭四人，參預新政，賞給四品京堂，暗示反抗。

從此帝與太后，意見愈深，新舊兩派，勢同水火。帝又擬開懋勤殿議政，並擬請日本伊藤博文為顧問。太后知光緒帝已有主意，想獨斷獨行，執行大權，於是更加留意，故此兩諭，不獲發表。然伊藤已起程來華，只以私人遊歷為名，雖荷召見，未談及政治。帝又召見袁世凱，賞以侍郎銜。時袁方在天津小站練新軍，譚嗣同密往袁之旅舍，告以皇帝將遇大難，非你帶兵入京圍頤和園，無法救駕。袁聽了惶恐無以對，又想此事萬不可行，遂回津密陳於直隸總督榮祿。時榮祿為節制練兵大臣，袁之本缺為溫處道耳。榮遂連夜入京，面奏太后。太后一面派榮祿節制新軍，一面派懷塔布管理健銳營。帝即諭康有為辦理譯書館，梁啟超辦理時務報，暗示令兩人出京。帝遂頒旨籲懇太后垂簾訓政，而變法維新，適值百日，遂告終結。康梁二氏，以英日公使之庇護，得獲出京逃避，而免於難。而光緒帝，從此幽禁瀛臺，六君子同時被戮。六君子者，除譚嗣同、楊銳、劉光第、林旭四京堂外，尚有

康廣仁係南海之弟，在南海館被捕就刑，楊深秀因抗疏反對垂簾聽政而被戮，與變法之案無關也。

聞當時太后已定以赴天津閱兵為名，實行廢立，風聲傳播，北京使團，已有違言。後由兩江總督劉坤一，有君臣之分已定，中外之口難防之諫奏，閱兵之舉遂寢，廢立之議，亦不果行，遂將光緒終身幽於瀛臺，誠可慨也。

經蓮珊先生，時以候選道總辦上海電報局，雖是官場中人，亦是維新之士，當廢立之說流行之時，經氏抗疏，由都察院入奏，致觸太后之怒，密令拿辦，經氏遂逃匿海外。兩等學堂，無人主持，因之解散。

三、遊學漢皋拳匪鬧北京

戊戌以後，風氣漸開，張香濤（之洞）制軍印有勸學篇，提倡設立學堂，以中學為體，西學為用為宗旨，各省多設學堂，而以香帥在武昌，設自強學堂為之倡。梁任公主編的時務報，議論精闢，於開風氣最為得力。余因兩等學堂停辦，見新聞紙漢陽設鐵路學堂招生廣告，我想造鐵路亦當務之急，遂萌出門求學之意。堂上許可，投考錄取，搭輪至漢口，船中遇洪竹蓀（鎔），安徽蕪湖人，亦赴鐵路學堂者，相談甚洽。學堂設在襄河上遊，屬於蘆漢鐵路，由鐵路督辦鄭孝胥兼攝，另派嚴少和駐堂監督。堂舍以倉庫改造，設備簡陋，功課分法文、算學、幾何、測量，亦有漢文一課，但並無建造鐵路工程學科，有學生五十餘人。余與竹蓀見此情形，甚為失望，惟既來之，學點法文、算學亦好，再看機會。余與竹蓀以邑諸生故特別優待，宿舍另給一小間，不與諸生同宿大間。學堂不但免費，且更給膏火銀月二兩，以資鼓勵，以養成幫工程師、測量人員為主旨。教員有比國修士二人教法文，福建船政出身兩人教算學，如是而已。

其時北京鬧義和團，勢甚兇狠，以扶清滅洋為號召。自稱能禦槍彈，設壇焚表，凡與外國人有交情者，均目之為二毛子，拘到壇上焚表，表若上升，即沒事放回，若表不上升，即聽神處分，甚至殺戮，京中人心皇皇。端王剛毅等又為庇護，稱為義民，帶進入宮，當面試驗能否避彈。據說確能避彈，於是太后准其設壇，聲勢越大，殺害人民甚多，甚至害及外人，戕殺德國公使克林德於西四牌樓道上，並害日本杉山書記生。北方如山西等省，亦有響應，駸駸有蔓延之勢。該團發起於山東，時袁世凱為山東巡撫，極力追剿，遂竄入北京。其時兩江總督劉坤一，兩湖總督張之洞，山東巡撫袁世凱，恐延及東南，貽害全國，遂議聯合保護南中各省，與各國使領，訂立協定，聲明保護各國僑民，不受政府亂命，南方得保安全。

但北京團匪越鬧越廣害，連合董福祥軍隊圍攻各國使館，攻了一個多月，終不能攻進。嗣後八國聯軍來華攻燬大沽礮臺，長驅直入已進了京城，西太后倉皇出走，只有李蓮英、崔玉桂隨行，倫貝子亦扈從。臨行推珍妃入井斃命。余只看報章，實情不甚了了，史稱為庚子之役。後倫貝子告我那時宮中情形，太后令懿親王公連太監衛兵每天在宮中換了短衣窄袖，束了紅巾，亦練義和拳，**蹦蹦跳跳**，如瘋如狂，稱義和團為義民，藉此排外。迨聯軍由大沽登陸，直趨京城，等到進了城，宮中才知道。於是太后慌慌張張，換了布衣，扮成村婦，傳令珍妃前來（時珍妃被皇后譖於太后幽禁在三所）。珍妃見這情形知道要逃難，即跪求請留皇上在京，跟洋人講和，太后

厲聲罵道，都是你鬧的亂子，妳還想跟他（指皇帝）一同活命嗎？咱們倆一同跳井，免得被鬼子侮辱，妳先下去，我亦同下。珍妃跪求，太后命太監崔玉桂扔她下去，珍妃還泣求，崔玉桂太監對珍妃說，主子快跟老佛爺謝恩吧！（意叫她快投井），說了遂要動手。珍妃怒斥曰：你敢動手！崔不理她，就此被拖帶拉將珍妃推下井了。

臨時傳驢車進宮，只有兩輛，太后坐一輛，令皇上跨車沿，皇后、大阿哥坐一輛，令我（倫自己）跨車沿，只有李蓮英、崔玉桂兩太監伺候。太后狼狼出了德勝門，蕭王、慶王、端王、剛毅等才追趕上來。太后命慶王仍回京，留守京城，跟洋人議和。一路喝井水，啃窩窩頭，困苦不堪，直到懷來縣，知縣吳永，出城迎駕，迎入衙門，息了一宵。懷來地方破爛不堪，一無所有，煮了一大鍋小米菉豆粥，大家充飢，只太后同皇上一桌，有兩三樣葷菜。後趙舒翹、馬玉崑率了神機營，趕來護駕，才覓得幾乘馱轎乘坐，到處荒涼，百姓已逃避一空。及將到潼關，岑春煊由甘肅帶兵勤王，沿途保駕，太后始露笑容。後到了西安設了行在，京中官員亦陸續來了等語。這次慈禧闖了彌天大禍，臨行猶不忘珍妃之恨，置之於死，可想西太后之毒辣。

平心而論，拳匪這種舉動，等於未開化民族，然亦有激之使然者。當時民智未開，那知宗教信仰，愚民信教，名為吃教，且有不安分之徒，借吃教為護身符，且有犯了罪，地方官要捕他，他即訴求教士，捏造謊言，說被地方官欺負，地方官即要來捕，求教士救他。教士只要入教人多，不辨是非，即准其入教，地方官即無法拘捕。若地方官要求教士交出人犯，教士即訴之公使，公使聽了教士之言，認為地方官不對。若案情大的，教士不肯交出犯人，人民起而抱不平，即鬧成教案。因當時各國教士，都由各國公使保護，教民在地方上胡作非為，教士反加以庇護，地方官無可如何。甚至守正不阿之地方官，受教士控訴，公使即向政府交涉，結果地方官受了處分，犯罪之莠民，反逍遙法外。且更依仗教會之勢力，欺負平民，因之平民積怨漸深，不但仇教更仇洋人，好事者乘機煽動，教會遂為眾矢之的。加以那時朝中頑固大臣，亦仇視洋人，太后亦不例外，借義和拳以洩忿，義和拳遂依勢橫行，毫無顧忌了。追原其故，由於其時羅馬教廷對中國政教不分，嗣後教廷於中國分設主教，教士不由公使保護，教案即從此絕跡了。當義和團鬧得最兇之時，許景澄京卿，在御前會議力爭義和團不可信，致觸太后之怒而被戮。聶士成將軍，在天津因守土禦聯軍而陣亡。失一名臣，喪一名將，真可為之痛心。其時頑固大臣，以為將洋人殺盡趕光，即可閉關自守，這種思想，可謂其愚不可及矣！

時適暑假，因鐵路學堂有名無實，遂與竹蓀商量，國家遭此巨創，應有改變方針，我們亦應另作打算，竹蓀亦同意，遂決計回滬不再來了。

四、鬻附郭田赴日本留學

　　八國聯軍入京後，軍紀之壞以德國為最，其次俄國，而以美國日本兩國軍紀最好。聯軍分區而治，美軍駐南城，人民有從內城移至南城者。日軍衛皇城，不但宮殿無恙，連內庫亦未開動，一時官民輿論，對日本印像特佳。兩江湖北督撫，始派學生到日本學陸軍，亦有學文理科者，自費去的學生亦不少。余暑假回滬，適章仲和（宗祥）、吳止欺（振麟）、陳樂書諸君在滬，因王培孫之介，得以相識，均稱日本維新以後，政治工業，効法西洋，進步很快，尤以海陸軍更優，且學費亦省，學堂為優待留學生，可不經考試入學。余聞而心動，回家向我父商請，我父雖贊成，惟措資為難。後經雙親決定，以附郭田兩畝許，售得四百餘元，以充學費。我父母為子留學，不惜鬻產，以遂我願，可見我父母之見識，亦非常人比也。

　　其時培孫才接辦育材書塾，該塾為培孫之叔柳生丈創辦，因受義和團影響，師生星散，培孫願繼續接辦。但教師已星散，非旦夕可聘請，遂請我及樂書、陳希賢（冷血）、雷季興（奮）、仲和諸人，暫行代課。後教師聘定，我等即東渡矣。仲和寫有日本留學指南，對於旅程費用，學校官立私立之分別，住宿飲食之習慣，詳細記載，閱之即可知其大概，有便於留學者不尠。余與止欺同行，更沒有不便，王荃士亦同行，乘輪船三等艙，自上海到長崎，只須大洋十四元。余等到神戶，改乘火車到東京，那時快車亦須一夜，天明達東京。神戶本為外人居留地，即中國稱為租界者，自明治維新頒布憲法，開國會，改正民刑法律，各居留地及治外法權，始由日本政府收回。沿海盡是洋樓，很像上海黃浦灘。到了東京，由止欺介紹一日本人家居住，由居停主人教日文，荃士亦住在一起。日文稍通，余即入早稻田專門學校，荃士入高等商業學校。荃士為培孫堂弟。余以早稻田太遠，後改入東京法學院（後私立學校均改大學，法學院稱中央大學）。其時私立法政學校，共有六校，都有名望，教授亦由帝國大學教授兼者為多，故功課亦相差無幾，惟少圖書參考。那時日本風尚，帝國大學特重，官吏考試及第者，帝大占多數，若早稻田出身者，業新聞記者為多，中央大學出身者，從事律師為多。早稻田大學為大隈重信伯爵創辦，中央大學校長則為法學家奧田義人博士。

　　日本明治以前之文字，多用漢字，中間加以日本字母，若將日本字母除去，即與漢文無異。維新以後，改用語體文，文言一致，遂與漢文不同。至各處方言，亦稍有異同。惟語言中，有所謂敬語，同是一語，說法不同。如

下對上，須用敬語，這不免階級思想。即妻對夫亦然，而為妻者，不覺有自卑感，習俗使然也。至學校講義，都用通俗語，只要記了各種專門名辭，辨明反正之意，即可聽講。譯書更容易，然新出之書即不同了。

　　其時中國留學生，文武合計，只有五十六人，每逢假日，彼此往來，不分省界，亦不分文武，親熱異常，恍若家人。有一研究團體，名勵志社，文武學生，都有入會，設立宗旨，只是聯絡情誼，研究學術。有時開辯論會，討論時事，交換意見，在我未到以前，即已成立。然亦有激烈愛國分子參加漢口唐才常富有票案，被戕者有四人之多，都是用功優秀之士，甚為痛惜。後又改定章程，主張君主立憲，出一刊物，名《譯書彙編》，翻譯日本明治維新之著述，及維新人物之事蹟，日本憲法書籍及名人講義，以及各國憲法名人傳記等，以期開發民智，灌輸新知識於國人，月出一冊，銷行上海，一時稱盛。其時日本留學生，都是純潔青年，想改革中國政治教育及軍事，沒有存功名富貴之想。梁任公亡命橫濱，發行《清議報》及《新民叢報》，立保皇會，留學生受其影響，同意主張君主立憲。任公筆鋒犀利，議論透澈，容易動人，亦有因其謾罵西太后為太過份者。其時清廷政治腐敗，大臣顢頇，任公批評，卻是實情。加以戊戌變法失敗，故議論不免過激，然對他表同情者不少。後以留學生來者日多，思想龐雜，有偏於溫和者，有偏於激烈者，溫和者多主張君主立憲，激烈者多主張排滿革命。勵志社會員中，亦有思想不同者，因之勵志社外，又有新民會之組織。然思想雖有不同，彼此友情，依然如故。

　　後以國內留學來日之前，時有通信詢問情形，故有留學生會館之設立，在上海登報，如問留學情形，可直接通信留學生會館，隨時答復，並可代為照顧。會館公舉幹事十二人，輪週值日，管理通訊等事，余亦為幹事之一，會費由同學量力捐助。初來之人，極為稱便。甚至考察之員，亦來信請招呼，會館雖是為留學生便利而設，但又不便拒絕，惟有妨學業。後來各省有同鄉會，會館對這種事情逐漸減少了。

五、蔡鈞升官吳氏被放逐

駐日公使蔡鈞，漢軍旗籍，其人不學無術，善鑽營，頑固自大。有一日，留學生公宴公使，酒酣耳熱之餘，陸軍學生，將公使高抬舉起，口呼公使萬歲，此係致敬之意。蔡鈞不知此意，嚇得變色，急呼下來下來。陸軍學生氣旺力壯，更加抬高，公使誤為戲弄他，跟他開玩笑，認為侮辱，密函政府，謂日本留學生中，多有革命分子，目無公使，即目無朝廷，以後派留學生，當嚴加考選，自費生不准學陸軍云云。日本定章，外國人欲入陸軍士官學校及陸軍各種專門學校者，須由本國使節保送，後因中國學生，初入士官，言語不通，聽講不便，故設一成城學校，先習語言，略教軍隊體例，及兵式體操，亦以軍人當教員，但不必使節保送。蔡公使商之日本政府，以成城學校，亦有軍事性質教育，亦須公使保送。日本外務省沒有復文，大約亦不贊成。適有某省自費生兩人，請公使保送成城，公使以自費生拒絕不保，兩生再三懇請無效。時吳稚暉（敬恆）先生同蔡子民（元培）先生來日考察學務，兩生轉懇吳向公使說項，以為以吳先生之面子總可有望，豈知蔡公使仍不許可。吳先生問他理由，他答自費生不能學陸軍。吳先生再詢，是否奉有政府訓令，且成城尚不是陸軍學校，日本方面，亦無公使保送入學之章程，貴公使到底據何理由，不肯保送？蔡使因吳先生是學者，不是顯宦，即存有輕視之意，即說我不保送即不保送，請君不必多言。吳先生聽了怒甚，說道政府派你來，不但專辦交涉，亦為保護本國人，今君對學生，尚且無理取鬧，不肯送保學校，非說出理由不可。相持之下，蔡使竟不理吳先生，拂袖上樓去了。吳先生見他這樣無禮，乃云真是豈有此理，今日不得保送許可，我不出館門，經館員一再勸慰，請回去再商，吳先生堅執不肯，遂留在客廳不走。

於是學生聞此消息，群起公憤，鬧入使館者有十餘人，偕同吳先生踞坐客廳門內外，徹夜不散。公使即電召日本警察，入使館執行驅逐，吳先生等均被攆出使館。遂動全體學生公憤，公電政府謂公使館有治外法權，今蔡公使不顧本國主權，電召日本警察，入館驅逐本國人員，喪權辱國，莫此為甚，應請撤回，懲其喪權辱國之罪。國內報紙，亦響應攻擊。外部復電慰諭學生，少安無躁。不久政府派載振貝子（慶王之子）為親善使節來日，隨員有唐蔚芝（文治）、汪伯唐（大燮）兩公。學生開會，舉吳止欺、章仲和及余三人為代表，往見載振貝子及唐汪兩公，陳述歡迎之意，及蔡公使對待吳先生情形，沒有理由拒絕保送學生等。振貝子溫諭後，囑詳細報告唐汪兩

位，並云朝廷深望留學諸生，學成回國，報効國家，派我來特為慰問，好好求學，你們有意見，儘管向他們二位陳說，我回國報告政府。後見唐汪二公，說蔡公使向來對學生有成見，即從宴會之事說起，說到對吳先生之無禮。唐公聽了，連說荒唐，荒唐。繼又說電召日本警察進入使館，驅逐吳先生及學生。兩位都說，豈有此理。我們又說，蔡公使在此對留學生，總不相宜，最好關於學生的事，另派一監督，至蔡公使撤回與否，政府自有權衡，非學生所應干預。不過若蔡公使這樣的人，做公使總不相宜吧。兩位笑而不答。後振貝子偕唐汪二公，到留學生會館，受學生歡迎，對學生訓話，加以獎勉，並說你們好好的求學，朝廷需用人才，對留學生期望甚殷。至蔡公使事，我回國報告政府，一定有辦法，望少安毋躁等語。

　　不久撤回蔡公使，繼任者為楊樞，廣東人，人頗和藹，時邀學生到使館，談話留飯以示聯絡，改變作風。又派汪伯唐為留學生監督，容納留學生意見。可見那時政府，卻有重視留學生之意。後又易以錢念劬（恂）為留學生監督。念劬先生，人甚瀟灑，曾隨節外國，見識亦廣，與學生相處更為和洽。後日本警視廳，竟以妨害治安為理由，下令吳敬恆出境，吳先生遂不能不離開日本。吳先生出發時，學生走送者近百人。吳先生走到皇城二重橋，忽跳入皇城護城河，群相驚惶，日警即下水救起，幸水不深，僅濕履襪衣褲而已。學生恐中途出事，公推吳震修、吳灝二人送上海。後聞蔡鈞鑽營得江海關道，雖以此人善於鑽營，而政府之用人，亦可想而知。蔡是塞翁失馬，安知非福，政府對留學生之舉動，不過是敷衍而已。

　　來日留學者，越來越多，因不到留學生會館留名，故無從統計。各省能文之士，都出一種刊物，評論朝政，發表意見，以《浙江潮》、《江蘇》等銷路最廣。《譯書彙編》，改為《法政學報》，但偏於學述，不重時論。星期日時開討論會，地點總在神田區錦輝館，席地尚寬敞，可容數百人。有一次開會，輪我演說，我即登臺演說。我說諸君知道，我是主張君主立憲的，我先說個譬喻，設有一巨宅，棟樑傾斜，瀕於圮倒，非拆造不可，但基礎尚堅固可用，如將巨宅拆改，即在基礎上重建，既省料又省工，何樂不為，因需利用的是重建的巨宅，不是原來的基礎呀。現在政府腐敗，非改革不可，譬如拆去巨宅，重建新宅，仍留君主虛位，留一點元氣，免得人民流血，即譬如利用原來的基礎，可省工又省料了。我們中國，向稱五族，但漢族占了十之九，無論選舉也罷，投票公決也罷，總是漢族居第一位，決不會他族勝過漢族的。所謂五族平等，是法律上的平等，將來立了憲法，開了國會，規定大權屬於政府，則雖有君主，亦不過為國家代表，對外稱元首而已。故雖仍以君位讓滿人，愚意看來沒有多大關係，只是一個偶像而已。惟漢人當

國，亦得受國會監督，凡事取決多數，不能獨斷獨行。政府違憲國會可彈劾重新組織，國會若不合憲法行事，政府亦有權解散，這是立憲國的正道。若今日之腐敗政府，應全部改革。憲法上規定，總理由國會公選，永不會落到漢人以外的，只要漢人自己不違憲，盡力為國，從此國家即有望了。滿族亦是中國的一部分，不能算他是外國。況滿人入主中國已近三百年，若論政事，還比明朝好些呢，如廢廷杖，禁宦官干政，永不加田稅等等。至於開國時不痛快的事，這是一時的變態，何代蔑有？故我主張虛君位立憲，是合宜於今日的事勢，若必要排滿革命，人民不知要流多少血，大傷元氣，一切都破壞。要知破壞容易，建設繁難，試觀法國革命，雖然推倒王朝，成了共和政體，嗣後戰亂頻仍，犧牲了多少人命，流了多少的血，鬧了幾十年，尚沒有太平。我們不應只看今日法國的繁榮，而忘了法國革命歷史之慘痛！中國已民窮財盡，若再加以革命的破壞，從頭建設，即使成功，亦非我們一代能見到共和的康樂。我並不是為清朝辯護，我只為中國百姓著想。說句公道話，現在政府之腐敗，自然應歸咎於滿人，但我們漢大臣之無能，亦不能辭其咎也。此我個人之見，還請諸君見教。說罷下臺，滿場拍手。

張溥泉君（繼）上台，說曹君的話，我不贊成。他說滿人亦是五族之一，亦算是中國人，我們黃帝子孫，怎能與韃虜為伍？他說革命流血，人民痛苦，不錯。然目下之情形，人民不是也受苦嗎？他說立了憲，中國即好了。立憲君主國家，不安定的多著呢！他說不要忘了法國革命歷史，我請他看看元朝歷史吧！聲音越說越高，隨後竟下臺謾罵起來，將一只皮鞋向我擲過來，我也不客氣，回敬他一只皮鞋，幾至揮拳，旁人都來勸解。我倒心平氣和的對他說，溥泉兄，今日只是辯論，大家意見，自然不同，彼此辯論，何必光火。元朝歷史，我也涉獵過，但我不是幫清朝，事實為證，清朝勝於元朝多了。元朝統治中國，只講用武力彈壓，百姓連氣都不敢透，百姓敢怒不敢言，怨毒於心，所以有人一朝發難，全國都響應起來，要打倒他為快，喊出殺韃子的口號，大家都起來革命，並非一朝的發狠，實在怨毒於人太深了。所謂時日曷喪，我及汝偕亡，即是這情形。今日政府雖腐敗，然對百姓尚沒有怎樣的兇毒，這是事實，不是我一人之言。我們主見雖然不同，為國都是一樣，無論君主立憲，排滿革命，手段不同，要改革中國政治之意則同。將來不論走那條路，若能成功，總是異途同歸，何必在此作無謂的舉動，反有傷友誼呢？來！來！我們握握手，言歸於好，只當沒有這件事，大家都把這場事忘掉了好了，仍做好朋友，好不好？他也笑了，彼此握手而散。以後大家意見都在雜誌上發表，辯論會少開了。回想起來，幼稚思想，不值一笑，可反映那時溫和派和激烈派的思想。

不久我二妹偕志忞（澤霖）並攜外孫宏杰也來了，宏杰才五歲。後志忞入早稻田政治科，我妹同仲和的未婚妻陳彥安女士，入下田歌子所辦的女子實踐學校。志忞喜音樂，又同我妹兼入東京美術學校。宏杰由下田介住日本人家，入幼稚園，跟父母分離，不覺有不慣情形。此孩聰明，見人總鞠躬行禮，日人亦覺難得，稱讚他聰明有禮貌，星期日，我妹夫婦時到我處，我住中江家，並同仲和，彥安約了居停令嬢（小姐）中江千美子，出遊上野公園等處，在異國恍若能得家屬之樂，殊為難得。後王稚虹（守善），亦來日本，入高等工業學校化學系，時尚未與我三妹訂婚約也。

六、學校畢業見習裁判所

我畢業後，思實習審判及參觀各級裁判所，以資實習，得司法省之許可，派判事一人為我領導，到地方裁判廳，且觀且講，即在判事座後設座觀審，比在學校得益更多。又導觀監獄，外貌看了很森嚴，到了內裏，見犯人著了犯衣，各就工作，不覺沒有自由。然進了監房則不同了，每日定時出監房，在外散步。獄內設有工廠，教犯人習一藝，女犯則有紡織及手工，其意令犯人出獄後，得有一技可以糊口，用意甚善。導觀之人告我道，當時日本要收回治外法權，特派專家到歐洲國家考察司法制度，對於監獄，特別注意，故日本監獄，都採各國的辦法。後又參觀執行死刑，先將犯人解除刑具，另至一室，飼以酒食，並由宣教師（僧人）為說三世因緣，希望他來世做好人等語。將草帽遮蓋了面臉，不令人見其面，置於囚車，押至刑場。刑場內有樓屋三四間，為檢察官等監視之所。對面有一小樓，下面空無所有，將犯人引到小樓上中間。中間有一活絡木板，令犯人站在木板上，有機械鐵索，先將繩索扣在犯人頸上，索機一扳，木板下放，人即墜下。犯人懸在空中，手足亂動，約三十分鐘後，人即不動，氣逼而死，此法等於自縊。檢察官同法醫，檢視犯屍，解除頸索，聽心診脈，斷為氣絕身亡，才算執行已畢，聽家屬領屍。據說這樣處死，比絞刑更可少受痛苦。惟檢察官審詢之所，不令參觀，我想雖不用刑訊，亦有不能公開令外人觀看之處，然想比舊時執行之法，一定好得多了。余因調查司法審判，又與止欺為商部委託調查商標法，故多耽了一些時候。止欺因欲調查商標詳細制度，且與伊澤修二家進行議婚事，不即回國，伊澤修二氏為日本教育家，任高等師範學校校長，允將其女嫁止欺，議成，時日本尚沒有自由結婚，須有父母之命也，止欺在東京結婚後回國，中國人與日本高等女子結婚者，惟止欺一人而已。

七、同范靜生商辦速成班

　　余正擬束裝回國，范靜生（源廉）來看我，他說，我們今年均將畢業歸國，我學師範，回國後擬在教育方面致力，君學法律政治，回國後當然在那方面有所貢獻。惟政治不良，教育亦無從著手，兩者相輔而行，政治比教育還要緊。但人才缺乏，又不能立刻造就，我來與君商議，想在日本辦一速成法政班，雖不完全，總比沒有學過的好。君若贊成，君在法學方面認識的人，比較的多，經驗也比我豐富，君想如何辦法好？我說尊意我很贊成，但日本法學家，自己用功者多，寫寫著作，不多管閒事。此事需要一位法學大家，又肯熱心教育的人，領導提倡，方能成功。至擔任翻譯，在學法科的人裡找到不難，但這是盡義務的，亦要本人有興趣，自願方好，容我想想後再奉復。經我考慮之後，去看靜生，我想到了一位大法學家，即法政學校校長梅謙次郎博士，他可算法界權威。我與梅博士請教過幾次，見他對中國很關心，人亦爽快明通，倒不是埋頭苦幹，不問外事的人，地址即借他法政學校。只要他肯擔任，我想最為合適，我們先去拜訪他，跟他討論這事，看他有沒有意思領導？靜生欣然，遂與梅博士約定日期，先去訪問。梅博士很贊成這辦法，但不能當時決定，約日再談。

　　靜生與我同樣看法，覺得梅博士有意擔任此事。過了數日，梅博士約我們同去見他，他說你們兩位為中國熱心，養成人才，我很感動，我也願意為你們出一點力，擔任此事，地址即可在本校。惟時間不能與本校衝突，有時只好排在晚上授課。教師由我約請，課程由我同教師商定。學費不能定得太高，也不能太低，須得與教員月給配合，翻譯由你們去約。惟學期至少總須一年。我們得了梅博士的允諾，深致謝意，此事即算定局。遂擬章程，要點：年齡在二十以上至三十歲，中國文須通順，學期一年，學費到時再定，呈閱梅博士同意。課程有刑法、訴訟法大綱、民法大意、行政法通則、日本憲法與憲法比較、警察法、地方行政法，教師都是各大學教師，第一流法學家。開學後，學生有已來日本尚未入學者，已有百數十人，來學者都很滿意，因翻譯聽講，比較稍通日文者更為明白。靜生任兩門翻譯，憲法及行政法，余亦任兩門刑法及刑事訴訟法。余回國後，第一班畢業，歸國宣傳，來學者頓增至四五百人，課程改為一年半。後又改為兩年，是較充實。聞後來學者，竟至三千人以上。這些種籽，散播各省，卻是一支無比的政治生力軍也。

　　余回國時，在日本進學校者已近萬人，聞後來最多時，超過兩萬以上。

孫中山先生在日本從事革命活動，組織同盟會，來日者份子更加複雜。聞有不進學校，專搞政事黨務，日本政府頒布取締中國留學生會，大鬧風潮，余已回國，不甚了了矣！

八、日本明治時代之一瞥

余到日本之時，八國聯軍正在轟擊大沽口，日本方崇拜西洋，蔑視中國，留學生在路上行走時，往往為無知兒童指笑，警察即加以制止，然上等社會之日人則無此舉動。學校教師，且以兩國同文同種，勉勵求學，將來回國，應互相親善為勗。以我觀察所及，日本自明治維新以來，不滿二十年，收效之速，已可驚人，由於義務教育普及全國。修身一課，尤為重視，教以人倫道德，忠君愛國。又重視體育，提倡尚武精神，到中學即有兵式體操。全國無文盲，即車伕走卒，暇時輒手一報紙閱看。報館亦多，大報的編輯記者，地位亦高，故一般民眾，即婦女亦能知世界大事。那時國會設立不久，尚未行普選，政黨競選議員，未聞有花偌大金錢者，甚至一錢不名而亦當選者（中江篤介即是一人），真可謂公明選舉。

至軍事教育，尤為注重，已設立陸海軍大學、士官學校，各種專科學校。中國學生，那時只有入士官學校，亦有入海軍學校者。日本對入海軍學校考試甚嚴，意即在限制外國學生入學。即士官學校，聞有幾課，亦不許留學生同聽，這是島國性之本來面目。至大學及高等專學校，則沒有限制，亦有私立者。私立學校，其時學法政者只有六校，因須有三科以上方可稱大學，故當初都稱專門學校或稱學院。後來添設課目至六科以上，才改稱大學。官立大學以東京西京兩大學最有名，造就人才亦多。造就師資，有高等師範學校及師範學校。至貴族子弟，另設學習院，中國貴族子弟亦可入，此則不免仍有階級觀念矣。至學生出外，都趁三等火車，貴族學生亦是一律。假日每作遠足旅行，都穿革履，師生步行。遠者搭趁火車，下車仍步行到目的地。學生都著制服，以帽花為別，大學生都四角式，惟早稻田大學則效美國式。女學生一律和服，束以紫色長裙，頗為整齊美觀。至柔道館、擊劍館，到處都有。日本人本以大和魂武士道自誇，此種體育，雖是鍛鍊體格，已寓有軍國主義矣。

工業方面，已由手工業進入機械化的時候，力求上進，並選派學生留學歐美，以到德國者為多。又設立兵工廠，自製軍器。至機關車、火車、鐵軌、輪船、兵艦等都能自造。製造機件的機器，方在進行。輕工業如紡織、化學製品，可與舶來品相媲美。日本人富於模仿性，惟所製的皮革、呢絨、化妝品等，尚不能比舶來品。軍警服裝及學生制服已可自給自足，進口貨品逐漸減少，出口貨品力求增加。惜原料均須取自外國，即鍊銅鐵的焦煤，亦須取給外國，此為先天的缺點，無法補救者也。

交通方面，進步較遲，只有東海道鐵道，已算全通，其他不通地方尚多。東京方面，皇城位於中心，環以護城河，水甚清潔，城以石砌，城牆上古松蟠屈，古香古色，姿態極佳。此城本為幕府所居，原來皇城在西京，維新以後，始定都東京，環城道路很寬闊，尤以二重橋外之廣場，更為寬大。皇城外之銀行、大會社，都是高樓大廈，自銀座至上野，為東京最熱鬧繁華之區，尚用軌道馬車來往。交通工具以人力車、自行車為主，大臣乘馬車者少，亦坐人力車，惟用兩人一曳一拉，取其較快。馬路鋪裝，都用細石子，用瀝青鋪裝者，可說絕無僅有。住宅區都在小街，彷彿中國的胡同，故雨天亦行路維艱。房屋全是和式，大家園庭布設極雅，房屋亦是和式。在銀座一帶，間有和洋合璧之商店，亦是僅見。公園到處都有，不過利用有山谷河沼樹林之處加以點綴，設有茶座，供行人憩息及小孩遊戲而已。只有上野、淺草兩公園，規模較大。

上野有動物園、圖書館、博物館、植物園、不忍池等。又有西鄉隆盛銅像，矗立園中。淺草公園，只是賣藝遊玩之處，遊人龐雜。有一觀音廟，香火頗盛，廟內供一尊觀音像，高不及尺，云自中國渡海而來者，頗著靈應。淺草區內，遊藝場頗多，像中國廟會。此外有料亭茶座，又有女郎屋，列屋而居，隔以木櫺，粉白黛綠，陳列其中，任人選擇，中意者，即入內交易而出，真是賣淫等而下之矣。至上等藝妓館，設在新橋、柳橋一帶者為多，亦是比鄰而居。至晚門前懸一燈籠，各家不同，雛妓稱為舞子，教以三絃琴及歌舞，藝妓標榜賣藝不賣身，只有自己知道，與上海長三堂子相同。日人宴客，非有藝妓不歡，請客總在料亭，因布置精緻，應酬周到，座席大小俱全。又有待合所，是變相的小型料亭，老闆娘大都是退休的藝妓，與富商達官素有關係，密商事情，最為合適之所。日本人有潔癖，每日必須入浴，浴水極熱，恍若到沸度，我輩不能受。其時家有浴室者少，故大街小巷公共浴堂，到處皆是，男女分隔，取費極廉，自晨至晚，浴客不絕。

其他賣花店，亦到處可見，因日本女人，以插花為一種功課，女學校亦有教以插花，家庭亦都為裝飾。其插花之法，卻另有一種方法，在一淺盆裡插一枝松枝，姿態斜倚，配以梅竹之類，夾以竹片，頗為雅緻。雖是絕好清供，亦須工夫，故有專教插花者。日人喜園藝，即普通人家，院中一樹一石，亦點綴合宜。又有專門培養松柏梅各種樹木，植在盆中，名為「盆栽」。盆用紫泥，高止兩寸，樹之老幹，竟粗若拳石，非數十年不能培成，亦有百年以上者，古色古香，價值昂貴。至百年以上者，都是非賣品。此種手藝，是日人獨得之秘。那時下水道尚未普及，故人家尚無抽水廁所，廁所都在屋中，雖勤於洗滌，挖糞總須十天以上，臭氣外洩，有礙衛生。

至日用品，到處有勸工場出售，只售日用品玩具及文房紙張之類，沒有鮮貨，亦沒有精品。要購精品，須到銀座百貨商店，以白木屋為最大，雖是和式，亦有樓房，所售者以婦女衣料為多。日本婦女，都講究腰帶，寬約尺餘，長有丈餘，緊束腰間，因婦女衣服，沒有扣帶，全靠腰帶束緊。錦織腰帶，貴者須數萬丹（當時幣值），非貴婦人莫敢問津。還有日製七寶燒各物，仿古磁瓶，價值驚人。至舶來化裝各品，日本亦能自製，惟精粗不同，但日本人愛國心重，寧買日本粗品，不用舶來精品，無論何物，只要能自製，都是用國貨。我以為日本富強之源，即由於人人有愛國心也。

　　日本信奉神教，設有神官，祭祀必用神官，即婚禮、開市、進宅等等，亦用神官，取其祓除不祥，祈求福利。到處多神社，以靖國神社最為宏大，奉祀陣亡將士極為重視，等於中國昭忠祠。亦有名將之神社，等於中國建立之專祠。至佛教，自幕府時代，始由中國傳入，都是高僧，亦有日僧到中國傳習者，以唐朝為盛。至今西京鎌倉等處，寺廟仍多，亦分宗派。

　　至娛樂方面，有能樂、演劇等各種場所，都是席地，以歌舞伎座為最高尚。惟演古典劇，不知劇情，不感興趣，與中國演平劇相同，即懂劇情亦不明歌音。後有話劇，則有普通性，亦容易領會，很有意思。

　　日本溫泉最多，經化驗後，各處不同，可治百病，亦可供娛樂。余很喜歡，惟所至者只離東京不遠之熱海、箱根等處。浴池雖不分男女，然不聞有苟且之事，那時日本女子尚未解放，且有中國傳統的觀念，然男尊女卑，妻對夫之恭順伺候，則為我國所罕見也。日本女人，不若中國女人之足不出戶，然皆勤儉持家，出門都是步行，下雨則用雨傘，著高木屐，絕少穿雨衣者，男子亦然，足見其風俗勤儉敦樸。惟男子都喜歡飲酒，往往因喝醉而闖禍，至櫻花時節，則攜樽看花，東倒西歪，隨時可遇，此是日本風習，警察亦無法干涉。余歸國時，日比谷公園及帝國旅館方落成。

　　日本學生，如學校無宿舍者，都在學校近處住下宿屋，在神田、本鄉兩區較多，是專為學生設備者，取費甚廉，高等者月連伙食，不過二十日円，最便宜者，月只數円。惟飲食即高等宿屋亦是魚類，很少肉食。余初亦住下宿屋，後以張新吾之介，住在中江篤介先生之家。時篤介氏已故，家只有中江夫人，及一女一子，女名千美子，子石丑吉，均在女高及中學攻讀。中江家待我很親切，其夫人時時講丈夫篤介氏之孤高耿介，曾留學法國，醉心民主自由主義，時伊藤當國，勸其出仕，以主義不合終不應命。後不花一文當選議員，又以國會議員不夠理想，辭而辦報，鼓吹民主自由，潦倒終身。嘗謂餓死事小，失節事大，言時嘆息。還對我校正日語，是一舊式家庭。其女司炊事，常怕我日本料理不合口味，我說我很喜歡日本料理，她以為我是客

氣，常特別為我做西洋料理。住了三年，直至歸國。人稱日本淫風甚盛，以我觀之，未必盡然。惟日本雖尚無社交風氣，男女之間，拘束程度，比中國好得多，若以道學眼光觀察，宜乎視為淫風矣！

是年我將歸國，同時畢業的文武學生，有六十餘人。同學假黑啤酒公司的花園，開歡送會，賓主共有二百餘人。園庭甚廣，樹木扶疏，還有山陂水池，草地如茵。大家不拘形跡，各人餉以弁當（飯盒有餚），原樽啤酒，開懷暢飲，大半飲到醺然，共攝一影，都是東倒西歪。余本不能飲，是日竟大醉，臥於草茵不能動彈，覺此樂不能再有了。及至夕陽西下，始各盡歡而散。余歸途已大吐了一次，回到中江家，尚覺頭暈口渴。居停令嬡千美子為我舖牀，我即倒下，喊頭痛，她又備了一盂，防我再吐，並飲我冰水，以冰袋覆我額，囑我靜臥，她在地舖邊坐下相陪，直到我矇矓睡去始去。待外人如此溫情，真是難得，令人心感。況千美子令嬡，已遣嫁有期，嬪與竹內綱氏之子。竹內綱亦一老政治家，已故世，與篤介先生至好，即吉田茂氏之生父，吉田氏由竹內家出嗣於吉田家者也。

是年逢日本在大阪開博覽會，我約我友陸仲芳（世芬）同去觀光。我沒有到過西京，順便到京都遊覽。博覽會規模不很大，但每天觀眾甚多。其中各國有專館，中國亦有專館，但陳列的出品大都是農產品，礦石原料，及手工製品。惟有慈禧太后大油畫，高懸正中，頗引人注意。西京本是幕府時代之皇都，至今稱為京都，街道不寬，然清靜雅潔，古色古香，寺院及名勝甚多。因無嚮導之人，未獲到處觀覽。遊琵琶湖，嵐山踞其中，恍若我國長江中之金焦，惟規模氣派，相差甚遠。自琵琶湖泛舟達嵐山，山不甚高，清翠欲滴，冬夏長青，湖不揚波，清澈見魚，比西湖潔淨多矣。住了兩宵，仍回東京。返時千美子令嬡，已與竹內氏成婚禮。

回國時，適與吳摯甫先生（汝綸）同船。吳先生在船中，終日揮毫者兩日，皆日本士大夫所求的墨寶，在東京無暇還此筆債。幸風平浪靜，船行平穩，吳先生寫為國自愛額字為贈。

九、聯軍和成老臣薨於京

　　余正作回國打算之時，聞李合肥（鴻章）嘔血薨逝之噩耗，甚為痛惜。合肥自甲午戰敗，為朝野攻訐，頗不得志，降調兩廣總督。迨拳匪亂作，兩宮西狩，聯軍平亂後，留京不撤，清廷不得不起用李合肥，與聯軍議和。聞聯軍司令以清廷昏庸，何能為國，對合肥有勸進之說，合肥聞而益懼，一面竭力與聯軍交涉，一面力懇兩宮回鑾，以安人心。聯軍要求賠款以外，並嚴懲禍首，而禍首俱屬親貴，更加棘手。終於由多數減為少數，由極刑減為流刑，賜帛自盡者，不過二三人。和議成後，兩宮始由西安起駕回京。李合肥以八十高齡，任勞任怨，勉強達成和議，積勞成病，卒至氣憤嘔血，薨於北京賢良寺行館，兩宮震悼，賜諡文忠。

　　李文忠佐曾文正平洪楊之亂，得力於英人戈登新式軍火之助戰，始知軍隊武器，非改用槍砲不成。文正公奏請設立製造局，限於經費，不能擴充。文忠本想訓練淮軍，鑑於文正之功高謗重，僅封侯爵，又見湘軍之收場，故憂讒畏譏，不敢更練淮軍。可知獨裁王朝，若無明主，雖有賢良亦無能為力。惟以海軍必須建立，故興辦海軍，然受樞廷掣肘，經費不充足，人才亦不夠，且移指定的海軍經費為修頤和園之用，甲午之役，自知海陸軍尚不能言戰，故力主和議，為清議攻擊。廷臣不明形勢，多數主戰，合肥孤掌難鳴，遂至一敗塗地，嚴旨譴責，降調兩廣總督，蓋世勳名，隳於一旦。迨拳匪之亂，又不能不起用老臣，以當難局，以功高望重之元勳，為亂臣賊子了後事，其心境苦悶，自可想像。終以國家賠款費銀四萬萬兩，自己以身殉國。後之論者，見仁見智，各有不同。不知合肥雖當重鎮，遇事掣肘，又乏賢能輔助之人，以視文正公之處境，何能並論。然其任勞任怨，公忠體國之心，亦可無愧列於曾左胡之後也。

十、日俄戰爭引起親日感

當庚子八國聯軍到北京平拳匪亂後，和約議定，各國盡已撤兵，獨俄國駐兵東三省，不肯撤退。且干涉內政，甚至盛京將軍出入城門，亦受檢查。清廷屢次向俄抗議，俄終不理，日本以俄駐兵東三省亦受威脅，同時對俄抗議撤兵，亦無效。東三省處於兩大之間，為日俄必爭之地，俄既不肯撤兵，日亦不肯示弱，因此日本對俄宣戰。當時我國在此情形之下，十分為難，樞廷與直隸袁制軍再三電商，以李合肥與俄訂有同盟之約，論公法應助俄，而日本以保我領土，仗義興師，論情理應助日。然揆之當時我國之國力，無論助俄助日，均不可能，而戰場又在我領土之內。不得已，以遼河為界，宣布中立，遼河以北畫入戰區。袁宮保以日本顧問坂西利八郎扮裝為中國人，時往盛京與日軍暗中聯絡，助以糧秣，日人因之以為袁有聯日之意。當時日使內田康哉，曾到外務部索閱中俄密約，外部即示以原約，日使閱後，很表同情。清室以東三省為發祥之地，不設行省，名為盛京，以將軍都統等武職滿人治理地方，多屬貪污無能，以致土匪遍地，馬賊橫行。馬賊盡是關東大漢，槍支繫以紅布，亦有頭紮紅巾者，故人稱為紅鬍子，均精槍法。其中有兩派，一派以張作霖為首，一派以馮麟閣（又名馮德麟）為首，這兩派名為劫富濟貧，不擾良民，人民亦比較同情。日俄雙方均爭取張馮，以偵探對方敵情，故張附日，而馮附俄。聞張對日軍，貢獻頗多，日軍亦頗重視，而張並不依勢凌人，故人亦稱道之。馮對俄軍，不如張之敏捷機警矣！

後日本陸軍攻至鐵嶺，海軍亦攻陷旅順，時適在新年，余與摯友在日本熱海溫泉渡假，見日本人興奮非常，每夜開提燈會，慶祝戰勝，東京熱鬧情形更可想而知。當日本徵召退伍兵之時，我住在中江家，見退伍兵應徵到東京者，軍部令分住民家，視房屋之大小，配住兵之多寡。中江家派住八人，中江家自動讓出六疊房兩間以住兵士，自家母子女三人，擠在四疊半的一間小屋。余以外國留學生，不令讓屋。每日三餐，總以肉食餉兵士，兵士亦幫同操作，彼此和睦，恍若家人。我看了真覺感慨，中國人民與兵士，那有這種情形，及到出征之日，家家戶戶，集團歡送，手持大旗，旗上寫的都是「光榮戰死」，「為國捐軀」，「祈必勝」，「祈戰死」等等字樣，以壯行色，於鼓勵之中，寓有不勝毋歸之意。兵士踴躍前進，人民歡呼萬歲，歡送場面，人山人海。以這種字句來送出征之士，在中國人視之，必視其為不祥，而他們則認為鼓勵軍士之必勝，即此可見其忠君愛國之心為何如矣。

自佔鐵嶺陷旅順後，人皆以為直趨北滿，且搗俄京，而日本重臣會議，

不宜前進,御前會議,亦同此意,前敵將領,亦皆遵從,遂止於鐵嶺,洮美國為介,派外相兼全權大臣小村壽太郎,與俄和議,要求賠償,為俄所拒,僅得繼承俄在中國的旅大租借權,及東清鐵路之南段讓與而已。俄真慷他人之慨,然已阻俄之南下矣。日本費了莫大的人力財力,受了莫大的犧牲,以戰勝結果,而所得僅止於此,無怪人民不滿,於小村歸國時,群眾高舉「辱國大使」旗迎於東京車站,幾遭毆打,而其家鄉之宅邸,已被焚燒矣!故小村對俄,時存報復防禦之心,東三省會議後,後來對我之言,亦是想中日兩國,提攜親善,共同防俄,惜事與願違,未獲實行。

　　當日俄開戰之時,我尚在日本,見日本軍人之踴躍從軍,我已中心感動。回國後,又見日本無條件歸還我東三省領土,其慷慨仗義之精神,已使我心折。我想小村既有此願望,終能見之實現。且以日本工業已有基礎,惟缺乏原料,我國蘊藏豐富,而工業落後,假使兩國親善提攜,有無相通,同時並進,假以歲月,不難同為富強之國,同為東亞兩大強國,不但防俄,且可維持東亞之和平。我基此心理,親日之感,由此而生。孰知日本軍國主義,日益抬頭,而我國故步自封,政治日腐,遂使日本以我國不足與謀,本為親華,變為侵華,廿年前慷慨仗義之精神,廿年後變為侵略戰爭之結果,思之能不憮然。而我之親日觀念,因之亦有變動,蓋可親者為有正義感人情味之日本人,若暴戾侵略之軍閥,則惟深惡而痛絕之耳。

十一、畢業回國派商部行走

　　余回國時已廿九歲，回國以前，新設商部已電調仲和、止欺及余三人，回國後到部任事。到滬後，值三妹與王稚虹結婚，故俟婚禮後，晉京到商部報到，時商部尚書載振貝子（貝子為清爵位次於郡王），右丞為楊杏城（士琦），左丞為唐蔚芝（文治）先生，侍郎為紹英（滿洲人）。部務都由唐公主持，貝子等居其名而已。唐公以舊科舉出身，而思想極新，提倡商務，力行新政，足見行新政者，不一定是要新人也。仲和先回國，與彥安女士結婚，賃屋於西城翠花街。余初至北京，即寓其家。彥安夫人在西城辦了一所蒙養院，名第一蒙養院，以期擴充。其時中國尚未定學制，該院收男女小學生，兼設幼稚園，來學者甚眾。惟已經費關係，未能擴充，然已開風氣之先矣！

　　商部派余在商務司行走，兼商律館編纂。其時日本留學生為商部羅致者，如錢念慈、張新吾、夏爽夫、祝研溪等均是。後又兼進士館助教。進士館亦新設，為新科進士授以法律、政治、外國歷史地理各科，聘日本法學博士為正教，選留學生為助教，兼充日本教員翻譯，又獨自擔任一門功課，余擔任講刑事訴訟法，兼翻譯外國地理。進士館學員，都是新科進士，亦有翰林，年歲比我大，學問比我高，當這班學員的教員，真有戰戰兢兢之感。但他們到底有傳統尊師的觀念，對於教員執禮很恭，即對助教，亦稱老師。只有徐謙其人者，傲慢無禮，對我尤甚。其時我年少氣盛，不能忍受，向監督函請辭職，時監督為張亨嘉先生。張問為何要辭？答以學薄資淺，不勝其任。張即面留，後偵知其故，頗覺為難，既不允我辭職，又不能開除進士學員，於是設席宴各教員，徐謙亦邀陪末座。席間即說中國尊師之道，與外國不同，中國從小入塾，即知天地君親師，以師與天地君親並列，可見對師的尊重為何如。外國教師是職業，學生對之為求學，中國則對老師求學之外，還有尊親之意。鄙人雖忝長年歲，對各位教師，無不特別尊重等語。各人聽了心中明白，即徐謙對張先生，以老前輩關係，亦不敢置一辭。張監督將辭函退還，即算了事。後聞徐謙左傾，入民國後，結識加拉罕，夤緣為俄文專修館校長，宣傳共產主義，鼓動學生反對政府，後又任職武漢容共政府，不知所終。

　　商部官制，取法外務部。當唐蔚芝先生同振貝子訪日之時，見日本工商事業，蒸蒸日上，中國商務日衰，以前還有絲茶獨佔出口，又為日本擴奪，不能與之相爭，工業更無論矣。回國後，力陳振貝子，中國應專設商

部，以振興商務，保護外僑，俾令回國投資，先求自給自足，再圖出口，延攬有名之士，討論振興商業之策。故商部司員，皆一時之秀，制定商律，以立原則。各省設商會，以圖團結。設商標局，獎勵創製，杜絕冒牌，矯正土貨出口，存貨進口之舊法。提倡各省設紡織廠、製粉廠，以抵制漏卮，供給民用。北京設工藝局，以開風氣。又以日用火柴，悉由外來，派張新吾往日本調查考察，購買日機，設廠自製，在北京設立丹華火柴公司，招商集股，以張新吾主其事。新吾本學化學者，遂到日本購買機器，參觀學習，一切材料，逐漸仿造，均能自製。上海等處，亦效法自製火柴。丹華又添設分廠於天津、安東，日本火柴從此絕迹於市。

又奏派右丞楊杏城乘軍艦到南洋各埠，宣慰華僑，遍歷香港新加坡印尼各島。華僑見祖國亦有大軍艦，始堅內向。楊專使到處宣布朝廷對華僑德意，勸他們回國投資設廠，商部必保護獎勵，華僑很為感動，隨後即有華僑資本家回國視察，預備投資。未幾唐公丁憂，回籍守制，時唐公已升任侍郎，署尚書，清制丁憂，即應開缺，不能任實職，由商部委任上海高等工業學校監督，該校為盛杏蓀先生創辦，養成鐵路駕駛電報人才，經費由鐵路電報各局分擔，不隸於學部，而隸於商部（後由郵傳交通部管轄）。唐公添設學科，以鐵路輪船科改充為土木科，電報科改充為電機科，又添設水利、化學等科，改名為南洋大學，到各省招考中學畢業生。時新學方在萌芽，及格者很少，有一科及格即錄取，即漢文及格亦錄取。另設附中補習，附中畢業，即入大學。學科水準高，學規又嚴，人才輩出。大學畢業，擇優送出洋深造。唐公及門桃李遍全國，時已由南洋大學改為交通大學矣。後來校友鳩資，建一堂紀念，以唐公之名名其堂，為文治堂。後因雙目失明，辭退校長，在無錫設館講學，從學者甚多。唐先生目雖失明，仍能口授講學，造就國學人才，一時稱盛。先生自奉甚儉，在北京寓居，極其簡陋，自商部丞參以至尚書，未嘗更徙，有足稱者，唐先生已經學大師，從政則力求新法，辦學又崇尚科學，並重體育。以舊學者而辦新事業，在唐校長時代之畢業生，科學之外，均能國文，斯亦可謂中西並重矣。惜有清時代，若唐公之實事求是，身體力行者，不多覯也。

十二、北京市政今昔之改觀

　　余初入北京，看那種無秩序、不清潔的情形，京師稱為首善之區，如此雜亂無章，真是想像不到。而王公大臣之宅邸，則又堂皇冠冕，即舊家宅居，亦甚清潔。各家垃圾往往即傾於門外，雖官方派車清除，然車少圾多，清不勝清。清除的垃圾都堆積在廣場空地，或城邊隙地，夏天穢氣發洩，有礙衛生。人民無公德心，於此可想，然亦由於無市政之官廳故也。北京建都，始於明朝永樂，為劉伯溫之設計。劉氏精風鑑，又通密宗，故都城規模，參以風鑑密宗，極為宏大。皇城建於中央，分內外城。清初入關，內城居滿人，漢人都住外城，即賜第亦不例外。圍城有護城河，城牆又高且厚。大道有下水道，高可站人，名大明壕。當年舟楫，可進入護城河，漕運可直達外城虎坊橋及內城二閘。今則虎坊橋在地面，惟二閘尚可泛舟，不勝滄桑之感。當建造之初，內城街道都成十字形，每於大道，建一莊嚴華麗的牌坊，十字街口，則建四座牌坊，稱四牌樓，東西大街口牌坊，稱東西牌樓，均至今猶在。宮殿前有漢白玉石臺，上供一對銅爐，一對銅仙鶴。天安門外，左右立一對極大石獅，彫刻精細。又立一對高達數丈彫刻盤龍之華表，聞此皆取之密宗佛宮之意象。在外城建立天壇，高數十丈，金頂圓形，莊嚴萬千，為天子郊天之所，立於太和殿陛上，可直線望見天臺之金頂。內城後門名神武門，面對景山（明思宗殉國之所）。天安門左為太廟，右為社稷壇。又有一團城，上有佛殿，內供玉佛，玉佛係暹邏進呈者，聞與風鑑有關，此皆是當年建都之大概。

　　入清後，地方行政方面有巡城御史。每隔數十丈，有一看守所，等於警察，至今尚有夜間提燈籠巡街者，直至設立警察而廢。巡城御史之俸給，尚照清初所定，從沒有增加，等於枵腹從公，難免受居民之賄通，遂將整齊之大道，分為三段，中間一段，為御道高出數尺，供車馬人行。兩旁稍低之道，架棚設肆，售賣魚肉、菜蔬之類。晴則塵土飛揚，雨則泥濘載道，路狹人稠，擁擠不堪。至大明壕之上，亦蓋瓦房，且設店鋪，每年挖溝兩次，都在人民家裡開洞淘挖，穢氣薰人，因之內城本來整齊清潔之街道，搞得雜亂無章。至外城各大道，亦分十字形，出正陽門至天壇大道，亦有牌坊，東西兩大道，西達彰儀門，東達××門，尚無道旁設舖之事，大約外城店鋪已多無須再設也。外城最稱熱鬧之大柵欄、觀音寺等街，車馬最多，雨時泥濘，數日不乾，行人叫苦。至有名之刑場，設在菜市口，為外城最繁盛之處，取刑人於市之意，戊戌六君子，及庚子之許京卿，均於此處受刑。聞大

官行刑之前，尚須具衣冠，向北謝恩。殺頭還要謝恩，專制王朝之體制，可謂嚴而酷矣！至庚子後，始派肅王耆善，為管理京師工巡事務大臣。後設民政部，即任肅邸為民政部尚書，始開始整理市政，將內城大道旁之棚舖，一律拆去，恢復舊觀，改修馬路，由內城展至外城。但護城河工費太巨，尚未疏通，大明壕上之房屋，亦無法拆除。當時雖屬專制王朝，然拆民房須給補償，無此經費，即無法拆除，尚有恤民公道之意也。

至東交民巷，原名交米巷，庚子前，官衙王府與各國使館均雜居於此，向為內城最整齊之區。庚子後，各國使館始聚在一處，另劃一區為使館區域，東自崇文門，西至兵部街，南至城根，北至長安街，成一四方形，其內原有之官衙王府民房，一律遷出。靠長安街裡面，各國有兵舍，撩以牆垣，牆外有練操場，垣上均有炮眼，儼成堡壘。使館區內另設警察，開闢馬路，普通人民不許往來，更不許軍隊通行。後又設立銀行、飯店、商舖，始許人民進出，軍隊亦不限制，可以通行。以我所知者，英國使館原為翰林院、兵部、工部等地，占地最大，日本使館，原為肅親王府及詹事府舊址，兵舍另在一處，其他不詳。被占之府邸民房，政府由戶部撥銀四十萬兩以為補償。

肅親王在親貴中，最為開明，擅書法，性剛強，喜與漢文人交遊。在任民政部任內，對於市政更多貢獻。我友汪袞父（榮寶）、丁問槎（士源），皆其賓客。後兼崇文門稅務監督（此缺向例親貴為監督，以示調劑）。崇文門進口稅，即為北京落地稅，凡進城之物品，不論用品食品，均須照章完稅，稅收向解內務府，不解戶部。自肅邸任監督，約問槎為助，不給名目，等於代表肅邸，潔己從公，弊絕風清，稅收增了兩倍。問槎與關員約，不許額外需索，年終考成，提款作獎，故關員力改前弊，奉公守法。有某親貴運紹酒數十罎進城，以前向示通融，問槎定要照章完稅，某親貴訴之肅邸，以丁某無理取鬧，酒係自用，並非賣品，這樣任意妄為，非撤辦不可。肅王告以丁某，我約他幫忙，並非關員，某親貴力主非撤不可，肅王無奈，乃資遣到英留學，其愛才如此。而問槎因之對清室特有情感，不但對肅王而已。肅王開始設警察，聘日本川島浪速為顧問，設內外城廳丞，專司市政，內城廳丞為章仲和（宗祥），外城廳丞為朱桂莘（啟鈐），於是內外城均添修馬路，編查戶口，每家編門牌，盜賊案頓減少。

仲和為內城廳丞時，適逢汪兆銘行刺攝政主未遂之案。汪在地安門什剎海銀錠橋下埋設炸彈，是處為攝政王每朝必經之路，正在工作之時，被巡警發見逃走。後偵知汪未婚妻陳璧君與黃復生，在外城琉璃廠開設一照相館，汪亦同住，遂被捕。捕後由章仲和親自鞫訊，汪不答言，但索紙筆，席地寫供辭，洋洋數千言，力言革命之起，由於朝政腐敗。其時各省革命黨，

屢屢起事，前仆後繼，都遭鎮壓。仲和以革命黨非殺戮所能戢止，又以汪之文才，殺之可惜，擬設法拯救。若交刑部，必處大辟，乃商之袞父，請肅邸設法拯救。並以供詞呈閱，由肅邸提訊過一次。袞父又向肅邸力言，革命黨只能以改革政治使之感服，決非以刑殺所能戢止，汪兆銘供詞，政府可作參考，肅邸聽了袞父之言，又愛汪之文才，乃轉陳攝政王，力請從寬辦理，以示朝廷寬大，使革命黨感激自新，若殺一汪兆銘，反可激起無數之汪兆銘也。攝政王從其言，轉令處以無期徒刑，收禁刑部監。問槎不以為然，以為此是書生之見。肅王又特囑刑部監獄，加以優待，故汪氏在刑部獄中，尚能閱報作書。直至辛亥革命，始獲自由。聞釋放後，袁項城曾密與商議，與南軍議和之策。

自汪案發生後，北京特設巡警部，由北洋大臣袁項城推保趙秉鈞長部，並調北洋有經驗之警察數十名為警察官，至是北京警察規模始具。

迨入民國，朱桂莘任內務部總長，市政更加整理，開放三殿，以社稷為公園，稱中央公園，趕於民元元旦開放。社稷壇仍舊置於公園之中央，壇為圓形，以紅黃白黑四色土造成，象徵東南西北，清室列為祀典，至今猶存，留為古迹。

公園進門口，樹立一雄壯漢白玉石之「公理戰勝」牌坊，該牌坊本為庚子德國公使克林德被義和團戕害，德國要求在被戕之地立坊紀念，故建立在西四牌樓之路中，橫額刊載清帝追悼德使之上諭，及被戕事由，清室派親王到德國謝罪等文字，中德文並列，可謂國恥碑。迨第一次戰勝德國，我國亦參戰國之一，始將該牌坊移置中央公園，改題公理戰勝四字，由段合肥親自奠基，以為參戰之紀念，使遊園之人，一進園門，皆可望見。從此國恥碑，變為戰勝碑矣！到民九、十之間，又開放北海為公園，即名北海公園。北海面積很大，亭臺樓閣，半都毀圮，修葺費時。中有大湖，因名北海，遍植荷花，加以蒼松翠柏，相映成趣，夏秋之間，遊人尤多。中央公園，移植牡丹甚多，北海公園，遍植荷蓮，昔年禁地，今為公園。此則總算人民得享了共和之福。市政整理後，雖無現代規模，然比之往昔，已進步多矣。

海淀圓明園，被英法聯軍燬刦後，賸有磚石，都是名貴的雕刻品。更有宮殿上裝設之石刻，及石甕、石鉢、石柱、石盆等等，雕刻精細，悉為珍品。以前由內務府管理，外人參觀，須由外務部通知內務府派員導觀，雖在荒烟蔓草之中，縱橫凌亂，外人珍視，即攝成影片，亦莫不視為有中國文化藝術之價值。迨入民國，無人管理，於是多被竊盜。迨軍閥在京修建府邸，竟將石盆石甕等件，移置院中。作為陳設，遂使堪供憑弔之故物，只賸大石柱數根，餘皆蕩然無存矣！

桂莘又以正陽門，只有一門出入，車輛每多擁擠不能動彈，甚至一二點鐘之久，始能移動，確為交通上一大障礙，遂議修改正陽門，將正門關閉，另於甕城左右開兩城門，以便交通，從此車輛不至擁擠。復於正陽門城樓加以修葺，陳列古代弓矢甲冑之類，任人觀覽。惜城門修改式樣，與朝鮮所改的，不約而同，真是巧合。

十三、殿試中式引見授主事

政府新設學務處，以張冶秋先生（百熙）任管理學務大臣，兼京師大學堂總監督。後設學部，即任冶秋先生為尚書，規定學制，編訂中小學教課書。冶老湖南人，以學者從政，羅致人才，尤重視留學生，特議考試留學生，以備任用。第一次應試者，只有十四人，西洋留學生，無一應試。第二次人即多了，西洋學生應試者亦多，顏惠慶等即是第二次應試者。考試留學生分兩次，第一次在學務處，及格者再行保和殿殿試。清制會試，進士中式者，再行保和殿殿試，意在皇帝親試後，始能賜進士及第，及定三鼎甲（狀元、探花、榜眼）。此次學務處考試，即等於會試，由於石（式枚）王書衡（式通）兩先生監試，特別優待，中午備席（第二次即沒有這樣優待）。試題為一論一策，皆關於新政，惜不能記憶（余對於考試，視為敲門磚，自童子試至殿試，試題終未用心記住），試後一榜皆及第。越數日，即行殿試，悉循科舉制，黎明應考者即集左角門，各携考試用具，並捐一可折的矮几。點名後入保和殿，殿舖藏毡，將矮几展開，席地而坐。有頃，監試大臣二人入場。少頃，欽派閱卷大臣三人，手捧欽命試題（試題用黃紙恭繕）同試卷，（宣紙摺格畫紅直線即殿試策卷紙），分各生每人一份。分發畢，閱卷大臣即退，只留監試大臣。題分兩種，分文科理科，文科題為策題一道，關於時政者，已記不清。閱卷大臣，一為孫家鼐中堂，一為陸潤庠中堂，一為像是張亨嘉侍讀學士。午膳各帶點心。到申刻，監試大臣即說，快交卷了，不能繼燭。有的早已交卷。

越二日發黃榜，張於左角門外，一榜盡賜及第，惟分一等為進士，二等為舉人。第一名為張鍈緒，日本帝大工科畢業，余列第二。王書衡先生對我說，君卷寫作俱佳，應列第一，即與從前殿試策相比，亦無遜色。孫中堂以考試留學生，應重工科，以示提倡，故將張卷為首。張卷添註塗改，不成其局，未免矯枉過正，但君有屈了。余只遜謝。此次殿試結果，引見後授職，在一等者授翰林檢討、主事、內閣中書，二等者授七品小京官、縣知事。吏部定日引見，在頤和園仁壽殿，御案移近殿門，引見者站在陛下，上下都能看見，每人高聲自背履歷，慈禧太后坐中間，光緒皇帝坐於左側。揣引見用意，要觀其容，聽其聲，察其舉止而已。唐蔚芝先生敦囑履歷不可背錯，錯了即為失儀。余暗笑，難道這三句自己的姓名年歲籍貫，還會記錯嗎？那知真會出笑話。那次引見，共十四人，由吏部員司引導列為一排，第一為金邦平，第二為唐寶鍔，余排在第三，只聽得金君朗背，金某年幾歲，戛然而

止，唐即接背廣東香山人。以一個履歷，兩人分背，余適站近，聽得逼真，亦無人留意。大約老輩中鬧這種笑話者，必有其人，故唐蔚老諄諄囑咐也。余授職主事，歸商部候補，主事六品奏任官。

十四、東三省會議調充隨員

　　余在商部約半年，因會議東三省善後事宜（時日本派全權代表來京，商議日俄戰後所得之旅順大連租借權及割讓東清鐵路南段，自哈爾濱至長春，均在中國境內，為尊重中國主權，故請中國政府承認），政府特派北洋大臣袁世凱來京主持會議，調余充隨員。日本全權代表為小村壽太郎（外務大臣）、內田康哉（駐中國公使），隨員為山座圓次郎（外務省亞洲局長）、落合×及高尾亨。中國全權為慶親王奕劻（軍機大臣兼總理外務大臣）、瞿鴻禨（軍機大臣兼署外務部大臣）、袁世凱（直隸總督兼北洋大臣），隨員為唐紹儀、楊士琦、鄒嘉來、金邦平、曹汝霖。中國方面，隨員原派有十一人，以日本全權提議，列席隨員各限五人，故唐紹儀改為參議，可在會議發言。會議地址為北洋公所（即項城來京駐節之所），會議十餘次，雙方辯論，不能全記矣！

　　初次會議，小村簡單致詞，大旨謂此次會議事項，均為既成事實，為尊重中國主權，故特來請中國政府加以承認。中國全權由項城代表，略述歡迎之詞。慶王即席謂年老事冗，不能常川出席請原諒，一切由瞿袁兩全權代表負責處理，說了即退席。會議開始，小村謂此次日俄不幸開戰，且在中國領土之內，日本政府深致歉意。並謂俄讓給日本的旅大租借權，及東清鐵路由長春至奉天一段，又在中國領土之內，故特來請求中國政府，加以承認。應訂條約，只此一項。此外由俄獲得之戰利品，此種權利，不必列入條約，只以會議錄由彼此全權簽字，與條約有同等效力，或另作互換文件亦可，未知貴全權以何為合宜？瞿全權（鴻禨）答以會議錄彼此簽字，比互換文件更簡便，即用會議錄可也。後商旅大租借權問題，袁全權（項城）說，俄國租借旅順大連，及建設東清鐵路，均定有年限，貴國係繼承俄國之權利，應將俄國已享之年限扣除，為日本繼承之年限。小村略有辯論，即同意袁全權的主張。時已到五點，即散會，定以後每日開會自下午二時至五時。

　　後袁全權提議鐵路附屬地，日本人經商應有範圍，駐兵應有限制。駐兵目的為護路，不能隨時增加。小村謂雖為護路之用，亦有保護僑民之任務，故不能加以限制。袁全權謂保護日本僑民，中國同負責任，何必多派日兵。小村謂，此應看情形而定，平時本不必多派。袁云日本派兵數目，應隨時通知地方官。小村云此事不能照辦，日本派兵之權在陸軍大臣，即他省大臣亦不能顧問。辯論結果，如地方平靖，即以現駐之兵為限。小村提議，為保護南滿鐵路利益起見，中國不能再建與南滿鐵路平行線鐵路。袁云，若中國不

能造與南滿路平行線，日本亦應不再造平行線之路，一樣有損利益，且平行線應有一定限界，不能一概而論。小村云，滿洲地方遼闊，人煙稀少，即使遠隔，亦同樣有妨害。至日本亦不造平行線，可以同意，惟若與南滿連接之鐵路，即是南滿支線，視地方發達情形，可以添造。袁云日本繼承權利，限於長春以南之鐵路，並不包括將來添造之路，若越此範圍，這是另一問題，不能並為一談。當年許與俄國的，只是東清鐵路，沒有包括其他支路。內田云，添造鐵路，為開發地方，便利交通，增進繁榮，此與中國有利之事。袁云，若為開發地方交通，彼此均應同意，但不能與南滿並為一談。小村云，貴全權是同意添造的了。袁云，添造鐵路，彼此同等，若為開發地方，中國亦可隨時斟酌的情形，添造鐵路。小村云，不然，在南滿範圍添增鐵路，總是妨害南滿路利益，有與南滿路競爭之嫌，中國自不應隨時添造。袁云，若彼此同意，即無問題了吧？小村與內田耳語後，答謂，若日本同意，可無問題，但不能與南滿平行。唐參議云，造鐵路，有關中國主權，日本方面，如不得中國同意，不能隨時添造。小村云，自然要同貴國商量，日本決不至像當年俄國對貴國的情形，貴國不必顧慮。唐自覺言有語病，又重聲明造路而不得中國許可，總是礙及主權。小村云，我只重在南滿利益有關之一點，故與南滿鐵路利害有衝突之線，中國不應添造。當時我聽了，覺得小村將前與袁全權之言相反，唐參議並不駁辯，遂定議，列入會議記錄。此一決議，將小村答應袁全權，如得日本同意，中國亦可造路之說取消了。

嗣又接議安東鐵路改造問題，袁云，該路既為軍用，軍事完了，即應撤去，何必改造？小村云，奉天安東之間，早應有通鐵路之必要，曾與貴國外務部提議，尚未得結果，軍事忽起，故只能倉卒先造軍用路。此路為地方上必要的交通，故此次是重造，不是改造。此路通後，裨益地方甚大。後許其改造，惟路軌須與京奉路同軌，不能與南滿路同軌。日方應允，遂定議。此外如撫順煤礦，限制其礦區，鴨綠江林業，採木以沿江三十里為限，尚有允許開幾處商埠，地名不能記憶，都列為會議錄，由兩國全體全權簽字，惟第一條作為條約。會議畢後，合攝一影，宣告終結，大約不滿二十天。

此次會議，袁全權發言最多，但每次發言後，必顧瞿全權問是否這意思？可見樞廷必有疑忌他之意，故袁對瞿軍機如此謙遜也。小村回國時，全權設宴歡送。席散，小村告余，此次我抱有絕大希望而來，故會議時竭力讓步，我以為袁宮保必有遠大見識眼光，對於中日會議後，本想與他作進一步討論兩國聯合對抗俄國之事，不意袁宮保過於保守，會議時咬文嚼字，斤斤計較，徒費光陰，不從大處著想，故聯盟之意，此時不宜表示。俄國野心甚大，我於議和時已經窺見，將來必將捲土重來。我兩國不先為之備，必將同

受其害。中國若能與日本聯合，整軍經武，力圖自強，兩國或可免受其害。我這次沒有機會與袁宮保商討此事，故與你略露此意，如有機會，望先轉達，倘袁宮保有意討論，我當再來，言下欵欵不止！我答以近來微聞樞廷對袁宮保似有疑忌之意，在會議席上閣下亦可窺見一斑，此時進言，袁豈敢作此主張。閣下對兩國遠見，深為感佩，容俟機會，再當奉報。惟此是我的私見，幸勿為外人道，後我始終沒有機會向袁進言。

此次會議，余以末秩參加，未敢向全權直陳意見。會議散後，總在北洋公所同桌進晚餐，有一次，余以唐先生外交前輩，何以竟對南滿鐵路問題，小村已允日本同意，中國亦可造路，後以唐先生之言，小村乘機改變口調，不提同意，只說中國不能添造鐵路。遂於吃飯時問唐先生，小村本已同意，得日本同意中國亦可添造鐵路，後以先生提出主權問題，小村即改變口調，單說中國不能在南滿添造鐵路，作為定議，那時何以不駁問？項城正伴食聽我說話，豈知唐先生對我大聲說道，外交上說話不在乎多，我提出主權問題，這是扼要的話，既認我主權，他們自然不能單獨行動了。我看他盛氣凌人，不便再言，但他的話，未必是扼要。後來他自己向美國商量借美款建造錦愛鐵路，美國已同意，日本即根據此會議錄抗議，迄未成功。想唐先生那時亦自知主權之說不可靠吧！我碰了他這釘子後，自覺人微言輕，徒討沒趣，以後再不多言了。

但我對這次會議，亦有不滿意之處，當時與俄商量東清鐵路之時，我楊儒欽差同許景澄特使與俄財政大臣維德商量到舌敝唇焦，楊使因受氣暈倒而殞命，可想磋商之激烈。同時商道勝銀行問題。這兩問題是否同時商議，有無聯繫，我不能知，只知我國有投資銀五百萬兩，隨員鄒紫東先生，於外部檔案最熟，何以不問明提出試商合辦？又安奉鐵路不是戰利品，日本要重建，何不提議合辦？我亦可派員在該路作利用探視情形。他若撫順煤礦，還附設鍊鋼，亦可提議合辦，而反限制礦區，只顧理論，不顧事實，終覺重於消極性，而缺乏建設性。我聽了小村之言，知必係日政府與我有提攜之意，其時中日親善確有可能。時外務部每值中日緊要問題，必電商袁制軍，依其意見而行，而樞臣中，卻對袁有疑忌之意。余以位卑職小新進之人，何能妄自建議，失此機會，真可感嘆。其後南滿鐵路會社，開設高等工業學校，日使照會外部，特留學額五十名，希望中國派學生入學學習，外部亦置之不理，可見當局之顢頇矣。

十五、會議完畢奏調外務部

東三省會議後，即以候補主事調外務部，派在庶務司行走。外務部尚書之上，還有總理大臣，須以首席軍機大臣兼任。此是庚子改訂外部時，為各國要求者，故各公使遇有重要問題，有請見總理大臣者，時總理為慶親王。外部於丞參外，分設和惠、權算、通商、庶務四司。庶務司掌交涉界務最為重要，等於日本外務省之政務司，名為庶務，似欠費解。又有司務廳，由候補司員，分日夜班輪流接班，專管收發文件、來文摘由，夜班即宿於廳。來文摘由，須先看來文一遍，方能擇要摘由，雖屬細事，於歷習公文，不無裨益。余初入部，即將東三省會議，由鄒楊二位記錄之草紙整理。鄒氏字雖潦草，尚能辨認，楊氏之字，自認天書，竟難辨認，且二人記錄均有詳有漏，幸我亦在場，故能推測增添。因此我記東省會議一章，比記廿一條會議，較為詳確。

時外務部尚書，為瞿子玖先生（鴻禨），他跟左丞鄒紫東先生（嘉來）說，這是我在江蘇學政時所取的秀才（附生稱秀才），其實他記錯了，我在瞿學政時，試而未取，後在龍湛霖宗師觀風江蘇時入泮的。但他既認我為門生，我雖不便辨正，亦不好意思稱他為老師，只好仍是官稱。我初出茅廬，在商部不久調充議約隨員，到外部尚書又誤認為門生，總算運氣不錯，故外部中人，對我都另眼相看。紫東（嘉來）先生是蘇州人，與我為同鄉，同唐蔚老一同考入總理衙門為章京，後蔚老調到商部，紫老一直在外務部，故熟於外部條約檔案，人稱他為外務部的活字典。我初入外部，研究條約檔案，每請教他，他總從實答覆。人亦誠懇和善，每日早到晚散，從事公事。各司擬稿，都經他核閱後呈堂，不厭不倦，惟科舉出身，不通外文。與唐蔚芝先生交甚厚，惟唐喜前進，鄒主保守，兩人對公事用心則一，而志趣稍有不同。紫老在外部循資遞升，由章京升至左丞、侍郎，後晉至尚書，始終沒有離開過外務部，清亡遂退隱原籍蘇州。

其時我婦要來京，遂遷出仲和家，在順治門外與張新吾合賃一屋。新吾之婦，亦適來京，遂與同住。我婦來京只帶長次兩女，而將三男四女仍留在滬，由我母管領，三男權且有喘病，四女還小，有累我母，我很不以為然。

舊制各部員司補缺，均由吏部按資銓敘，外部以重才不重資，故照成例變通，定為一次由吏部銓敘，一次由本部遴補，此制亦由鄒紫老手定。余到部兩年，逢主事出缺，適應由吏部銓敘，到第二次出缺，方得遴補。但越半年，即升補員外郎，以後即補右參議，越過郎中一階。其時外部四司，各

設郎中、員外郎、主事各四人，半為實缺，半為候補。各司又設掌印（等於司長）主稿，由堂官指派，名謂烏布。烏布才是真正辦事之人，不論官階，只論才具，質言之，官以資升，職以才論。烏布係滿語，實即職之意。其時外務部官員，實缺候補，共只四十八人，所管事務，除交涉外，凡與外人有關者，如海關、稅務、郵政、賠款、洋債等等胥屬焉。後設稅務處，將關於海關稅務之事，劃歸稅務處。設郵傳部，將郵電鐵路事項，劃歸郵傳部。事務越來越少，而員司反越來越多。及到民國，改為外交部，官制除總長、次長外、有參事、司長、僉事、主事、待命公使等等，不下百數十人，較之前清，幾至加了兩倍以上。交涉事務，亦許比清時繁劇，然成績未必特別優良，於以見長官用人之權，愈大愈濫耳。惟終北京政府，不聞有一朝天子一朝人之事，事務官尚能久於其任。外交部經費，向沿總理衙門舊制，由海關船鈔、罰款兩項之三分之一，直解外部，故部庫常有贏餘。到了民十三四年後，竟至駐外公使，因國內匯款不到，至向外國銀行借貸度日，濫費可想而知矣！

　　余自補了實缺主事以後，俸入稍裕。又以我友良賚臣（弼）松樹胡同之舊居，讓賃於我，房屋亦稍多。遂稟請父母，北來迎養，我父覆信不允，以年力尚健，不必亟亟迎養。越二年又請，方允來北京一遊，遂偕母親携孫男女來京。時權兒方七歲，常患喘病，在滬醫治不愈，我父亦有移地療養之意。豈知我婦，持有偏見，聞喜又有時欺負弟妹。我婦總是偏袒，以權久病，中西醫治仍未癒，生有厭惡之心。我父對於長孫很鍾愛，我母又以孫兒因病，又受欺侮，不願留京，擬偕父携孫仍回上海，余亦無法挽留。聞回滬後，中西並治，常備燕窩湯，稍喘咳即飲之，不分晝夜，經過一年，果有起色，俟痊癒後，始携同來。雙親俱來，余自高興，但以兒病，累及我母，心又不安，對婦不免有煩言。我告我婦，同是子女，豈可存偏見，累了老母，你仍無動於衷，豈有此理。且家庭教育，母教為重，母親一舉一動，最易深入子女之心，久之即受影響，不但對於手足有了歧見，連對父母，亦易重母輕父，先入之言最是要緊。我婦嫌我嘮叨，漸生意見。

　　那時北京相公堂子，收拾雅潔，為士大夫遊玩之處。余閒時亦常與二三知友，同遊消遣。相公即是幼年學戲的孩子，年紀總在十三四歲，面目清秀，應酬周到。每逛一次，必須擺酒，只費八元，有八碟冷葷，頗可口，能飲者供酒無量，一面飲酒談天，一面聽曲賞花，亦覺別有風味。亦可飛箋，召他處相公來陪侍聽唱，相公貌皆娟秀。亦有老闆，即是師父。亦有娶妻，妻不陪客。出師後方可自立門戶。出師即贖身之意，須繳一筆金錢與師父。我友馮幼偉（耿光），日本士官畢業，服務於軍諮府，愛護梅蘭芳。時蘭芳

方十二三歲，未脫稚氣，然態似女子，貌亦姣好，學青衣工夫猛晉。幼偉月入銀四百兩，以其半助蘭芳成名，始終如一。後蘭芳藝術日進，於四大名旦推為旦王，幼偉與有力焉。今聞幼偉老貧於上海，賴蘭芳周濟維護，亦難能可貴也。

北京自賽金花因案提解回籍，南妓視為畏途，北地胭脂又不甚清潔，故南方朋友，不樂與遊。後南妓亦漸漸北來，與北妓區別，名清吟小班，標榜賣藝不賣身，其實與上海風習相同，但設備去上海長三堂子遠矣。嗣後上海名妓愈來愈多，北京官箴，例禁狎妓，達官們雖不敢公然逛堂子，但可召之來家，因之相公堂子，漸歸淘汰。我亦未能免俗，見異思遷，時識一妓，本姓薛，常熟人，性靜，尚無習氣，相與既久，漸有情感。後又南歸，半年後又北來，久別重逢，從過益密，對我時露委身之意，余終婉卻。越半年，一日薛妓忽自德國飯店來電，約我即去。德國飯店很清靜，是我們常在那裡吃飯的地方，余遂驅車而去，她告我已摘牌退捐了。我說：「你又要回南去嗎？」她說：「你不要再裝傻了，我等了你一年了！你總是陰陽怪氣，不說老實話，我知道你不富裕，若說明嫁人，冤錢花得太多，故假稱回南，跟你來商終身大事。」我倒出其不意，於無可奈何之中，只好應允，自覺荒唐，亦非得已。

薛妓在南班中亦數一數二的人物，想藏之金屋者頗不乏人，她竟舍彼而就我，亦可說是風塵中之知己。遂於友好處，商借後院同居，改名亞梅，以示亞於我婦，豈知又遭我婦之不滿。她歸我後，亦能省吃儉用為良家婦，惟性傲，不肯下人，故於家庭間，終不能和洽。我婦得知後，與我吵鬧，此是婦人普通心理，我並不怪她，總責自己荒唐。但她牽涉到翁姑身上去，怪翁姑不阻擋我，這又太過分了。她要歸寧，我亦許之，她一人獨去，子女一個不帶，又累及老親，使我不願意。她動身時，我送至天津，及登船相別，不覺黯然。此不怪她生氣，卻怪她遺子女獨行，是不應該的。過了一月又回來了，我仍到津相接，盡我之責，雖和好如初，但她從此與我生了隔閡，不免處處與我彆扭。

其時，我二妹曾家，亦有不愉快的事發生。志忞之父少卿丈本閩人，來滬經商，頗有名望。時美國頒禁止華工入境令，少卿丈因而大忿，以美國當年招華工到美，為他開發，華工在美國，受盡苦難，開發完了，不念以前華工的勞苦，鳥盡弓藏，反頒此不近人道的法令，真是太無人道。遂聯合上海各巨商，電政府，向美國抗議。政府與美國交涉無效，少卿丈以政府懦弱無能，即聯合各省商會，直接電美政府陳情，請其取消此令，非達到目的不止。美國置之不理，於是更進一步，聯合各埠創議抵制美貨，美國商輪到

埠，工人不予起卸。結果美國亦軟下來了，改禁止為限制，但要求政府追究倡議抵制美貨之人。少卿丈以總算達到一半目的，商人與政府對抗，總是商人居下風，況又有外交關係，遂離滬避到澳門。中國抵制外貨，集團罷工，還是曾少卿先生第一次開始的。

少卿丈急公好義，樂善好施，曾在嘉定購田數千畝，設義莊，又在上海設孤兒院。離滬後，孤兒院由我妹與志忞分管男女兩院，因忙於院事，對於家事不免疏忽，致外甥宏杰墜馬受傷，又轉患傷寒，因貽誤竟至不治而殤，才十六歲。此兒聰慧而有志氣，不幸夭折，惋惜不已。我妹與志忞，受此刺激，到北京散悶，藉以歸寧。時正夏天，遂同遊西山竹林寺，借端午橋別墅，全家均去避暑。二妹勸我攜亞梅同往，藉以可使妻妾和睦。竹林寺燬於庚子，僅賸有塔基。戶外有池，蓄金魚很多。旁有小山，山上有一亭，可遠望北京天臺頂影。山下有一洞，夏天可代冰窖。尚有松竹，惟不甚多，頗饒幽趣。住了兩月，圓滿而歸，余頗感二妹之用意。我二妹自宏杰故後，為志忞納一側室，教以家事，視同姊妹，後生二子一女，親自撫育，如同己出，而對長男宏燕，尤為鍾愛。

十六、兩宮回鑾慈禧行新政

　　和議定後，兩宮始起程回京。慈禧太后經此巨創，亦知非變行新政不可，又經袁世凱、張之洞兩督交章入奏，請定憲法，開國會，改訂官制，推行新政，於是乃下九年立憲之詔，先廢科舉，開學堂，派學生出洋留學，京師設大學堂，特派張冶秋（百熙）先生為管理學務大臣。適吳摯甫先生，由日本考察學務回國，即派吳為大學堂總教習，並請日本服部文學博士為大學堂教習，共同商榷定學制，編各級學校課程。京師又設譯學館、仕學館（養成官員）、進士館（補授新學）。各省省城設一大學堂、高等學堂或方言學堂，各府設一中學堂。縣設小學堂。學生畢業，以科舉時代之稱謂待遇（如進士、舉人、附生），獎勵極優。惟各國學制，先辦小學，由下而上。我國則先辦大學，由上而下，因京師已早有同文館，天津已有北洋大學，湖北則有自強學堂、法政學堂，各省大都先有高等學院等，不能不遷就事實故也。至福建之船政學堂，與上海之廣方言館，開辦最早，人才輩出，又當別論。

　　文學方面，以湖南、湖北、廣東、江蘇、浙江、福建等省之官立、私立學堂為最盛；武備方面，以直隸保定軍官學堂、湖北武昌之武備學堂、江南南京之武備學堂為最有名，此其大略也。不久學務處改為學部，仍特任張冶老為學部尚書。冶老以學者從政，羅致人才，編各種教科書，學部人才，一時稱盛。

　　其時慈禧太后極力聯絡外國使節，時開茶會，招待各公使夫人及館員眷屬。春秋佳日，於宮內御花園開園遊會，招待使館各公使館員及夫人眷屬，旁及稅務司夫婦、及顧問外賓。外部尚侍及員司通外文者，亦得陪侍，見太后率領皇公主命婦等與外賓周旋，由德菱姊妹兩人傳譯。這姊妹為裕朗西（庚）之女公子，朗西歷任歐洲使節，其夫人又是法國人，故二女嫻習西俗，精通英法語語，旗裝打扮，與公主們雍容華貴，毫無差異。御花園內各花俱全，衣香花影，花團錦簇，與古松翠柏，相映成趣，真是神仙福地，祥和氣氛，恍若承平再見，那有亂後景象。太后善繪事，對客揮毫，翎毛花卉，各遂所欲，一揮而就，外賓莫不驚異，各求賞賜，太后一一應之，皆視為珍寶。迨夕陽西下，始各稱謝而散，此真粉飾太平，可惜夕陽無限好，只是近黃昏！

十七、修訂官制袁宮保晉京

　　立法、行政、司法，三權獨立，是近代立憲國之常規。中國現行官制，內閣幾同虛設，行政權不能完全，司法又不能獨立，財政則無預算，與現代立憲國官制、政治大相逕庭。北洋大臣袁制軍，以朝廷既頒布立憲詔書，預備立憲，推行憲政，現行官制，自應改訂，以符立憲國之體制，奏請改訂，奉旨允准。袁制軍特到北京，住於海淀，並於西郊朗潤園設修改官制館，親自主持，調京外知名之士三十餘人為編修，新舊學者都有。以寶瑞臣（熙）為提調，余與袁父、仲和、閨生均與焉。余對此舉，期望很深，以為有行憲希望。編修均宿於園中，以期尅期藏事，分司法、行政兩部，各擬說帖，附以條例，由提調彙呈項城閱定，可見其對於此舉之重視。揣項城之意，以朝廷既決意立憲，自應照立憲國成例，改為內閣制，其他不適用於現代之官署，亦應審核，應留應廢，以利推行新政。豈知遭了瞿軍機及滿洲大員的疑忌，以為袁為自己布置，新內閣成立即為總理大臣，大權獨攬，故對於各部九卿官制，應改應廢之處，均順利通過，獨對於廢軍機處，改設內閣一條，即橫生阻力，再三易稿，均不能同意。

　　軍機處本來成立於雍正西征之時，其時因內閣辦事迂緩，故另設軍機處，大臣可隨時奏對，以期速應戎機，後因方便，政事亦漸歸軍機處，內閣等於虛設，沿襲至今。這種制度，何能適用於立憲國，故此次草案，以設責任內閣為行政重心，下設各部。總理大臣由欽派，惟須交國會通過，此為立憲國之常規。但親王大臣等，對責任內閣多持反對，只見寶瑞臣提調奔走忙碌，可想爭論之劇烈。微聞反對之主張，以為政權操之總理，豈非成了獨裁，又謂君權下移，流弊更甚等語。夫責任內閣，成為立憲國通例，總理權限，自有憲法規定，何能成為獨裁。至君主之權，亦定之憲法，王大臣並此而不知，何能行立憲政治。其實目的，只恐項城為總理而已。後幾經磋商，成立了四不像的內閣，設總理大臣一人，副總理兩人，均欽派，仍每日奏對，不設公署，下設章京數人。另設銓敘局（執行吏部事）、公報局、印鑄局等，等於換湯不換藥。

　　官制奏定後，隨即下上諭，總理大臣慶親王奕劻，副總理大臣，一為徐世昌，一為那桐，鴻禨不久即出軍機，開缺回籍。張之洞、袁世凱均內調為軍機大臣，張兼體仁閣大學士（清制非正途出身不能拜相入閣），袁兼外務部尚書。鐵良（寶臣）為陸軍大臣，北洋兩湖新軍歸陸軍節制。樞臣與滿大臣，皆如願以償。項城抱了改革政治熱心而來，而所得者適得其反，乘興

而來，敗興而返。出京前夕，在北洋公所設宴邀請王公大臣，下及館員，並演話劇，劇名「朝鮮烈士蹈海記」，寓有諷刺警惕之意。劇情大意，朝鮮頑固黨爭名奪利，與一烈士爭論，烈士對頑固大臣，力說朝鮮不變法，即將亡國。頑固大臣只顧權利，不肯改革。有一大臣調停其間，一面勸烈士不宜魯莽，一面勸大臣，強敵當前，若不變法，何以圖存。大臣不聽，後日本進兵，迫王退位，烈士痛哭流涕，演說一場，跳海而死。劇情切實現勢，語語打動心弦，使聽者驚心動魄。這齣戲本名「朝鮮烈士殉國記」，演員個個精采，講的道地官話，穿的卻是朝鮮服裝。項城特演此劇，寓有深意，真能感動人心，觀者聽烈士演說完了，蹈海而死一場，有流涕者，不知王公大臣，看了作何感想。

改定官制後，將張袁兩督內調，崇以空洞之榮銜，解除了實際之兵權，以新軍統歸陸軍部節制。直隸總督，繼以楊士驤，兩湖總督，繼以瑞澂，樞廷以為可以中央集權，疆臣可聽命於中央矣。不知那時之王朝，譬之古老之大廈，基礎已不穩固，全靠三支大柱（指劉坤一、張之洞、袁世凱）合力支持，自劉辭世，只剩兩支，已感吃力，今並兩支全撤，又無它力以扶持，而欲古老之大廈屹立無恙，其可得乎？袁氏此次抱有推行新政之決心，使朝廷變法維新，以挽救危局，豈知反遭滿漢大臣之疑忌，連內閣制都不能行，何能立憲，從此灰心變志。

假使實行內閣制，予項城以實權，或可能挽救危局，維持清室，未可知也。此次修改官制，惟一收穫，只是司法獨立。至修改法律，早已成立法律館，派沈家本、伍廷芳為正副總裁。沈為大清律例專家，為刑部當家侍郎。刑部必有一當家侍郎，上奏定罪，非當家侍郎核准不能上，但限於命案，此是慎重人命之意也。

又聘日本民法大家巖谷博士、刑法大家岡田博士為顧問（兩博士兼教授進士館）。刑法及刑事訴訟法草案，均已告成。新刑法已廢止體刑，及非法拷問，死刑改斬為絞，凌遲已廢，流刑改為徒刑服役，不遣戍。商法已由商部訂定頒行。講到刑法有一插曲：當資政院成立後，依照立法程度，刑法法案，提交資政院審查，經過三讀，才算成立。惟對於姦非罪一章，新舊兩派主張不同，新派主張強姦有罪，和姦無罪。舊派主張，和姦亦有罪，惟輕重不同；雙方展開辯論甚烈。總之新派以人格立論，舊派以風化立論，辯論好久，終不能決。後以投票表決，主張新者，僅多二票，通過原案，可見其時一般人的心理。之後，又設立憲政編查館，將考察憲政大臣攜回的資料，都交憲政館編查參考，以張南皮為總裁，網羅新舊名士為編纂，籌備立憲事宜，余所記者，有嚴璩、施愚、張一麐、顧鼇、吳向之、方樞、江庸、汪袞

父、章仲和、陸閏生，余亦濫竽其間，仍以寶瑞臣為提調。張南皮每週開會，必親自出席，携帶家製四川豆腐腦一罎，菜碟四色，白干一壺，與館員共餐，邊飲邊談，談笑風生。南皮身矮而聲宏，銀髯飄飄，道貌儼然，說話帶四川音。他不喜用手續、取締等字，見到這等字，指為外國語，即打一紅損，後看了選舉法草案，此法於行憲最為重要，故編輯時，大家對於被選舉人之資格，選舉規律，監督選舉種種，都照各國成法，防弊極嚴，甚至請客送禮，在所必禁，若用金錢賄選，定罪更重。南皮看了，掀髯笑道，諸君定法，真想得周密，中國初次立憲，人民對於選舉，稍有越規亦是難免，連請吃飯亦算犯法，若照法認真執行，恐人民連投票也要視為畏途了。南皮的話，足見中國那時行憲之困難。他對選舉法用公民兩字，亦說是外國語，後改為選民，沿用至今。

我與汪袞父、章仲和、陸閏生（宗典）四人，每逢新政，無役不從，議論最多，時人戲稱為四金剛。憲政館第一大事為起草憲法，公推李柳溪（家駒）、汪袞父為起草，另推若干人為參與，余亦為參與之一。柳溪與袞父都是新舊兼通之學者，他們兩人特在紅螺山賃一小寺，靜心研究，參酌各國憲法，採用責任內閣制，總理欽派，閣員由總理遴請欽派，國會兩院制，人民應享之權利，與各國憲法相同。另設樞密院，以位置舊人。草案成後，在天壇開憲法審查會，由資政院選出議員廿四人，政府派十二人，憲政館全體參與，只作旁聽，開會討論。由起草員逐條宣讀解釋，又由議員等質問修改，經過兩月餘，按照三讀會，始行成立，名為大清天壇憲法草案。因適應時代，君權稍重，雖未實行，亦為有清一代之重要掌故。

十八、袁兼外尚革新外務部

項城內調為軍機大臣，北洋新軍統歸陸軍部節制。陸軍部尚書鐵寶臣（良），亦滿員中之佼佼者，以為軍權歸入中央，即可中央集權；反對行憲，亦是此君。豈知小站新軍由項城一手訓練而成，將領都是項城的心腹，向來只知有袁宮保，豈鐵寶臣所能轉移。後以良寶臣（弼）之建議，加入日本士官出身之將領，意在分化原來之將領，反起了派別之爭，成為革命之先鋒，豈非人事之不臧歟。

項城又兼外務部尚書，就任後以外務部暮氣沉沉，對於人事略有更動，以唐紹儀為侍郎，調周自齊、高爾謙、施肇基等為丞參，張蔭棠、顏惠慶、朱子文、鍾文耀等，均是那時奏調外部的。將舊日丞參酌放東歐小國，如瑞典、丹麥之類。設新聞處，以顏惠慶主其事，魏宸組、刁作謙諸人皆是先入新聞處。唐少川先生以英美外交家聞名，提議與英國商勘藏印界務，即派唐紹儀為勘界大臣，張蔭棠副之。調津海道梁敦彥（號崧生）升為侍郎。時印度尚屬英國，西藏分前後藏，前藏為達賴喇嘛，主親英，後藏為班禪喇嘛，主親俄，交涉對象，仍是英國。英自祖印，以印藏界線早已議定，商議半載，毫無結果。遂以駐藏大臣易以張蔭棠。駐藏大臣是優缺，歷任大臣均由滿員充任，卸任後，金銀財寶滿載而歸。漢人為駐藏大臣，自此開始。後由英國提議，藏印劃界，政府派陳貽範（駐英使館頭等參贊）為代表，英國派駐印度參贊麥馬洪為代表，在拉薩開議，英代表提出議案，以西藏自治，及以藏印之間一山脊為藏印界線，陳代表駁斥自治案，此案撤回。英代表以界線非照英案不可，陳代表以藏印界線，有大清一統志為憑，堅執不允，相持至四月之久。英代表聲言，若不照英案之界線簽字，英國即與西藏單獨訂約，陳代表不得已於界圖上畫了押。並聲明畫押不算簽字，簽字須得政府訓示，即回京報告。政府又令駐英使臣向英政府聲明，不承認英國擅定之藏印界線，陳貽範又受申斥，此案就此擱起。而英國與印度，即以此線名為麥馬洪界線，以至於今。因手頭無資料，故僅記其大略如此。

唐侍郎後升任郵傳部大臣，建議向美國借款，建設錦愛鐵路，美已同意。日本根據東三省會議錄，提出抗議，卒未成功。余想此事唐大臣自食其果，應知主權之說，不足憑乎！余在外部，關於議約後問題，大半由我主辦。時內田公使內調，繼以伊集院，伊氏回國，繼任者為山座圓次郎。此君亦出席東三省會議之一人，性豪爽，不拘小節，又豪於飲，公事桌上，酒以當茶，白蘭地酒不離桌上。有一次上午十時許，余以事往訪，公使尚未下

樓，即請至樓上書房，公使晨衣相見，啤酒瓶已空至六七個。與他談公事，如涉重要者，總說考慮再復，不重要者，即說照貴部意思辦了好了，何必再來商談。我答以有關協定，故必須經貴公使的同意。他笑說何必多此一舉。如此直爽之使節，真不易得，可惜不久因心臟麻痺症，僅一日間，不治而歿於任所。其時日本使館水田一等書記官，病故尚未逾月，水田夫人由東京奔喪來京，余赴車站往迓，山座公使亦迓於車站，毫無病狀。回館不久，即聞病已危篤，時在下午二時許，余往慰問，據云由車站回館，即病發，醫生斷為心臟麻痺症，大約為酒毒所致，無法可治。迨至黃昏即逝，殊為惋惜。一月之間，日使館竟喪兩位重要人物，亦是奇事，繼任者為林權助。林公使久任英國大使，威儀整肅，純然英國紳士派，沉默寡言笑，然人甚正直。

時外部以間島問題，與日使交涉，久未解決。間島位於吉林邊境，與朝鮮接壤，日俄戰爭時，日本駐兵於此久而不撤，且主張為朝鮮領土。該處朝鮮居民甚多，中國方面，僅有少數滿洲人。我國以圖們江上游，立有一古石碑，刊有北望圖們，東望鴨綠字樣，並無他文，不知何時所立，據此為我領土之址，此外亦無證據。日本則指此碑不足為憑，但亦無朝鮮領土之證據。部中以這事非口舌文書所能解決，乃電商東三省徐總督派員調查，並帶軍隊以資應付。徐督派吳祿貞先赴間島察看情形，偵知日本收買匪頭韓登舉。他部下有數千人，吳遂誘以祿利，曉以大義，勸受招撫，允助以軍械，於極祕密中代他訓練，韓果歸順。半年後，韓部竟成勁旅，吳令據守各要點，日本初不知也。吳自己又帶衛隊赴間島，日本始知中國派兵入間島，即由齋藤少將率兵一團，趕到間島，見韓登舉竟已歸順，且占據要點，即大聲叱吳曰：邇來何為？此是朝鮮領土，爾快將兵撤退，綏卿（祿貞字）為日本士官出身，齋藤曾任士官教官。綏卿即答曰：我奉政府命來守此土，何能撤退？疆界問題應由政府解決，非我輩所能主張，前在學校時，老師教我忠君愛國，今日之事，即遵老師之教也。相持半日之久，齋藤見守要點的兵，都是韓的部下，自方兵力又寡，又不能因此啟釁，遂屯駐於朝鮮邊境，說雙方聽候政府命令。後日使要求我方撤兵，謂我侵佔朝鮮領土，我則謂派兵守我邊界，不應干涉我內政，且詰責侵略我領土，彼此辯論，各不撤兵，遂擱置甚久。後改為自開商埠，以結此案。日兵盡撤。吳號綏卿，湖北人，與我甚稔，性機警豪爽，有大志。此案若非吳綏卿相機行事，措置有方，間島非我有矣！

十九、初次召見奏陳立憲事

東三省自日俄戰爭後，改設行省，與各省同，每省設巡撫，不分滿漢，起用徐世昌為三省總督，並設左右兩參贊，一為唐紹儀，一為錢能訓。東海擬調余及陸閏生到奉天，外部以部內需用未允，閏生則隨至奉天，派充鹽務督辦。閏生（宗輿）為我同學，畢業於早稻田大學經濟系。時上諭令各省督撫保舉人才，以備重用。徐督以余列入薦剡，考語為學識兼優才堪大用。奏上著預備召見。凡被保舉之人，照例先召見，方授官職。余與徐總督，素無淵源，因我友良賓臣（弼）之介，見過一次。後以擬調赴東省，電話招見，談了一次，詢問日本東三省情形，並願同去東省否，我陳述意見，並說願追隨以增閱歷，後以外部不允而罷。七次保舉，大約即因一談之緣乎。

召見前一日，袁項城自海淀別業電話招見。時項城已入軍機，春夏之時，兩宮在頤和園聽政，各軍機大臣，都在海淀有別業。余遂驅車至海淀別業，以為必有事垂詢。豈知見後即說，你明日初次召見，故特招你來將應注意的儀注告你，這種過節，不可不知，以免失儀。遂將怎樣進殿，怎樣跪對等等應注意的事，一一告知。且謂應備一雙護膝蓋，琉璃廠有售的，恐跪久即麻，起立不便云。余深感其關切之意，謝之辭出。

翌日黎明，即赴頤和園外朝房伺候。有一與余年相若者，通問後知為張鳴岐，他放廣西巡撫召見。余久耳其名，互道久仰之意，相談甚契，相勉為國努力，不要使他們笑我們少不更事也。此人久佐岑春煊，名聞一時，後升任兩廣總督，即遇黃花岡起事之人也。曙光甫啟，即傳召見軍機大臣，次傳張鳴岐，次即傳余。此日開始召見被保之人才，每日召見兩人，共約三十人。余即隨太監引導，進宮門，到仁壽殿門，引導太監即退。殿門門檻高近二尺，殿門內垂有又寬又厚的棉門簾，由殿內太監掀起讓進，啟落異常之快，若舉動稍緩，可能一足在內，一足在外，又可能官帽花翎摔斜，即是失儀，幸項城指示，故已留意。進殿後，殿內漆黑，稍閉眼，才見偌大殿座，只有兩支大蠟燭在御案上，御案下斜列拜墊一排，是為軍機墊，遂在軍機墊下面跪下，脫帽花翎向上，不叩頭，靜聽問話，這都是項城告我的。太后正坐，皇帝坐左側，先由皇帝問，你在外務部當差幾年？對：臣由商部調外務部當差，才不到一年。太后即將綠頭籤（綠頭籤上寫明年歲籍貫出身現官，召見時先遞）展閱，閱後即問，你是留學日本的，學的那一門？對：學的是法律政治科。問：日本立憲是那一年立的。對：日本於明治十四年頒布立憲，到明治二十三年，才開國會。問：日本的憲法是什麼宗旨？對：他們先

派伊藤博文帶了隨員，到歐洲各國考察憲法，因德國憲法，君權比較重，故日本憲法的宗旨，是取法德國的。問：日本國會的議員，怎樣選舉的？對：他們國會分上下兩議院，上議院又名貴族院，議員是按照定額，由日皇於貴族中有功於國的，及碩學通儒，大實業家中欽派的。下議院是按照各省定額，由各省人民投票選舉，以得票最多的當選。問：聽說他們國會裡有黨派時常有吵鬧的事？對：是的，因為政黨政見不同，故議起事來意見不能一致。問：他們黨派那一黨為大？對：那時有政友會，是由伊藤博文領導的，又有進步黨，由大隈重信領導的。政友會議員人數較多，在開會時，因政見不同，時有爭辯，但臨到大事，朝議定後，兩黨即團結起來，沒有爭論了。臣在日本時，適逢對俄開戰問題，爭得很厲害，後來開御前會議，日皇決定宣戰，兩黨即一致主戰，團結起來了。太后聽了，將手輕輕的在御案上一抬，嘆了一口氣說：唉！咱們中國即壞在不能團結！對：以臣愚見，若是立了憲法，開了國會，即能團結。太后聽了很詫異的神氣，高聲問道：怎麼著！有了憲法國會，即可團結嗎？答：臣以為團結要有一個中心，立了憲，上下都應照憲法行事，這就是立法的中心。開了國會，人民有選舉權，選出的議員，都是有才能為人民所信服的人，這就是領導的中心。政府總理，或由欽派，或由國會選出再欽命，都規定在憲法，總理大臣有一切行政權柄，即為行政的中心。可是總理大臣，不能做違背憲法的事，若有違憲之事，國會即可彈劾，朝廷即可罷免，另舉總理。若是國會與政府的行策，不能相容，政府亦可奏請解散，另行選舉。所以這個辦法，各國都通行，政府與國會，互相為用，只要總理得人，能得國會擁護，國會是人民代表，政府與國會和衷共濟，上下即能團結一致。臣故以為立了憲，開了國會，為團結的中心，一切行政，都可順利進行了。太后聽了，若有所思，半頃不語。我正想再有垂詢，預備上陳，皇帝見太后不問，即說下去吧。遂帶上官帽從容退出殿門，皇帝自始至終，只說了兩句話，但竊窺他端坐靜聽，沒有倦容。我以初次召見的學生，任意陳述，適因太后問到日本國會，遂將我本來主張立憲之意乘機略陳。仰窺太后，目光炯炯，聲音不高不低，對於奏對，不厭求詳，一再下詢，想見她對於立憲，似感興趣，更可見她思想並不頑固，可惜平時沒有人以各國新政灌輸上陳。設使戊戌變法，南海任公諸公，先擬全套變法計畫加以說明，各國強盛，都由立憲開端，以袪除其救中國，不救大清的錯覺，我想以翁師傅等的淵博，傅以南海諸先生之學貫中西，若將各國因立憲才能興盛之故事上陳，未必不能得太后的同意。惜乎當時維新諸君子，求進之心太急，而光緒帝，因擱置王照一奏，竟一日罷斥全部堂官，操之過急，反激起守舊者之反感，失此機會，真是可惜。以余之觀察，太后是精明

強幹，喜攬大權，不甘寂寞之人，只要使她面子上不失為無權之人，或即可敷衍過去，亦未可知。第二日即下上諭，著以外務部參議候補，遂忝於京堂之列，但傳皇帝因病不能視朝矣。隔了將近一月，特保尚未召見的人，又蒙召見，每日四人，每次不過數分鐘，例行故事而已。

自下立憲上諭後不久，派徐世昌（時已內調）、紹英、載澤、端方、戴鴻慈等五大臣，赴各國考察憲政。在北京出發時，在車站遇吳樾擲炸彈之事，五大臣僅紹英受傷。吳樾本人因身懷炸彈，扮作隨侍之人，於戒備森嚴之中，硬擠上車，警察見他形跡可疑，向前盤問，吳於心意忙亂之中，撞在火車門上，懷中炸彈，被壓力爆炸，以至腹破身亡，面目糊塗，辨不出是何人。後經警廳調查各處會館旅館，在安徽會館住有吳樾，僅來三日，是日清早出門，從未回來，檢查信件，才確定吳樾為車站行刺五大臣之人。後改由端方、戴鴻慈、載澤、尚其亨、李盛鐸等五人出國考察，與各國接觸不多，端方又特別搜訪古蹟，僅由隨員等搜購關於憲政的書籍，並沒有考察的意見說帖等件，悉交憲政編查館參考，卷帙繁重，只能摘要參考，於此亦可見，虛行故事，並無實際之可言。

二十、地方自治先設諮議局

　　政府為推行憲政，先由地方自治做起，故諭令各省設立諮議局為民治機關。這是正當辦法議員由人民按照選舉法選舉，議長由議員公選，此為中國人民開始有了選舉權。此次雖屬初次選舉，且是地方選舉，卻沒有弊病，可見中國知識分子，已有了行憲的資格，所舉議員，都是地方素有聲望的人，日本法政速成班畢業生竟占了多數。范靜生（源廉）時長教育部，喜而走告曰，我們布的種子竟出了芽了，地方上對於速成班出身者，看得很重，我們總算沒有白費心，真想不到。談得很高興，並說以後地方上應興應革之事，可有民意決定的機構了。我說：這確值得我們的高興，但是，芽是出了，但望加以培植，不要加以摧殘才能長成。靜生說：民意力量最大，不怕摧殘，亦不能摧殘。他是湖南人，總有點剛強之氣。後來諮議局建議太多，與地方長官漸漸有了相歧的意見。地方長官對於諮議局，已覺頭痛，惟以民選之故，只好敷衍。政府亦怕民意囂張，時以為慮。後有孫洪伊諮議員，以九年立憲期限太長，主張縮短年限，聯合各省諮議局，推舉孫洪伊為首代表，晉京向政府請願，請縮短年限。政府對諮議局，本已有戒心，此次竟來干預大政，更加厭惡。答以已定年限，不能更改，且預備一切，亦非九年不成，拒絕請願。代表等堅請說明理由，政府交由憲政編查館提調對付。但寶瑞臣怎能對付代表，館員又多同情於孫洪伊等。孫要見總理大臣慶親王，慶邸向來怕見外客的人，那肯見代表，即派員代見，更令孫代表們不滿。此事癥結，在代表以人民代表自視甚高，人民之意政府自應照准，在政府對人民請願不甚重視，這是初行憲政時難免的事。

　　鬧了好久，余知政府已不滿於諮議員，這樣搞下去，憲政剛開始即觸了礁，遂乘間向那相（桐）進言（時那為外務部尚書）。我說：這次孫洪伊的舉動，卻失了代表身分，人民請願准與不准，權在政府，何能強逼。但我看來，憲法草案已成，國會已開始建築，立憲年限即縮短幾年，亦沒有關係。孫洪伊是民黨中最激烈分子，我知道諮議員的法政速成班，都是主張君憲的溫和派為多，若使孫洪伊失意回去，向各省諮議員亂造謠言，詆毀政府，青年議員，易受衝動。若被其鼓動，使溫和派亦變為激烈派，於政府行憲上，大有關係，請轉陳慶邸酌短幾年，使得代表們有轉圜餘地。那相聽了，亦以為然，那知慶邸竟不贊成，謂這樣搞下去，他們更加囂張，且立憲大事何可朝令暮改成何體統。可惜他不知立憲應尊重民意也。後來竟交警察廳勸令出京，代表不從，竟令遞解回籍，遂激怒了各省諮議員，以為政府對民意機關

的代表竟有壓力，還講什麼民意。於是諮議局議員，經孫洪伊的鼓動，遂令各省諮議員本來主張君主立憲的亦變為排滿革命的了，知識分子排滿風潮，遂日益瀰漫。諮議員以擁護君憲始，而以造成革命終，言之痛心。戊戌百日維新雖未成功，至今傳誦，慈禧九年立憲，喧傳一時，終成畫餅，實因前者是有新銳之氣，後者已有遲暮之感耳。

二十一、預備國會設立資政院

　　越一年，政府成立資政院，為預備國會之先聲。但鑒於諮議局民選之流弊，故資政院章程，由憲政編查館起草時，樞府預囑這次章程須定得嚴密，以期官民均能遵守。故議長副議長，均定為欽派，但副議長必須學識兼備之人。議員分欽派與民選兩種，欽派議員占全體議員三分之一弱，其中資格，有宗室貴族，有功勳於國的大臣，亦有碩學通儒。民選資格以有聲望及有學問的知名之士，亦有於地方上曾有貢獻者。且規定議員有向政府建議權、責問權、有議決政府交議之法律權。政府若有交議事項，重要者須用書面答復，由樞府核定。故開議後，議員建議案，都是有關地方興革的事，交議的案都用書面答復，與政府頗能合作，政府亦很滿意。先說副議長，派的是李家駒（字柳溪），為一學者，頭腦很新，喜研究新學，曾充出使日本全權公使，故人都傾服。欽派的議長溥倫，是近支宗室，與宣統帝為兄弟行，人頗開明，喜與漢人文士交遊，謙遜和善，沒有貴冑氣，世襲貝子，自屬從後，才為太后看重，家甚清貧。

　　資政院設在前法律學堂，倫貝子委我籌備。我乃略仿日本國會式樣，將大講堂改為議事堂，為半圓形，議員席亦是半圓形，上設御座，下設院長席、演說台，兩旁設各部尚侍出席答復席，演說臺下有速記席，又以教員室改為客廳，及議員談話室、休息室等等，一應具備，報銷不過數千元。倫貝子見了，大為滿意，後要籌備國會，又派我為籌備員，我說國會地址，最好在北京中心，或在天安門外廣場。他說天安門外廣場，已屬大內，不便使用，遂擇貢院舊址（前會試考場毀於庚子），有數十畝之大。北京沒有再大的地方，惜偏在京城之東隅，由德國工程師先繪總圖，呈樞廷核准，工程約計須三年落成。開工不久，基礎剛成，即遭國變。倫貝子向清貧，遂將甜子井府第出售，遷居天津。後又他遷，地址不明，音信不通，無從見面。王孫末路，亦可憐也。

二十二、兩宮賓天僅相隔一日

　　光緒帝自我蒙召見之後，即稱病，諭各省督撫保薦名醫來京侍診。聞各名醫診後，均進以順氣平肝之劑，想見沒有多大病症。詎不到數月，忽傳皇帝駕崩，外間傳聞不一，謠言甚多。光緒無嗣，傳太后懿旨以醇親王載灃之子溥儀入承大統，上繼同治，兼祧光緒，故國號宣統。登基才三歲，又說四歲，以父醇親王為攝政王。第二天，又傳慈禧太后升遐了，於是，揣測之言更多，但不知究竟的內容。這次兩宮賓天，僅隔一日，外間傳說紛紛，余曾詢之西醫屈桂庭博士，屈亦為皇帝傳診之一人。據云：他傳診三次，已在駕崩不久之前，首兩次診不出甚麼重症。第三次臨時傳診，見皇帝神色大變，連呼腹痛，在牀上亂滾，伺候在旁者，只有太監兩人。聽說那時太后亦病得厲害，顧不到皇帝這邊云。是夜皇上即升遐，余亦莫名其妙，還有好幾位中醫，余又恐中西藥有衝突，故亦不敢進重藥云。又有人說：皇帝並無重痛，各省傳醫，都是烟幕。太后近患傷寒出血腹瀉，中醫名為漏底傷寒，西醫對傷寒腸破出血，亦認為嚴重，為不治之症。傳聞太后臨危之前，恐皇帝又再起秉政，出於嫉妒，密令進毒，故皇帝先一日而崩，太后越日亦賓天了。此說揆之當時政情，可信之成份較多，可見慈禧對光緒帝的狠毒，至死不變。我向以為光緒帝終有一日恢復自由，繼續戊戌變法未竟之功，而今已矣，為之痛惜。

二十三、嗣君登極一語竟成讖

冲帝四歲，由攝政王抱登太和殿，坐上御座，受百官朝賀。按理四歲冲帝，應該憒事，做皇帝，受朝賀，更應喜氣洋洋，豈知冲帝坐上寶座，即大哭不止，攝政王一面哄冲帝說：一回兒即完了，一面催百官速行禮。太和殿院中，本裝有品級鐵牌，每逢朝賀大典。百官依品級牌肅立，名曰肅班。品級牌前後左右，各相距四尺，故行禮時，從容正齊，不至擁擠。這次因冲帝大哭，攝政王催速行禮，百官正在肅班之時，聽了警鞭三響，即倉卒行大禮，因互相擁擠，有朝帽花翎擠歪者，有閣肩帶斜者，亦有老年大員於行禮時互踩朝裙幾至不能起立者，如此大典，竟雜亂無章，笑話百出，在無秩序中禮畢，亦是不祥之朕兆。攝政王的一回兒就完了一語，竟成語讖。

皇帝登基禮成後，例行大赦，對於大員前代，有錫封典，余蒙錫三代一品封典，父封光祿大夫，官如子秩，母封一品夫人，祖父母亦同。余請將本身封典貤封周氏外祖父母，時外祖母年逾八十尚健在，余親攜誥命致送外祖母，甚為歡樂，且說我竟等著了。

朝賀大典俱御朝衣朝冠，穿方頭厚底靴，朝裙幾至曳地，故倉卒之間，致有這種笑話。我因朝服繁重，鬧成笑話，趁此一說清朝服制之複雜，亦一代之掌故也。

所謂袍套靴帽，有朝服、補服、常服三種。先說官帽，官帽分兩種，冬季用暖帽，有呢帽、皮帽之別，帽簷向上，中覆紅緯，上裝頂珠，以分品級，一二品用珊瑚，三品明藍寶石，四品暗藍寶石，五品水晶，六品硨磲，七品至九品，俱用銅質。夏季用涼帽，亦有兩種，以藤絲編帽胎，形同笠而小，又若漏斗，外面覆以白羅，裡面縫以薄紅綢，上面覆以紅緯與帽齊，裡有竹製帽圈，以合頭寸，頂珠與暖帽同。再說官服，除朝服補服外，常服官民統用，無官銜者統用銅頂，不用補服。凡穿袍者必用絲織硬帶束腰。頸帶硬領。朝服帽上舖紅絨也帽簷一寸，頂珠高裝，肩加閣肩，如錦繡兩翼。袍用蟒袍，滿繡蟒花，不開叉，外加朝裙，下腳繡水浪紋，靴用厚底方頭。此服非逢大慶典不用，即民間亦有用作壽衣。補服用長袍，前後開叉二尺餘，袖裝馬蹄形，又稱箭衣，便於騎射，馬蹄袖用以覆手背禦寒。外加寬袖外套，比長袍短三四寸。外套於前後胸綴以四方形繡花補子，名為補服，中繡禽獸，以分品級。文官用禽，武官用獸，如文官一品繡仙鶴，二品繡錦雞之類，武官一品繡麟，二品繡虎之類。惟御史補服，繡一獨角獬，取其不畏強禦之意。長袍不拘顏色，外套須用天青寧綢。穿補服時，五品以上，須掛朝

珠，有喜慶事才用。如逢宮中有尋常慶典，入宮時須穿蟒袍，餘同。靴用黑緞長統尖頭。常服袍套與補服同，惟不用補服。夏季只穿紗袍，有暗紗、亮紗之別，暑期免外套，如遇慶典則例外。冬季套袍，因在北京，氣候寒冷，須用皮毛。皮毛分小毛大毛，如初冬穿珠皮銀鼠為小毛，冬至後穿灰鼠、洋灰鼠，入大寒則用狐裘，稱為大毛。皮毛外套須出封（用同樣皮毛，露出二分為出封）。三品以上，可穿貂褂。貂褂須反穿，皮毛在外。再有帶素貂，則非上賞不能用。

每逢冬季，宮門鈔登載，今天皇上換用何種皮毛，進宮官員即須穿同樣皮毛。（不進宮者例外，即不必預備）。至出差或行軍，則用行裝，只穿箭衣，外穿馬褂，不用外套。箭衣左襟，訂一排六七個鈕扣，當時左襟本裝一袋，以備儲帶乾糧，後來只訂一排鈕扣成為裝飾。硬帶後面，掛一對繡花荷包，掛兩條白綢帶，名為忠孝帶，當時定制，如在途中賜帛，即用以自盡。荷包裝鴆毒，亦是此意。至皇族補服用圓形，中繡團龍，以龍爪多少為分別，皇帝才能用五爪。從前花翎，只能上賞，用以賞軍功，有單眼雙眼三眼之別。自開捐途，單眼花翎亦可捐帶，雙眼三眼，則非賞不可。軍功亦有賞穿黃馬褂者。這種服制，又複雜又浪費，無一是處。至漢人女性，即官眷亦用披風紅裙，不用旗裝。壽衣在清初，男女都用明代衣冠，後只女用鳳冠紅袍，男用朝服或常服。據說清初服制，都由漢大臣所定，仍寓有民族意義，故有「男從女不從，生從死不從」之諺，傳到今日，仍家傳戶曉。

清制各署到十二月二十日，即行封印不辦事，到明年正月十九日，始開印辦事。在封印期間，大臣常得賞鹿獐黃羊雉雞之類，又賞紅綢福壽字，除夕賞果盤，又小錦荷包內貯小銀元寶，名為壓歲錢。每賞一次，即須入宮謝恩一次，故雖不辦事，而忙於謝恩。在承平時代，亦是君臣親近之意。夏天則賞暑藥。兩宮發喪後，在百日內，禁止民間音樂演戲，百官喪服百日，在四十九天內，每天上午由攝政王率領各部尚侍及七品以上官員，在梓宮前上祭，地方官在萬壽宮設奠，各學校亦不例外。惟有一事，覺得太具文，每次上祭，贊禮者喊了舉哀，主祭者即嚎啕大哭，百官即跟了嚎啕，學校校長率領學生亦如此。學生對兩宮，未必有悲痛之感，強令嚎啕，這種具文，反有失敬意，未免滑稽。班禪活佛在京，每日向梓宮持咒。滿洲喪制尚黑，百官隨祭，均服黑布袍、黑布靴，帽則摘紅纓，冬則反穿白羊皮外套。

到了奉安之日，皇族先在宮中上祭行禮後，兩梓宮同日奉安出神武門，親貴在城門外跪送，百官則在景山相近之雁翅樓下，及沙灘兩處跪送（雁翅樓隔大道左右，各建樓房數十間，相連若雁翅故名）。儀仗中有幾件事是特別的，一是開路的喇叭號筒很長，兩人一抬一吹，其聲嗚嗚然，真令人有

悲淒之感。一是打圍隊，各人騎馬帶氈帽，帽上插羽毛，手執長矛，臂托一鷹，背負弓矢，像皇帝出獵的形式。一是鸞駕，亦是騎馬隊，手執金瓜、金刀、金鉞之類，桿都朱紅。鸞駕有全副半副之分，全副十六對，皇帝皇太后才用全副，皇后只能用半副。還有抬梓宮的槓伕，須先練習，用一盆水置在槓上，練到步伐一齊，盆水不外潑方為合格。此外滿洲皇帝之儀仗尚有多種，不能全記矣！此次兩宮奉安大典，各國有派專使參列者，亦有以駐使充專使者，各國元首，均供送特別花環，有不銹鋼製者，亦有絹製者。日本特派伏見親王參加葬儀，日皇特以銀製花環供贈，以示特別隆重。我國本擬在宮中接待伏見親王，因無暖汽設備，不及裝置，適外務部迎賓館落成，即以暫充行宮。奉安之日，各國專使均同中國皇族及大臣列在一起，步行送到後門鼓樓，由攝政王與慶王，向各專使辭謝止步，各專使即乘車而歸。皇族大員送到西直門，百官即在雁翅樓及沙灘俟梓宮過後即分散了。梓宮出了西直門，即分兩路行走，太后梓宮向東陵，皇帝梓宮向西陵，儀仗亦減少了。奉安禮畢，事後贈各專使以寶星，伏見親王則贈特等寶星。時勳章制設立不久，名為寶星。寶星制始於沈瑞麟使歐歸來，攜有各國勳章圖樣，始行制定者也。

二十四、隨倫貝子赴日本答禮

　　此次大喪，日本特派伏見親王，參加葬儀，故我國亦派皇族溥倫貝子（爵名次於郡王）赴日本答禮，余亦為隨員之一（隨員共四人）。日本待以國賓，以芝離宮為行館，由式部長任招待，受國賓招待七日，日有節目，節目除覲見日皇日后賜宴外，有伏見親王晚餐會、總理大臣晚餐會。因倫特使未偕夫人同行，故宴會時王妃及夫人等，均未出席。又沒有跳舞夜會，稍覺乾燥嚴肅。惟國會議長晚餐會，設在紅葉館，較為輕鬆，又一節目為歌舞，伎座觀劇，更有娛樂之意。覲見明治天皇，親呈大寶星，並介紹隨員。賜宴後，在別殿謁見皇后。日皇賜宴，隨員均陪席。見外國君主，只穿蟒袍，不穿補褂，不知起於何時。明治皇英姿雄偉，碩大聲洪，威儀嚴肅，洵不愧為英武之主。席間日皇與專使身後，各站一人為翻譯，倫貝子翻譯官為馮孔懷，由彼此翻譯官轉譯於賓主，不直接交談。孔懷久任使館翻譯，日語純熟，又嫻於此種儀式。覲見畢，日皇贈倫貝子桐花大綬勳章，馮孔懷二等瑞寶章，余三等旭日章，餘為四等瑞寶章。日本勳章制，有大勳位菊花章，分頸練大綬之別。桐花章一種，此外有旭日、瑞寶兩種，各有八等，惟一等有大綬。

　　後在歌舞伎座觀劇，此座為日本最大之劇場，名伶都集於此。本均席地，此次特在劇臺對面，特設一座，可坐而觀。伏見親王及各王族大臣均未陪觀。座中以五彩電燈拼成大清萬歲四字，備極美麗隆重。惜所演古典劇，不能知其意，雖備有中日文劇目說明，然非諳日本歷史者，亦不能明瞭。演員都古裝，金碧輝煌，聽其歌音悅耳，動作態度而已。越兩日，赴紅葉館議長歡迎會，該館宏敞爽塏，壁張以錦，敷席清潔有光，是日賓主有百六十餘人，依壁作ㄇ形而坐。每人後旁，各配一藝妓伺候，這藝妓是在紅葉館養成的，故稱為紅葉妓，聞有二三百名，服裝一律，梳和式高髻。先由主人起立致歡迎詞，主賓答詞後，各妓即手捧高腳膳盤，魚貫而入，置於每人面前，陳列酒肴，並置酒一瓶，洗杯樽一盞，即開始酬酢。主人先到主賓前，跪請賜酒，主賓即洗酒杯，藝妓斟酒以奉，主人一飲而盡，洗杯斟酒回敬主賓。主賓飲後，主人又到其他賓客前敬酒如前。主賓乃起到主人前，互敬酒畢，藝妓即在客座中間，開始舞蹈。有年長之妓十餘人，分坐左右兩旁，彈三弦、擊腰鼓，紅葉妓即翩翩起舞，舞態與琴聲，相和合拍。舞畢，再陸續進餚，各賓主隨便飲酒，紅葉妓亦陪客勸酒。後賓先告辭，主人與舞妓盡情歡樂，夜深始散，此日本式宴會之大概情形也。紅葉館廣而且大，裝飾華麗，

又蓄藝妓如此之多，外國來日觀光者，必到此一觀日本之風俗。至二次大戰，毀於兵燹，迄未復興。後來西風東漸，日本人摹仿西式，正式宴會，亦尚跳舞，古典舞蹈不視為重要節目矣。此次倫貝子東行，乘一兵艦，艦形既小，不足以壯觀瞻，且速力又慢。

回程要訪問端午橋（方）時任兩江總督，又要看黃河鐵橋，故繞道南京。晤端午帥後至漢口，改乘蘆漢鐵路，路局特掛一車，並掛伙食車，貝子恐伙食車骯髒不潔淨，仍在飯車進食。但掛車與飯車不連接，故須到站停車時方可進飯車，管飯車的比利時人，高坐吸烟，傲不為禮，余很忿怒，火車是營業性，對乘客應有禮貌，何況對貴賓？而貝子竟處之坦然。歸途過黃河鐵橋，已在深夜，仍沒有看到。貝子回國後，將此情告知政府，後成立郵傳部，首先贖回蘆漢鐵路，於此事不無關係也。

二十五、設郵傳部籌贖回路權

　　中國鐵路，開始於光緒初年，上海怡和洋行因黃浦江污塞，江輪不能直抵上海碼頭，須在吳淞口起卸貨物，甚為不便，為便利運輸起見，由上海到吳淞，造了一條鐵路。清廷以風水攸關，出資購回，將鐵路拆去，其頑固誠屬可笑。嗣後李文忠屢請建造鐵路，以利交通，且便於行軍，適英商為開平鑛務局運煤起見，由唐山造一鐵路通至天津，因之借英國資本由唐山展至山海關，名為津榆鐵路，奏派胡芸楣（矞芬）為督辦，是為鐵路之創始。後太后回鑾，由保定至京特備專車，乘坐火車回京，始覺鐵路之便利，於是津榆鐵路得以展至北京，改名為京榆鐵路。後又由山海關展至奉天，為京奉鐵路。後又借法款造蘆漢鐵路，法國以比國出面。但京奉與蘆漢兩路，均不得進入京城，故一止於安定門，一止於蘆溝橋。迨庚子以後，始拆城通至內城。京奉車站設在西，京漢車站設在東，因借款國不同故也。迨後張（之洞）袁（世凱）各督建議，借款造路不應有全路行政權，並請重訂合同，只管會計，不管行政，遂設郵傳部，專管路電郵政。首任尚書，為陳雨倉（璧），是為交通部之前身。

　　又設鐵路總局，以梁燕孫（士詒）為局長，梁以葉譽虎為秘書長（恭綽），兩氏都精明幹練，初只轄京漢、滬寧、道清、正太、汴洛五路，故人稱為五路財神。後又逐漸加入各路，歸局管轄，與各借款國磋商重訂合同，釐定權限，借款國只管會計，行車人事，均由路局局長管理。借款分年歸還，還清路歸國有。又定會計年度，改用陽曆，會計獨立，辦得很得當。後又奏設交通銀行，鐵路收入均歸其經理，於是人事愈繁，勢力愈大，形成為交通系，遭人指摘。然梁氏對於贖回鐵路其功不可泯也。後來開辦京張鐵路（北京到張家口），不借外資，不用外人，由袁項城保舉詹天佑君辦理。詹君留學美國，與美國工程師金達從事鐵路有年，資歷很深，由袁項城委為京張鐵路總工程師。詹君悉心籌劃，初次測量路線，由北京經昌平直達張家口，地平費省。清廷以有礙西陵風水，令改路線，遂由居庸關八達嶺前進，開山越嶺，以八達嶺長城下之隧道工程最為艱巨，而詹君措之裕如，惟工款則加了不少，至今青龍橋矗立之銅像即詹天佑先生也。可知中國早有修造鐵路之人才，惜政府未嘗留意及之耳。後來民間創議民營滬杭甬鐵路，久而無成，仍出之外債一途，津浦滬寧兩路莫不如是。迨盛杏蓀（宣懷）任郵傳大臣，主張幹路應歸國有，短線可由民營，此亦正當辦法。惜那時各省爭自治權，民族性已發動，對於政府設施，諸多不滿。川粵漢路之川漢一段，在光

緒時曾准民營，但集款未成，政府擬收歸國營，川人即起而反抗，鬧成風潮，政府起用端方督辦川漢粵鐵路，並賞侍郎銜，帶兵入川，為亂兵所殺，後聞函首至京，其中恐另有內幕矣（端方因在陵工照相革職，另詳）。後項城入軍機，郵傳部改任徐世昌為尚書，是為項城預下的一子。

二十六、遭彈劾想起端方革職

　　日本風俗，讌會非有藝妓不歡，但駐外使館有關國際觀瞻，不便招妓歌舞，故日本使館常借正金銀行之棠蔭精舍為公餘行樂之所，月必兩三次。公使館員，不過數人，從無生客，但我亦常為座上客，由天津招來名藝妓侑酒歌舞。每至酒酣耳熱，館員有能跳土風舞者，狎妓同跳。其中有名千代子者為個中翹楚，年方二九，美麗活潑，同舞時體態輕盈，盤旋凌空，想胡旋舞不是過也。歡笑鼓掌之聲，達於戶外。鄰近適有御史之居，知我在座，以為身居京堂，竟與日人狎妓行樂，有玷官箴，上奏彈劾。不知日本公使亦在其中，那相亦有時被邀，樞臣知為日本風俗，留中不發，但摭拾浮言彈劾不止一次，均留中。有一次那相到署告我，今日有御史兩人同日參你，一謂日使到你家，你女兒出見，日使以萬元為見面禮，你竟受之，是為變相的賄賂。一謂俄使送你貴重禮物等於賄賂。慶邸以你屢遭彈劾，遂面請攝政王派員查辦以明真相。攝政王說：曹丞少年新進，陞遷快些，至遭妒忌，這種參奏，決是無稽之言，不必問了，遂又留中。攝政王對你聖眷不差，到底參摺說的，你想有無影射？我說：日使的事全是造謠，一點影響都沒有，至我對俄使除使館讌會外，平時與俄使向無往來，中堂明見，要不是他們攪差了，新近駐俄公使劉鏡人回國，他是我新結的親家，尚沒有過門，他送我幾件禮物，莫非因之弄錯，造謠言到俄使身上去了。那相聽了說：對了，一定是這樣影射的，明天我去向慶邸說明，免他老人家惦念。我又說：我自愧腹儉，都老爺都是飽學之士，故跟他們平日不來往，恐亦有關係。他哼了一聲說：以前確有幾位錚錚有名的御史，現在可以五十兩銀子買一參摺供人利用，卑鄙到這樣，那配稱飽學之士！你還是敷衍敷衍他們，免得時找麻煩，遂一笑而退。

　　清初設都察院，意在整飭官方，為天子耳目，非有風骨峻峻，守正不阿者，不足以當御史，稱為言官。後有只沽直聲，不察事實，濫參權要致遭罪戾者，故即有強項之言官，非遇大奸巨憝，不避宸威者，不敢隨意彈劾。在乾隆時，和珅當國，貪贓枉法，勢傾全朝，富敵宮廷，然深得上眷，御史莫敢言。獨先大夫曹錫寶侍御（同族不同宗）偵知確實，且藏有東珠朝珠（皇帝獨有），不但貪污枉法且有僭越之嫌，冒死參劾，一擊而中，和珅賜帛抄家，金銀財寶盡沒內庫，人人稱快。迨嘉慶即位，以和珅大逆不道，只有曹錫寶一人參劾，足見御史臺之畏葸，又追贈以左副都御史以為獎勵，那有如今日以言者無罪，濫用上奏權者。因想到近日端午橋因在陵樹掛電線裝臨時電燈以便工

作，竟為李偉侯參以大不敬，致丟了直隸總督。事因偉侯（名國杰合肥長孫襲伯爵）扈從奉安見其事，又見皇后行禮，午橋之弟（忘其名人稱端五）站在遠處照相，李歸與冒鶴亭（廣生）談及，鶴亭說此屬大不敬，你為御前大臣，敢彈劾嗎？偉侯經他一激，即說為何不敢，遂由鶴亭草奏，由李國杰以大不敬罪參劾，端方奉旨革職。午橋在旗中亦佼佼者，惟性不羈，好詼諧，或有開罪於人之處。偉侯公子好出風頭，鶴亭名士喜弄筆墨，而攝政王對於大行皇帝之事特別嚴重，二人或有揣摩迎合之意亦未可知。余與二人均係熟友，一日我問偉侯，君與午橋是否有過節。彼笑答，因鶴亭激而出此，想不到午橋竟受到這樣的處分，言時有悔意，可見上奏權不應濫用也。

二十七、罷免袁世凱鑄成大錯

　　攝政王當國第一件大事，即為大行皇帝復仇，處袁世凱以極刑，命軍機大臣擬旨，將袁世凱明正典刑。慶親王世中堂（鐸）見攝政王盛怒，相顧驚愕莫知所對。軍機大臣張之洞即起立侃侃陳奏謂，此諭萬不可下。當今伏莽未靖，人心未安，沖帝登位，正賴老臣協力同心，輔弼幼君，以安人心，安人心即安大行皇帝在天之靈。今攝政王即位，第一道上諭即誅及老臣，臣以為不祥之兆，且與國家攸關，非國家之福，期期以為不可。慶王世相亦謂臣等同此意見，務乞收回成命，乃改為開缺回籍養疴，卻與戊戌年命翁同龢回籍養疴意旨相同。

　　項城於奉安禮成，即已稱病請假。張南皮與項城本有芥蒂，而臨到大節，不避宸嚴，侃侃諫爭不念私怨，不愧有古大臣之風。項城得此旨，即留摺謝恩，連夜出京，知者甚少，聞到站送行者，只徐東海、嚴範老（修）、楊杏城三人而已。回彰德後，在垣上村建修養老園，以示終老之意，然京中一舉一動自有通電，無不聞知，起用之說，時有所聞，正所謂身在江湖心存魏闕者也。然攝政王此舉，真是不知大勢，顯其低能，不察國家利害，只知為先兄皇帝復仇，何其小也。

　　外部尚書任梁崧生（敦彥），後梁赴德，由左侍郎胡馨吾（惟德）升署，循序遞升，余補右參議。

二十八、調查東三省條陳十事

　　時東三省總督為錫清弼（良）。關於東省事，外部與日使交涉終無結果，電問錫督，亦不得復。外部乃派余去實地調查，先到奉天見錫總督，晤談之下，覺此人是正派，但對付交涉既鮮經驗，又無助手，年已老邁，又怕多事，聽他的話，覺得可憐。他說政府派我到這裡來，真是受罪，跟日本辦交涉，自愧沒有能力，去照會不復，派員去說，一味強硬，蠻不講理。君來到此，好極了，可將調查情形，回去報告政府，放我回去吧，我在此實在辦不了事，反倒貽誤。我聽了無言可答，即告辭，看看奉天市街，仍是一個古老場面，又無熟人可以打聽地方上情形。在客棧住了一宵，即乘火車到安東。安東道尹陶杏南，本是熟人，他留我住在道署。杏南告我，此間人口不多，市面不大，現在日本人越來越多，市面店鋪日商為多，將要喧賓奪主了，交涉之難可想而知。日本領事，蠻不講理，去照會不理，往往自由行動，請看街上情形即可揣想而知，後我到市街看看，到處日人，大興土木，蓋造住屋，店面全是日本式，料理店兼妓館特別多，幾沒有中國的面目了。杏南設宴並請日領事，日領事一種傲慢之氣令人難受，故亦未往訪。住了三宵，又乘安奉鐵路火車赴安東採木公司。安奉鐵路仍是軍用鐵路現狀，尚未修造，車輕廂小，行車常常出了軌，不以為奇。最妙者余在車中，見兩豬在軌上相鬥，車笛頻鳴，豬仍不走。余恐出岔，豈知車仍前進，兩豬未傷，車反出軌。據說此是常事，可見軍用時造路之草率了。

　　到了採木公司，公司即設在鴨綠江邊，局長胡宗瀛（號玉軒），日本同學，他學農業，人極正派，即留住他寓。鴨綠江邊亦都是日本住家，及料理屋、妓館，中國人不常見到。街上站的警察，中國警察外亦有日本警察。談到公司情形，胡說清閒之至，公司中只有一個局員。日本方面，亦只有兩個林業剛畢業的人。談到採木情形，他說沿鴨綠江三十里，已將採盡。無木可採，現在三十里以外去採，這是實情，故難阻止。余方覺日使要求五十里不為無因。當中日會議時，日本本要求五十里，我方只允三十里，彼亦不堅持，可見那時日本亦未調查明白。又詢以採木是中國人還是日本人？他說日本人那裡肯去，即兩位林業家也沒有到過深林裡面。採木的人，向來是中國人，來自黑龍江，每交冬季，即來著手入山採木。此輩都是亡命之徒，既無家室，又不知積蓄，來到此地，即住窩店，這是專為採木的人預備的。他們住店，都是賒賬，窩店為他們每人預備一套羊皮衣帽烏拉靴又烏拉褲。烏拉草名，產於吉林，暖等於棉，山中非此不成，此間俗諺，吉林有三寶人參貂

皮烏拉草是也。還有砍木用俱，預備齊了，入山採砍。俟到春雪融化，砍下之木，即趁雪滑下，直流到鴨綠江，編成木排，由局點收給價，本把所得工資，除還窩店欠墊之外，所賸無幾，即在本地狂飲宿娼。每年所製之衣具，典質一空，明年再來一套，年年如此，說也可憐。余於測勘時，曾同日本技師入山一次，入山未深即禁不住冷，因未備這套行頭的緣故，日本技師亦只去過一次。

又談到鴨綠江架橋事，他說早已動工了，離此不遠，明日可散步去看看。翌朝同去看橋工，豈知橋工已將及半，還在趕做，不久可成。部中還與日使爭持造橋有礙主權的一套官話，等於說夢話，所以日使無可答覆了，正在積極趕造。我才明白日本先造江橋，而緩修安奉線之理由，因改修路線，已有協定，造橋我政府尚未應允，故先造橋成為既成事實，政府抗議，亦是徒然。不復照會，即是遷延時日之意。余得了這些資料，即謝別胡君，離了安東，又想看看南滿情形。回到奉天，即換乘南滿夜車到長春，長春道尹顏韻伯（世清），亦是熟友，好客善繪事，有才幹，設宴為我洗塵，堅留一遊吉林山水。余因出來已久未允，留一宵，周歷市街，一無足觀。惟沿路日本軍隊甚多，韻伯說尚無特別情事，余想看看南滿與北滿鐵路情形，故買聯票到哈爾濱。南滿火車，新由美國定製而來，整齊潔淨，車中寂靜，侍應周到，料理和洋兼備，牀位舒適美麗，車廂全舖地毯，比日本本國的火車好得多。此路因有國際關係，特別注意，但二等即跟本國的差不多，三等便不成話了。

後換乘俄國的北滿火車，車型高大，車廂齷齪不堪，每節車只有一人伺候，略懂法語，動輒要小費，且要盧布。幸韻伯先已告我，故已略備盧布。臥車無電燈，每間只有一支洋蠟，牀位奇硬，甚不舒適，比之南滿車，相差遠矣。抵哈爾濱，濱江道尹為施植之（肇基），亦是外部同事。施君留學美國，後任駐美公使，聲譽甚好，人品高尚，招待我住在交涉使公署。哈爾濱中國市街在傅家甸，道署亦在傅家甸。植之兼外部交涉使，故公署設在道中，等於俄國租界。道中店鋪盡是俄國人開的，售賣貨品，盡是俄國貨，售貨員則中國人為多。又有猶太人設的店鋪。住了一宵，翌晨始知日本伊藤博文公爵，在車站被朝鮮人炸傷送到醫院，已氣絕無救。兇手當場被捕，名安重根，直認不諱，為國復仇。聞伊藤公此來，與俄財政大臣約在哈爾濱晤談要事，安重根一直祕密追蹤而來，乘伊藤下車時，在忙亂無備之中，用手槍一擊而中。日韓合邦，由伊藤一手造成，故韓人恨之刺骨。朝鮮隸日以來，屢起騷動，日雖駐兵彈壓，仍時有暴動，朝鮮民族性之堅強不屈，尚有我古烈士之風也。

余自哈爾濱買聯票直達北京，在車上買了一張報，見上諭，余又升補外部右丞，（因周自齊丁憂出缺），一年三遷，自愧無所建樹，益深慚悚，聊博高堂一樂而已。余在火車上想此次視察，自安奉鐵路，鴨綠江架橋，採木公司已知實情外，日本在南滿之行動，雖未目睹，然關東軍之橫行霸道，及日本人之積極進行，已顯露其以東省為殖民地之行為。趁此日俄雖訂密約，南北滿已成勢力範圍，然日本戰後國本尚未復元，移民方在開始，正是我國著手進行的機會。東三省地廣人稀，土壤肥沃，每縣轄境，比內地大數倍，應將縣治劃分區域，招內地青年有志之士，加以訓練，為之領導，移民屯田，寓兵於農，以防衛地方。多設工廠，尤以紡織為急，增加民需用品。開墾荒田，改用機器可燴加農產，自足之外更可出口以換外匯。鐵路雖被限制，可多造公路，用卡車作交通工具亦可補救。設定計畫，與美國商建設借款，或可有望。若不及時進行，後患不堪設想。

　　回京後將腹稿擬就說帖，面見慶邸那相，報告視察情形，並呈說帖，慶邸獎勉有加。我說鴨綠江沿江三十里，已無木可採，日本要求擴展，卻是實情，不如允他照小村當時提議擴展至五十里之議。安東通朝鮮架橋已將竣工，事實已成，空爭無益。安奉路尚未動工，我以為日本以安奉路已有成約，故先造橋而後修路，用意在此。愚意不如早日了結多年懸案，趕緊頓理內政，日本亦許感我好意，將來不至處處與我為難。慶邸以為然，即顧那相說，曹丞所說，頗有見地，以後關於日本東省交涉，可先問曹丞意見而行。從此樞臣對我重視，我在外部更加有了發言權了。又說你明日謝恩，余請攝政王召見，你可直陳一切，暢所欲言，不必顧忌。這說帖餘留下細看，你可再遞一份，翌日遞謝恩摺，預備召見。

　　此次召見在養心殿，儀注不同，進殿後先向虛設的寶座行一跪禮，起立再叩頭謝恩。攝政王坐在正殿的東間，即稱東暖閣，坐東向西。太監引至門口，自行進去，行一鞠躬禮。三品京堂以上，隔案設座位。攝政王即說，坐下奏對，這是民主得多，不覺得拘束惶恐，遂將日本在奉天安東情形，詳細陳奏，並請趁日本尚未進行成熟之時，我若趕緊施行，正是機會，失此機會，東三省即成為日本殖民地，我國無法抵制。現以臣見所及，擬有條陳十事，並將條陳每條說明，條陳如下：一、練新軍以資防衛，二、設軍販以充軍需，三、分縣區以便治理，四、選賢能以衛地方，五、獎移民以事開墾，六、設屯田寓兵於農，七、立學堂以開民智，八、興工業以利民生，九、練警察以資保衛，十、闢公路以便交通。每條都有說明，即將條陳呈上。少待，以為必有垂詢，或就條陳有所質問。豈知攝政王將條陳置於案上，只問你向慶王報告沒有？答以已詳陳一切了，即說很好下去吧。余又鞠一躬退

出。奏對三十餘分鐘，只有我說話，攝政王聽而不答。我看他既無辦事才，又無判斷力，望之不似人君。如此庸才，何能當國。

　　日本使館方面，見我調查東三省回京，多年懸案，即行解決，並且立蒙召見，擢陞右丞，以為行將大用，對我非常拉攏，棠蔭精舍之宴會不時邀請，從此惹人注目，親日之名，遍於京朝。其實我陞右丞由於周子廙（自齊）丁憂出缺，我即循資遞補，雖距補左參議尚不滿三月，但並非特擢也。

二十九、開跳舞會酬治疫會員

　　未幾，東省發生鼠疫，勢頗猖獗，有向南蔓延之勢，死亡日以百計，且日有增加。地方官電政府，速籌辦法，各使亦力請政府，趕緊設法撲滅，以免蔓延。政府以外部左丞施植之，曾任濱江道，熟悉地方情形，且與外人往來亦稔，遂派施植之（筆基）為治疫大臣。施即籌備萬國治疫會議，遍邀各國專家，來華討論撲滅辦法，以伍連德博士為會長，由伍博士約集中外醫家，共同討論，亦無消滅之法。傳染死亡者日多，無法棺殮，集團火葬，百姓雖反對，然舍此又無它法。美國醫生，主張解剖，以驗病菌之來源，卒從其議，以無主屍首，解剖化驗，驗出病菌，用適當方法藥水，勸喻百姓預防，始漸漸撲滅。會議完後，各國專家，均由各國使館導引觀光。植之亦邀各專家，遊覽北京各處古迹名勝，甚為滿意。外務大臣特設晚餐舞會招待。但中國女賓，除植之夫人，胡馨吾夫人能舞外，此外大臣的夫人小姐，均不習此道。訪問名媛閨秀，能舞者，亦不到十人。那時西風尚未東漸，中國外部開跳舞會，此為首次，亦可開風氣之先矣！是年德國皇太子，本定來華訪皇室，以鬧疫中止。時余與施省之君（植之之兄）及伍博士擬在北京設一完備之醫院，以集款未成而終止。

三十、補左侍郎使法未成行

　　其時政府亦知東省情形危急，擬用遠交近攻政策，以抵制日本，於是派外務大臣梁敦彥使德，郵傳部大臣唐紹儀使美，擬藉助外力，以救危局。唐使向美國借款，擬建設錦愛鐵路（錦州到愛琿），已有成議，為日本援前議定書抗議而中止。外務大臣出差，以左侍郎胡惟德陞署，余即署左侍郎，後均實授。當時余是右丞，左丞為高爾謙，按例應以左丞升署。攝政王問慶邸能否越級升署，慶對這是由上宸斷，沒有定例。又問曹右丞，是否前赴東三省調查的？對是，遂硃筆圈余升署，後即補實。我在右丞時，有兼差數處，到了侍郎一律須辭去。官雖升了，經濟可大受影響矣！

　　攝政王對我關心，不能不感他知遇，然以他罷斥項城，起用親貴，仍覺有大事糊塗，小事不糊塗之感，不足與言國事也。時慶王當國，雖明白事體，然年老守舊，不能大有作為。惟對使才，特別注意。當時孫慕韓（寶琦）李木齋（盛鐸）陸子興（徵祥）胡馨吾（惟德）劉鏡人（士熙）施植之（肇基）諸君，皆由慶邸提拔。尤以陸子興以駐俄二等參贊，特賞三品京堂出任荷蘭出使大臣，並令不必來京，逕赴荷蘭，稱為異數，時正荷蘭在印尼對華僑施行虐政之時也。人都稱慶邸貪污，觀之慶邸在貪污中比其他親貴尚可稱為廉潔者也。

　　後慶邸面保余出使法國，已蒙俞允，並特賞二等雙龍寶星。那相告我，此係慶邸特保，以你尚未到過歐洲，故令使法增廣識見，以備大用，將來黑頭宰相，大有希望，可為預賀。我想不到慶邸寄望於我，雖遜謝不遑，然內心卻很高興，以為得使歐洲，可轉變環境，從此可避免親日之名，以後對我，可另一看法。但是尚須由部遞摺請簡，才能明發上諭。外部遞奏日期，規定每月十日二十日。正擬二十日上奏，恰值八月十九日武昌起義，慶王囑咐此摺緩遞，等亂平再遞，想是慶邸看重留京之意。那知此摺一擱，竟無再遞之時，使法之事，即成黃花。可知人生遭遇，自有命運之安排，只是冤了廖鳳書（恩濤），因此摺附有附片，派廖出使墨西哥，正摺不遞，附片當然一同擱置。鳳書不比我，他是走了振貝子的路，花了本錢得來的。

三十一、武昌起義星火竟燎原

攝政王罷斥了袁世凱，即起用親貴，加以重任，如載洵之海軍大臣，載濤之軍諮府大臣，廕昌之陸軍大臣（廕雖留德學陸軍，然於軍事毫無研究，惟載濤之命是聽），載澤之度支大臣，瑞澂之兩湖總督（載澤姻戚），時論謂滿朝親貴，賄賂公行，實非虛語。親貴貪污，首推載洵，他在海軍大臣任內，賣官鬻缺，貪婪無厭，後到英國定購戰艦，議價未成，先講回佣，聲名狼藉，貽笑中外。其弟載濤，尚知自愛，惟年少氣盛，傲慢性成，人皆以為薰蕕同器，其實以乃兄之污名而弟同受其累，亦是事實。但以毫無軍事經驗之幼弟，付以陸軍之重任，其舉措亦屬荒謬。張南皮相國力爭不可，未蒙容納，遂自請休致，不久薨於京邸。老臣到此，亦只付之一嘆矣。

武昌兵變，由於中央集中軍權之後，引用士官出身之軍官與北洋將領遂分派別，有新舊之分。武昌起義，由於新派主謀，初僅兩營起事，餘皆觀望不動。後鄂督瑞澂搜得叛軍名冊，牽涉新軍士官很多，士官恐株連，遂先發響應。假使瑞澂處以鎮定，將名冊銷燬，即可使反側者安心，徐圖處置，何至釀成大禍。乃瑞澂操切從事，不查真偽，一律按冊嚴捕；遂使未變之軍，全部叛變，其為無能，實堪痛恨。迨兵變後，不知所措，性又怯懦，倉卒逃入兵艦，只顧性命，不能收拾時局。統制（等於師長）張彪，亦是蠢才，不知率軍鎮壓，見督帥已逃，亦只顧身家，不發一兵，避匿無蹤。於是叛軍擁協統（等於旅長）黎元洪為都督，黎不敢就，匿不出見，經叛軍運動其姬人本危夫人，強逼受命，可見蜀中無大將，誠屬滑稽可笑。遂以諮議局為大本營，發號施令，本是星星之火，不加撲滅，遂致燎原至不可收拾。

其時，載濤貝勒，正有事於永平秋操，新軍全被調赴秋操，正是這位貝勒爺首次出現身手，即慶邸亦不敢攖其鋒，請抽調新軍南下平亂。於是政府派廕昌陸軍大臣，率領毅軍二十營，開拔南下，以姜桂題為副，馳赴漢口。廕昌雖曾學陸軍於德國，娶了德國太太，德語嫻熟，但於軍事知識有限，又沒有經過戰事。姜桂題統領之毅軍，亦無新式行軍經驗，出發之時，已躭閣許久。及至開發，又各自為政，爭先恐後，毫無秩序。兵車沿途擁擠，到了劉家店，不能前進，經京漢局長率領軍務人員，前往指揮調度，方始前進。及到漢口附近，檢點軍裝，有携砲沒帶砲彈者，有帶了砲彈與砲膛不合者，轉展配換裝運，費時一月有餘，正讓武昌方面，從容布置，通電各省，呼籲響應。又與英領事交涉，決守條約，保護外人。各省本以親貴用事，賄賂公行，對清廷已感不滿。各國領事，見叛軍秩序整然，南下毅軍，反無秩序，

遂承認叛軍為交戰團體。兩月之中，毫無進展，遂使各省響應宣告獨立者竟有二十一處之多。

慶邸知廕昌不勝任，毅軍不中用，形勢日非，不得不力請起用袁世凱。攝政王亦知朝中無可膺此重任之人，不得已而允其請，任項城以兩湖總督。項城以軍權不屬，辭不受命，又加以欽差大臣名義節制各路軍隊，始行起程，但不即晉京，正在途中，觀察形勢。吳祿貞方授山西巡撫，擬在石家莊截留袁軍軍火，致遭暗殺。又有藍天蔚、張紹曾本駐軍灤州，電請政府縮短立憲年限，頒布憲法，釋放政治犯，名為兵諫。灤州離京師甚近，早發夕至，於是京師震動，立電藍天蔚止兵勿進，同時電允立憲年限改為五年，憲法從速頒布，由攝政王宣誓太廟，決不更改。灤州方面，聞因意見不一，趁此下臺。回想當年代表團請願，驅逐出京，今者統帥兵諫，立即照准宣誓，早知今日，何必當初？由此政府威信墜地，政治等於兒戲，當兵諫電到之日，親貴大員眷屬，紛紛逃往天津，京津火車擁擠到無立足之地，人心之亂，於此可見。而親貴中之富有者，則以金錢寶鑽之類，寄存英商匯豐銀行，因不明手續，存於中國之買辦處，收據亦由買辦所出。迨事平往取，洋經理不知有此事，華買辦不知何往。親貴大受損失，買辦大得其利，此亦可證親貴們之毫無常識也。

其時人心惶恐，謠言四起，報紙竟有政府請日本平亂之登載，資政院召開臨時會議，請總理出席答覆。外務大臣出席答覆，以報紙登載，盡屬謠言，不可相信。議員以茲事體大，非總理大臣負責答覆不可，於是慶總理到院，議員即起立責問，外間有政府將請外兵平亂的風說，這事重大，到底政府有無此事，請總理負責答覆。慶邸即起立答道，那有這樣的事，豈有叫外國人來打咱們中國人之理，外邊謠言，切勿輕聽，政府決沒有這種意思。說罷，即說我還有事告辭了，話雖簡單，亦乾脆爽快，議員亦再不提議了。

三十二、起用項城為總理大臣

慶邸面奏，以年老力衰，朝中又沒有能當此重任之人，非起用袁世凱，實不足以平亂。攝政王亦覺關係國家重大，只好照准。袁不辭，亦不起程，電復慶邸，以手無兵權，何敢受命？又授以欽差大臣，節制各路軍隊，乃拜命起程，在途中電令馮國璋率師赴漢口，廕昌即率毅軍回北京。馮到漢口，進攻漢陽，不日即下。隔江砲轟武昌，一彈適中都督府，黎元洪驚而逃避，朝廷大為嘉獎，錫馮以男爵。項城恐平亂太速，又長親貴驕矜之氣，故態復萌，乃調令段祺瑞，前往代馮，授以兩湖總督，節制各路軍隊，並授以機宜。慶王以年老氣衰，力辭總理，保舉袁世凱繼其任，前已提及。袁要請由資政院通過，方能拜命，遂如其請，攝政王自請退位。項城入京之日，萬人空巷，爭看風采，所過之處，歡聲雷動，外人登城觀看，亦拍手歡迎。項城沿途向眾揮手，以示謝意。項城就任後，立電前方段祺瑞，令統兵大員，聯銜電請政府，改政體為君主立憲，其意在實行憲政，以杜親貴預聞軍政大事，可見其起初並無取清室而代之意。

當項城起用之時，日本即派伊集院彥吉氏為駐使。伊與袁在天津即相處甚得，其時伊為天津總領事。迨袁晉京第二日，伊即請見，項城囑我同見。伊即說奉政府密令，以中國時局混亂，日本政府甚為關心，此次閣下出山，必定有計畫，閣下仍擁護清廷呢，或另有高見，務請密告，日本決以閣下之意旨是從，且願援助，故特來密商，決不外洩。項城答以現在我是清朝欽派的總理大臣，怎能說不擁護清廷。至南方亂事不足平也，請謝貴國政府好意，無庸援助。日使稱謝，握手而別。後以項城言行不符，遂辭職回國。其實項城答詞，言外之音，已有含意，言現在言怎能不擁護，惜伊使未能領略其語意耳。此事恐外間無人知道。

項城受任總理大臣後，每有奏事，必進宮面奏。後在東華門外十字街口，遭刺客投炸彈，雖受虛驚，一馬炸傷，回邸馬斃。隆裕太后即傳旨不必親自進宮，可由趙秉鈞代奏，遂不再入宮。

前方軍事，亦不前進，因民軍已得到交戰團資格，外國守中立，各省都響應，新軍都傾向民軍。各省諮議員，本是主張君主立憲，政府不能利用，激成為革命排滿之中堅。處此情形之下，自然難於言戰，遂奏請派員與南軍言和。當各省紛紛獨立之時，山東巡撫孫寶琦亦湊熱鬧，宣布獨立，項城派人到魯，對孫連諷帶罵，勒令取消而罷，這真近乎兒戲矣。

三十三、唐紹儀奉旨南下講和

　　清廷一無主張，只好由袁總理辦理，於是總理大臣奏請派唐紹儀、楊士琦、嚴修為議和代表，南下議和。嚴修辭不就，還派各省代表，每省一人，真是冠冕堂皇。但各省代表，只等於戲劇中之跑龍套而已。南方派伍廷芳為議和代表。會議有正式非正式之分，重要會議都是密談，各省代表亦無從預聞，然於清室，終處於不利地位。項城方面參預密勿者，只梁士詒（燕孫）一人。梁亦善於用權謀，與袁水乳交融，相得益彰。唐紹儀則偏向南軍，梁唐之間，密電來往，由袁主持，梁亦時參意見。袁對清室存廢，尚在遊移，聽說策士進言，以斬草不除根春風吹又生，袁意遂決，定了三部曲，首由前方統帥以兵餉兩缺無法作戰，電請清帝退位，改共和政體，以存元氣？繼以駐外公使以外論贊成改制為言，籲請改為共和政體以保和平；終於逼宮遜位。遂密電段祺瑞，聯名前方將士四十餘人來電籲請代奏，請清帝順從民意遜位，改共和政體，電文甚長，措辭婉轉得體，聞係徐又錚手筆。然與前電矛盾，足見廢帝改制，非袁之初意。段來電後，又同樣密電駐外使節，由駐俄陸徵祥公使領銜，籲請退位改組政體。項城手段靈敏，立於被動地位，從沒有露出不臣態度，對南示以可戰之力而不用武力，俟水到渠成，自然達到目的，避免篡奪之名，而得篡奪之實，其手段可謂敏且妙矣。惟堅持成立對清優待條件，尚有不忘故主之心。

　　又參與密勿之人，恐宮中內訌，留為後患，於是以軍餉無出，前方軍心動搖不能擔此重任為詞，奏請辭職。隆裕太后沒有閱歷，何能洞譽，總理既以軍餉無出為辭，不能空言慰留，又無它法籌措，遂將慈禧太后歷年積蓄之金條盡數交出，共有三十餘箱，合銀六百萬兩之譜。這批金條，都是督撫關道等所進之賄賂，每條都粘有臣某恭呈字樣，余曾目睹，項城亦有進呈者，真是算無遺策，手腕之辣，名不虛傳。

　　其時各部門一無所事，真有萬木無聲待雨來之景象。惟有一事可記者，良賚臣（弼）亦清之宗室，日本士官出身，性豪爽有氣節，血性男子也，時任禁衛軍統領。禁衛軍即御林軍，為賚臣一手訓練者，已成兩混成旅一砲兵隊。袁已將砲兵調往山西，留在京者只有一旅之眾。賚臣窺袁異志已露，時局已無可為，遂造總理府請見袁，所談何事，不得而知。自總理府出到家門口，有二人等候請見，良知有異，請客先入內，己則稍遲下車，以防意外。詎二客入內藏於垂花門（即二門）近處，迨良進二門，即擲炸彈而逸。良傷一腿，由日本軍醫為治，拒絕麻醉藥，忍痛將一腿齊膝鋸下。醫生勸其用麻

醉品可少受痛苦，良慷慨嘆曰：國痛尚可忍，何在一腿？豈知毒已上升，鋸了一腿後仍殞命，亦一豪傑之士也。有謂良與肅王宗社黨有關，此亦可能。

維時新政府尚未成立，前政府仍舊維持現狀，惟將尚書改稱為正首領，侍郎改稱為副首領，不知何人所擬，頗有山寨稱呼的氣息，咸覺不甚難馴。項城此次所演戲劇式的革命可稱奇妙，自從東華門遇刺以後，每有奏事，輒以趙秉鈞入奏，自己每日登廳視事，不動聲色，見客談事，不改常度。唐少川（紹儀）在南，梁燕孫（士詒）在北，密電往來，無人知道。案頭常置有辭職奏摺，以示隨時可退之意，在外人觀之，那知其胸中有驚天動地的計畫。迨上賞侯爵而不受，於是圖窮而匕首見，然已大事告成，無可挽回矣。以不流血而革命，設優待以對前朝，開革命未有之先例，示東方道德之特色，以項城雄才偉略，並世無兩，既倒帝制，復平反側，統一中國。假使項城能守誓言，効忠民國，則新中國之建設不難追蹤歐美，邁越歷朝。惜乎雄心未已，任用權謀僉壬，又想更上一層，遂使中途變志，帝制自為，惑於逢迎，不能保其令名以終，誠項城之不幸，亦為中國之不幸也，可不哀哉。

附袁世凱贊成共和誓言電

共和為最良國體，世界之所公認，今由帝制一躍而躋及之，實諸公累年之心血，亦民國無疆之幸福。大清皇帝既明詔辭位，業經世凱署名，則宣布為帝政之終局，即民國之始基。從此努力進行，務令達到圓滿地位，永不使君主政治再行於中國。

三十四、受優待條件清帝遜位

　　南北和議，對於優待清室條件，南方代表，不肯贊成，經項城授意北代表，非力爭不可，方始讓步，其要旨為待清帝以外國君主禮，民國政府歲撥四百萬元為清室經費，仍用尊號，移居頤和園。議定後，由各部大臣籲請隆裕皇太后，速定大計。至此所定的三部曲完全成功。隆裕太后召開呈室會議，醇親王載灃、慶親王奕劻未出席，遂由隆裕太后決定，接受優待條件，通告各國，清帝遜位。於宣統三年十二月二十五日，下懿旨清帝遜位，授袁世凱以全權組織共和政府，於是有清二百六十餘年之帝祚，宣告滅亡。遜位詔書，由南方擬定寄來，聞尚是南通張狀元（謇）之手筆。至授袁全權組織共和政府一句，則由北方加入者。

　　原來此次肇禍之因，由於武昌兵變，瑞澂處置失當，繼以永平秋操，載濤悉調新軍赴永平，不能南下平亂，遂使事變愈演愈烈，卒召亡清之禍。瑞澂滿人也，載濤親貴也，追源禍始，二人均為亡清之罪魁。然則清之亡，實亡於滿人親貴，漢人不過因利乘便，造成時勢之英雄而已。

隆裕皇太后遜位詔書

　　前因民軍起事，各省響應，九夏沸騰，生靈塗炭，特命袁世凱遣員與民軍代表討論大局，議開國會，公決政體。兩月以來，尚無確當辦法，南北暌隔，彼此相持，商輟於途，士露於野，徒以國體一日不決，故民生一日不安。今全國人民心理，多傾向共和，南中各省，既倡議於前，北方諸將，亦主張於後，人心所嚮，天命可知。予亦何忍因一姓之尊榮，拂兆民之好惡。是用外觀大勢，內審輿情，特率皇帝將統治權公諸全國，定為共和立憲國體，近慰海內厭亂望治之心，遠協古聖天下為公之義。袁世凱前經資政院選舉為總理大臣，當茲新舊代謝之際，宜有南北統一之方。即由袁世凱以全權組織臨時共和政府，與民軍協商統一辦法。總期人民安堵，海內乂安。仍合滿漢蒙回藏五族完全領土為一大中華民國，予與皇帝得以退處寬閒，優遊歲月，長受國民之優禮，親見郅治之告成，豈不懿歟。

三十五、民國改元北京起兵變

民國肇興，與民更始，以宣統四年為中華民國元年，宣布以後改用陽曆。爆竹一聲除舊，桃符萬戶更新，值此民國第一元旦，自應萬民歡騰，共慶共和，豈知今年元旦，竟寂靜無聲，只有店鋪換了春聯，民間爆竹無聲。後才知因內政部令警察總廳，曉諭人民，從今年起改用陽曆，家戶店鋪應換春聯，舊將除夕元旦不許放鞭炮等云，人民誤會，以為改了政體，不許再放鞭炮，故元旦寂靜無聲，不若往年之熱鬧也。嗣後政府又定陰曆元旦為春節，於是過了新年，又過舊年，稱陽曆新年為官家新年，陰曆新年為人民新年。但鄉間仍不用陽曆，數千年習慣，豈一旦所能改變，況農民適當收成之後，過年為一年一度快樂之時乎。

我與仲和、袞父到總統府向總統賀年，沒有儀式，往賀年者都接見，這到感覺有點民主氣息。後來因賀年者多，不能一一接見，改為簽名。

是日開放皇城內三殿，任人遊覽，入內遊覽者並不多。警察廳用黃紙繕寫隆裕太后改為共和政體之詔書，供以牌座，置於天安門外，以覘滿人有無起鬨，且防宗社黨乘機搗亂，用意周到，但平安無事。又於是日開放社稷壇，改為中央公園，只有來今雨軒已落成，其餘都未布置，任人遊覽三天，不收票費，遊人不少。

二年，隆裕太后崩駕，以人民名義，在中央公園開追悼會，政府派大員隆重奠祭，懸滿各界輓聯，都是恭維頌揚之句，可見人民尚不忘故主。惟聞隆裕太后信用小德張，不知亡國恨，在宮中大興土木，比慈禧差得遠矣。

總統府暫設於外交大樓，設一秘書廳，凡新政府要羅致者，由秘書廳函約以秘書名義到府辦事。約有三四十人。總統亦設一公事桌，但從未在廳辦事。惟每日午膳，必與秘書同桌，進餐時可隨便交談。秘書舊人居多，新約者有張仲仁（一麐）、陳仲恕、葉譽虎（恭綽）、施愚、顧鰲、嚴璩、蔡乃煌諸人。

其時孫中山先生由外國回來，即在南京由參議院選舉為臨時大總統。北京方面以有誰廢清帝即著誰任臨時大總統成約，梁燕孫與唐少川，往返電商。中山以成約在先，遂辭臨時大總統由參議院選舉袁世凱為臨時大總統。惟將原來約法總統制改為內閣制，並須袁到南京宣誓就職，此即為袁孫不和之伏線。袁以北方尚未安靖，人心未定，宗社黨時有反動之謠，暫須坐鎮，不能南下為辭。南方堅持不允，且派部長五人北上迎駕。

時曹錕第三鎮軍隊，由娘子關撤回北京，以衛京師。不知那一位策士獻

計，俟迎駕專使到京之後，密令一部分軍隊，在京兵變示威，以證實袁之不能南下。那知兵士們得此密令，即假戲真做，趁火打刼，大肆搶掠，北京民眾遭殃者甚多，專使亦不敢住在行館，避入東交民巷六國飯店。

章仲和夫婦是日適由上海來京，余與陸閨生傍晚往車站候接，見街上兵丁，三三五五，到處遊行，毫無秩序。余語閨生，才宣布共和，兵士們已如此自由，沒有以前守規矩，這樣下去如何得了？仲和夫婦，到後即寓閨生家，方進晚膳，聞畢畢拍拍之聲，自遠而近。家人入告，北城兵變了。飯後登樓一望，見火光四起，聞富有的親貴宅邸，皆被放火搶刼，間歇性的槍聲由遠而近，我們即閉門靜守，至夜半，有人大聲打門，幸門尚堅固，未被打入。後由僕人出街探視，大戶人家兵丁挨家打門而入，搶掠衣飾細軟之物，有兵丁手帶金臂環數雙者，有兵丁將金手戒指穿成一串，套在頸項者，又有一人身穿皮袍幾件者，亦有穿了女人的皮襖者。形形色色，奇形怪狀，但沒有見到彈壓的軍警。到天明，槍聲即止，始知袁父家亦被搶掠。余步行出街，街上已不見一兵，有一二受傷的人躺在簷下，到處空箱雜物，歷亂道上。至總統府，院內亦有遺棄的槍支軍衣，及零星物件。入門即見著芸臺（項城長子），他尚假惺惺的問道，昨夜受驚沒有？軍士們聽說南方專使到京，迎家父南下，即紛紛反對不守營規胡鬧起來。這班兵丁，聽了風聲，即鬧成這樣，倘使家父真南下，不知他們要鬧成怎樣？原因由於南方堅持要家父南下！又問不知朋友家裡，有沒有被驚擾？告以袁父家被搶掠了，其他尚無所聞。他又說，這班兵丁太可惡了。我問他如何處置？他說，各營都有出來鬧的，鬧完了又歸號了，總得細細的查究，太不成話了。說得煞有介事，我只暗笑也不多問即辭出，去看袁父。袁父頓足大罵道，那個王八蛋，出此毒計，連我家也被搶一空，像這樣還像政府嗎？我只好往天津暫避再說。我聽說慶王亦在六國飯店，即去慰問。他說，昨夜兵丁到我家，竟放起火來了，我只好出來暫避，幸即救熄，想不到全權交給慰廷（袁的號），他也沒有辦法。共和開始，兵丁即自由行動，往後怎樣辦呢？聽他的口氣，好像以為清室只交袁組織共和政府，清帝尚在，惟沒有政權，對於遜位即亡國，似蒙在鼓裡。雖是老邁糊塗，然詔書內加上委袁組共和政府一句，故意含渾，妙不可言，真可面面騙人。

唐少老亦避在六國飯店，見面即說，如此行動，給外人看了，豈不丟臉？時少老已偏向南方，此舉似未預聞。後聞袁父到了天津，住在華街親戚家，豈知天津軍隊，亦照樣來一次，袁父又受驚一次。這次兵變除了搶掠，沒有傷人姦淫等事，總算遵守命令，舉動文明。然為一人之安泰，不惜萬人之身家，出此計者真可說毫無心肝矣。翌晨由毅軍軍官出動巡街，手捧大

令，各執大刀，竟有窮民在街檢拾餘物者，即目為贓物，就地正法，真是可憐。公然搶掠之兵丁，未聞處罰，貧民檢拾破爛，竟遭殺戮，天下不平之事，有甚於此者乎？人民因之對共和政體心理上有了反感，南方經此一嚇，遂允袁氏在北京就職，並發表宣誓電文。

第一任國務總理自非唐少老莫屬（唐號少川），其時少川與項城已貌合神離，利用總理大權，將江南膏腴各省地盤，循南方之要求，悉畀予革命元勳，稱為都督，如陳其美、柏文蔚、李烈鈞諸人。此次革命成功，利用清室練成的新軍，諮議局排滿的議員，唾手而得天下，猶以為未足。內閣閣員，又佔其半，宋教仁且薄總長而不為，利用國民黨常與袁政見相左，遂引起應桂馨刺宋之案。群以為趙秉鈞指使，袁氏應負責任，因之南方各省，宣告獨立。項城遂令出師討伐平亂，以段芝貴王占元趨湖北，馮國璋張勳趨南京，更以海軍堵截江西湖口，使革命軍不能聯絡。兩月之間，內亂敉平，革命黨之地盤，不旋踵而盡失。

三十六、業律師領第一號證書

　　有一日，余在秘書廳。總統公事桌上，置有沒封套的信，現出朱芾煌字樣。我素不識朱，惟知他與芸臺往來甚密，且曾參與南北和議，因出於好奇心，隨手取閱。函甚簡單，有新政府成立在即，有三人不可用，一為趙秉鈞，一為烏珍（時任步軍統領），一即余。項城於三人名旁均有手批，對趙批此人不能不用，對烏批現時不可少之人，對余批，他不想入政府。這明明是取瑟而歌之意，翌日即函辭秘書。我素無積蓄，遂將化石橋住宅租與外人，遷回松樹胡同，適左鄰有一小院出售，遂收買合併，薛姬亦同居，以省開支。惟雙親屈居蝸舍，心覺不安而已。

　　其時司法部成立，新訂律師條例，法庭訴訟可延律師，余即請領律師證書，尚是第一號，事務所即設在家中。時仲和任大理院院長，大理院與高等法院在一起，前清已新蓋大樓。地方審判廳另設他處，仍是舊衙。時法官與我同學的不少，向來往還甚稔，因余為律師，為避嫌起見，與余戟門、林行規、姚次之、張棣生平素極熟之友人等，絕少往來，即仲和亦少見，見亦決不談訟事。當時法官真是廉潔自好，對於訟案，慎重審理，散值後猶攜案卷回家工作，可當得起清慎勤三字。各省法官亦蔚成風氣，絕不聞有受賄情事。此種風格，直維持到北方政府終結為止。

　　余初作律師，除照章公費外，不計較酬報，聽當事人之便。其時風氣未開，請教者不多。後有一案，一審判死罪，二審維持原判，上告到大理院。該案論事實應判死刑，惟因律無明文，情形特殊，第一審根據事實判處死刑，第二審仍維持原判，被告不服告到大理院，請我辯護。余即根據律無明文不能判罪為理由，大理院本是書面審理，遂將辯護狀送進。結果原判撤消，改判無罪，於是被告全家老小，到我事務處叩頭致謝，感激涕零，謂因家貧，只送些土產表示謝意。余亦不收酬費，連公費也免了。從此大家知道訴訟不能不請律師，且知道我以侍郎做律師，區區之名，不脛而走，從此門庭如市。余亦不管案件大小，來者不拒，每月收入，綽有裕餘。後來，法政學生掛牌業律師者漸多，唐寶鍔亦掛牌做律師了。

　　其時監獄由清末新建，潔淨有秩序，是為清末預備立憲而新蓋者。至地方廳看守所，反逼窄污穢，穢氣熏人，令人難受。論理看守所，為留置未決犯，監獄則為收押已決犯，看守所應比監獄為優待，今乃適得其反，殊欠公道。我有時因面詢當事人之故，身歷其境，親眼看見，因建議司法部（時司法次長為汪子健（有齡））應予改善。子健亦稔友，他告我道，監獄建後，

本有修建地方審判廳及看守所之計畫,適逢國變,遂不果行,如有經費當仍照原計畫進行。但在我任律師時,未見實行,惟稍清潔而已。

有一次赴保定出庭,旁聽席滿,添設板凳,亦皆站滿,大都為保定法政學堂學生,無非震於虛名,都來旁聽。及返旅館,見張燈結綵,大書歡迎曹大律師,暗覺可笑。晚飯後,有二十餘鄉民,跪在中庭,求大律師申冤。余出中庭,請他們起來,問要申什麼冤?他們齊聲說道,我們都是種地人,有跟人爭田畝界線不清的事,也有爭奪收成的事,告到地方法院,法官判得不公平。我們正在農忙時候,沒工夫去高等法院上訴,等到農忙完了,上省到高等法院遞呈子,掛牌出來,都被批駁,說上訴過期,不准上訴了,您想冤不冤?只好求大律師到京為我們想法申冤。我想農民沒有法律知識,跟他們講過期不能上訴的律文他們也不會明白,只安慰他們,等我到京想法子。但告他們,我不是法官,准不准我也沒有把握,如果不能達到目的,要請你們原諒。後我想,總得想一辦法補救,於是向仲和建議,鄉民不懂法律,應該想一變通辦法,在法官宣讀判詞後,即高聲向當事人說,你們如果不服,應在法定期內上訴,過了二十天期,即不能上訴。在此當堂聲明不服,亦可記錄下來,算已上訴,再補遞呈子。後大理院照此辦法通令各級法院一律照辦。那時人民毫無法律知識,亦是可憐,把律師當作以前的巡按,更為可笑。

有一天,忽接到當選蒙古議員證書,甚為詫異。余既不是蒙古人,又沒有參加競選,何來當選議員。時參議院議長王家襄,眾議院議長為湯化龍。後來知道,蒙古議員,名為選舉,實由總統指派,故蒙古議員中,滿蒙漢人都有。此事聞係項城知我清貧,暗示補助之意,在我亦無閒過問,只好聽之。有時空閒,亦到國會應應卯。有一次,余到國會,適逢陸子興(徵祥)兼攝總理,到國會宣布施政方針。陸氏登臺後,以溫和有禮貌的外交家態度,先說久在外國,中國情形不熟,要請眾位指教。又說外交官最講禮節,即如宴會時,如何接待賓客,尤其對於女賓更要注意。我在俄國時,俄皇宴客禮節之周到,即菜單亦如何講究,我尚保存。這雖小節,於情感體面有關,亦不可不講等語。議員聽了,已有噓噓之聲。又說弱國外交,真是難辦,只有忍氣,但望以後國家強盛等語。即有議員起立說,今天請總理來講施政方針,不是請你來講外交禮節的。亦有人喊,快將施政方針說出來。陸氏又說因為弱國外交難辦,所以要請國會諸君,與政府方針合一,方能對付。說到此即有人喊,你的方針沒有說出來,怎能要我們合一?陸君仍舊慢條斯理的說,諸君不要忙,我自會慢慢的說出來的。我看議員有點不耐煩,因有他事,我先走了,不知如何結局,聽說後來鬧到一哄而散。

時國會與政府，幾乎沒有一件事不衝突，子興因與俄使磋商外蒙古事，議訂條件六項，被國會否決，憤而辭職。那時國會有無上之權，不斷與政府意見衝突，擾攘不已。我則做我的律師，一概不問，即中山北上，召集國會等亦未嘗過問。一日，有前商部同事冒鶴亭（廣生）君來訪。他說君在前清，駸駸乎大用，因親日為輿論不滿，今民黨亦為此病君。君以有為之年，遭此挫折，我為君惜。我為君計，應一反作風，做幾篇大罵日本的文章，登載報上，以轉移人的觀念，君如有意，我願效勞。我謝其好意，即說若如君說，是投機政客之所為，非我之願也。人謂我親日，我不否認，惟我之親日，由於情感，非為勢利，可親則親，不可親即不親，故我之親日，並非媚日。況在失意之時，忽變態度，無故罵人，徒貽人笑，反損我人格。前清待我不薄，我即不做民國的官，亦覺心安理得。彼聽而笑曰，君真可謂不識時務者矣，即別去。

　　我做律師時，有時到天津出庭，時天津日本總領事為小幡酉吉。日本租界尚未發達，空地甚多，他勸我在租界租地。其時日租界租地，每坪只值銀元五角（每坪長六尺寬三尺）。他說，你倘備萬元，五年內可加十倍。我那時那有餘款，然後來日租界地租價，五年後何止十倍。蓋時局不定，各租界反成繁榮，此一定之理。但我幸沒錢租地，不然，在日本租界，擁有偌大地皮，更為人藉口攻擊之資矣。

三十七、選舉總統公民團起鬨

民國二年十月，國會正式選舉大總統。我想既身為議員，這一張投票權不應放棄，遂出席國會，議員已到了不少。時國會中尚有國民黨議員，俟議員到齊後，忽將大門鎖閉，聽外面人聲嘈雜，只聽得喊我們是公民團，代表民眾監督你們的。大總統只有袁世凱應該當選，我們是擁護袁世凱當選中華民國大總統的。你們議員們，今天如果不照我們的公意，不選袁世凱為大總統，不要想能出此門。我想又有好戲看了，議長宣布到會人數，即行投票，照例將投票空櫃，向大眾觀看了即發選舉票，照約法需要三分之二票數才能當選。第一次投票不足法定數，第二次仍是不足，時已午夜十時，外面公民團已喧嘩龐雜，裡面議員亦有起鬨。直到第四次才足了法定票數，選出了袁世凱當選為大總統，已將二時了。當議長宣告時，外面歡聲雷動，大喊大總統萬歲。這布置的真周密，事先議員一無所聞。後來聽說，這妙計是梁燕孫秘書長的傑作，他早料到選舉必出問題，故組織了所謂公民團十人，輾轉收買，竟至百數十人，算無遺策，真不愧為智囊。但總脫不了軍閥氣息，甚至可說是流氓辦法，怎能說共和民主？然以當時議員的無理取鬨，逼到出此下策，既不收買議員，還可說是人民公意，真是妙計。

袁氏當選大總統後，開約法會議，改訂約法，改為總統制，改國務院為政治堂，敦請徐東海（世昌）出任為國務卿。徐本無出山之意，沿於友誼，義不容辭。項城令百僚稱國務卿為相國，以示尊重。設左右丞，左丞為楊士琦（字杏城），右丞為錢能訓（字幹臣），又設參議若干人，無定額。徵求賢能，新舊並用。

有一天，公府（時稱總統府為公府）忽來電話，請我四點後進府，有事商談，我很詫異。我已一年多沒見項城，我與政事又沒關係，有何事與我商談？但既來電話，不能不去一趟，遂準時而去。項城一人獨在公事廳接見，即說你何以久不來府？我說，總統日理萬機，公事很忙，不敢無事打擾。且我是閒人，無事入府，不免啟人猜疑。項城即說，你也是國會議員，亦可入府報告國會事項。我說承總統指派議員，議院內黨派紛歧，各人說得頭頭是道，結果總是與政府意見兩歧。且我現做律師，又不能常出席，故亦無事可報告。袁說何必做律師，律師不是等於以前的訟師嗎？我說律師與訟師，絕對不同，律師根據法律，保障人權，訟師則歪曲事實，於中取利。袁先嘆了一口氣道，你不知道現在政府之為難，希望你常常來府談談。我只恭聽，不發一言。他又問我景況何如？老親來京，住得慣嗎？一若家人談話，親切

之至。談次同進晚膳，見他有兼人之量，碗大的饅頭，吃了兩個，還佐以肉類，我只能吃四分之一。他說你不慣麵食吧，叫侍者拿米飯來。我說不是不慣麵食，實在已飽了，不能再吃飯了。飯罷又雜談一時方辭出。我仔細想這番話，對我說有何用意，真像丈二金剛摸不著頭腦。

歸而告之我父，我父說，恐怕又要叫你出來了吧。翌日送來一分總統府顧問委任狀，我父到底閱歷深，一語道著了。

過了三天，又來電話，請入府。我去後先道謝委任顧問。他說現在你也是公府人員了，可以不必避嫌疑，隨時來府談談。袁又說每天這時候，公事已畢，我總是空閒的，可以常常來。我說，總統如果電召，當即趨謁。又過了一星期，又電召進府，問我前清禁烟，成績很好，如何辦法，我也想禁烟。我說當時外部與英使商得同意，我國先禁種鴉片烟，英國才允印土不進口。外部與英使商定，除雲南山西兩省外，（因這兩省種吸者太多，短時不能禁絕，）其餘各省，以三年為期一律禁種。後外部行文各省，勸導農民改種糧食，不種鴉片烟苗。那時沒有禁吸，只不許設吸鴉片烟館及買烟膏店。三年期滿，外部會同英員及地方官向各省查勘，除滇晉兩省外，果然禁絕，遂允從此印度烟土不進口。尚有未次一批烟土，到了上海，海關不准運出，至今存在海關倉庫。他問有多少箱？我說約有千餘箱確數記不清了。惟那時因禁種不禁吸，只對英國交換照會，故波斯方面仍有土進口，印度改以熟膏進口。因不是烟土，與波斯又沒有禁約，海關不能禁止，所以至今仍沒有禁絕。反而印土不來，各省都自己培種，這次若要禁烟，需要禁種禁吸同時辦理方能有效。袁說你擬個說帖來。又留晚飯。越數日，將禁烟說帖擬就送呈。袁看了說，很好很周密。談了一會，又進晚膳，這次晚飯，麵飯俱備，足見他處處用心周到。

後經月餘，有一次，又來電話，請即入府，且說有要事面商。我想有什麼要事？今天恐有問題了，但只好驅車而去。見了即說子興跟俄使商訂外蒙古協定，提出國會否決了，子興一氣而病辭職，一再挽留亦不允。他身體本弱，這次費盡心力跟俄使簽訂外蒙古協定，被國會否決，難怪他生氣，只好讓他暫時休息。慕韓（孫寶琦）跟木齋（李盛鐸）又沒回來。目前外交，俄日最重，外交部不能一日無主持之人，我想要你擔任外部次長，代理部務。我想了一想，答道，還是請總統另派他人，我家貧親老，現做律師還夠澆裹，且我閒散已久，譬如駕車之馬，放野久了，怕難就範，請總統原諒下情。至關於日本的事，如需用我時，我可以大總統顧問名義，從旁效力。他問，你做律師，月可收入幾何？我答不能預定，因我不計較酬報，月只可二千元左右。他不語有頃，忽以嚴肅的神氣說，你們年輕人，不應只圖安樂，

正應該替國家効力。我年輕時，在朝鮮辦事，那麼棘手，那有要舒服的思想？我答以總統雄才大略，精力過人，豈他人可比！他一笑不答，遂同進膳。告辭時，他慎重的說，你回去再想想，國家用人之時，不應自甘退諉，我明天即發表命令了。我再三懇請命令緩發，容我回去斟酌了復命。他那種一張一弛的辦法，恐是用慣的手段。

越日，某秘書來說，他說你也知道總統的脾氣，令出必行，沒有更改。今日發表你任外交次長命令，已交印鑄局登公報，忽又收回，我在秘書廳沒有見過，這是第一次。聽說已徵君同意，君仍不允，所以收回。總統對君如此客氣，真是難得。我說，我也感激總統對我的好意，但我不想入政界了。他笑道，為什麼？君還不夠遺老的年紀，沒有聽過有遺少的，相與一笑而別。臨行時說，今日收回的命令，尚在秘書廳，秘書長問過總統，何以要撤回，總統說因有外交關係，倘發表而仍辭，難免外人啟猜測之心，故暫收回。我說，我也為了這點，故懇總統緩發命令，再想奉復。

第三日，見著燕孫秘書長，他說命令已發表了，你可預備就職吧。

我聽了愕然未答，豈知燕孫真機靈，他見我愕然不答，揣我不能再頂，意已活動，即見總統，請將命令發表。總統說萬一再辭怎樣？燕孫說，我見過潤田，他已默認不會再辭。但當天政府公報，未見命令，第二日才見的，我始恍然受了燕孫的紿了。燕孫暗中使了手法，先令秘書來探我口氣，後來見我，故意說命令已發表了，看我愕然不答，即料知我已有默認之意，其機警真不可及。事已至此，只好就職，遂將未了訟案，交由妹婿曾志忞承辦，即到外部就職。此次又為馮婦，雖由項城使用權術，難於擺脫，然知遇之意，亦可感也。

三十八、出任外次加儀同特任

就職後，照例正式謁見總統，總統獎勉有加。又云我已敕令你儀同特任與總長同等待遇，可出席國務會議。並親授二等嘉禾勳章。此儀同特任名辭，民國以來只有我一人，亦可算一佳話。我遂遷入外部次長官舍居住，官舍簡陋，惟接連外部，出入較便而已。我住官舍，一切都自己開銷，不開公賬，以後來者即不同了。外部官制，總長一人（特任），次長一人（簡任），參事四人，僉事三十六人（均薦任），主事八十人（委任），秘書四人（隨總長為進退），各司各設一司長。參事顧少川（維鈞）、章宗丞係舊識，伍梯雲（朝樞）係新識，司長中如周贊堯（傳經）、陳任先（錄）、恩昆峯均係舊識。官制定額比前清已增加到兩倍有餘。惟次長為事務官，不能比前清之侍郎矣。出納科簽呈請示次長官俸，是否照特任待遇？余批仍照次長俸支發（每月六百元），後總統津貼月千元，與總長相同。余每晨十點，必準時到部。其時精力強健，往往一面指示公事，一面批閱稿件，耳目並用。有某司長，每日到部必過十時，余與他本是熟友，故意跟他開玩笑，每一到部即令請某司長，借題發問，並無要事，他後來知道我用意，亦早到部了。

余前在外務部時，見各國來的照會，都附以譯文，辦稿者只憑譯文，將原文隨手散佚。又見歷年檔案，仍未清理，每查一案，頗費時間。故設一清編檔案處，派僉事一人主其事，主事八人，錄事若干人，每日清理若干件，按年編檔分別謄清。陳年檔案，堆積如山，清理工作卻是繁重，主其事者又不甚得力，至余離部時，尚未蒇事。後來南京政府成立，將檔案移送南京，佚失更多。

外部首任總長陸子興（徵祥），溫和有禮，操守謹嚴，定外交官考試章程，甄別舊員，擇優留用，即有人推薦，亦須經考試錄用，故任用部員有限制。後以官俸改兩為元，俸薄不足以供交際，他久任使節，以為高級外交官，應與外人往來交際，自己住大樓，一切都開公賬。然次長參事等，對外不免有酬應，應酌加交際費。因外部經費，向來獨立，前已提及，遂呈明總統核准，除總長外（因開公賬），次長月四百元，參事司長月三百元，以次遞減至科長為止，每月共計一萬餘元，名為交際費。收條由總長簽字送審計院審核，是總長負其責，部員得其惠，雖公事公辦，其所以不由各人簽收者，因恐他部效尤，這亦是無預算的不當行為也。

外部官署，本係總理衙門原址，歷年添買民房，散漫不能連接，每逢雨

天，即覺不便，每年修費亦不貲。前清項城在北洋大臣任內，撥款建造大樓為宴外賓之所，項城任尚書時，亦覺古老衙署不合時宜。余擬於大樓之右，另建一樓為辦公之所，呈准總統，由德國工程師設計，兩樓架空橋相連與大樓配合。當設計時，余請各司斟定員司辦公座位，從寬計算，以備擴充。落成時，余已離部，惟聞遷入新樓，仍感座位不敷，方知人員比設計時又增加不少矣。實因總長不照考試章程，隨意增添人員，成為習慣，故有增無減，皆係政府無預算之故。外部會計獨立，添員更多。陸子興（徵祥）總長久任外使，定考試外交官章程，即親戚故舊，亦須經考試錄用，選員較嚴。初任外長，額定主事八十人，只補了三十餘人。迨孫慕韓總長（寶琦）到任，即大不同。慕老交遊素廣，用人又寬（除譯學館及大學畢業，仍按考試外交官外），到任不久，主事額全部補足，在官制外又添設辦事員，人浮於事，無事可辦。此皆由於歷任總長，任意添人，沒有考績淘汰，又沒有定年退休之制，更不守定章。推其原因，由於不事建設，事業不能平均發展，致有能之人，舍仕途外，無它路可進，用非所學，學非所用，真是浪費人才。故余時向總統進言，開國之初，應重建設，使各種事業平均發展，則人才不至擠於入仕一途矣。

陸總長身體本弱，自簽訂日本交涉廿一條案後，即不常出席國務會議，余則每次必到。每週接見各國公使時，遇到日使來時，必囑余同見。其時交涉事件，只有日俄兩國，但亦不多。興老每遇關於日本事件，總說，我不明悉日本事情，請君偏勞，但余總每事請示而行，以明責任。

三十九、修新華宮豎子出風頭

　　總統府設在故宮中南海，在回回營對面（回回營是前清征回部安置隨香妃來的人的地方）另闢一門，名新華門，一切工程，悉由公府庶務處承辦。處長郭世五，本為古董小商人，項城在北洋時，由某鹽商薦入總督衙門。其人有小聰明，善趨承伺意，後隨項城入京。項城罷歸彰德，在洹上村建養壽園，委他辦理，漸與袁接近。園中有池，落成後項城要宴客，袁云可惜池中沒有荷花，郭聽了即從北京豐台買了蓮花數百盆，擺滿池中。到宴客那天荷花盛開，袁頗欣賞，稱他能辦事。

　　袁就總統後，委他為庶務處長，他將儀鸞殿改為居仁堂為總統辦公廳，將豐澤園改為府員辦公處，以宮殿式建築不合用，改建洋樓七楹。原來宮殿楠木黃松的棟梁門窗，及紅木紫檀之雕刻格扇等等都報為廢物，盡運到定興家鄉，修蓋他的住宅。至原來之陳設，更無從稽考矣。

　　前清修南海時，隔道修一什剎海，兩海中間，架一很長的石橋。橋有石欄石柱，雕刻很精。橋之兩端，建兩座莊嚴華麗的牌坊，極為美觀。兩牌坊一題金鼇、一題玉蝀，人行橋上，一面可望南海，一面可望什剎海。兩海滿種荷花，宮苑與什剎海，適成對照，到了夏天，兩海荷花盛開，苑牆不高，帝后時御牆臺觀什剎海民眾遊樂，寓有與民同樂之意。豈知郭將苑牆加高，說為防禦起見，猶可說也。更在長橋中間砌了一道高牆，使南海與什剎海完全隔絕，這真大煞風景！後項城逝世，將此牆拆除。

　　後又派他出任景德鎮監督，他借此將內庫古瓷，選了多種，以仿古為名，在景德鎮窯仿製，世稱為洪憲官窯，今亦不可多得。而內庫瓷器，即一去不復返矣。

　　至修改懷仁堂及勤政殿，此在修新華宮之後，是為了籌備大典。這兩殿修改的目的，一是預備開大會及大宴會，一是預備招待貴賓。懷仁堂原是一所七開間的四合殿座，忘其殿名，由德國工程師設計，殿座照舊，並不改動。正殿對面有一戲臺，南海戲臺只此一所，比頤和園的小得多。宮內本有昇平署，教習演劇。民國後項城對於戲劇，不感興趣。但家中亦有戲迷，故昇平署並未裁撤，每逢宴會且傳外班進府演劇。後聞平時府中亦時傳京劇名伶入府演戲，但不公開請客。懷仁堂仍留戲臺，一舉兩得。其設計很巧妙，將四合殿座的中庭以玻璃磚為頂，透光不漏雨，與四合的殿座，配合得天衣無縫，且很美觀。

　　勤政殿只有一殿座，沒有餘室，由工程師設計，在勤政殿後接蓋一所

大廈，前面勤政殿仍舊略加修飾。連接後面接蓋的大廈，亦以玻璃磚為頂，三面建有六所可分可合的房屋，每所均設有臥房浴室客廳飯廳等等，以備招待貴賓。大廈中庭可作會議廳，亦可作大飯廳跳舞廳等等，美麗堂皇，設計巧妙。

四十、承認民國各使遞國書

民國成立已越兩年，大總統亦由國會正式選出，然各國尚未正式承認。原因以孫中山先生主張廢除不平等條約，加以第三師兵變之時，日本在北京商店亦有遭損失，要求賠償，後由外部與日使方面會查解決。

袁總統亦以國體更改，應重訂條約。各國堅持以承認前清條約及協定為承認民國之條件，故相持甚久。後俄國更要求承認外蒙獨立，英國要求西藏自治，日本又要求增設東三省鐵路。後對俄訂協約許外蒙有自治權，孫慕韓、李木齋兩氏赴日，亦為商量鐵路問題。直至民國二年之春，各國始先後承認中華民國，各公使呈遞國書，儀注仍參照清制，備極隆重。時外交官新定大禮服，照法國式蟠繡金線嘉禾，以金繡多少分等級，很華麗。總長加一指揮帶，均佩劍，帽似海軍帽式，上綴羽毛，以白黑分等級。是日與會者，外交總次長及官員均著外交大禮服，文武官員都著禮服，各使除美使外，均著大禮服。總統立於居仁堂中間，各官員序列左右，威儀正肅。大總統則御軍常禮服，佩大勳章，沒有御戎裝大禮服（聞因總統頸項特別短，戎裝大禮服領高且硬，故從沒用過）。各國公使由外交總長介紹，呈遞國書後，並介見參贊書記官。由領銜公使致頌詞，大總統致答詞，禮畢，由大禮官引至春耦齋設宴招待。領銜公使舉杯祝中華民國及大總統萬歲，大總統亦舉杯祝各國元首萬歲，宴畢同攝一影而散。從此中華民國始列於國際之林矣。各國元首均來電致賀。

我國以各國初次承認中華民國，故須贈各國駐使勳章，各國亦贈總統及外交總次長以勳章。德俄兩國贈我一等大綬勳章，日本亦贈我一等重光旭日大綬章，義比兩國贈二等勳章，法國贈頸綬勳章，後智利因訂友好條約，贈我二等勳章。俄國的同等勳章，有鑲鑽石及不鑲鑽石之分，這次贈我與總長勳章，同是一等，惟贈我的是沒有鑽石的。

四十一、政事堂成立釐定官制

政事堂成立，設參議無定額，參酌舊制，釐定官制，文官分卿、大夫、士三等，每等又分三級，如上卿、中卿、少卿之類。現任官階，都稱為職。官是終身，職可隨時更動。總長都授中卿，亦有少卿。次長都授上大夫，亦有授少卿，余即授少卿者。意在官論勞資，職論才能，與前清略同。

武官方面，中央設將軍府為最高機關。將軍之下，名目繁多，不能記憶。將軍亦分三級，上將、中將、少將。官職亦分。上將體制甚崇，授上將者，只有段祺瑞、王士珍、馮國璋，南方亦有二三人。將軍在中央任職者，冠以威字，在地方任職者，冠以武字，內外互調，所謂出則膺疆寄，入則總師干也。

各省都督改稱將軍，兼掌軍事，各省首長民政長，改稱巡按使，寓有軍民分治之意。但亦有例外，巡按使帶巡防隊者。廢府存道，觀察使改稱道尹，專管民事。知縣仍舊稱。地方官為三級制，較為簡捷。

中央又設肅政使，等於清之御史，肅政廳即等於都察院，專司彈劾。設平政院，專理行政訴訟。又設審計院，專核度支。設統計局，專管統計。秘書廳改稱內史監，內史長改任阮斗瞻（忠樞），不用梁燕孫，令人起疑。阮本為北洋大臣之文案，有嗜好，且有麻將癖，曾賭至三晝夜不息，脾氣很大，惟與張少軒（勳）交極厚。張反對共和，對袁不免齟齬，使阮往說即聽命。袁之用阮，意或在此。惟少軒自身及其軍隊，均仍留辮，以示忠清之意。

阮在北洋幕府有一小插曲。阮本文案專司書札，與總督較多接觸。袁每找阮，阮總不在，後偵知阮嬖一妓，故怠於公事，袁斥金為妓贖身，且為置金屋。阮至妓處，云為督署接去，阮大怒，即欲辭差。同事告阮，君何太急，君欲見意中人，我可陪你去。至則門榜阮公館，入室則意中人已在其中矣。從此感宮保之厚意，終身不貳，而少軒亦服從項城之命令矣。閒話少說，言歸正傳。

又頒勳位令，除大勳位外分五等，含五等爵之意。大勳位於國內，只贈孫中山先生。又以嘉禾章頒發太濫，又定寶光嘉禾章授文職，文虎章授武職，均分五等。

政事堂成立後，因參議中舊學者多，自釐定官制後，又定民間婚喪禮，又定甲乙兩種禮服，重在復古，對於新的建設，不甚注意。督軍中如張勳、倪嗣沖輩，總以共和制不合民情，於是復古之制，層出不窮。總統亦不常

出席國務會議，總由徐相國主席。後又定郊天禮，祭孔禮，步步仿效帝制。又由內部朱總長獨出心裁，定祭服，不古不今。余於國務會議席上，曾表示反對。余謂民國已廢跪拜，祭典重在誠敬，不重形式，即用普通禮服，有何不可？如果我國有傳統祭服，若日本然，自當別論。現既沒有根據，隨意制定，在這時候，似非急務，且有乖共和政體。我以為當今時代，應事事向新的方面走，學新法，新建設，方合潮流。近來政府設施似開倒車，越來越趨古，似非新國家氣象，難怪外間謠言四起，說政府預備恢復帝制。這種做法，豈非自認謠言之由來？楊左丞即說定祭服不一定即是恢復帝制，民國既不廢郊天祀孔祀典，祭服是應該定的。你要做官，即得穿祭服。余以他的話，帶有譏諷，不再置辯。後竟製定圖樣，冕旒玄冠，服繡九章，用方頭靴，看去像竈君神像。楊左丞會議後，將圖對我揚了一揚，笑謂，祭服制今天頒佈了，意存譏諷。余年少氣盛，聞之不答，回部後沒有跟總長商量，即援前清外部人員不陪祀之例，上呈請免陪祀。呈上，楊左丞在總統閱看時說，這是曹次長的意見，並非子興總長之意，意在挑撥批駁。豈知總統笑說，曹次長仍不免洋學生的習氣啊！即於呈尾親批「外交部總次長免予陪祀」。余以一時之盛氣，擅自上呈，並沒有徵得總長同意，頗感項城優容。可見項城遇事，並不固執己見，若輔弼親近之人，能時進言，不致拒諫不納。可惜逢承意旨之人多，直言敢諫之人太少，後來竟公然運動帝制矣。

四十二、日使面遞廿一條覺書

余就職之二年，即民國四年一月，我國全國統一，各國正式承認，白狼之匪已平，中央威信已立，國是粗定，即可從事建設。惟歐戰方酣，日本已佔領青島。時日本總理大隈重信，外相加藤高明，都是對中國有野心之人，忽令駐華公使日置益，回國述職，示以方略，議定二十一條覺書，令日置公使，携之回任。日置公使回到北京，即請見總統，總統以為回任之儀式訪問，令我同見。豈知日使寒暄後，即說本國政府為謀兩國永久親善和平起見，擬有覺書一通，希望貴總統重視兩國關係之切，速令裁決施行等語。總統答言，中日兩國親善，為我之夙望，但關於交涉事宜，應由外交部主管辦理，當交曹次長帶回外部，由外交總長與貴公使交涉。言已即將日使覺書，向桌上一擱，並未展閱。日使辭出後，總統即對我說，日本覺書，留在這裡，容我細閱，余即回部。

翌晨，即召集外長孫寶琦，秘書長梁士詒，政事堂左丞楊士琦，及余四人到府面諭。總統說，日本這次提出的覺書，意義很深，他們趁歐戰方酣，各國無暇東顧，見我國是已定，隱懷疑忌，故提此覺書，意在控制我國，不可輕視。至覺書第五項，意以朝鮮視我國，萬萬不可與他商議。又說容我細閱後再交部。各人唯唯聽命而散。其時陸子興並未與議（《陸徵祥傳》一書，所記與事實不符，且說我與慕韓主張即行承認，不必商議，更屬無稽。）越日召我入府，他說，我已逐條細閱批示，你與子興即照此商議。

覺書分五項：第一項，關於旅大南滿鐵路展限問題；第二項，內蒙古東三省路礦添置商埠問題；第三項，日本將來向德國青島租地，仍歸還中國，惟在山東德國取得的權益，及膠濟鐵路等，應由日本繼承；第四項，南滿及內蒙須建設鐵路，吉奉兩省應准日本人內地雜居，及福建省不能讓與第三國，漢冶萍鐵礦鐵廠中日合辦，並開發相連的鐵礦，建浙閩鐵路；第五項（註希望條件），一、聘用日本人為軍事顧問，二、合辦兵工廠，中日兩國用同一之軍械，三、聘日本人為主要省市警察教官，四、中國小學校，僱用日本教員，五、日本僧人許在中國內地傳教（大旨如此，條目字句次序容有錯誤。）。總統逐條用硃筆批示，極其詳細，現只能記其大意，並囑開議時，應逐項逐條商議，不可籠統併商。

對第一條批，此本於前清中俄協定東三省會議時，已允繼續俄國未滿之年限，由日本展續滿期，今又要重新更定。但將來若能收回，對於年限沒有多大關係，此條不必爭論。對承認德國利益問題，批應雙方合議，何能由

日本議定，由我承認，這是將來之事，不必先行商議，可從緩議。對於合辦礦業，批可答應一二處，須照礦業條例辦理，愈少愈好，可留與國人自辦。對於建造鐵路，批須與他國借款造路相同，鐵路行政權，須由中國人自行管理，日本只可允與以管理借款之會計審核權，惟須斟酌慎重。對於開商埠，批須用自開辦法，并應限制，免日本人充斥而來，反客為主。對漢冶萍鐵礦廠，批這是商辦公司，政府不能代謀。浙閩鐵路，批須查卷，似與英國有關。對福建讓與，批荒唐荒唐，領土怎能讓與第三國。對內地雜居，批治外法權沒收回之前，不能允以雜居。至第五項，批此項限制我國主權，簡直似以朝鮮視我，這種條件豈平等國所應提出，實堪痛恨。日本自己亦覺不妥，故註希望條件，不理可也，萬萬不可開議，切記切記（兩句加硃筆密圈。）等語。

越兩日高尾通譯官電話問我，何時開議？余答以貴公使沒有將覺書交與我總長，何能開議，蓋諷其直遞總統，有軼外交常規也。次日，日置益公使來見孫總長，面遞覺書。詎孫總長接了覺書，稍一展閱即大發議論，并將各條一一指摘，加以評論。日使笑謂，貴總長於覺書內容，已如此明瞭，將來商談，自更容易。言時視我而笑，蓋譏我電話說，未交外長，從何開議之言，分明是謊言也。孫總長與日使會談筆記（此是外部向來與各使會見都有筆記。）呈閱總統，總統閱後大不為然，謂我已囑咐不要籠統商議，慕韓（孫字）何以如此糊塗，初次見面即逐條指摘，發議論，以後何能繼續商議。慕韓荒唐，太粗率，不能當此任，當晚即囑楊杏城（政事堂左丞）徵得陸子興同意（時陸任政府高等顧問），翌日，即令陸徵祥任外交總長，孫調稅務處督辦。外人稱其捷敏，日本則有後言。

四十三、外交大樓中日開會議

　　到一月下旬，在外交部大樓開議，列席者，我方外交總長陸徵祥、次長曹汝霖、秘書施履本，日方公使日置益、一等書記官小幡酉吉、通譯官高尾亨。我與陸總長以此次會議，關係重大，聚精會神，從事討論。首次會議，日本公使先致詞，大旨謂此次所提條件，為兩國永久彼此親善起見，希望從速議定等語。陸總長亦致詞，答以中日兩國真似唇齒相依，自應互相親善，本席一向主張兩國親善，並引前在總理任內，財政聘阪谷芳郎男爵為顧問，交通聘平井博士為顧問，法律聘有賀博士為顧問為證。日使說，久仰貴總長歷辦外交，譽滿歐美，今日得與貴總長商談，深為榮幸。這次敝國對此事極願速結，故擬每星期開會五次，每次從下午二時開始。陸總長答以每週五次，我身體素弱，且部中每週須接見公使團一次，改為每週三次如何？日使即表同意。陸又謂，會議記錄不必互相簽字，日使亦照允，並聲明會議沒有發表以前，不能對外洩露。陸亦應允，並云會議應照原條件循序進行，議決一條，再議一條，日使亦同意。遂開議第一條，日使說此係既定事實，惟日本接收時年限已過大半，故請照原約年限，重新更定。陸答當東三省會議時，那時年限已過，貴國全權已允繼承俄國未滿的年限，何以現在又要重定？日使謂重定年限，於原則並無變更，希望照允。略加辯論，即予同意通過。日使笑謂，貴總長真是明白痛快，希望其餘各條，都能這樣的痛快商定。

　　第二次會議，即議第二項，日使謂膠澳租借地德國所得之權益，日本致德國最後通牒時，已聲明無條件讓與日本。俟德讓與後，為尊重貴國主權，應請中國承認。至該項租借地（指青島），俟日本向德取得後，完全交還中國。陸氏答以日本與德國宣戰時，聲明取得德國租借之膠澳全境交還中國，並沒有提到其他權益。日使謂日本攻佔青島，一為協助協約國，一為尊重中國主權領土，故特聲明取得後交還中國。其中權益，自應由日本繼續一併取得，將來開和會時，自有商定適當之處置，故不必先向貴國聲明。現要請貴國承認者，即是和會商定之辦法，與當年日本得了俄國的權益，請中國承認同一意義。陸氏答以既要將來和會商定，現在不必先行承認，俟和會開時再看情形，何必先行聲明。日使則謂日本取得德國權益，可謂既定事實，現在商定大旨，可免將來再費口舌。陸又答以攻佔青島還有英國參加，不單是日本一方面的事。日使謂英雖參加，但日本出力最多，犧牲最大，如何商定，英國決無異議。我方始終不允先行聲明，日使謂，請先商一範圍，只限於青

島有關連之事，決不越出範圍。彼此辯論很久，直到散會，沒有解決。

次會日使提議，先議東北路礦問題。我方答以東三省會議錄，有不能再設並行線之約，此條有違前議。日使謂此次商議者，係南滿與內蒙之交通，與前會議是兩事。該處地壤相接，商業日繁，僅是古老運輸工具，不合實用，非敷設鐵路不能發展商業，此舉於地方大有裨益，並非為日本設想。我方以蒙人風氣未開，恐遭反對。日使笑謂，現在內蒙人民與東省人民無異，他們亦願意修造鐵路，便利交通，決不反對。磋商結果，記得先允一路，以後再看情形，路線記不清了。

繼商開礦，日使謂中國向稱地大物博，資源豐富，若任它藏在地下不事開採，豈不可惜，故應彼此先行調查，再商開採。此事可由中日合辦，使兩國同沾利益，且於地方人民亦大有好處。我方同意先行調查，擇優良者先辦，惟合辦方法須照中國礦業條例，中國即以礦產礦權為合辦之資本，須派監理。如有盈餘，應合理分配。日使謂合辦公司，是商業性質，中國既是股東，自能同等選出董事、監察人，政府不必再派監理，利益當然均沾。遂允必先調查兩三處，地名又記不清了。

繼議東三省增開商埠問題。日使謂東省發展迅速，比前不同，中日商業與時俱進，原開的商埠不足以應付現實，故須添開商埠，仍照貴國自開商埠成例，更可增進雙方貿易。我方答以東三省商埠，前在東三省善後會議時已開設甚多，照目前情形，似無增開之必要。日使謂中國自開商埠，一切管理警察行政權，仍歸中國辦理，不過便於各國通商，不但發達中日兩國商務，於各國均有利益。後允斟酌地方實際情形，仍照自開商埠辦法，允增開三四處。

日使繼提內地雜居問題。日使謂日本地狹人稠，東省卻地廣人稀，若使日本移民到東省不受限制，正是互相調劑，各得其益。陸氏答以東省商埠已多，現又允許增添，都是為解決貴國人居住問題，不單是為經商。內地風氣未開，教育又未普及，風俗習慣，各不相同，現在雜居易生誤會。將來民智日開，教育普及，自然可以開放雜居，現在為時尚早。且貴國氣候溫和，東省寒冷，前我在俄國，見俄人只有往南遷居，沒有見南方人往北來者，即是此故。我又補充說，中國山東人往東省者，都是春往冬還，亦是為此。日使笑對我說，君曾在日本，應知北海道寒冷程度，與東三省不相上下，但我國人往北海道去的亦不在少數。陸氏又說，目前治外法權，尚未收回。貴國治外法權未收回以前，亦不許外人內地雜居。彼此辯論幾次，我方堅持，不得解決。日使提議，此案彼此研究再議，前議山東問題，尚無結果，續議山東問題如何？我方同意（我方又修改答案）。適日使墜馬受傷，會議停了三

次。小幡來部告我，公使傷未癒，腿塗石膏，不能下床，但急於會議，擬請陸總長與您枉駕使館會議。余告總陸長同意，遂移至日本使館會議。日使不能下床，就在床前設桌會議。日使先說抱歉之意，又說內地雜居，難於解決，我們先議山東開埠及合辦礦業問題。我方同意。陸氏先說，查山東沿海，都已開為商埠，此次貴方提出各處，近於內地，不通海道，輪船不能進出，不合開商埠條件。討論後，日使允先撤回，調查後再議。先議開礦問題，日使謂山東煤礦鐵礦都有，久藏於地，不使開採，殊為可惜，若中日合辦開採，彼此有利。我方答以本席亦同有此意，但貴方所提各礦，均已由人民領得開礦執照者，未便取消。日使謂，聽說貴國商民，住往領得執照，取得利權，永不開採，此種利權應即取消，另給他人。陸氏答，我國商民請領執照，亦定有限期，若逾限不勘測，亦予以撤消。余又補充說，亦有斟酌情形，在限期未滿即行撤消者，惟中國商民集資不易，政府為體恤民艱，定限較長，不能若貴國商民之踴躍投資可比。陸又云，貴方所提各處，都沒有逾限，故不便撤消。日使請主管部再行詳查，如有逾限不事勘測，或確知其無力集資開採者，應依法撤消，此是各國通例，並非優於日本也。後由商部清查撤消一處，允與日本合辦，惟聲明須按照中國礦業條例。

越數日，日使能支拐杖而行，會議仍遷回外部官邸，然答案已改了三次矣。每件議案，總須磋商兩三次，故屢改答案，請示總統而行。在移回外交部會議時，日使即說上次會議，關於膠澳租借地內權益問題，尚未解決，今日先將這問題解決如何？陸氏堅持不允先議。日使問為何理由？陸氏答以總要有了相對事實，才能決定承認與否，本席對於青島之德國權益，不甚明瞭，何能先予以籠統承認？且事或須有變化，目前先行承認，將來豈非為難？日使謂，日本佔領青島及膠濟鐵路，這是既成事實，不會變化。陸謂凡事變化，豈能預知？日使追問，貴總長所謂變化，到底所指何事，本席不能明白，請明白指示。陸氏謂，貴國佔領青島，將來仍還我國，這自決無變更。至其他權益，我尚未調查明白，即在將來開和會時，我國對於德國取得之權益，何去何從，尚未由政府決定，現在何能先議。日使謂德國在青島之權益，自應由日本繼承，這是天經地義，將來開和會，各國決無異議。彼此爭論兩日，陸氏堅持不肯先議。日使謂，日本決不以不應由中國承認之事強中國承認，貴總長既不肯先議，且看將來和會開議，決不會有與今日不同之處，只先作為存案可也。後又議及閩浙鐵路問題，我方告以此案因與英國有關係，需要知會英國後再議。日使即說，既與英國有關，我方自可撤回。這是第一次痛快撤回，可知日本對英國聯盟之重視。日使遂提福建不能讓租與他國問題。陸氏正色道，福建為我國行省，何能與它國有讓與行為？貴國提

出此案，深為遺憾。日使笑謂，因貴國有例在先，故請注意。陸謂前政府有此糊塗行為，本政府決無此事。日使仍一再要求，須請聲明，不用換文，亦不向日本聲明。後改由中國自行聲明，中國領土，永遠自保完整，無論何省，決不與他國有讓與行為，福建亦不例外，將此聲明抄送日本。我覺得這辦法，等於自騙自，不很妥當，然陸氏既已如此作，不必再說。對於漢冶萍合辦問題，我方答以此係民間商營公司，政府不能越俎代謀，應與該公司自行商議。日使請為介紹亦未允。越日又議內地雜居問題，日使堅持甚力。

　　會議多次，各執一辭，終未獲解決。每當會議不能解決之時，總統常命余與日使或小幡交換意見，為側面之商談，探聽對方真意所在，有時因此而獲解決之途徑。此次總統又命余為側面商談，這種商談，僅是個人行為，不負正式會議之責任。我去見日使，告以我國對日本人內地雜居為難情形。日使說中國不允日本人內地雜居，不過仍有排外之心而已。我答以並非中國有排外心，實在是日本人優越感太甚，至使彼此發生不愉快事情。中國人對外國人向來一視同仁，很有禮貌，而日本人對我國人往往輕蔑，甚至欺侮，因之使中國人受不了時，激起不快之事，反與國交有礙。所以不允內地雜居，在都市尚且如此，何況內地？日使謂，東省地面遼遠，人烟稀少，多些日人有何關係？我答以奉吉兩省內地，亦有人烟稠密之處，且東省人習慣，喜歡聚族而居，往往一鄉即是一族，他們與別族同住尚不願意，何況與外人雜居？東省商埠如此之多，又有南滿廣大之附屬地，難道日本人尚不夠居住？日使謂，商埠與附屬地，一為經商，一為護路。日本人長於農事，你是知道的，若令日人雜居內地，即可從事耕種墾荒，不出十年，東省荒地，變成熟地，多產糧食，於兩國都有益處，豈非兩利？我聽了他在會議時，沒有提過農事墾荒的話，我即說此確是與兩國均有益處，但恐日人不慣寒冷耳。日使笑謂，這是他們自己之事。我又說，中國租地耕種，各省都有老習慣，各處不盡相同，日人能照地方習慣否？日使謂，當然要照當地習慣。遂辭出，歸告陸總長，並報告總統，日使所言，意在墾荒耕種，若照此意，與雜居不同。總統說，雖然如此，日本借墾荒為名，行其侵略陰謀，亦不可不防，你們姑擬一方案，就耕種方面，謀解決之法亦是一法，遂擬方案如下：

　　　吉奉兩省，不論官有民有地畝，允許日本人訂立契約租借耕種（如係官荒，向地方管轄官吏商訂租約。），定明晌數（東省一晌約合內地十畝），期限二十年，滿期後應無條件交還原業主。日本租地人應照納課稅，並服從中國地方法令，聽警察指導，及不違背地方上租地耕種之習慣。

　　呈閱總統，亦以為然，遂又續商雜居問題。陸氏說，雜居問題本席尊重貴方意見，再三研究，擬成新方案與雜居之意不但不違背，且取雜居精

意，希望貴使容納，解決此案。日使閱後謂，此案容研究，下次再議。及下次會議時，日使謂此案對於年限交還業主，及不背地方習慣各點，都有商量餘地。惟服從中國法令，聽中國警察指導，絕對不能同意，日本人無服從中國法令及聽中國警察指導之義務。若照貴方所擬，不啻剝奪條約上應享之權利，須知貴國尚未收回裁判權也。再三說明解釋，不得同意而散。我又去使館見小幡書記官，我說我方所擬方案與雜居已頗相近，日置公使不同意，且誤解方案之意，甚為可惜。小幡問所謂法令，係指何項法令？如何性質？請為說明。我謂不過違警令之類，並非法律。若不聽警察指導，設有兩人互鬥，若沒有警察勸解，豈不有釀成人命之虞。至課稅更是輕到無可再輕，這是地方收入，請加調查，即可明白。此事不要看得太嚴重，須在事實上著想，不在法律觀念上著想，才是解決此案之辦法。從前貴國明治初年，外國人只居留在長崎，不准自由往來他處。我國商人居留於長崎者，都遵照日本法律而行，今日中國情形與日本明治初年情形相仿，然中國待外國人比日本寬得多了。反覆辯論甚久，小幡始允轉達公使而別。我方將方案二十年改為「三十年」，滿期交還後又添「如雙方同意，可再展期，但不得過十年」。「服從中國地方法令聽警察指導」改為「服從中國警察法令」。

此案已會議五次，側面商談多次，答案又改了三次，爭到舌敝唇焦，對於服從中國警察法令，爭論最烈，我方始終認為維持秩序不可少之條，與條約絕無關係，堅持不談，終於就範。至此，應商之案，都已商結，計第一條列為條約，此外議定者八件（或九件），均作為換文。陸總長起立致詞，此次貴國所提條件，我方始終努力尊重貴方意見，均已議定解決，亦是貴公使開誠布公，得以有此結果，實為兩國前途之幸，謹代表政府向貴公使深致謝意。日使亦答言，貴總長深知兩國關係之切，前途非和平親善不足以增加友誼，顧全大局，至為感佩。尚有第五項各條，亦希望開誠商議，則兩國親善友誼益臻鞏固，不但為兩國前途慶，實為維持東亞和平慶，務請貴總長諒解此意。陸外長答謂，此次會議，本席已盡最大之努力以酬貴國之願望。至第五項貴國本為希望條件，本政府亦以貴國提出此項條件，有損兩國友誼，本席絕對不能應命商議，務請原諒。日使請交換意見亦不允。日使再三要求，陸外長遂正色說，此等條件不應對於對等友邦提出，本席無論如何，不能商議，應請貴公使撤回，言頗激烈。日使亦謂，為兩國謀永久和平合作，本國政府才提出此條件，貴總長謂有礙兩國友誼，實深遺憾，遂於不歡中散會。（以上記述，因年代久遠，手頭又無資料，只憑記憶，頭緒紛繁，大略如此，難免有錯誤之處，深抱不安。）休會至一星期，余亦不去見日使，彼此僵持，瀕於決裂。

當日本提向我國交涉以前，以盟邦關係，曾通知英政府，但不提第五項。後聞我國因不肯商議第五項，瀕於決裂，英報提到第五項，日政府從沒有向英政府提過。這種重要條件，不先告盟邦，有欠誠意。西報又謂，日本想獨佔東三省，與美國開放門戶，利益均沾，實有違背之意。日使曾來責問，中國事前洩漏，有違預先聲明，我方自然極力否認。其實其時英國名記者莫理遜，美國記者端賴均在北京與參事顧少川（維鈞）、伍梯雲（朝樞）等時有往來，會議情形知之甚詳。日使因無憑證，只口頭抗議亦無它法。

余以會議僵持已久，終須設法打開，遂向總統建議，請密遣公府顧問有賀長雄博士，回國向日本元老疏通。總統問，此著有效否？余答有賀博士在日本不但學者地位很高，他在明治初年設元老院時他是元老的幹事，與陸奧宗光同事，故於元老方面，頗有淵源。日本政府對於元老很為尊重，元老都是持重有遠見之人，若告以第五項條件不但兩國不利，且易引起人民仇日之心，我曾與有賀談過此次交涉情形，他亦很以為然。請總統召見有賀，假以詞色，懇切相託，他必肯効力。總統遂特召有賀進府，告以此次日本提出的覺書，由外交部總次長盡最大之努力，以副日本之願望。今日置公使又要求商議日本希望條件之第五項，實在令我為難，請回國向元老詳細說明，請其諒解，顧全兩國之友誼。君必能諒解我意，及政府為難情形，務請善為說辭。有賀果然自告奮勇，願回國盡力向元老報告，力說利害。時日本元老以松方正義侯最關心中國情形，有賀見松方侯陳說此次中國政府已盡力商結日本覺書之各條，日置公使又要商議希望條件之第五項，未免逼人太甚，難怪中國政府為難不肯商議。松方侯聽到第五項，似未知道，又聽有賀報告第五項內容，面現詫異之色，隨即召見加藤外相，詰問他覺書中有第五項，何以沒有報告？加藤說，這是希望條件。松方即說，既然只是希望條件，對方不願開議，即不應強逼開議，設若交涉決裂，你將何以處置？加藤答，不惜使用武力，不出三個月中國可完全征服。松方笑說，莫要把中國看得太輕，若用武力，恐三年未必成功，遑說三月，應速自行善處（日本對善處之語，意頗嚴重。）。加藤知是有賀進言，遂令監視有賀，不許行動，幸有賀已完全報告矣。加藤外受盟邦猜疑，內招元老之詰責，進退兩難，圖窮而匕首見，竟決下最後通牒，以強迫我國，一面又將第五項在最後通牒內謂「暫時脫離，容後再議」。這種措詞等於自行撤回，對外尚箭拔弩張，對內已色厲而內荏矣。陸公使亦探得內容，密電報告。最後通牒電達北京日使館，一面將副本送達中國駐日陸公使，陸公使（宗輿）即電告外部。而北京日使館方面接到通牒，不即送交我外部，由小幡來見我，說政府即預備下最後通牒，不惜一戰，若將第五項酌議幾條即可免此危險。我答以貴國已將最後通牒副本

送達我國駐日公使，已來電報告，公使為政府代表，送交公使，即無異送交我政府。既下最後通牒，有何再商之可言？小幡語塞而去。日本外交官，總想得寸進尺以邀功也。

翌晨，日使即將最後通牒親到外部交送陸總長，態度嚴重，不發一言。陸總長只說了可惜一語，他即告辭。一面關外調動軍隊，渤海軍艦遊弋，迨下通牒後，訓令日僑預備撤退，下戒嚴令，盡其恫嚇之能事。

此次會議，我與陸子興總長，殫精竭力，謀定後動。總統又隨時指示，余每晨入府報告，七時到府，總統已在公事廳等著同進早膳，報告昨日會議情形，討論下次應付方針，有時議畢又入府請示。陸閏生公使（宗輿）又時以日本內情電告。陸外長確能恪遵總統批示，決不越出批示範圍。正式會議之外，又有側面商談，卒以說動日本元老挽此危機。日本所提之二十一條，議結者不滿十條，而第五項辱國條件，終於拒絕撤回。會議結果，雖不能自滿，然我與陸總長已盡最大的努力矣。

揣日本此次所提之廿一條，包羅萬象，集眾大成，勢力由東北內蒙以至閩浙，權利由建鐵路開礦產以至開商埠內地雜居。甚至第五項要求政府機關設立日本顧問，兩國用同一軍械，警察由日本訓練，小學用日本教師，日本僧人到內地傳教。凡此苛刻條件，思以雷霆之壓力，一鼓而使我屈服。若使隨其所欲，直可亡國。幸我府院一心，內外協力，得此結果，亦是國家之福。世人不察，混稱廿一條辱國條件，一若會議時已全部承認者，不知廿一條中之第五項各條，不但辱國，且有亡國可能，已堅拒撤回不議。而所議定者，不滿十條。世人對此交涉不究內容，以訛傳訛，盡失真相。尤異者，我雖列席會議，而此約之簽字者是外交總長陸徵祥，我是次長何能簽約？世人都誤以為此約由我簽字，張冠李戴，反未提及陸氏，亦是不可思議之事。

四十四、召大會討論最後通牒

　　總統召集各機關首領、參議院議長、府院秘書長、陸軍次長、外交次長等開全體大會，討論日本最後通牒，應否接受。外交總長陸子興尚未到，以電話催請，云與英使朱爾典會晤，等到三十分鐘後，陸氏才到，報告與朱使特別會晤情形。朱使云，今日大會，關係重大，我因關心，特於會前來見。日本因各國忙於歐戰，不遑東顧，提出最後通牒，意在挑釁，並非恫嚇，袁總統明白內外情勢，不至中他詭計。聞陸軍段總長主張強硬對待，我知他已祕密動員，晚間運輸徹夜不停，已三星期，這明明是在備戰。設若開釁，不堪設想，我與袁總統是三十年老友，不願見他遭此慘運。目前只能暫時忍辱，只要力圖自強，埋頭苦幹，十年以後，即可與日本一較高下。今日之會，重在外交，貴總長應負起責任力爭，不可聽陸軍總長輕率之行動。我這次與貴總長會晤，不比尋常會晤，貴總長若不與我以確實答覆，我不告辭，言時聲淚俱下。我答以今日之會，由總統親自主持，必能慎重將事。朱使又重申前言，相持很久。我見他堅定誠懇，遂答稱，我必以貴使之忠告，報告總統與大會，若不照貴使之忠告，我必以去就力爭。朱使方辭去，故到會已遲，請大家原諒。總統聽了陸外長報告，遂慎重發言，謂朱使之言亦為中國前途著想。日本此次提出之覺書，附了第五項各條，真是亡國條件。今外部歷時四月開會卅餘次，盡了最大之力，避重就輕，廿一條中議決者不滿十條，且堅拒開議第五項，外部當局，恪守我的指示，堅拒到底，已能盡其責任。使日本最後通牒中，已將第五項自行撤回，挽救不少。惟最後通牒之答覆，只有諾與否兩字，我受國民付託之重，度德量力，不敢冒昧從事，願聽諸君之意見。段總長即表示反對，謂這樣遷就，何能立國？寧為玉碎，不為瓦全。總統說，段總長之說自是正辦，然亦應審度情勢，量力而行，倘若第五項不撤回，我亦與段總長同一意見。現在既已撤回，議決各條，雖有損利益，尚不是亡國條件，只望大家記住此次承認是屈於最後通牒，認為奇恥大辱，從此各盡各職，力圖自強，此後或可有為，如朱使所言。若事過輒忘，不事振作，朝鮮殷鑒不遠，我固責無旁貸，諸君亦與有責也。段總長猶持異議，謂民國肇興，即承認此案，倘各國效尤，如何應付。總統又就大勢剖析說明，我豈願意屈辱承認，環顧彼此國力，不得不委曲求全耳，兩國力量之比較，您應該最明白。段亦無言，遂宣告散會。

　　散會後，我回外部，與參事顧少川商擬復日使照會稿。我們以為雖然接受通牒，然我方應駁之處，仍應聲明，仔細斟酌，三易草稿，請少川以英

文譯述，亦覺妥當。脫稿時已逾四時，假眠片刻。黎明後，余即携稿入府。總統已在辦公廳，狀甚興奮，似未睡眠。正在閱稿時，日使館即來電話，請余接話。余接話時，知係高尾，他說今日已到限期，貴方復文何時發出？我答必在期內發出。他又說最後通牒復文，只有諾否兩字已足，若雜以它語，彼此辯論，過了期限，反恐誤事，務望注意。我答知道了，即將電話掛斷回報總統。可知我方舉動，彼均留意偵悉。總統聽了，嘆了一口氣，即命內史長阮斗瞻（忠樞）重擬一稿，將我原稿交閱，且說將辯論之處，一概刪去，只要簡單。惟於末尾稱，除第五項外餘照允等語。後高尾又來部云，奉公使命，請先閱復文稿，以免臨時有誤限時，反為不便。余以干涉太甚，不允交閱。彼再三要求，且說你如不允，請見總長。余乃請示總長，總長說時間局促，免生枝節，即先給他閱看吧。豈知閱後又生問題，他說除第五項外這句，不是通牒原文，須照原文更正。余說這是事實並無不合。他說原文是暫時脫離容後再議，非照原文改正不可。秘書往還磋商，易稿數次，終不同意。直至黃昏，時限將到，仍未商妥，陸總長乃謂此事由我負責，即照原文，以後再議與否，要看那時情形，不必在此時文字上爭執。遂定稿繕正，由陸總長及余並施秘書，親送至日使館，交與日使日置益，已在午夜，時為五月九日十一時也。余心感凄涼，若有親遞降表之感。歸途與總長同車，他說前隨節俄館，俄財長維德為租借旅大問題，與楊欽差磋商不洽，後竟將條約擺在公案，令楊欽使簽字。楊答以未奉我皇命令，不能簽字。維德拍案咆哮，出言不遜，驕橫無禮，其情形比這次兇狠得多，余為傳譯，猶覺心悸。楊使氣憤填胸，年事又高，出門時在石階上滑跌，遂至不起。弱國外交，言之可嘆。事後，總統有告誡百僚書，語極沉痛，因手頭無此書，從略。

余以商租事屬創舉，地方官恐不能明瞭，特召集吉奉兩省特派交涉員及警察長官來京，告以此次交涉之困難情形。日本提出內地雜居條件，本部以治外法權尚未收回，外人內地雜居，此例一開，各國效尤，永無收回治外法權之望，再三磋商，不得已而定商租耕地辦法。商租不是賣絕，又不同典租，必須定明年限，如何分利，均應照各地習慣，訂立租契。租契應由官製，發交各處應用，以期劃一。應貼印花收契張費等可由各省自定。至服從中國警察法令這八個字，爭了幾次，才得照允。此與主權有關，本部甚為重視，執行時不必節外生枝，亦不可隨便通融。至警察條例兩省諒均有規定，最好兩省大旨相同，以便執行時免生枝節。惟須切實執行，一次通融，即成慣例，務請諸位格外注意等語而散。

後來兩省照行，在張作霖時代，未聞發生問題。後張學良繼承父業，廢止商租章程，人民有以田畝商租者，以盜賣國土論。日本總領事以學良片面

取消兩國所定之協議，提出抗議，學良亦不理。適有日人在萬寶山，以商租田畝鄰近地上，商租一條地為開溝引水種稻田。地主自然不敢租與，日本竟派警察保護，開始挖溝。中國亦派警察阻止，彼此衝突。日本改派軍隊，我方亦改派軍隊，雙方就此開火，越鬧越大，尋至釀成九一八事變。故九一八事變，實起因於萬寶山事件也。

四十五、總統感國恥氣忿發憤

　　總統以屈於最後通牒，認為國恥，發表告誡百僚書後，一時曾力圖振作，督促各部，於興利除弊應行建設之事，指示周詳，以期百廢俱舉。於國務會議時，時時警惕，憤懣之情，現於辭色。每次會議，必有新案提出討論，且令各部按照新案，剋期擬成計畫，付之實行。尤其對於軍事，格外注意，謂當歐戰之時，不能有外力援助，只有自己努力進行，籌建鍊鋼廠，添設鞏縣兵工廠，整頓各兵工廠，福建造船廠，又練模範團三混成旅。對於整理財政，發行國內公債，改革幣制（廢兩為元），整頓稅收。請各國退還庚子賠款，專辦學校，有已施行，有在籌備，各部亦振作精神，努力從事，一時頗有朝氣。嗣以日本議院，抨擊政府對華政策之失當，西報亦有誇獎袁總統以弱國外交，得此結果，總算勝利等語，遂漸生自滿之心。加以左右逢承，以為日本伎倆不過如此，只要用心對付，不足為慮。且忽作奇想，以為環顧世界，除美國外，君主國多，日本與中國同處亞洲，種族相同，我改共和，與日本政體不同，易生隔閡，帝制自為之思想，從此醞釀於胸。加以張勳、倪嗣冲之流，常言地方民情與共和制度格格不相入，楊晳子（度）等又以中國行共和制度尚早，引古德諾之話為證。項城受此浸潤之言，政事漸生懈怠。曾幾何時，朝氣又成暮氣矣，真是可惜。

　　日置益公使回國之前，來辭行，雜談移時，留他吃便飯。他說昨天向袁總統辭行，也談了不少話。我就說袁總統向有親日之意，何以日本總不接受。他常對我說，親善要相互的，譬如我剛伸手跟他握手，他反伸手摑我一記，這樣怎能講親善？我覺得貴國對前清，似比對袁總統要好得多，是否因為國體改革之故？他說非也，貴國改革後，若使孫中山先生當元首，沒有可說，因孫先生向主革命，沒有做過清朝的大官。袁氏世受清恩，自己又是總理大臣，改革後，無論如何巧妙，自己做總統，在日本人看來總不免有篡奪之嫌，這是日本人同一的觀念。這觀念還是從貴國傳來的。我說，中國不比貴國，有萬世一系的皇統，歷代嬗遞。篡奪之事，不是史無前例。袁氏對清，力爭優待條件，即是報答先朝之意，若使孫先生作總統，不可能有優待條件。他說這話亦對，不過假使那時定為君主立憲，仍存清室，只留君位，規定憲法，滿人不得干預政治，南方亦可能遷就。袁氏以任何最高名義，仍可獨攬大權，即做攝政王，亦可沒此嫌疑了。又慎重說，此是我個人私意，作為閒談而已，言罷興辭而出。可見日本對袁氏，不免有此成見，我亦不便報告項城。

四十六、清華大學周寄梅奠基

　　北京設有俄文專修館，經費由東清鐵路撥充，故由外部管轄，所修只是俄文及外國史地等科。館費由外部發撥，館長亦由外部委派，前清由丞參掌管，民國後不入各司職掌，即由次長掌其事，事甚清簡，每月不過由館長報告用費而已。後以美國退還庚子賠款，開辦清華遊美預備學校，因退款關係，清華亦歸外部掌管。於是，在海淀清華園遺址，開辦清華學校，初以周子廙（自齊）為校長，范靜生（源廉）副之，以高中程度為止，畢業後擇優送美國大學深造。後周寄梅（貽春）繼任校長，建議以高中送美國大學，不能普及，不如改為大學，畢業後再擇優送美國大學研究院，則大學人才普及，研究更加深造。余頗贊成，得總長同意，以每年退還賠款遞增之程度，為逐漸設備大學之擴充，遂由寄梅擬訂計畫，先建圖書館，繼建體育館、大講堂，更添置講堂，添聘教授，又添造宿舍，及教授住宅學生寄宿舍等等。後又將清華園相連之其園遺址歸併，為設立農學試驗場之預備。終寄梅之任，清華大學已建立基礎，後繼者添置更新，益加完善。嗣後大學畢業送往美國大學研究院，既省了費，又多育人才，都是寄梅建議之功。寄梅向有功於清華，而其人嚴謹廉正，誨人不倦之精神，尤為可佩。他性恬淡，曾任國民政府教育總長。美國退還賠款，逐年增加，偶有用於其他文化事業者。

　　時朱桂莘（啟鈐）將熱河故宮之寶物，移來北京，開放武英殿，陳列展覽。以內務部無此經費，商之於余，擬於美國賠款項下撥二十萬元，以成此舉。余以熱河行宮寶物久恐遺失，且有關發揚中國文化，遂允照撥。桂莘派員將熱河行宮故物，用皮筏全部運京，一無損傷，修理武英殿陳列展覽，內有歷代名人書畫，宋版書籍，琳瑯滿目，美不勝收，桂莘此舉誠有助於宣揚中國文化。今日故宮博物院所設者，即熱河行宮之故物也。後又有請撥美款為文化事業者，余因預建大學，未之允，因而招怨亦難免，此亦後來遭禍之一因也。

四十七、帝制運動先設籌安會

　　過了一時，由楊皙子（度）、孫毓筠、嚴又陵（復）、李燮和、劉師培、胡瑛等六人設立籌安會，討論君憲與共和政體的利弊。先由皙子以此問題與美國顧問古德諾討論，古氏不知皙子用意，即發表自己意見，謂民主政治，豈可一蹴而就，即如美國，經過多少年後才立了民主政治。以中國今日情形而論，還是宜於君主立憲，若行民主立憲，為時尚早等語。皙子請他作一論文，古氏那知有為人利用之意，遂寫了一篇中國民主政治尚早之文。雖是事實，然不應發表於中國已成共和政體之今日。參議曾叔度，又由皙子示意，請有賀長雄氏寫了日本由立憲而強之文。有賀到底知道中國人作風，故此文不著邊際。豈知皙子以日本立憲即指為君主立憲，以此兩文為論據，在籌安會說，中國民主共和，連東西學人都不贊成，將兩氏論文發表於報紙，且為文引申其說，皙子本能文者也。

　　有一次國務會議，內務朱總長（啟鈐）、司法章總長（宗祥）提議，謂外間有籌安會之設，發起者都是名流，昌言中國應改君主立憲政體，實屬淆惑人心，且與現行刑法牴觸，應如何處置？總統說，應由兩總長警告該會主持人，只應在學理上討論，若出了範圍即為觸犯現行法，應加以制止，其言很冠冕。詎兩總長去告楊皙子，楊說，這是奉命而行，若要制止，請問芸臺（項城長子袁克定）。兩總長碰了釘子無言可答，只好相對無言而別。六人中有嚴又陵列名，都覺詫異。嚴氏向以學者聞於世，從未預政事，何以此次列名發起？後知嚴氏被楊皙子勸說幾次，請其列名發起，嚴氏拒不允，後皙子竟不得同意將嚴名列入為發起人。並函告嚴氏，謂極峯授意，非借重大名不可，有方尊命乞宥等語。嚴氏得函，啼笑皆非，又不便聲明，只好以消極抵制，不否認亦不到會。嚴氏為人傾佩之學者，故雖列名，人以為強逼，故多諒之。至其他諸人，都是攀龍附鳳之徒，惟劉師培有文名，但是書獃子，不足輕重。從此籌安會大張旗鼓，討論國體，昌言改制，無復顧忌。薛大可主辦之某報，鼓吹尤力，無人再敢反對矣。

　　其時項城擬派余以親善專使名義，赴日本訪問，為國會反對，未獲成行。時章仲和（宗祥）為駐日公使，日政府已表歡迎，忽聞國會反對，頗為詫異。後改派熊希齡，日本不同意，改使汪大燮前往，遂聘阪谷芳郎為顧問而回。此舉余頗感謝國會之反對，未獲成行，設若使日成行，必更將無中生有，為我大造其謠言也。

　　後肅政使忽提出兩大參案，一是對熊秉三（希齡），一是對梁燕孫

（士詒）。據傳說，因熊梁二人，對帝制運動，貌為贊成，退有違言，且時加誹謗。項城以熊恃有研究系作後援，梁更有交通系，恐造言生事，有所顧忌。遂由肅政使提出彈劾案，對熊則以任內有貪污嫌疑，涉及熱河都統任內，故宮遺失寶物，陝西探勘油礦，浪費巨款，一無所得，報告推說美國礦師謂不值開採。顯有疑竇等情。對梁則指鐵路購料，濫用私人，把持路政，特別會計，皆為便利私圖等情。先令財政次長張弧、交通次長葉恭綽停職，聽候查辦。以張氏親熊，葉為梁黨，蓋間接對熊梁二人示以威脅，一時雷厲風行，大有政海掀起風波之勢。熊即出京，梁則屈服。梁恐事情擴大，難於收拾，託由楊杏城（士琦）向項城疏通，願自告奮勇，交通系要人加入籌安會，贊助帝制運動，一場風暴，遂頓時雨過天青，兩次長亦復職。而當時質問籌安會之朱總長，反為帝制運動之急先鋒。帝制運動中，添了一支有力的生力軍了。

當帝制高唱入雲之時，日本代使小幡酉吉、英使朱爾典、俄使庫朋斯基同時見陸外長。由小幡發言說，恢復帝制一舉，默察中國現狀，恐有危險發生。當此歐戰方亟，關於東亞者務宜慎重將事，願袁總統顧念大局，保持現狀，將改變國體計畫從緩實行。陸外長答以我信政府實力能控制全局，無庸顧慮。隔了一時，又由三國公使，加上法使康悌、義使華蕾，又來見陸外長，仍由日使發言，謂中國政府曾申明對於恢復帝制，不急遽從事，且允擔保境內治安，以後日本及其他四國，對於中國決取監視態度。陸外長以日使出言，近於恫嚇，遂毅然答稱，深望各國尊重中國主權（以上參考《陸徵祥傳》）。

未幾徐東海（世昌）稱病辭職赴天津，以陸外長子興（徵祥）兼攝國務卿。在國務會議宣布頒授勳位名單，人名不能記憶，惟記子興授勳二位，余授勳三位。又封各省將軍巡按使爵位，將軍封公爵者很少，封侯者多，巡按封侯者亦少，封伯爵者為多。記得陸榮廷、馮國璋均封公爵，惟龍濟光封郡王。後議及京中各部院封爵事，陸子興建議，京內各部院封爵事可從緩再辦，遂決議。

又設大典籌備處，以朱桂莘、楊杏城為正副會長，以郭世五（葆昌）為庶務丞。各省代表既已簽名贊成帝制，更進一層由各省代表投票表決國體，假借民意可謂盡其所能。大典籌備處大權操於郭世五，一切御用服裝等類均由郭世五獨具匠心。又在太和殿裝置暖氣設備，以備明年元旦登極之用。萬事皆備，只待宣布。內長朱桂莘於國務會議，以蒙古王公來京很久，不宜令他們久候，應請宣布登極日期，以慰他們渴望。項城總以外交方面不宜操切從事，尚無表示。

四十八、我父花甲項城贈綵金

　　民國四年十月十七日，為我父花甲之辰。我父不喜舖張，本擬在家宴客慶祝，詎為項城所聞，特送壽禮，如意匾額銀器外，還附綵舞之敬三千元。其時正值帝制發動之時，僚屬親友以總統既送綵金，慫恿演戲慶祝，大家亦可藉飽眼福。遂約交部庶務科長張君為戲提調，約名伶，假那家花園戲臺。且設壽堂，滿堂懸掛壽聯壽文，琳琅滿目。名伶為譚鑫培、梅蘭芳、劉鴻聲均願唱雙齣，漏約了龔雲甫，來電話自請來報効，似以被約為榮者。壽辰前夕，設宴於那家花園，為我父暖壽，遍請本部同事親友。陸總長在開筵前率領全部同僚，均穿禮服，為雙親祝壽，並致頌詞。我未預備答詞，只好略致謝詞，並代家嚴致謝。筵散後妹婿志忞，本設有音樂演藝會，領全班學生登臺演藝奏音樂，以為餘興，到十二時方散。大家高興，親心亦喜悅。翌日余一早即到那家花園，少頃賀客即來，絡繹不絕。上午十時即開戲，親友兒童早已聚集，余恐老人早來，受賀煩勞，故約父執同鄉，在家陪飲午餐，午睡醒後，方蒞壽堂，已三時左右，名伶已上場。晚餐在戲臺對面廳事，備冷餚立食。晚飯後外國使節如法比義葡各使偕夫人同來觀劇，名伶見有外賓在座，格外賣力，觀客均興高采烈，時聞掌聲。余備茶點，由侍者托盤敬客，然座客擠滿，無隙可進，觀客亦顧不及此，惟外賓稍取解渴而已。余是外行，據行家說是夕演劇，均極精采，尤以譚鑫培之《打棍出箱》，劉鴻聲之《上天臺》，陳德霖、梅蘭方、王鳳卿之《四郎探母帶回令》尤為精采云，直到二時後始盡歡而散。我父精神煥發，毫無倦容，親心甚悅，余亦欣慰。此自入京以來，為余最高興之日，亦為項城最盛之時也。

　　越年長女聞喜出閣，嫁劉夢飛，留比礦業學生，士熙之子。士熙時任俄國公使，余亦任外次，故公使夫人都送賀禮。余開茶會，招待各使夫人，名為觀猛。劉氏借那家花園為禮堂，請顏駿人（惠慶）證婚。總統又借禮車為新娘坐車。合肥向不與聞婚喪事，亦親自來賀，且代表來賓致頌詞。各公使偕夫人均來觀禮。可惜家父因病（詳後）不能蒞禮堂為憾。此次嫁女頗有舖張，亦適逢其會，以後子女婚嫁，即無此場面矣。

四十九、借謝壽進最後之勸告

翌日進府謝壽，項城謂，聽說是日很熱鬧，外國使節，亦有往觀劇者，這是應該做的。答以叩總統福，贈送綵金，遂約名伶，假那家花園演劇上壽，家父亦很感謝總統之厚賜。後我說帝制問題，外邊論議不一，惟愚見以為為時尚早，因之有人以為我反對。我受總統知遇之深，何能反對？惟有愚見不陳，亦非盡忠之道。我所顧慮者，為時間問題。語云，雖有智慧，不為待時，方今民黨潛伏伺隙，時想蠢動，歐戰正酣，各國不遑東顧，日本野心未遂，難免不生枝節，五使勸告，均由日使發言，可見端倪。我意現在應先宣布參加協約方面戰爭，結合協約國，即使不派兵參加，助以物資，亦是一樣。等到歐戰告終，再看機會純熟，外無後言，內亦團結，自然水到渠成。到那時協約方面，以我國共同參戰亦是盟國之一，且是內政，決不干涉，日本不一定反對到底。那時時勢所趨，即是天命攸歸。若於目前宣布改制，似非其時，故敢冒昧直陳。總統聽了，默然不答，少頃才說，我本無此意，你看歷代王朝，有幾個得到好結果的，我即年老不足惜，獨不為子孫想嗎？外人如問及此事，你應當為我辯白。我即對曰，總統這樣明見，國家之福也。其時公府人員，已對總統稱之謂「上」，外省呈文，都改奏摺，但我仍不改其稱謂，總統亦無見怪之意。出遇子廙（周自齊），具告項城之言，且謂君等不加勸阻，此事自應慎重，君等所為，得無逢君之惡之嫌。子廙笑謂，君太忠厚了，但願如此，意存譏諷。我味項城所言，雖已承認，尚未決定，不願外洩，他現在地位與帝制無異，以項城之足智多謀，諒不至幹此傻事。我每日進府，總在國務會議之前，因有時總統有詢問之事。有一日我剛進府，唐賚夫（在禮）時任統率辦事處總務廳長，請我到統率辦事處，見執夫穿軍裝，很慎重的以兩冊授余，且說上命交你閱看。余受而略加展閱，即是各省勸進名冊，人有數萬，知名之士亦不少。余恍然項城交閱此冊，即是「我本無此意」之答覆。即交還執夫說，請回總統，已明白了。從此我不再多言，木已成舟，言亦無益。

五十、逢場作戲貽終身之憾

余不喜賭，亦不會賭。常聽人講各人賭品，說王叔魯（克敏）、梁燕孫、吳達銓（鼎昌），賭術精，賭品亦好。孫慕韓、段香巖（芝貴），嗜而不精，輸多贏少。張岱杉（弧）、潘馨航（復）、賀德霖，借賭拉攏，為進身之階。張雨亭（作霖）贏得輸不得。倪丹忱（嗣沖）賭債不過夜。龔仙舟（心湛）單搓麻將。張效坤（宗昌）專吃狗肉（牌九）。其他如李律閣、吳季玉輩可稱為職業賭徒。當項城時，官場中人尚有點偷偷摸摸，只在家中遊戲，銀行界人雖例外亦無大輸贏。嗣後督軍來京及議員開國會時，情形即大不同。段合肥雖每夜八圈，然從來未與督軍同局。

越年新年，春酒之風特盛，殆無虛夕。宴罷開始賭博，大家興高采烈，余獨外行，旁觀亦沒興趣。友人以我寂寞，薦我一花，云此人名蘇佩秋，頗能談天，君必合意。蘇妓至，果然瀟灑活潑，雖籍天津，能講一口蘇白，問長問短，談笑風生，蓋係某旗人下堂妾也。問我何以不入局？答以不會又不喜歡。她說推牌九最容易，一看即會，如不高興，可跟人搭夥，亦可贏些利市錢。朋友亦慫恿，遂與素稱精於此道之人合夥。他們呼盧喝雉，余惟與妓聊天，連夕如是。到元宵節結賬，竟攤我輸了四萬餘元，余不覺一怔，真是啞子吃黃連，有苦說不出。後閏生（陸宗輿）告我，此人向稱長勝將軍，總不能場場都輸，輸到這樣多，你人太好了，連看都不看，莫非他們做了圈套，上了他們的當嗎？又調侃的說，還好，輸了錢，贏了一個美人，使我啼笑皆非。閏生屢屢稱讚她，勸我討了她吧。我說雖是喜歡，討她的意思還談不到。

是年除夕，循例祀祖，吃年夜飯。是夕閏生約我同蘇妓在他家吃年夜飯，我漫應之。在家年夜飯吃了一半，我即告我父閏生約我吃年夜飯，我得去一趟。我父沒說什麼，恐怕他老人家心裡已明白，薛姬常向老太爺告狀。我走了以後，聽說我父舉杯獨酌，一杯又一杯，勸他吃飯也不吃，後來飲得醺醺然醉了，才由家人扶進臥房安睡。到半夜，自己起床解手，竟倒地下不能自起。急電陸家，我始回家，我父見了我，只說你這時才回來，我聽了真像刺心的難受。又說我不要緊，只是左邊覺得有點麻木而已。我知道這是半身不遂的病象，仔細想來，起病原因，一定為我陪他吃年夜飯，不終席先行，因薛姬早已告狀，父知我必與蘇妓有約，心中不樂，只喝悶酒。人說喝悶酒最易引起病來，這是我不可饒恕的罪過，亦是我無法補贖的創痕，終身抱恨。遂與蘇妓絕，來電話也不接。後經中西醫治，過了半年以上，我父才

能起床行動，精神一直沒有萎疲，眠食亦照常，雖能活動，左半身已經癱瘓，行動須人扶持，雖僮僕在側，我母總不放心，在旁照料。有友送一輛手推坐車，因中國房屋有門檻不適用。中醫謂此病因血熱之故，都用涼藥如羚羊角、犀牛角之類。西醫主張抽血，意與中醫相同。我母以病有好轉，不允抽血，余亦不敢作主，然我母勞累極矣。

又過了一時，父在家中，能由僮僕扶持，到處行走，後又想到二妹曾家去看菊花。志忞同二妹，自宏杰殤夭後，即將上海孤兒院託付他人管理，二人到天津在意（或作義）租界購地十餘畝，置宅而居，園庭甚廣。志忞喜藝菊，時正菊花盛開，頗有佳種。二妹見我父能出門，能由京到津，甚為高興。留住月餘而歸。

又越二年，我父以身體能活動，想回上海看視親友，遂同我母搭乘輪船回鄉，途中一切平安。抵滬後，住於族丈伯符之家。住了半月之後，忽來電云父病重速回省視。余正部事忙，不能請假，先請向為父診視的醫生赴滬，看情形再定。數日後，來電病已好轉，遂囑醫生留滬調理，候父痊癒後一同回津。過了一月，病痊同歸，余甚感謝醫生，極為欣慰。

又越數年春，三妹歸寧，想接我父到煙臺小住，我父欣然。時妹婿稚虹任東海關監督，我亦以有妹照料，亦可放心，遂由三妹偕父母乘輪同往。署瀕海邊，氣候甚佳，署中屬員，趨承恐後，都邀遊宴，老人興致亦佳，住了將近一年而回。回京後，因思為子者以迎養為盡孝意，使老人離鄉背井，既少友朋之樂，又無娛樂消遣，終日閒居，使老人索然無趣，亦不是盡孝之意。況我父得病以後，不能行動，更覺寂寞寡歡。因想起余歸國時，以在日本慣浴溫泉，聞京北湯山亦有溫泉，曾同父攜女坐驢車到過湯山。於沿途塵沙中，到了湯山不能進內苑，後賄守苑者，始得入苑，在白石御池，洗了一次溫泉澡，很為舒適。到時已傍晚，不及回京，在苑外關帝廟借宿一宵，大為失望而歸。然父曾說，若加以修理卻是勝地，遂起重修湯山行宮，以為老人頤養之念，且聞溫泉亦能有助於半身不遂之症也。遂約閏生問樵（丁士源），攜眷先往視察。道路不平，汽車顛簸殊甚。行宮遺址變成一片瓦礫，有一老苑工看守，尚屬清室內務府管轄。分內苑外苑，內苑本為行宮，因拳匪設壇，燬於庚子。外苑有漢白石砌兩大池潭，長約兩丈餘，寬約丈餘，一熱一溫，即為溫泉之來源。圍以漢白石，已殘破不全，溫泉不停向上冒水泡，到水平線泉水即止，亦不再冒水泡。因久不用，溫泉水面長滿了約有數寸之綠苔。此綠苔即用時亦生長，據云鄉民用綠苔可治皮膚病及筋骨痠痛，可知溫泉確能治病也。內苑規模，略似北京中南海，殿座盡燬，中有大湖，原分為二，均為泥土瓦礫填滿。可修之所，只有迤矚樓、龍王閣兩處。據老

苑工說，這裡溫泉名硃砂泉，可治百病，也可作飲料，沒有硫磺味。這苑工在行宮當差已三代，他說，聽他祖父講過，乾隆爺以前，每年冬季，皇上總是跟蒙古王公，在熱河打圍，回來在此打尖，洗溫泉浴，搭了帳篷，與蒙古王公將獵得的黃羊鹿獐等燔而同食。遐矚樓為皇帝同蒙古王公飲酒賞月之所。乾隆以後，即沒有舉行熱河打圍，此苑行宮就此荒廢。後因設壇，殿座被洋人轟光了。聽說湖裡荷花都是從內庭移來的，有品字蓮，有並頭蓮，還有黃邊白蓮。但是瓦礫填滿了這多年，不知蓮根壞了沒有。聽他說來，真有白頭宮女話天寶之感，遂起了重修之意。

五十一、撞車受傷住醫院治療

　　有一日余赴國務會議，在新華門近處三岔路口，因避糞車，與來車相撞。舊式汽車，座位與司機有玻璃磚相隔，玻璃磚被震破，直撲我面，力猛等於刀砍，余臉砍破，直到喉間，唇皮亦破，血流如注，余即下車，血流滿地。對面撞車者下車，知為友人李伯芝，我唇破不能說話，伯芝見我滿面是血，熟視良久，方說君非潤田乎？余點頭。又問去那個醫院？余因唇破不能出聲，逼出一法字。李云法國醫院嗎？余又點頭。遂乘伯芝的汽車到法國醫院，血仍不停，然神志甚清。進醫院即入手術室，法國皮希爾博士問我何時進的早膳，我以手示九。彼曰可矣，家人亦到，遂上麻醉劑，即刻不省人事。耳中只聽到哄哄之聲，半晌才歇。遂動手術，先縫面部。及縫唇皮時，旋縫旋破，三次始成。余似有知覺，送入病室，直至下午四時才醒。家人告我經過，余始恍然，然不能說話。家人告余，醫生云此次真險，差二咪厘即到喉管，若破喉管即無法治了。

　　翌日索鏡自照，面目全非，臉上像貼了一條蜈蚣，自己亦覺得可怕。經過兩星期後，臉部可以拆線，唇線至三星期後才拆。我面又瘦又破，竟非故我。蘇妓伺家人未來之前，必來院看一次，亦不說話。後來余能說話了，她仍看了即走，不多說話，直到出院為止。余雖有餘恨，亦覺情有可感。

　　項城先派唐執夫送人參牛肉汁來，後常派員來看視，且希望早日銷假。我請其將所見實狀報告總統，但能支持，即銷假視事。過了兩月，銷假見項城。他見我滿面傷疤，想不到傷到如此之重，即說傷得太重了，既已銷假，不必到部，亦不必出席國務會議，在家休養，有事我會派人去問的。後來到部，過午即難支持，實因出血過多。那時尚無輸血之法，面容憔悴，精神難支，有友送我阿芙蓉膏，云稍吸助提精神，試之果驗。每日到部前，必先吸兩口，久之成了習慣，非吸不可。我想這即是成癮了，非戒不可，但不願用猛烈的西法，只用林文忠公戒烟方，需時甚久，費了很大的努力和決心，經過多時，終於戒除了。

　　我出醫險不久，蘇妓竟自動到我家來，見我父即說，聽說老太爺得病，由於總長那晚在陸家晚歸而起，我也有罪過，特來請罪。說罷即磕頭，又對老太太磕頭，即留在房裡，給老太爺裝烟倒茶，恍若很熟，我倒出之意外。見我婦歸來，即稱太太，請雙腿安。我婦是喜歡這套，投其所好。後來不時來玩，毫無拘束。我婦對我說，佩秋會做人，又懂規矩，你不如討了她吧，我笑而未答。後經閨生夫婦之撮合，不久竟進了我家。我想，我婦竟會出此主意，一石二鳥，對我示好，對薛姬又出氣。但我又入了魔障了，真是自討苦吃，與薛姬同居，一時相處很好。

五十二、項城禁賭一場沒結果

項城以大員中邇來怠於政事，通宵賭博，消耗精神，國務會議往往遲到，深為不滿。乃下手諭，令警察總監密查開單呈報，但不及民間。吳鏡潭（炳湘）知都是大人物家裡的事，那能查禁，乃開單搪塞，首列段合肥。項城閱了笑曰：鏡潭，這是公事，不能這樣開玩笑！芝泉（段祺瑞），我知道的，每晚八圈消遣，向來如此，無妨公事，這不能算賭。我叫你查的，是通宵達旦，輸贏很大的一班人。他是暗指梁燕孫（士詒）、段香巖（芝貴）、王叔魯（克敏）、孫慕韓、潘馨航（復）、張岱杉（弧）一輩人。以我所知，燕孫、香巖、叔魯、慕韓都有麻將癖，每晚必玩，岱杉、馨航借此聯絡。馨航並不入局，借此為拉攏，但他家卻每晚有局。

有一晚，慕韓在燕孫家打麻將，輸了很多，連賭至深夜回家。出來時，倦眼迷矇，在院庭假山石上，觸傷了額角，流血甚多，綁紮而回。翌晨入府，項城已偵知其事，故意問道，君何額忽有傷？慕韓答以小瘡忽破，出了一點血。項城笑道，噢！未必吧，晚上總以少出為是。這話真幽默，慕韓聽了，覺有慚色，從此此風稍戢。但民間都有戒心，而官場不久故態復萌了。

燕孫專喜此道，不論輸贏大小，逢承者總是鄉親至友，達詮、岱杉有時亦加入，每晚必玩至午夜，不請客時至少有一桌。常有因公請見之人，等到終局方獲接見，僚屬深以為苦。香巖亦樂此不倦，惟同局者，都是熟友。叔魯於此道很精，新年更加推牌九。有一新年，叔魯在京推牌九，贏了卅餘萬元。翌日攜之赴津，一宵輸光，其豪情有如此者。至賀德霖輩，則品類不齊，自鄶以下矣。

軍界中傅清節（良佐）家中亦常有牌局，然限於軍人熟友，藉以聯絡情誼。徐又錚（樹錚）、曾雲沛（毓雋），均不喜此道。余於此道，不但不喜，且是門外漢，有時被邀，惟作壁上觀而已。

嗣後督軍入京，則局面不同，但限以督軍等人，輸贏很大，初輒數十萬甚至百萬。余筦財部時，有一日，張雨亭（作霖）與倪丹忱（嗣冲）推牌九，雨亭輸逾百萬，出財政部所給國庫券付之。丹忱笑曰，這種廢紙那能上得場面，請您收藏了吧。雨亭無奈，明日遣某參謀拿了國庫券到財部，對余說，這是貴部所發欠餉的國庫券，大帥因有急用，雖未到期，情願貼現兌款，利息不妨加重。余笑以這不是我任內發的，且尚未到期，請告雨帥，恕難照辦。他說因為沒有到期，故願加利貼現。我說，你既知道銀行規矩，來講貼現，但銀行也要看有沒有頭寸？他即站立道，這是大帥的命令。我大聲

笑道，你們大帥還不能命令我呢！他即將一包國庫券擲在公事桌上說，我先回去回明大帥再說，就此揚長而去。我立即寫了一張便條，遣人將國庫券送還，只說頃間某參謀來部，走時遺忘了一包文件，茲特送上請檢收云云。時余已預備交卸，不知後任如何對付？此亦賭博中一趣聞也。

五十三、濫捕亂黨乘機進忠告

時稱革命黨為亂黨，嚴令緝捕，北京暗探密布，茶館飯店都貼有莫談國事字條，可見人心之危懼。捕獲即交軍政執法處，處設在虎坊橋熱鬧之區。處長陸建章，殘忍成性，真是殺人不眨眼之人。鄰近住家，於午夜常聞鬼哭神號之聲，皆是刑逼口供，恐枉死之人不計其數，即於院場槍斃。

有一日，余見項城，適前夕有日本前外務次官某在日本公會堂宴請留學生出身之人，到者數十人，余亦在座。項城示余密探報告，昨夜日本浪人頭子，在日本公會堂宴請同盟會學生，密商事情，所商何事，容探報告云。余閱後，即笑對項城說，這是誤會，即將公會堂請客情形陳說，並說我亦在座，並無同盟會之人，更沒有密商事情。項城恍然，余遂乘機進言，外間對於暗探，談虎色變。又將執法處刑逼口供，鄰右聞而驚懼，並將莫談國事，一併直陳。此是大失人心之事，請總統詳加查察。即如今日之密報，可知類此之事必多，報告不實，刑逼口供，亦是難免。總統聽了，亦覺出於意外，云當令陸處長，慎重辦案。

時陸子興以體弱不能兼任，遂令王聘老擔任國務卿，閣員仍舊。聘老尚親至各閣員家，敦請留任。老輩辦事，真是周到。然那時忙於大典，國務會議亦不常開。有一次，余見項城，適接上海來電，上海鎮守使鄭士琦（汝成）在途被刺身亡。項城閱電後，額汗涔涔而下，將原電交我閱，才知鄭到虹口日本領事館去，在過橋時被刺，刺客逃去，未曾捕獲。且說你不認識他吧，這人勇謀兼全，我寄以東南重任，今竟遇難，淞滬沒有鎮得住的人，東南半壁，從此多事了，真是斷了我的一臂。言次，傷感不已。余不識鄭，又不知項城對鄭如此重視，有頃，余即問上海地方如此緊要，將派何人繼任？袁又莞爾，取公府用箋，提筆即下一令，任命楊善德為淞滬鎮守使（後改升為護軍使），並說，楊雖不及鄭，尚可應付。此人忠耿不貳，是可信任之人。又云，你記著！凡辦大事，對於要緊地位，總須預備兩三套人才，以備萬一，不至臨時失措。余於無意中，得了一個知識。

五十四、保舉顧少川閒話使才

施植之公使由美調英，我適進公府，項城問我部中有誰適當繼任出使美國的？余即以顧少川（維鈞）對。項城說少川才能，我也知道，惟資望太淺。余說先加以公使銜，美國民主國家，不很講究資格，只要才能足夠應付。且美國人對於少川，知道的人亦很多。又問部中還有堪充出使之人否？我以伍梯雲（朝樞）、顏惠慶皆穩重，精警有才幹，堪稱上選。伍是秩庸（廷芳）先生之子。章采丞亦可出使，惜有肺病。此外魏宸組、陳籙、王景岐、劉符誠、刁作謙，皆是可充使才。此外尚有一二人。余即建議，我國對各大國，應互換大使，大使可與外相直接商談，公使未必都能直接。他亦謂然。又問，對日本怎樣？余說現在部中留日出身之人，閱歷資格，似不夠公使，可先放總領事參事等，加以閱歷，即可獨當一面了。又問，你的同學中，有何人可充使才？余以章宗祥、陸宗輿、汪榮寶、劉崇傑、金邦平諸人對。項城說，邦平缺少膽量，恐不能擔當大事。後得陸總長同意，派少川先駐墨西哥公使，未到任即改駐美國，可見項城對於資格相當重視。後知駐美公使，蔡廷幹極想得此缺，已向項城說有成議，而余不知也。少川發表後，蔡疑我破壞，頗有後言。

後派陸閏生（宗輿）駐日本公使，適逢廿一條交涉，頗稱得力。章仲和（宗祥）繼任閏生，兩人均有貢獻，但反同受誣衊。汪袞父（榮寶）先派比利時公使，部中歐美出身的人，頗有後言，疑我偏袒東洋學生，一若侵了西洋學生的地盤，可發一笑。後袞父由比調日本，與日本朝野文學之士，彼此唱和，頗受歡迎。而與幣原外相，更為相契。至日本同學，後出任總領事領事者不少。

還有一個老友吳止欺（振麟），我在外部，曾派他代理日本公使，後又派了他任祕魯公使，都沒有搞好。此君志大才疏，自命不凡，好出風頭，他很不滿於我。他的夫人即是伊澤之女，前已提過。後來，他夫人在津染疫而亡，遺有二子一女。他出外遊行，侘傺無聊，竟不知所終。其女在北京協和醫院學習護士，亦不明她父的踪跡，幼子由伊澤家領回日本去了。

五十五、設中央醫院又修湯山

余出醫院後，覺得北京尚無設備完全的中國醫院，平民又不便到交民巷外國醫院。美國洛克斐拉氏在交民巷外收買了豫王府，擬設一大醫院，因與施省之君重議，建立中國醫院，由省之約周緝之（學熙）、陸伯鴻諸君商集資辦法，期以必成。緝之時長財部，自捐千元，又撥鹽務罰款二十萬元。有了基金，又分頭募捐，共得四十餘萬元，仍請伍連德博士設計。政府又於西城撥地十餘畝，即著手興工，一年後落成，自此北京有了自辦設備完全的醫院了。請伍博士任院長，設董事會，舉緝之伯鴻及余等七人為董事，推省之為董事長，名為中央醫院。惟中國尚無正式護士，由伯鴻商請上海天主教會，（伯鴻是天主教信徒，）派修女十六人，來院專管看護配藥等等。另於院後建造一樓，為修女修道及宿舍之所。醫生由伍博士約請，分內科外科，亦有手術室X光室，並設電梯。北京醫院設電梯者，恐自此始。惟因北京電力不充，常常停用。楚楚齊備，總算應有盡有。中央醫院題額，還是張季直（謇）先生之手筆。

美國洛克斐拉氏之醫院不久亦落成，屋頂全用宮殿式，規模宏大，名協和醫院。貧病施醫，日以千計。目的重在養成醫生，畢業後到各處設診所。中國西醫，從此發達，人民對西藥亦有信心。抗戰時日本將協和醫院封閉，幸有中央醫院，收容協和醫生，此是後話。

湯山御苑溫泉，上次視察之後，正擬修建，因余撞車閣置。御苑本是行宮，屬清室內務府管轄，因請徐東海函世鐸內務府大臣，請撥遺址，重修溫泉，以利民用，即獲准撥。於是同閏生出名，約李贊侯（思浩）、曾雲沛（毓雋）、靳翼卿（雲鵬）、孫多森、丁問槎（士源）、王達（忘其號京兆尹）諸君分集資金，得五萬餘元。適王京兆尹同一青島工程師來京，遂由他設計，以出資三千元者，可在內苑自建別墅。於是淤者濬之，毀者修之，遐矚樓、龍王閣均復舊觀。於方池上建一亭，大湖上架兩橋，東架一穹窿形的石橋，輔以石欄，西架一長木橋，輔以朱欄，以連接兩湖。土山上建一亭，可望苑外農田，秋時有稻香。御苑周圍，繚以圍牆。大湖底之蓮根，歷數十年仍未爛，更添種荷花。長方池內金邊蓮根亦依然無恙，挖後當年即開花。於外苑建一旅館兼飯店，置客房廿餘間，每間均有溫泉浴池，招商承辦。因溫泉不通內苑，於外苑另修浴池八所，有溫有熱，仿北京澡堂式，內間有浴池，外間為休息室，有炕榻以供休息。另有一大浴池長五丈餘，寬約兩丈（此池為袁芸臺養足傷時所砌），可供兒童游泳之玩。苑內別墅，共有八

所。又有網球場，兒童遊戲場。慘澹經營，一年以後，規模粗具，煥然一新，乃請徐東海（世昌）蒞臨指教。東海題龍王閣為溪山無盡樓，長方亭為掬水亭，穹窿石橋為懷碧橋，朱欄長橋為楓葉橋，橋畔老楓數株，均百年以上之物。山亭為觀稼亭。余之別墅為雙蔭軒，取逢迎二老之意，東海亦稱讚修復此園之意。每當荷花盛開，苑內備有遊艇，遊於湖中，蓮花圍繞，清香撲鼻。春秋佳日，古松翠柏，雜以垂柳楓葉，饒有佳趣。惜楓樹太老，葉初紅即凋落了。其時王京兆尹（達）正修築京兆公路，北京湯山亦有公路汽車行走，只須三四十分鐘，為北京郊外添了一遊樂之處，又可供人療養治病。湯山溫泉經化驗後，可治胃病、神經系及骨節炎、皮膚病等。

宮牆外本砌有石槽六所，溫泉外通，供鄉民洗澡。因年久污塞，加以開通，溫泉仍可外流。離宮不遠，有一小山，山不甚高，只有岩石，不長草木，即是湯山。在苑外圈地甚廣，蓋了瓦房二十間，設為市廛，遂成小市。湯山溫泉，外流成渠，鄉民用以灌溉稻田，所產稻米，有香味，色微紅，昔年還是貢品。落成後，雙親適自烟臺回京，不久即到初夏，遂迎住湯山別墅雙蔭軒，兩面臨湖，時正新柳放青，荷葉團團，我父顧而樂之，覺得很愉快，並說此屋蓋得不錯。每日午後由家僮用藤輿抬至外苑溫泉浴池洗澡，由僮伺浴，浴後在炕榻休息一小時才回。數月之後，自覺胃口亦好，筋絡舒適。余之臉部傷痕，亦漸豐滿，不現針縫傷痕。直住到深秋，始回北京。年年如此，如是者三四年。竊窺親意，自迎養以來，在湯山居住洗溫泉，最為愉快。湯山別墅，以夏秋兩季最佳。夏天荷香四溢，涼爽宜人，廊下小坐，鳥語花香，有出塵之感。秋天則新鮮蓮子，取拾即是。家父喜以龍井茶葉，用薄綿紙包好，隔夜放在荷花內，翌晨花放，取出砌茶，別有雋味。他老人自謂北來以來，以此一杯茶為最喜歡之享受也。

時我母同來，兩姨亦在湯山，每於傍晚在廊閣同餐，飯後在廊下小坐乘涼，荷香撲鼻，涼意襲人。蘇姨會講笑話，有時清唱皮簧一段，以博老人歡，老親顧而樂之。余每週到湯山度週末，留兩姨在湯山，星一回京，習以為常。兩親暮春即來湯山，秋深才回北京，默察親心喜悅，余亦覺怡然自得。

五十六、英使勸進誤盡了項城

有一日，余以事進府請見，承宣官告我，正會著英使，請稍待。遂到秘書廳，問張仲仁（一麐）秘書長，向來各使請見，均經由外交部，今日朱使（編案：英使朱爾典）晉見，外部不知，不知由何人引見？仲仁告我，由副禮官蔡耀堂（廷幹）帶見。約候半小時，承宣官來告，朱使已辭出，可進見。余即入見，在長廊與朱使相遇，相與握手而已。

晉見總統時，見他異常興奮，滿面春風，問見朱使否？答以在長廊遇見，沒有交談。項城即說，奇怪奇怪，朱使剛才亦來勸進，他必奉有政府密令，即將會見情形略說。又令侍衛請蔡廷幹來，蔡即到了。項城即對蔡說，剛才朱使的話，可詳細講給曹次長聽。蔡耀堂即將朱使與總統彼此問答，從頭至尾講了一遍。項城還時時加以補充，謂予受人民選舉為總統，且宣誓效忠民國，何可背誓？朱說人民要閣下做總統即做總統，人民要閣下做皇帝即做皇帝，這是人民的意思，不能算背誓。又云五國勸告尚沒有下文，說至此，朱使即搶口接說，這是貴國內政，且出於人民公意，外國不應干涉。臨行還戲言說，以後體制攸關，余不能隨便與閣下談話了。總統述完，頗見得意之色，還連說他此來一定接了密令的，余未答覆即辭出。這次英使晉見，不由外部，他亦有保密之意。恰好我進府，又是項城親口對我說，就洩了朱的祕密。他對項城既未說奉有政府訓令，項城竟信而不疑，未免輕率。朱使雖與項城為老友，然以現任駐使之地位，亦不應率爾進言，豈欲於國際暗潮中先著一鞭歟？真百思而不得其解。隨後項城故後，朱使竟對人說，可惜項城不聽他言，真是善為掩飾，死無對證，然捫心自問，能無愧對泉下之老友乎！

五十七、蔡松坡入滇聲討帝制

　　自朱使勸進之後，項城即位之意遂決。段合肥稱病，隱居於北京郊外。項城即接受參議院長梁士詒呈遞各省代表請為中華帝國大皇帝之推戴表。並於國務會議時，宣布接受民意，改定國體，自明年起，改為洪憲元年，定於十二月十日，先即帝位，登極大典，擇日舉行。距朱使進言，僅三日耳。於是王聘老（士珍）即請感冒假。聘老代理國務卿後，出席國務會議，不過三五次，後亦無國務可議，遂不召集。

　　迨到十二月十日，召集國務卿、左右丞、各部總次長、參謀總長、立法院院長、各省代表、蒙古王公等。（國務卿在假未到。王聘老入民國後，沒有穿過上將大禮服，項城特送一套亦未用，每逢慶典。託病不到。）是日文武百官，齊集大禮堂，袁大總統御常服戎裝，受即位祝賀禮。儀式很簡單。新皇帝宣言，當今國事艱難，全國人民代表懇請更定國體，並推戴予即帝位，既是萬眾一心，予亦義不容辭。惟時局艱難，當此大任，無異跳入火坑，予為國民，明知是火坑，亦不能不跳，爾百僚應共濟時艱，建立新中國，以副人民之望等語。贊禮官鳴贊，行三鞠躬禮。百官於靜穆中，行三鞠躬禮而退。是日沒有通知各使館，各使亦無一來賀者。洪憲第一聲，即於無聲無臭中過去了。公府內外，亦無慶祝舉動。百官聽了跳火坑的話，都竊竊私語，何以新皇帝第一聲，即說此不祥之語。

　　有人謂日本大隈與項城已訂有附加條件，承認帝制密約，故項城特派周自齊為贈勳專使赴日，以示答謝。為唐少川偵知，以重金買通袁之親信內侍，竊取密約原文，照相以告英公使朱爾典。朱詰問日使，日使否認。又謂駐日陸公使亦有密電外部，因之日本知事洩翻議，連合各使阻止帝制云。按余與陸公使時有密電來往，從未提及。日使奉政府命請周使緩行卻有其事。後各使勸告，都由日代使小幡一人發言，亦是事實。然後來朱使不經外部，單見項城，祕密勸進，其中蛛絲馬跡，確有可疑之處，然決非由陸公使經手。嗣後朱使反說，項城不聽他之言……外交上鈎心鬥角，翻雲覆雨，真是可怕。以項城之練達，尚不免上此圈套，或因蔽於私欲歟，可嘆也！

　　項城即帝位前，蔡鍔即潛入雲南，迨即位發表，即組織護國軍，聲討帝制，唐繼堯同時宣布雲南獨立。蔡鍔字松坡，日本士官學校出身，回國後，久在雲南帶兵。其人剛直沉毅，不苟言笑，在日時主張君主立憲，為梁任公門生。項城調他入京，特任經界署督辦，他曾到外部來看我，我適與部員商擬一稿，未即出見。逾時，聽差來告，蔡督辦要走了，余即趨入客廳，握手

道歉。他說，你這樣忙，不多談了，耽閣你公事，我沒有事，久未相見，想見一面而已。即起立要走，留他稍談亦不應而去，即此可見其性之剛強。經界署沒有經費，何能辦事，項城不過羈縻而已。

他自籌安會發生後，即以醇酒婦人表示消極，暗與梁任公籌畫反對帝制。任公發表一文，〈異哉所謂國體問題者〉，傳誦一時。蔡梁兩人，均為項城注意。松坡媱一北妓，日夜在妓院，以避耳目，任公在清華大學講學，毫無痕迹。後松坡潛出京，偵者不知也。輾轉入滇，與唐繼堯等密謀起事。梁任公則與日本使館武官一同至津，趁日本輪船，經香港至滬。時各省已接獲緝捕梁啟超令，故任公過港不敢上岸，匿居上海，與南京馮國璋函電往還。馮雖不滿於袁，尚未至公然反對。

余知雲南獨立，蔡鍔興師，即入見項城，叩以滇事。他即問你與蔡松坡相識否？我答他在日本士官學校時，我亦同時在日，故與相識，回國後很少見面。項城即說，松坡這人，有才幹，但有陰謀，且面有反骨，不能長命，我早已防他，故調來京。川滇等省，向無中央軍，故派曹錕、張敬堯率師駐川邊，以備不虞。今又派陳二庵（宧）率三旅入川。西南軍力薄弱，有此勁旅，不足為慮。且龍子誠（濟光）傾向中央，坐鎮廣東，陸榮廷在廣西，亦不敢有所舉動，滇事不足平也。我看項城態度從容，似胸有成竹，早已布置，始悟各省將軍封爵時，最高不過一等公，獨龍濟光封郡王，早有用意。其時各部事務清簡，惟大典籌備處獨忙於登極大典。

五十八、取消帝制項城薨於位

　　自項城稱帝以後，封黎元洪為武義親王，對徐世昌、張謇、趙爾巽、李經義四老，稱為嵩山四友，以示不臣之意。又派陳宧帶兵入川。聞陳宧向項城辭行，竟行三跪九叩大禮。項城驚異道，何必如此。陳對以陛下登極大典，臣恐未必能躬預，故先行慶賀。項城即說，即改國體亦廢跪拜禮了。陳又跪下，三嗅項城之足而退，據說這是喇嘛對活佛的最敬禮。陳率三旅入川，其中一旅屬於馮玉祥，未幾即令陳督川。

　　蔡鍔興師以後，與張敬堯戰於四川瀘州宜賓之間，滇軍大敗，幾不能支。經梁任公函電各省，呼籲援滇，得南京馮國璋之默契。於是唐繼堯、蔡鍔等通電討袁，限期撤消帝制，懲辦禍首。袁置不理，經過一月餘，各省毫無動靜。任公又親入廣西，力說陸榮廷，陸始宣布廣西獨立。又運動陸榮廷由邕寧合力進攻廣東。廣東龍濟光為擁袁最力之人，因滇桂獨立，四面受敵，陷於孤立，卒不能支。僅僅半年有零，形勢大變。至北洋方面，馮國璋雖未明示反袁，然與西南暗通聲氣，西南唯馮之馬首是瞻。只有張勳、倪嗣冲，尚餘勇可賈，然孤掌難鳴，亦無能為力。至以前攀龍附鳳之徒，更噤若寒蟬，一籌莫展。項城屢請合肥來京，合肥終稱病不應。後聞項城寫親筆信，辭甚痛切，令曾雲沛持函請合肥來京，合肥始允俟病梢癒即來京進謁，但合肥之病終未見癒。最後陳宧亦來電請順從民意，更定國是。項城得電，悲恨交集，想起辭別時情形，真是不堪回首。內外相逼，心力交瘁，遂憂憤成疾，然尚治事如常。

　　一日余同陸子興總長進府會議，同車而回，先送陸氏回大樓，余始回寓。中飯後，忽聞陸外長以病遞呈辭職，余大為詫異。會議之時，態度如常，何以一飯之頃，突然因病辭職。余即往大樓看視，見興老換了晨衣，帶了暖帽，一若有重病態。問生何病？他說忽然感冒，力不能支。余說此是微恙，稍息即癒，何必辭職。他說時局緊張，恐誤公事。正在談話之時，公府即來電話，囑即入府。余遂辭出到公府，項城見後，即說子興剛才在此會議，神色很好，何以回去後，即來呈稱病辭職，究係何病？余即將見興老情形，據實以對。項城嘆曰，明知時局如此艱難，何必再要內外夾攻。余說給他幾天假吧，項城忽然說，由他去吧，不必挽留，外長即由你升署。余辭以資望太淺，恐不能勝任。項城正色道，次長升任總長，亦是順理成章，況是兼署；你看這種局面，如何能久，即勉為其難吧。余見他神色已不正常，只好受命。按例先要拜訪各國公使，始行就職。斯時外交部，事亦清閒，即接

見各使之日，總是問項城近來情況，及各省之動靜。余答以總統身體很好，各省都無事而已。

子興向來對項城非常崇拜，常說項城一舉一動，與外國元首毫無遜色。此次忽然辭職，可謂見機而作，不俟終日者矣。子興出處，向來取決於夫人。當子興兼攝國務卿接受勳二位時，培德夫人亦興高采烈，曾對人說，勳二位等於侯爵，將來封爵時，總長必能封侯。後見形勢日非，侯爵夫人恐成空想，不如早日離去，以免陷入漩渦，為自己計亦良得，然於中國道德人情觀念，未免有缺。子興辭職照准後，即同夫人往北戴河避暑。迨合肥組閣，徵長外部，即又欣然回京就任了，於此可證我之揣測不幸而中矣。

其時政府人事闌珊，公府亦然，惟統率辦事處，以軍事關係，雖是被動，尚照常辦事，唐廥夫（在禮）每日到廳。國務會議亦久不召集，余曾電詢執夫，項城還下樓否？他答每天十一時左右，總下樓一次。余遂於十一時前晉謁視候，時已四月下旬，天氣和暖，項城猶御棉袍，橫倚在長沙發上。見余至欲起坐，余即請止。見項城頹唐情形，問係何病？他說腰部酸痛，不能起坐，亦不想飲食，此病已好久了，只是近來更甚。項城問近見東海、芝泉沒有？余答東海去天津，芝老時住西山，聞又住團河，都未見過。他長嘆一聲說，我自病後，他們也沒有來看我，到此時，老友都怕見我了，言已，欷歔不已。我見他這種沮喪神氣，不勝感嘆，真有英雄末路之感。睹此情形，無言可慰，只請其摒除一切，安心調養，遂告別。他又要勉強起來，余即請止，他伸出手來與我握手。他與我握手是初次，亦是末次。我出府時，回想執夫奉命交閱請願冊時，何等氣派，曾幾何時，竟變得如此淒涼。我聽了項城之言，激於情感，即乘火車到天津見東海，告以見項城之情形，請他回京，與合肥定一方策，向項城進最後之忠告，亦可無愧於對老友。東海嘆曰，你可以隨便進言，我與芝泉，與項城關係太深，反不便隨意進言。項城不察情勢，惑於那班急功好利之徒，成此僵局。那時我在京時，未嘗不遇機諷勸，芝泉亦一再示意，何如忠言逆耳，終不聽從。我與芝泉豈願離伊不問，實由於屢言不聽，多言反傷情誼，只好不問，不得已也。又說，此時見他亦無濟於事，我想伊已有了主意，尚不到發表時候。我所擔憂者，他經此打擊，身體恐將支持不了。我不久即將晉京看他病況，言已，嘆息不止。余亦無話可說，遂即回京。項城自接陳宧電後，憂憤成病。東海出京，合肥稱病，西南日逼，北洋自己人亦存觀望。自知前途無望，遂毅然自決，下罪己之詔，取消帝制，恢復國務院，仍任段祺瑞為國務總理。自洪憲稱帝以來，僅八十餘日耳。

項城消取帝制後，合肥不能不來京。聽說合肥見項城時，項城深表後悔

之意，合肥只勸其安心養病，已必盡力處置善後事宜。閣員仍舊，惟外長仍由我兼攝。時項城雖病，尚能力疾視事，合肥於國務會議後，必親自報告。時西南各省，對袁尚有主張袁須退位之說，由馮華甫（國璋）居中調停。此等電報來往，不即報告，免重傷袁心。不久不能下樓視事了。聞松坡（蔡鍔）事成後，不久即病歿，惜乎項城明於觀人而昧於觀己也。

迨至六月六日半夜，國務院忽來電話，開臨時國務會議，余知必因項城病已危篤。時已三時，即驅軍入府，合肥已到，東海隨後亦到，相偕上樓省視。余亦隨之上樓，見項城已入昏迷狀態，屈桂庭醫生在旁。余問總統究竟何病？屈云總統本有腎臟病，後又攝護腺腫大，小便不通，當初尚能用手術治療，家人不允，遂轉成尿毒症。法國皮希爾博士昨日曾於小腹胴下開一小孔，仍不能通便，知已無法治療了。東海就項城耳邊，大聲問道，有什麼吩咐嗎？只見項城兩手向空中亂抓，喉間迷迷糊糊彷彿有黎字之音。東海大聲問道，黎元洪吧？即同合肥大聲答道，知道了，放心吧。合肥先下樓，閣員均到，遂開臨時國務會議。總理略報告總統病狀，擬遺令以副總統黎元洪繼任大總統。東海旋即下樓，含淚說道，項城已嚥氣了。閣員聽了，均起立，靜默三分鐘而散。一世英主，惑於僉壬，一念之差，貽恨千古，可悲也夫！

後黃陂（黎元洪）同合肥開視金匱，黃陂說一定有芸臺（袁克定字）名字。有一固封木匣，啟視後，見項城親筆寫在紅箋上，是黎元洪、徐世昌、段祺瑞三人，合肥看了嘆一口氣。可見項城雖然帝制自為，尚無家天下之心也。

項城薨逝，政府派周自齊、袁乃寬及余三人為治喪委員。時周已出京，袁亦不常到，我則每午祭必親自上祭。迨至出殯前日，應行大祭（即開弔之意），余以舊式開弔，既無秩序，又費時日，故參以東西形式，坐聽誦經，再行祭奠。臨弔者須穿禮服，臂纏黑紗，文官簡任職以上，武官將級以上，亦須禮服纏黑紗，到者約二百餘人，各國公使均率館員全到。先奏哀樂，繼由喇嘛五人，在靈前持咒誦經，約三十分鐘，送神後，先由黎總統致祭，繼由各公使率同館員，親呈鮮花圈，行禮而退。後由中國官員，次第行禮，整齊嚴肅，氣象黯然。出殯之日，儀仗簡單，以一人騎馬，手執國旗前導，除魂轎影亭外，尚有陳列大總統戎裝禮服及各國贈送勳章黃亭，此外馬隊步隊樂隊而已。靈櫬亦用六十四大槓，以總統乘馬在後跟隨，家屬坐白轎隨送，各公使及文武大員，均步行送至車站，俟放了禮砲，靈柩上車後始散。隨車送至彰德者，惟徐東海、楊杏城及余三人，住在養壽園。葬期過後，余回京，即辭職。

五十九、黃陂繼總統張勳復辟

　　項城薨，黎元洪繼任大總統，仍任段合肥為國務總理，閣員仍舊，惟余一人辭職，合肥挽留不允，聘為顧問，仍由陸子興任外長，子興即由北戴河回京就職。先下懲辦禍首令，只有楊度、顧鰲、梁士詒、孫毓筠、夏壽田、周自齊、朱啟鈐、薛大可八人，不及其他，總算平允。黃陂改各省將軍兼辦軍務名義為督軍。因南方軍政府恢復約法，國會議員南下，黃陂亦恢復舊約法。各省督軍對黃陂沒有信仰，政府改組，合肥仍連任。照約法責任內閣，政事由國務總理負責，總統不應干預。黃陂想效項城之辦法，干涉政事，因此時起府院之爭。府秘書長張乾若（國淦）是老於政事者，時勸黃陂不聽。院秘書長徐又錚，不免盛氣凌人，往往關於人事，又錚持令請蓋印時，黎若問及資歷，徐即對以總理所定，我不知道。黎以徐秘書長輕視總統，不能共事，商段撤換，合肥以黎干涉到院秘書長之進退問題，越權太甚，堅持不允。後又為參戰問題，合肥主張參戰，黃陂反對，且嗾使國會議員，同調附和。其時外交總長已改任伍秩庸（廷芳），主張對德奧絕交，不主張參戰。合肥設一外交委員會，以陸子興為會長，余亦為委員之一，討論參戰問題，均主張參戰，作成議決書，請政府參考。

　　有一日，合肥問我，你對此事意見如何？我說我的意見，已在議決書報告說過了。我以為絕交而不參戰，將來在協約國方面，我仍得不到好處，故我以為應再進一步對德奧宣戰。段說閣員不主張參戰，是受了黃陂及國會影響。但秩庸是老外交家，何以他亦不主張參戰？我說恐受了美國的影響，美國基於傳統觀念，不先發挑戰，但美傾力援助英國，遲早終必參戰。段說又邱亦不主張加入，他以為德國兵強械精，決不會敗，我國宜慎重觀望。我說，現代戰爭，不是單靠兵力，還裝配以國力。德國國力，能與英敵，但若美國參戰，即差得太遠了。況英國海軍亦不可輕視，德若不能渡過海峽，英尚能保守本土。日本現已加入協約方面，日本對於國際情勢，很有研究，他們若不看到德國將來有敗的形勢，決不會貿然參戰。現已得了青島，將來對東方發言權更大，我若不參戰，日本氣燄獨張，我於外交上更加不利。現在南北分立，若對德參戰，民氣亦可一振，借此團結統一，亦未可知。項城外交政策，走遠交近攻路線，結果，遠水不濟近火，反招日本麻煩。我意現在時勢已變，不應再走遠交近攻路線，應取近交善鄰之策，才是現實主義。我國現已對德絕交，自應再進一步加入協約國方面，對德宣戰。這是政府政策，應由總理負責進行，府方不應干涉。合肥聽了點首，又說，但是參戰軍

尚未練成，以何參戰？我說，這不妨事，助以物資，亦是一樣。況華工去了將近十萬，雖非正式派遣，總是華工，這亦是武器，為參戰的資本。合肥聽了，想了一想說，你說的對，我意決定了。

但是府院意見，越鬧越深，黃陂又請東海勸說合肥，以徐又錚對他慢不為禮，且從中挑撥，府院無法合作，非撤換徐樹錚不可。東海對又錚亦無好感，遂勸合肥不必為此小事，影響國事。合肥說，我可讓步，撤換院秘書長。但他要明白，這是他越權干預院的人事問題，以後可不能再有這種舉動。遂以乾若為國務院秘書長。乾若本是府秘書長，後來府方秘書長，換了丁佛言（名世鐸舊國會議員）。合肥以為參戰問題，可從此順利進行了，遂由國務會議議決，擬就對德奧宣戰命令，由張秘書長送請蓋印，黎仍拒不蓋印，命令不能發表。合肥至此，忍無可忍，親見黃陂，謂此令關係國家大局，總統若不蓋印發表，請即免我職。黃陂竟免段總理職，合肥遂出京，止於天津。黃陂起用李經羲為國務總理，一面電張勳入京，調停督軍團。督軍團是由合肥令來京商議參戰問題的。豈知張勳入京，即進行復辟，擁立遜帝，封黎元洪為親王，並令解散國會。黎氏至此，自恨孟浪，後悔莫及，乃一面先向國會辭職，一面電請馮國璋副總統來京代理總統，並下令復任段祺瑞為國務總理。

先是張勳曾在徐州開會議，各省督軍均邀列席，合肥曾派徐又錚前往參加，以觀動靜，知目的是討論復辟問題。到會督軍首領，均簽字宣誓贊成，又錚以未奉命令未簽字。後日本參謀次官田中義一北來，道過徐州，與張勳會晤，所談何事，外間不知。田中本是風雲人物，在徐州與張勳談話時，或許談過復辟問題，故張勳揚言日本已贊成復辟的主張。時東海在天津，東海為清室遺老，雖服官民國，與清室關係未斷，清室晉為太傅，賞賚不絕，惟對張勳之舉動，不以為然。東海向主張改革宮庭舊制，遜帝出洋留學，故於遜帝大婚，招待外使，大事鋪張，亦未參加。張勳將行復辟，心甚不安，曾致函世中堂（鐸）詢以究竟，並示己意，中有薄海同傾，何況老臣之語，可見此老之心境。因聞張勳揚言日本贊成之說，心有所疑，囑余赴京晤田中以明真相。

余到北京，即到日本使館，時田中他去，公使林權助出見，開口即問君是否為田中與張勳之事而來乎？余即說，然也。徐世昌先生囑余來詢問此事之究竟。林說，田中次官現在他去，余以公使資格代表答復。請告徐先生，日本政府決不贊成張勳的復辟。外間有田中次官在徐州與張勳會晤之謠言，田中次官恐有誤會，今日已派小村通譯官，專程赴徐州向張勳說明，以免誤會，君可以我言回復徐先生好了。言時態度嚴肅，說得斬釘截鐵。我料想田

中對張勳晤談，必有文章，而林公使派小村至徐州說明解釋誤會，那知張勳因此而疑心我見日使是反對他的主張，遂啣恨於我。聞他對人說田中明明贊成復辟，曹某竟向日使進言，想破壞我的大計，這小子可惡極了，我非揍他不可！我與張勳雖曾見過幾次，並無友誼，聽了武人這種口氣，不免有戒心，故以林公使之言報告東海，並將外間張勳對我之言一同報告。東海說，你去見林公使是我的意思，少軒（張勳）來津必來見我，我跟他說明好了。

張勳來京後，北京銀行公會假江西會館設宴，並有堂會演劇。北京銀行界向以中交兩行為領袖，我以交行總理關係，不能不出席。張勳來時，已翎頂輝煌，穿了前清的公服。有幾個銀行中人，得風氣之先，亦戴上官帽，穿上官靴，只沒有穿袍褂。中交兩行領袖同坐主位，但張勳對我，自始至終，沒有談過一句話。那種冷淡情形，真若芒刺在背。席散觀劇，我挑坐在後排，免與他接近。鄰坐李木齋君，輕輕的告我，聽說少軒與君有誤會，勸君在此事揭曉以前離京為妙。我感謝他的關照。張勳喜聽戲，每遇堂會，必到終局始散。這次剛到十二點，梅蘭芳唱完《玉堂春》，即離座告辭。大家揣測必為會議此事，如此早散，豈知他回家後，即入宮舉行復辟的大事了。翌晨余即趁早車赴津，見各官署及車站均已懸掛黃龍旗，到津見督署亦懸龍旗，足見徐州會議大眾贊成是實事。

合肥到津後寓王祝三（名郇隆天津鹽商）家。余即到王宅，見合肥在室內與梁任公、曾雲沛、徐又錚三人密談。合肥見我在門外，即說，你亦可進來一同商議。合肥說，我已決意討伐復辟，但近處可調之軍，只有駐馬廠李長泰的第八師，李與我雖不甚接近，但此人忠厚，與各方面都不甚來往，我已派人去疏通，諒無問題。倒是馮玉祥自褫十六旅旅長後，仍居廊坊，他帶十六旅很久，頗得軍心，十六旅又兵精額足，仍能聽馮指揮。廊坊為入京必由之路，馮若出些岔子，卻是可慮。惟此人名利心重，也有法疏通。目下最要緊的是錢，因種種緣故，督軍團尚未離京，不知他們的態度，故必須寬籌些，有一百五十萬元，足可敷用。你想有什麼辦法？我說此事宜速發，可惜督署也換掛龍旗了，不然的話，就近先向省庫挪借，以應急用。合肥說仲珊（曹錕號）已派人來過，他已表示反正了。我說那好極了，先請財政廳長來一談如何？遂電請汪向叔（士元）廳長來。汪說省庫一貧如洗，那有錢可挪？惟存有開灤股票一百萬，這股票市價高於票額，尚可抵借。合肥說，那好極了，即將股票先借一用。合肥即顧我說，你有辦法抵借否？我說天津日本銀行經理，我都不熟，但北京我可以去嗎？合肥會意即說，那不妨，我叫陸軍部派車在站候接好了。後汪廳長即將股票取來，交與合肥，合肥即交與我。我點收後，即趁火車入京，到車站陸軍部已派車候接，且有一副官同

來。我想正金銀行，事關政事，未必能作主，因到三菱公司，與經理秋山昱君說明來意。他猜到這筆錢之用途，即允照額面抵借百萬元，我很高興感謝，遂與秋山簽定借約，取了支票，在六國飯店匆匆進食，即搭車回津，時已近黃昏矣。即將支票交與合肥，甚為滿意。此事幸在北京辦得迅速順利，若稍漏風聲，即恐不堪設想矣。

　　第二日，又到王宅，適李贊侯（思浩）由北京帶了鹽餘款五十萬原來津，贊侯時任鹽務署長，於是萬事齊備，遂定出師。聞北京方面，自復辟後，朝儀紊亂，張勳上朝，衛士帶了手提機關槍隨同上殿，任命自己為北洋大臣及直隸總督，曹錕因之不滿。遺老見此情形，亦大不滿意，然皆敢怒不敢言。方在議論行內閣制，還是仍行軍機處制，議尚未決，而合肥已興討伐之師矣。

六十、馬廠誓師合肥討復辟

合肥親到馬廠發表討逆檄文（梁任公手筆），自任總司令，以段芝貴為總指揮，李長泰為副總指揮，曹錕為西路指揮，即日率軍向北京前進，秘書長梁眾異（鴻志）同行。師過廊坊，順利通過，日本天津總領事松平恒雄氏過訪，謂此次段將軍出師討伐復辟，義正理順，天津領事團一致擁護，西報亦稱讚段將軍，英明果斷，表示讚美，我特來表示敬佩，並祝成功，請轉致段將軍。段將軍正指揮軍事，我不去打擾，請為轉達。余即稱謝而去。

京津電話不通，天津謠言甚多，有說子彈落在某使館者，有說張軍敗退後有衝進東交民巷者，又有說外國記者有誤中子彈者，更有說辮子兵紀律很壞，搶掠百姓。合肥不放心，囑余專車赴京，慰問使團，並察看情形。翌日，余即專車赴京，我婦要同到北京，看看家中情形。沿路時逢軍車，開行很慢，直到黃昏，才到豐臺。香巖（芝貴字）的司令部即設在豐臺，與陳秀峯（光遠時任模範團團長）梁眾異等興高采烈，共進晚餐。余已知打了勝仗，約我同餐，他們說一天沒有吃飯了。眾異說我以書生初次從軍，得了經驗不少。香巖說今夜城中戒嚴，我派副官持令箭同行方保安全，遂開專車送我到北京。從豐臺到北京，竟走了一小時左右，亦因軍車佔道，擁擠難進也。

到了車站，適遇警察廳總務長常君朗齋，告以來京之意，並借一汽車至警察廳。我婦留汽車中，我與常君到警察廳。常君說，辮子兵真能打仗，這次幸他們人少，眾寡懸殊，故能速戰速決。不然，真危險呢。張軍在東華門城上，負隅抵抗，鏡潭（吳炳湘）總監恐他們在城上開炮，北京即糜爛，一面請段軍停止進攻，一面上城樓，勸少軒顧全北京百姓，請勿負嵎作戰，在城上開炮。鏡潭總監上城下城，奔走十多次，總算雙方停火。後來少軒再三說不投降，不繳械，曹錕又派兵守住西北兩城門，斷他出路，又在順治門城上砲轟張勳住宅，張見無路可走，遂要求總監收容他的兵士於警察廳，並保護他送到荷蘭使館。總監都答應，遂由總監陪送少軒到荷蘭使館。此次雙方傷亡甚少，只是累壞了總監，兩天兩宵沒有合過眼，現在剛去休息。我說，真是難為了總監，不必再去驚動他。遂在警察廳約略一觀，只見橫七豎八，滿坑滿谷，盡睡的辮子兵，手裡各人還抱著一支槍，辮髮盤在頸上，鼾聲如雷。余遂辭常君乘車回家，胡同口停了兩口棺木，云是陣亡的士官，沿途傷亡兵士及戰馬，還沒有收拾乾淨。

翌晨出門，棺木及馬路上傷亡兵士及死馬，都已收拾淨了。先到南河

沿，見張勳宅邸炸成了一片瓦礫場，真是怵目驚心。南河沿邊，還有少數死人死馬。余遂先到日本使館，時林公使為領袖公使，向林使致慰問，云段總理恐昨日戰事驚動使團，頗為懸念，特派我來慰問貴公使及各國使節。日使道謝，並云段總理此次討伐復辟，名正言順，且用兵迅速，我們在交民巷裡，只聽得槍砲之聲，毫不驚擾，盼望段總理迅速來京，安定人心。即開香檳酒，舉杯祝勝利，余亦舉杯祝平安。日使云，君不必枉駕各使館，我電話請各公使來此相敘好了。少頃各使俱到，余向各使寒暄後；聲言段總理因昨日戰起倉卒，且在城內作戰，深恐各使館受驚，特派我前來向各公使閣下慰問，並致歉疚之意。各使皆說段元帥用兵如神，真是偉大，一天之內，將張勳軍隊即行解決，我們深致欽佩，盼望段元帥迅速入京安定政局，並謝特別派君來京慰問。遂各斟香檳酒舉杯祝段元帥勝利，余亦舉杯祝各使平安而散。

當日趁火車回津，過豐臺時，見香巖、秀峯、鏡潭諸君，均在署中揮汗解散張軍。據云，合肥令各給一月餉，留槍遣散，隨各人志願，給火車票送他們到目的地，辮子兵均肅靜無譁，聽命遣散。余即回津復命。

是役也，張勳以為徐州會議，巨頭均宣誓贊成復辟，決無他虞，故只帶了二千衛隊入京，期有內應。詎知巨頭們均臨時變卦，食言毀約，且不料合肥討伐出師如此之速。在合肥方面，決意討伐，義無反顧，既說服馮玉祥不動，又得陳秀峯所領模範團之內應（模範團係項城新練之軍），近畿各軍，方在觀望，而合肥已馬廠誓師，出之意外。且師出有名，克奏膚功，良有以也。此次受處分者，除張勳外，牽及甚少，如康南海、梁敦彥等，素有名望之人，多未問罪，諒係任公的關係。任公與南海，師生之誼素篤，同為主張君憲之人，此次竟背道而馳矣。事定後，在天津車站有一小插曲，馮麟閣（即馮德麟）、張鎮芳兩人，竟為顏韻伯（世清，其時諒在軍警方面有一名義，余不甚清楚）在車廂內逮捕送軍法處。張非軍人，移送法院。時政府尚未成立，雖附逆有據，當局頗覺為難。馮由張作霖呈請保釋，以此舉非馮本心，請予寬免。張押在法院，請汪子健律師（有齡）為他辯護，汪要酬金十萬元，辯護到不判死刑，張無奈只好答應。後法院判張徒刑十年，由倪嗣冲等呈請特赦。張為項城之表弟也。

六十一、合肥組閣徵余長交通

　　黃陂辭職下野之時，曾發表段祺瑞為國務總理，故合肥入京即行組閣就職，並促南京馮副總統（國璋時為江蘇督軍）來京攝行大總統事。當合肥入京之日，群眾歡迎，萬人空巷，不減當年項城進京之盛況。第一條命令即加入協約國對德奧宣戰，惜歐戰已迫尾聲矣。

　　此次組閣名單已在天津擬定，外交汪大燮，財政梁啟超，陸軍段祺瑞兼，海軍劉冠雄，教育范源廉，農商張國淦，司法林長民，余長交通，內務何人忘了。合肥電余到王宅，徵余同意，且出示名單。余因與汪伯唐（大燮）先生同入內閣，想起汪氏曾對我有忠告之言。汪任留學生監督時，余常去請益，後在北京，我仍以前輩相待，時去請教。他曾說北京是一大染缸，入其中者，無不染色，我不是說要你同流合污，亦得要適應環境。前清御史，自命清流，現在新聞記者，亦有好有壞。我看你入京以來，沒有奧援，憑自己刻實從公，不事逢迎，為當局看重，故能青雲直上。所缺者與若輩少事敷衍，太相隔膜，易生誤會，反阻礙你前途，望注意及之。那時在清季，余雖是其言，悔不注意。

　　我看了名單即對合肥說，以已就交通銀行總理，恐不能兼顧為辭。合肥亦無可無不可，但說我一時沒有相當的人。豈知譽虎（葉恭綽）、振采（任鳳苞）聞訊來訪，詢問何以辭長交通？余告以恐不能兼顧。譽虎即說，有振采為助，君可放心，兼攝何妨？余云已向總理面辭矣。振采說，聞總理尚沒有物色相當的人。譽虎接說，倘總理物色不到相當之人，再找公，公幸勿再辭！余本無成見，遂唯唯而去。越日合肥果又找我說交通一席，我沒有適當的人，還請你偏勞。我想譽虎他們，必已通過線索，只得應允。時民國六年七月，為我正式入閣之始。

　　後有知友告我，君真好人，易受人利用，君知交通部與交通銀行，都是交通系的大本營嗎？部比行更重，此次他們首領被議，譽虎自知資望不夠，又恐他人來長部，破壞他們的基礎，知君易與，故陽為擁戴，實則為他們看守大本營而已。我想此亦不為無因，但已允合肥，只好就職，這顯得我之平凡。次長自非譽虎莫屬。余與譽虎，本不相識，民初項城設秘書廳，始見一人身矮而小，類如侏儒，不與人招呼，忽進忽出，狀似很忙，詢知為鼎鼎大名的葉恭綽，為梁士詒的紅人，遂不敢小覷他。這次對我，總算客氣，還留兩司一局由我派人。四司司長，他先派定鐵路電政兩司，承他以郵政航政兩司，留給我派。鐵路局，只留了京綏路一局。余遂派劉薲臣（符誠）為郵政

司司長（劉留法），胡伯平（初泰，留日）為航政司司長，丁問槎（士源，留英）為京綏局長。問槎就職後，即呈請該路收入款項，只報部數目，款留為展長路線之用。我信他清廉認真，不會言不顧行，故即批准。葉次長甚不滿意，以為破壞部章，我說且觀其後，只要實行展路，於部章亦無違背。後果在兩年間，將餘款展長路線，自綏遠展長到平地泉以北，雖是平原，亦華里千里以上，沒有請過部款，亦沒有借過外債，成績獨優。又購飛機四架，卡車兩輛，以為修路運貨之用。豈知皖直之戰，徵為軍用，因之得禍。

部中秘書本隨總長為進退，余以原任秘書留任兩人，只派兩人，一為我的連襟衛心微，本是留學英國習造船者，余用他為是通英文。又一人則我業律師時的事務員，供譯密電及保管密件抄寫而已。後下部令，派劉夢飛為京奉路局副局長，夢飛留學比國習土木工程兼習礦務，時充京漢路工程師，工程師升副局長亦是順理成章。但他是我的女婿；部令尚未發表，北京新聞報即開我玩笑，說是貴族主義，用人維親等等的話，知是譽虎攪的把戲。因京奉鐵路為主要之路，人事購料等事不願有他系外人加入，多一耳目。本應不必客氣，過事謙讓，因劉是我女婿，人亦老實，我以多一事不如少一事，遂將部令撤回，不令發表，譽虎正中下懷，亦不攔阻。於此可知交通系與鐵路關係之密切，而次長對總長的態度亦可想而知矣。

六十二、兼長財部西原談借款

　　自蔡松坡（鍔）起兵倒袁之後，西南情形，大為變動，陸榮廷標榜自治於廣西，唐繼堯公然反對政府，孫中山先生且樹護法之旗號。合肥以帝制取消，復辟討平，不應再藉口南北分立，妨害統一。但謀統一非用武力不可，用武力必須籌備軍費。其時梁任公辭財長，由王叔魯（克敏）繼任，不久王亦辭職。合肥約我於私邸懇談，並告我將用兵於西南，以謀統一。財政一席，大家不敢擔任，我相信你肯負責任，且有此勇氣。並聽說你與交通銀行借款頗為順利，故此席只好請你偏勞，此為國家，不應畏難，望你與我一同負此重任。我聽了他懇切之談，且西原龜三尚在天津，始允姑且試試，如不稱職只好請辭，請總理原諒。他說你肯兼攝，好極了，翌日即發表兼攝財政總長命令。我請總理約重要督軍先一同計議，這次用兵，需要若干軍費。合肥允了，遂約曹仲珊、張懷芝、倪丹忱、陳秀峯等到私邸吃午飯，余與又錚陪坐。飯後，他們共同計議，余只旁聽，不發一言，亦不表示意見。結果，他們說這次用兵，總須預備一年，且須添置裝備，故從寬約計，需要二千五百萬元。余說，現在財部，庫空如洗，如此巨款，商借亦無把握，只好試試看，不敢設定。我又說，倘能借得巨款，軍費既由我負責，我必盡力籌措，以期不負總理及諸公之望。軍事方面，是諸公之責。他們都說只要有了軍餉，軍事方面，請總長放心，我們自當負責進行等語而散。時馮國璋代行總統。

　　合肥提到交通銀行借款，是日本西原經手的，故先將西原來歷作一簡介。當合肥復辟之役告成以後，由坂西利八郎顧問介紹西原龜三來見，說是奉日本寺內正毅總理大臣密命來華，改善大隈內閣對華政策之錯誤，以期兩國提携親善。貴國目下急務莫如財政，日本現在國力充實，可能為貴國幫忙，如有所需，幸賜教願為盡力。坂西亦在旁吹嘘，謂寺內在朝鮮總督任內，關於經濟問題，都由西原君幕後策劃。余因初次見面，不明底細，適接任交通銀行總理，該行資金薄弱，由施省之董事，向大倉商借日款，久無成議，遂請西原商借日金五百萬円，西原允電東京。不久即得大藏大臣勝田主計氏親電，允借日金五百萬円，並無抵押品，且匯款迅速。余遂信西原是有來歷的，此余與西原商借日款之開始也。此次兼長財政，需款孔亟，財庫空虛，歐戰方酣，舍日本外無從商量，遂約西原來談，商借日金三千萬円。時日円與銀元匯率，日金一円只合銀元八角有零，故三千萬日円，適合二千五百萬元銀元之數。後由日本興業銀行總裁某君（忘其名）來北京商議，如數

允借，以有線電報為名義之擔保。並說這次借款由興業、臺灣、朝鮮三銀行墊借，不在市上招募，可省手續費，且十足交款，不折不扣，載明在合同。擔保品只為銀行章程應有之事，照例填寫，決不干預。余約興業總裁在寓宴會，並叫中國條子。日本宴客，非有藝妓不歡，故亦召歌妓侑酒，並約坂西、閨生、譽虎作陪。宴前先將借款合同雙方簽字，譽虎以此款既以電線擔保，請撥日丹五百萬為修理海線之用，余亦照允。

余到財政部後，即令庫藏司長李祖恩將每月政費收支，作一約計。政費共有八項，一、各部院經費，二、國會經費，三、近畿駐軍餉，四、警察保安隊月餉，五、出使經費，六、國立學校經費，七、清室優待費，八、軍用預備費（調動開支等類），每月約須二千萬元。收入只有關餘（海關稅除付賠款外債所餘之款）、鹽餘（同上）、烟酒稅、印花稅、所得稅約計一千二百萬元。地方統稅，本應解中央，各督軍藉口作為中央駐在各省軍費之用，截留不解。故收支相抵，月虧約八百萬元，現在都是東借西挪，零星湊用。以中國之大，即以中央政費而論，月不過二千萬元，可謂微乎其微。但連此數尚無著落，若不整頓，何以為國，只靠借款，豈是辦法？但此非旦夕能成，目下急需軍政費，只好出之借貸。

當三千萬日金借款成立之時，為匯兌方便起見，設立匯業銀行，資金一千萬元，先收半數，中日合辦（此事後詳）。

六十三、馮河間阻撓合肥征南

借款方面，已順利進行，而軍事方面，因馮段意見相歧，遂生波折。馮華甫（國璋）因代理總統，討伐令須由馮宣布。馮本為直系領袖，秀才出身，故通文墨。惟人有陰謀權術，帝制時陽奉陰違，松坡在滇興師，全靠唐蓂賡（繼堯）之助，而唐蓂賡若不得馮之暗示，不致公然通電反對，西南各省亦不致響應。後帝制取消，西南各省又要求項城退位，馮斡旋其間，遂與西南互通聲氣，甚至與陸榮廷已有維持現狀之默契，而段不知，馮亦不便明言，南北分裂，即由此而起。此次合肥用武力統一南北，自非河間所願，故不肯下討伐令。合肥以無中央討伐令，師出無名，彼此齟齬，相持不下。馮於北洋直系，隱然執牛耳，合肥不能輕視。馮又暗使長江三督（江蘇李純、江西陳光遠、湖北王占元，馮曾兼任三省巡閱使）通電反對。蓋自項城逝世以後，已有尾大不掉之勢矣。合肥遂令又錚運動曹錕，許以選舉副總統。曹果為所動，遂與張懷芝祕密赴津，與督軍團商定（其時督軍團尚留天津），照合肥用兵計畫，以湖南為中心，分兩路出兵，第一路曹錕率領，由京漢路南下進攻湘北，第二路由張懷芝率由津浦路南下進攻湘東，議決案由曹錕領銜，請馮代總統下討伐令。馮不便拒，但不發明令，只發電令，照議決案施行。曹仲珊率師南下，進行順利。張懷芝時任山東督軍，只派施從濱率魯軍暫編第二師南下，剛到湖南攸縣醴陵，即遇南軍作遭遇戰，因暫編魯軍第二師，戰力薄弱，一戰即潰，張懷芝電請政府發收容費。張在北洋資格雖老，然不學無術，脾氣粗魯，人稱他為張三毛，因他容易動火也。我在國務會議時，正色聲言，發了開拔費，不久又要收容費，這種軍隊收容了有何用處？出師不到半年，已用了不少軍費，這樣下去，我實無能為力，請總理另簡賢能。言時不免聲色俱厲，合肥聽了亦覺難受，遂下座到我席次立談（國務會議交通總長席次最後）。余請合肥回總理座，他說，懷芝也太難了，自己不親率師南下，暫編的師那有戰力，宜其一戰即潰。初次出兵不利，大有影響，但兵敗不收容，貽害地方，亦不是辦法。又忿然說，我不是袒張懷芝，這次亦不能獨責張懷芝一人。我聽他語中有因，遂不堅執，只說總理既如此說，容我回部再商奉復。張懷芝竟對人說，這次財政部如不發收容費，我即以手鎗對付他（指我）。

後合肥約我到他私邸，他說，這次華甫與我作對，反對武力統一，處處掣肘，你總亦有所聞，故調度出兵，只好遷就他們，以期貫澈我的政策。張懷芝仗了他們的撐腰，其人又貪鄙粗魯，現在緊要關頭，不能再出岔子，只

好敷衍，希望成功。請你體諒我的苦衷，勉為其難，前途多難，未可逆料，希望你與我同心協力，度過難關，達成目的。余亦知合肥為難，不便拂袖而去，遂唯唯而出。

合肥以長沙地方重要，特派親信傅清節（良佐）為湖南督軍。清節湖南人，保舉周肇祥署湖南省長，亦照允。適零陵鎮守使劉建藩宣布自主，合肥遂令王汝賢率第八師為正指揮，令范國璋率第九師為副指揮，南下討伐。傅以王范兩師，都是精銳，又與王范兩君都是至好，故只帶工程隊一營赴任。王范兩軍出發後，不久即攻下寶慶衡山，因之廣西譚浩明出師援湘，南北遂正式開戰。南軍趙恒惕，又攻下岳州，威脅長沙。傅良佐以手無軍隊，無法抵抗，聽了周肇祥之言，應速回北京，面陳湖南情形，遂不及通知王范兩君，潛回北京。王范兩軍因此大為不滿，不肯前進。合肥以傅良佐潛逃回京，竟無用至此，不禁大怒，令以軍法從事。經多人懇求，改交軍法會議嚴行懲處，又經曾雲沛等以若交軍法會議，清節固不免一死，恐牽連太多，無法收拾等語而罷。由是河間藉為口實，合肥憤而引咎辭職，此著實為合肥之失策。傅良佐自知該死，然屏出師門，不敢伸訴，書空咄咄，一心坐禪，竟至入魔，不久瘋狂而卒。

又錚又赴奉天，想以奉軍入關，逼馮下討伐令。馮性狡猾，恐對合肥逼之太甚，又恐奉軍入關，為北洋袍澤非難，乃親到段邸，請段復職，即下討伐明令。並發用人不當，咎由自取之令，意在為合肥分責，合肥才允復職。復職後，即令駐漢口吳佩孚第三師，暨駐徐州張敬堯第七師，均歸第一路曹錕指揮，從湖北協攻湘南。又令倪嗣沖率安武軍會同第二路軍，進攻湘東，向粵境推進。又令馮玉祥駐廊坊之第十六旅，開往福建，協助進攻廣東。部署既定，合肥親赴漢口，激勵將士。吳佩孚與張敬堯兩軍開到湖南，即與南軍作戰，奪回岳州，向長沙進發，南軍即退卻。捷報傳來，合肥親電嘉獎，並實授吳佩孚第三師師長。軍事正在順利進行中，馮玉祥率領第十六旅到了浦口，屯兵不前，經嚴令前進，到了武穴，又停留不進。且聞陸建章亦在馮軍中，陸為馮之母舅，向反對合肥，擬與馮合謀，乘倪嗣沖出征，襲取安徽，蚌埠忽發現討倪傳單。時安武軍已抵大庾嶺，屢催馮軍前進，協力進攻，過了大庾嶺即入粵境，忽聞此訊，遄返安慶。不久吳佩孚軍到達衡陽，亦屯兵不前，戰報沉寂。又錚恐有它變，密赴衡陽，力說佩孚，謂此舉不但為了統一南北，又為團結北洋團體，以君壯年有為，將來北洋領袖大有可望。若此舉不成，北洋團體，從此解體，只好拱手讓人，我想君必不願。君若服從合肥政策，目下即不為督軍，可先界予帶銜將軍，與督軍同等資格。北洋將領，年事已高，君的前途，未可限量。吳果為又錚說服。又錚歸報合

肥，合肥即從其言，特任吳佩孚以孚威將軍，宜若前途有望矣。豈知曹錕聞之，以又錚挑撥離間，分化直系，大為不滿，且電詰佩孚。佩孚在衡陽，南軍說以利害，贈以六十萬毫洋，正在躊躇未定之時，聽了又錚之言，意又活動。但吳為曹之惟一心腹，亦惟一臺柱，向惟曹錕之命是從。受曹詰責，恐失曹歡，遂更進一層退出衡陽，通電主和，戰局從此大變。

其時因首次三千萬日円借款已將用罄，又與西原續商第二次借款。西原亦知合肥為難，總想其成功，遂力說銀行方面，謂若不續借，將前功盡棄，遂允又借第二次三千萬日金，以吉黑兩省國有森林為保。這是西原出的主意，以銀行方面只知擔保品數量要大，採伐困難，他們不知也。合同一切條件與前次無異，惟森林屬於農商部掌管，故商得田文烈總長之同意。那知部長同意，吉省山居人民，都以砍木為生，以為森林作為日本借款的抵押品，將來日本人入山採木，奪了他們的生計，遂嘯聚砍木的人，焚燒林務局。後經省長出告示曉喻，此次森林擔保，限於官有森林，與民有森林無涉，且保證日本人決不入山採木，並派巡防營入山彈壓，風潮始平。而林務局局長胡宗瀛（字玉軒）已被毆打，幸只微傷。玉軒為我日本同學，學農科，他再三要求辭職，後我去函慰留，並贈以慰藉金，始允復任。此亦借款之小插曲，然我愧對老友矣。

自從吳佩孚與南方通聲氣，通電主和，馮玉祥附和叛變，合肥統一政策遂宣告終止，一蹶不振。西原不知內容，因吳佩孚受了南方軍餉，以為中國軍隊非收買不可，還疑合肥墨守成規，不肯撒手收買，致軍隊不肯賣力。他說中國軍隊，恐非錢不辦。試看北洋軍一進攻，城市即克服，足見南軍無力。我願回國，勸說寺內總理，再借日金二千萬，君勸段總理，不要灰心，不要愛惜金錢，重賞之下必有勇夫。我謝其意，又不便將內容告知與他，他竟自告奮勇，回國運動。那知借約告成，合肥與河間已相約同時下野，此二千萬借款為交通銀行方面極力懇我移借該行，經日本銀行調查，要求派一顧問，遂允作為商業借款。這位顧問，又是一位好好先生，十足吃糧不管事。

余初以為克服長沙，吳佩孚與張敬堯同是有功。但張只是勇將，而吳為野心家，假使湖南督軍畀吳而不畀張，吳或不至生觖望。後知當時合肥卻有此意，曹錕不贊成，謂吳資格不如張，故僅實授吳為第三師師長。總之此次失敗，均為馮河間作梗，非戰之罪也。惟北洋從此有直皖之分，履霜堅冰至，其來有自也。

余攝財政十個月，經手借款為一億另五百萬日金。此外參戰借款等，均為陸軍靳雲鵬經手，與財政部無關，余亦未嘗顧問。而我經手借款之中，除二千五百萬日円為交通銀行所借，二千萬日円為東海所用，財政部實用者

只有六千萬日円，合之銀元尚不足五千萬元。而余在任中，官員無欠薪，軍警無欠餉，學校經費月必照發，出使經費月必照匯，即清室優待費月四百萬元從未積欠，至交卸時，庫存尚有三百萬元，此皆財政部有賬可稽。此項借款用於行政費者，多於軍事費，即行政費較之當時臨時之預計尚不足數。幸後因我國參戰，應付各國賠款展緩五年之款，由總稅務司收存管理，以此款為基金，發行短期（五年）公債二千萬元，長期（十年）公債二千萬元，用以整理一部分內債，該項基金未被挪用，得以按期抽簽，付息還本，未失信用。人民以余簽發之公債，信用甚好，爭相購買，差以為慰。

後將沒收的上海德商總會及德華銀行兩處標價出售，各國商人均可投標，惟日本商人標價略高於中國商人，因投標規則聲明，標價相同，或相差無幾，主管部有選擇之權，故以德商總會為中國銀行得標，德華銀行為交通銀行得標，均無異議，此亦自問可對國人。還有改革幣制，因早已聘請坂谷顧問，故與幣制總裁開會討論，各方議論很多，後定為虛金本位，已擬成草案，未及施行，僅將私立銀行及各省（除東三省）所設官銀號發行紙鈔及錢票一律取消，統由中國、交通兩行發行，各銀行銀號向兩行領用，總算辦到而已。所惜者軍事一無成就，余以菲才，已心力交瘁，軍人跋扈，不饜其欲，輒以手鎗對待。各方要索不遂，胡造謠言，以炫惑眾聽。外國使團，以未經四國銀團經手，嘖有煩言，即日本使館亦有二重外交之流言。自知才疏任重，遭謗招怨，愆尤叢集，惟合肥能知其中之艱苦耳。後由財部庫藏司出納主任周叔廉君輯有西原借款收支小冊子，分門別類，按月日登記，一目了然，閱之自可明瞭西原借款之用途矣。我於軍事未嘗顧問，自不能知其詳。所惜者，合肥自討復辟以後，中外稱頌，人心擁護，又得日本借款為助，而南方局面，亦適值混亂之時，若使北方團結一致，一鼓作氣，確有南北統一之可能。合肥謀國家統一，而馮河間挾其一得之見，又不能控制全局，從中阻撓，破壞合肥政策，使統一終成虛願，北洋團體，從此分裂，誰實為之，孰令致之，馮國璋應尸其咎！

六十四、奉軍入關張作霖干政

　　合肥自武力統一失敗後，深感北洋軍隊，已成個人軍隊，不聽中央指揮，綱紀蕩然，又錚建議，另練參戰軍三師。時中國陸軍部方與日本商議共同防俄協定，合肥因又錚易遭各方妒忌，故以參戰軍事宜，交與陸軍總長靳雲鵬與日本商借練兵費及三師之裝備。日本果然同意，遂以南苑和北苑為練兵場，並在黃寺設講武堂，訓練下士，以馬子貞（良）、曲同豐、陳文運為三師師長，請坂西利八郎兼參戰軍顧問。馬子貞為回教徒，勤儉樸實，該師成績最好。

　　合肥以張作霖亦出力使馮氏發討伐令，故對張亦另眼相看。張作霖於清季由盛京將軍趙次珊（爾巽）令東邊道張錫鑾收撫以後，由守備而千總、總兵，竿頭日上。張抱有統一東三省野心，而張錫鑾陞任盛京將軍後，以為張是自己收撫之人，不假以顏色，致相處不安。入民國後，張作霖勢力益大，中央給以二十七師師長，並他調錫鑾，易以段芝貴（段之父為張收撫之保人）。張對段陽示恭順，陰嗾其羽黨對段作難，使段不能安於位。張的同夥馮麟閣，後亦為張招撫，張在東省勢力更張。政府以張為地頭蛇，極力綏撫，屢易首長，終不得相處圓滿。馮麟閣經張扶翼，亦升為二十八師師長。經過十年之久，張用盡心計，逼走黑督畢桂芳，竟以武力逼走督孟恩遠，卒以吳俊陞督黑，張作相督吉，自己督奉。後又以馮附復辟被譴，張遂兼領其師。帝制時又予以三省巡閱使，湯玉麟為察哈爾都統，察綏勢力亦歸於張，從此躊躇滿志。此張作霖由草莽而至巡閱使之大略也。

　　後又錚與楊宇霆密謀，截留秦皇島軍火（此項軍火據聞為黎總統密向日政府購以備練三混成旅之用），遂與楊鄰葛（宇霆字）以奉軍名義在天津設立參謀處，由張作霖委楊為參謀長，徐為副參謀長，訓練三混成旅，與奉軍同一番號。楊以奉軍為巡防隊前身，即二十七師亦由巡防隊改編，故要求老張練一支新軍。徐則以段氏勢力薄弱，亦須培養新力，各有隱謀，彼此利用。從此奉軍入關，張作霖亦往來於津榆間，住在天津河北德記軍衣莊。及東海上臺，合肥下野，張以護衛京師為名，令奉軍開入北京，駐於京津道上。並在北京設辦事處，派張景惠為處長。張景惠為人，和平周到，與政府要人相周旋，亦頗和洽。張作霖不久亦入北京，居於順承王府，東海亦有借重之意，從此張對中央始生問鼎之心。張作霖對合肥向很恭順，時趨晉謁，但合肥秉性剛直，不長於聯絡，又不喜用手段，對任何人，總是直來直往，不事敷衍。曹仲珊（錕字）見張入京，深恐段張結合，不利於直系，於是對

張極力拉攏，且結為兒女親家，曹張之間，反形親熱。斯時軍閥之恩恩怨怨，忽離忽合，真無從捉摸，目的總是自私自利而已。

　　徐又錚在天津，做了一件出軌之事，時陸建章亦在天津，陸向反對合肥，然並無行動，又錚想除陸以防後患，遂誘至參謀處，乘其不備，自行槍殺，報告政府，謂陸陰謀倒段，故已設法處決。在國務會議席上，司法總長提出責問，合肥答以現在不便宣布，我令徐樹錚執行。其實又錚是先斬後奏，合肥引為己任，不免袒護過分。陸建章有無倒段陰謀，我不得而知，而其在北京軍政執法處長時，濫殺民黨，恐冥冥中自有報應也。

六十五、新國會舉東海為總統

自黎元洪被迫解散國會後，議員紛紛南下，以護法為名，在廣東軍政府開臨時國會，留北者寥寥無幾。北京不得不另組政團，選舉大總統，於是在東城安福胡同設俱樂部，到處徵集會員，預備成立國會，主其事者為王揖唐、曾雲沛。徐又錚因現役軍人，不便出面，在幕後主持，世稱為安福系。當時揖唐曾勸我加入，且說將來可推為議長，我無此野心，且對黨的問題，向無興趣，手下又無嘍囉，遂婉謝之。後又勸梁燕孫加入，許以參議院議長。時燕孫正在奔走南北和平，若能成功，其聲望豈非可駕合肥、河間而上之。有此野心，正合孤意，遂欣然加入。安福系既無綱要，又無組織，後成立國會，王揖唐自任眾議院議長，以梁燕孫為參議院議長。安福系分子龐雜，各謀私利，議長名為公舉，早已自己派定，不但說不上政黨之雛形，真是名副其實的一團糟，我深幸始終未嘗沾染。

安福系雖無黨魁，皆唯合肥之命是聽，惟梁燕孫異軍突起，另樹一派。一個政團，而有兩派，何能合作。然選舉大總統，河間又想一登寶座。大家一致推重合肥，合肥辭而主張舉北洋元老徐東海（世昌），眾無異議，即梁燕孫亦贊成。河間自知聲望不能與東海爭，遂未競選，選舉徐世昌為大總統，後選舉副總統，即生問題，暫且不提。

先說東海於選舉期間，毫無表示，只一味謙遜。有人推薦秘書長，他說我的秘書長，用不著磐磐大才。後發表吳笈孫為秘書長，真出人意外。然緊要文電仍由郭嘯麓（則澐）主稿，吳居其名而郭行其實，不知東海老謀深算是何用意？清室認東海為遺老，賞賚不絕。舉總統後不入居中南海新華宮，以攝政王府為總統府。攝政王府落成後，已逢國變，故尚未遷入也。徐本籍河南衛輝，因佐項城在小站練兵，小站位於天津東海之濱，遂尊稱東海而不名。

東海當選後，一日約余及閏生吃午飯，仍勸我繼長交通，余仍堅辭，他問為何堅辭的理由？余謂武人反覆無常，絕無主義可言，亦不知國家與團體為何事，余這幾年，費盡心力，借成巨款，結果一事無成，貽笑鄰邦，心灰意懶，無意再問政治。東海則曰，彼一時，此一時也。我此次上臺，亦是勉強，但既被舉，只得將就。聞財部國庫，還是只有你留下的三百萬元，且將盡矣。聞你與日本尚有二千萬借款之議，因合肥下野中止，我要借重你續商此款，以爾我交誼，爾能幫合肥，何能置我於不顧？此事非爾莫辦。今日約閏生同來，以後凡事我們三人先交換意見。我擬任閏生以幣制總裁，交通、

財政兩部均未定人，任爾自擇。我還密告爾等，我將一反合肥之所為，擬與南方談和，以謀統一。我與雲階（岑春煊號）本是同僚，且已有聯繫，和談或可有望，但不可外洩云云。我本重於情感之人，聽了東海懇談，論私誼，我與東海相識還先於合肥。其時中外輿論均反對武力統一政策，且聞南方中山大元帥制，已改為七總裁制，岑春煊為七總裁之一，且為有力之總裁。東海既變更武力政策，余心中不免動搖，遂允仍就交通。

合肥推舉東海，本想以東海聲望團結北洋，再圖一舉。豈知東海就職後，即主張先禮後兵。其言曰，用兵已久，應稍事休息。南方派閥紛歧，主張不一，即與言和，未必能談得合攏，等那時再用武力，我方師出有名，必能獲各方擁護云云。言之成理，合肥亦無可如何。於是召集各省督軍，討論善後事宜，張作霖亦與焉，參戰督辦亦邀列席，國務員均列席。東海提出四項辦法：一、停戰撤兵各回原防，二、各省善後事宜，三、應付外交，四、整理財政幣制，與會者均贊成，於是下令停戰撤兵。國務總理錢能訓電勸南方撤兵回防，南方響應，遂議開南北和平會議，北方派朱啟鈐為總代表，南方派唐紹儀為總代表，在上海開會。豈知南方提出硬強議題，無可接受，此話很長，容後再敘。

先說東海以我既允就交通，即說，現在既要與南方談和，亦非錢不辦。我聽說合肥與日本，尚有一筆二千萬日円之借款商談未竟，合肥下野，我要你與日本續商此款，以應和談之需，務望你為我盡力云云。我既允就職，自應盡力而為，誰知後來招來之惡果，即種因於此。我之一生錯誤，即由於重情感，不能袪除名心，而東海與合肥之政爭，更為余所不及料也。

余就任交通總長後，第一件事，即進行與日方商前議未定之借款，時西原已回國，日本寺內內閣已辭職，繼任內閣為原敬，原內閣標榜不干涉中國內政，因寺內遭了干涉中國內政之物議故也。余電章仲和公使，告以東海擬續商前議未定二千萬日金之借款，東海主張與南方商談和平，不再用武力，需款甚急，希商西原即復。章公使復電西原以銀行對華借款，不感興趣，兩國內閣亦已改組，前議不願再商。余以此電回復東海，東海即親電章公使，謂就職伊始，需款孔殷，此款決不用於兵事，望切商復。章公使以銀行方面，無法再商，因思日本外相後藤新平與東海有交誼（後藤曾任滿鐵總裁，東海時任東三省總督），遂商之後藤外相，謂東海若無此項借款，不能進行和平政策。經後藤斡旋，銀行方面始允商借日金二千萬円，惟要求以德國已失效的高徐順濟兩鐵路借款造路權作為擔保（該兩路本與德國有借款之約，因參戰失效）。余因該兩路與青島問題有關，恐將來開和會時有問題，不肯照允，即以此意陳明東海。東海說該兩路借款權，德已放棄，移歸日本，在

我看來同是外國，有何分別，即使和會議及我方亦站得住，囑即復電照允。余以總統既有此聲明，即提出國務會議，並報告經過。錢總理說，總統既有此說明，即請曹總長偏勞，遂電章公使告以總統已同意將路權擔保，請即商定。章使商定後，來電日本銀行不願到北京簽訂合同，余遂擬電委託章公使代表簽合同。因此項借款有關鐵路，遂携電稿並原電到交通部，將原委告知譽虎，並示以原電。時已傍晚，即將電稿交趙秘書譯發，且告以此係密電，須親自譯發，原稿保存，遂即回家。豈知翌晨有八家報館和兩家通信社，用同樣文字，略改一二，將此事完全發表，並加以指摘。余大為詫異，因思此事除譽虎與秘書外，沒有第四人知道。譯電的秘書，非常謹慎，跟我多年，向不與報界往來，決不敢亦不能做此事。且發表的文字，幾同一律，必是送稿無疑。事為合肥知道，電囑余到府邸，面詢經過，並問你的秘書是怎樣的人。我答這秘書跟我多年，小心謹慎，向管密件，從沒過失，且與外界很少往來，新聞界更談不到。合肥聽了即說，這明明是葉次長的事了，行政官洩漏祕密，不能不負責。余覺得言重，遂說，容我再細查，也許我自己疏忽，應當自請處分。那知又錚當日以陸軍部命令，將八家新聞社和通信社，即令停刊，遂引起軒然大波。

後有記者到我家訪問，我含糊答復。又去訪問閏生，閏生竟說此事只有三人知道，曹總長自己決不會洩漏，他的秘書曹總長信用可保的人，則此事如何洩漏，可不言而喻了。言頗露骨，譽虎要明責任，即擬辭職，余再三慰留。余以息事寧人，只有由我轉圜，遂商之錢總理，以院令暫緩執行，俟查明後再行核辦。又見合肥，說明此事亦許我有不自檢點之處，當再細查，故以院令暫緩執行。合肥知我用意，亦允許。遂將一場風波，停止下來。合肥明知東海借款之用意，不存心破壞，足見對東海之維護。而東海雖不滿合肥，以修養有素，亦不露於聲色，惟左右為權力之爭，愈演愈烈。後選副總統，段方已許舉曹錕，參議院議長梁燕孫獨持異議。揣其用意，想借此問題，見好於南方，但段方對曹錕，無法交代，燕孫何嘗不知，其說以大總統既舉了北方人，副總統應讓給南方，方能有南北統一之望，但交通系議員比不上安福系，即設俱樂部拉攏無黨無派之人，仍相差甚遠。無黨系的議員，亦以為大總統為文治派，副總統亦應舉文治派，方能和衷共濟，故亦有與交通系同調者。這班議員既不知段曹之內容，盲從交通系，以不出席為消極抵制，每次流會，安福系亦無可如何。副總統終選不出，曹錕疑為段所騙，大不滿意，皖直間更加深了齟齬。此次安福系之動作，可謂作繭自縛，後來皖直之戰，於此事亦不無關係。

再說上海開和平會議，東海目的，亦想借此抑制合肥。開會後，唐代

表先提陝西停戰問題（其時合肥以陝西民軍，軍匪混合，故認為剿匪，不是打民軍，陝西不應在停戰區域之內），並要求撤去陳樹藩。朱代表允轉電政府，切實辦到。合肥允由雙方派舊國會議員赴陝監視停戰，後唐又提出停止參戰借款，要求關於中日軍事協定，須交和會查閱。朱代表亦承認，並聯名電政府照辦。政府隨即將中日軍事協定，及中日陸海軍共同防敵協定，附以中日雙方聲明此項協定，須俟中日兩國批准對德和約，戰爭狀態，才算終止之文件。唐代表大不滿意，謂陝西戰事，並未停止，中日軍事協定，附有延長有效期間，證明北方政府沒有誠意談和，限北方代表於四十八小時內答復，並向外交團發表聲明。朱代表於限時內未得政府回電，無法答覆，遂電政府辭職，政府加以慰留。北京英法駐使面見徐總統力勸恢復和議，英美法意駐使亦向外交部力勸中國政府應早恢復和會，勿將參戰軍作內戰。南方陸榮廷提議一面恢復和會，一面進行交涉。長江三督與吳佩孚電政府以陝西實行停戰為恢復和會之條件。適派赴陝之議員亦有畫界停戰業已實行之報告，於是和會又開，雙方代表約定將所有議題盡行提出，但不對外發表。南方代表提出者，為取消中日軍事協定，裁撤參戰機關及其所屬部隊，停止參戰借款，國會自由行使職權，軍政府法令認為有效，善後借款南北分用，及陝西善後等問題。北方代表提出者，為全國裁兵方案，軍民分治，地方自治，發展國民經濟，進行善後借款等問題。朱代表以南方代表提出之問題無法接受商議，一面電政府，一面向政府辭職，和會隨此停止。自二月開始以來，到四月下旬，歷時將近三月，南代表總取攻勢，北代表只取守勢。初以陝西與參戰借款為題，後更涉及國會及政府等等，不但使段方勢力完全消滅，連東海地位，政府立場，都有動搖，此又老謀深算之東海所萬想不到者。合肥對於和會總算竭力讓步，委曲求全矣。

及到五月初北京發生五四學生運動，和會問題亦隨而轉變，北方派王揖唐為總代表，南方易以溫宗堯，余已退休，以後情形不知其詳，然可料到必無結果也。此雖是題外文章，然前後因果，不無關係，故略述之，言歸正傳。

余因此次東海借款，賴後藤外相斡旋，得以成立而簽訂合同，又委託章公使代表簽字。青島撤兵問題，日使總說報告政府，久無回音，因請章公使與後藤外相直接商議，以期簡捷。不料後來巴黎和會，以青島換文發生問題，牽累了章公使，至今耿耿於心。茲將青島換文經過，據實寫出，以明真相。

六十六、青島撤兵換文之經過

當日軍與英海軍攻青島正面，久不能下，日本外相與陸公使（宗輿）磋商，擬於中國中立地，由日本陸軍從青島後面上陸作戰，使德軍前後不能兼顧。陸使以破壞中國中立，拒絕不允。日外相以青島同是中國領土，中國政府既允由青島前面進攻，今在青島後面夾攻，有何分別。且這次只是「假道」，並不是在該地作戰，攻下後即行撤退，決不逗留，一再聲明。然不待中國政府答應，已自由實行進攻，這是日本的故技。德國不料日軍從後面進攻，步兵槍枝預備不足，曾由德使館武官向徐又錚次長密商借步槍兩千支，配以子彈。又錚向來崇拜德國，與德國武官亦有友誼，遂以運往山東政府軍為名，供給步槍兩千支並子彈，陸軍段總長不知也。又錚大膽作風，往往如此。

後日本攻下青島，駐兵於青島後防不撤，且向民間要糧草，要食物，任意要挾，強迫供應，地方不堪其擾。地方官呼籲之電，雪片飛來，每次電到外部，外部即轉送於我。此本非我之職務，非我所應管，由於年少氣盛，不管權限問題，以外部既不負責任，推諉於我，我即接受代勞，遂與日使交涉。那知越俎代庖，反代人受過，此則由於少閱歷之故也。

我對日使道，當時假道已是通融辦法，權宜遷就，今青島已下，貴國自應照與陸使聲明假道之說，即應撤兵，今不撤兵，且騷擾地方，有違前言，應請撤退。最低限度，應撤入青島。日使答以青島雖下，容有留駐必要，亦不敢斷定，容報政府再復，但久無回音，兵仍不撤。我乃派員實地調查，始知日軍進攻青島之時，向各縣要糧草等物，縣官置之不理，日軍即自由行動，因言語不通，時生誤會，被打被刺，時有所聞。某縣知縣名王達者，於日軍到時即與日軍相約，如需糧秣，由縣代辦，惟須公平交易，故該縣獨相安無事（後報告總統特召來京，面加嘉獎，不久升任京兆尹）。至日軍留駐則別有原因，其時某民軍領袖，結合土匪遊氓，與日本浪人及退伍軍人想攻取濟南，聲稱打倒軍閥，以助餉為名，向商民勒索，趁火打劫，百姓不堪其擾。日本浪人們，又商請日軍留駐以壯聲勢，日軍因之不撤。

民軍與浪人等，率領土匪屢攻濟南，守軍堅閉城門，並不出城還擊。山東督軍靳雲鵬避居城內，一籌莫展，後又避出城外，日軍由此即進入濟南城內。政府去電，靳亦不復，因之地方極度不安，地方官亦不敢明言。我探知實情，只要日軍撤退，民軍即失掉靠山，地方即不至滋擾，但進入濟南之日軍卻不肯撤出。

時因東海商借日款，銀行方面無意再借，章公使商請外相後藤新平斡旋始克告成，因之青島撤兵問題，即請章公使與後藤外相直接商議。結果，日外相照會章公使，聲明三事：一、青島租借地，俟與德國簽定和約後，仍交還中國。二、日本軍隊撤入青島或濟南，惟留一小部分保護膠濟鐵路。三、將來交還青島時，在青島內，留一日本居留地等因。並稱進入濟南的日軍係暫時性，不久即撤，並沒有涉及其他事項。余將原件交與外部，並在國務會議報告。在會議時，對居留地有議論。余以為居留地等於租界，將來收回各國租界時居留地自當同時收回。遂議決復章公使，章使照復日外相，遂有欣然同意之語。此是普通辭令，所謂同意，明明指日外相來文之三項。此即青島撤兵換文之經過。那知後來巴黎和會竟引為攻擊之藉口，以為承認山東權益，豈非奇談，真是風馬牛不相及也。

　　當歐戰緊急之時，法國公使康悌曾與梁燕孫密商，以法國人工缺乏，擬招華工赴法，不加入戰事。燕孫以華工出洋，恐招物議，遂設惠民公司，祕密進行，派親信到江北、山東、湖南、廣東等處，招募華工，章程定得相當周密，以工資扣留一半為贍家之費，往返旅費，由法擔負，聲明不到前敵服務，定額兩千名。豈知以工資較厚，又不赴前線，應募者竟超出定額十倍。赴法後雖不赴前線，然在後方挖戰壕，從事搬運工作，幫助軍事匪鮮。燕孫恐遭物議，絕不向人提及。戰事結束後，華工亦有能通法文娶法婦者，入儉學會攻讀，後加入共產黨者亦不在少數。

六十七、巴黎和會失敗拒簽約

　　民國七年冬，巴黎開和平會議，與會者有二十七國，我國亦被邀派代表出席，以外交總長陸徵祥為首席代表，其他代表即派駐外公使施肇基、顧維鈞、魏宸組兼任。南方軍政府亦要求派代表，政府以對外不應示以分裂，商由軍政府派人，政府加以任命，遂以王正廷為代表，一同出發。出發前，總統召集會議，商定應付方針，有關當局與段參戰督辦均列席，余亦列席。合肥發言，以此次參戰，宣布過遲，有名無實，不應多提要求。除收回德奧租界，並取消在中國之權益法權外，擬提議撤消庚子條約駐兵一條，及修訂海關稅則。至青島問題，日本一再宣言交還中國，諒不至食言，且看日本有無提議，隨機應付，沒有確定。眾無異議，就此決定。

　　陸代表一行此次由海道赴法，須經過日本。日本政府即通知章公使轉達政府，以陸代表經由日本，極表歡迎，俟陸代表過日時，隆重招待，日皇預定由避寒地回京接見等語。政府即轉電陸代表，陸代表回電應允，請轉謝日政府。後忽來電以途中受寒致病，囑外部電辭日政府接待。政府不知何病不能接受招待，但只好照電章公使請婉向日政府辭謝。日政府深為詫異，但允取消宴會，希望與外相一談。

　　陸氏到了下關，日本即派御醫往診，知係受寒，無甚要緊，且派專車接到東京，與日本內田康哉外相，晤談二十分鐘。後又來電云密件箱遺失，囑再速抄一分即寄巴黎使館，政府始有懷疑。余揣陸氏向來意志薄弱，易於動搖，此次同行者多是青年外交家，尚有南方代表，恐別有用意。及到巴黎，開會後來電謂，關於取消德奧租界，權益法權等項，均順利通過。至庚子條約事不在本會議應議之事，不能提議。後又來電謂美國總統問中國與日本有無密約，盼速復。余在國務會議發言，陸氏以現任外交總長出席與會，有無密約，外交總長豈有不知，不即答覆，反來電問，明明顯示內閣不統一，且對閣員有不信任之意，雖未指明，暗中似有對我不滿，且對外亦示以國內不一致，我恐這次和會將大有問題。錢總理即說，復他沒有密約好了。後來一直沒有公電報告，直到拒絕簽字之前，由陸氏來電略言，奉職無狀，電請處分。錢總理料知事情重大，回明總統，去電慰留，並令簽字，余在國務會議未發一言。

　　前寫此稿，因無資料，太覺簡單。後見顧少川巴黎和會回憶一文。顧氏歷使歐洲，見聞確實，其文必信而有徵，原文甚長，因將關於山東問題，摘要補錄，以見弱國外交，雖有能者，亦無能為力也。據云美國總統威爾

遜，於和會之前已聲明，和會以公道為主，關於領土之解決，須以民族本身利益為前提，而以民族自決為根本原則，對於均勢政策，祕密外交，尤為抨擊。我國代表，迭次謁晤，表示對我國願意幫助。我代表以美總統有幫助之意，遂決定青島應直接交還中國，與威總統宣示之原則亦相符合。豈知日本早已與英、法、義等國訂有密約，許以在和會支持他取得德國在山東之一切權利。又以此次會議為英、美、法、義、日本五國把持，美由威爾遜總統出席，英代表為首相魯意喬治，法為總理克理孟梭，義為首相奧隆特，日本為西園寺公爵及牧野伯爵。和約草案已於會前由五國商定，提出大會只為形式的通過而已。至領土及分配權利問題，亦由五國商定。

會議組織有十人委員會及五國會議，自開會以後，只開過大會六次。至次要之國，只能有關該國問題，在五國開會時被邀出席，陳述意見。所謂五國會議，由美、英、法、義、日之首席代表組成，為最高機關，取決一切。後義退出，只有四國。

中國代表被邀出席僅三次，首次顧、王兩代表出席，日本牧野代表聲明，大旨謂日本出大力剷除德國在太平洋海陸軍根據地，俾協商各國在遠東得有交通與商業之自由，可以沒有阻礙，厥功甚大，是以要求德國在膠澳租借地暨所有鐵路及德國在山東省內一切權利，無條件讓與日本。我國代表答以事關重大，俟商議後再復。

後開會時，請中國代表出席發言，由顧代表出席，先說德國侵佔、租借之經過，繼謂山東為中國的一省，人口有三千八百萬，向為中國領土。現和會既以民族自決，領土完整為原則，中國代表根據此原則，要求將膠州灣租借地暨其鐵路以及歐戰前德國佔有一切之權利，直接交還中國。又說山東為中國北方重要省份，青島之役，日本用兵力剷除德國勢力，中國亦深致感謝。惟本代表若以天賦之權利，以為報酬，由此種下日後紛爭之種子，此為本代表不應為，故要求直接交還中國。日本代表則謂膠州灣租借地，事實上已為日本佔領，故必須從德國得到自由處置權後，方能依照日本所致德國最後牒，交還中國。至交還辦法，中日兩國已有成約矣。顧代表答以日本照宣言交還中國，原為中國所深信。惟交還有直接間接之分，本席以為與其間接，不如直接之為直捷。至所謂已有成約，恐係指以一條及青島撤兵換文而言，該約一則為最後通牒所迫簽，一則為山東人民解除痛苦的權宜之計，以上兩種協定，法律上效力如何，實不無疑義。且我國已與德國宣戰，此種臨時之約已無可施行。且我國對德宣戰，亦聲明中德間一切條約。因之失效。再退一步言，即使租約有效，亦有不得轉讓與第三國之規定，德國除交還中國外，亦無其他辦法。

於是，直接交還與間接交還展開論戰，後又作成英文說帖，交與委員會說明直接交還之理由。又說軍事佔領，係暫時性質，不能因之取得所有權。委員會置之不復。

後又開會討論山東問題，由陸、顧兩代表出席。美總統及英首相先後發表意見，大旨謂此項問題，中日兩國既有一九一五及一九一八之成約，英法兩國於一九一七年，因歐洲戰事緊急，求助於日，與日本亦訂有在和會贊助日本之成約，成約均不能不守。美總統又提議將膠州灣問題，交與五大國，作為承託國，為日代表堅拒不允。美總統遂言，山東問題，英法中日均為成約拘束，舍成約而別求解決，實屬困難。將來國際聯合會成立，中日兩國均為會員國，關於領土完整、主權獨立如有爭執，即為聯合會全會之事，中國亦可得盟約保障。多得一層保障，為前所未有。以後關於世界和平事項，既有關於全會，會員國根據盟約，提請注意，即不得視為非友誼的舉動。將來聯合國大會及行政院開會時，余亦準備提議，將各國在中國之特殊地位取消，日本亦曾聲明願意幫助。蓋聯合會實討論此項問題之所，彼時各國之利益，不能有所忽視。故中國此時雖不能如願以償，而將來亦有保障，可收得桑榆之效等語。後日本堅持原意，以退出聯合會為要挾，美總統於無可奈何之中，與英法日祕密商議，決定對於山東問題之辦法。

後由英代表團首席秘書漢基，將祕密商定之辦法，用密函通知我代表團。函中大旨謂日本之政策，係將山東半島完全主權歸還中國，僅留業經給與德國關於經濟上之權利，暨依照通常情形，在青島設立租界權。其關於現有之鐵路，即膠濟鐵路及支線，此項鐵路應作為中日合辦事業。其鐵路之所有權者，得專為運輸平安起見，設立特別警察，此項警察，不得移作別用。又此項警察，須以中國人充之。其幹事所選之日本警察教練官，須由中國派充之。日本所撥歸還者，所有山東半島軍事上之管理，暨周圍膠濟德國兵准駐中國五十基羅邁當之地（即百里環界），及其地上之軍事管理，及所有該地方行政管理上之一切干涉。日本之意係將租借地之中國自主權，完全歸還。日本又擔保，濟南置戍一節，乃完全權宜之計。此項戍兵，僅於緊接和約告成後，過渡時代存之。至此項過渡時代，彼等以為能縮短者，務必縮短。據其解釋，謂曩時沿路各處駐兵，其後歸併於青島與濟南，不過為完全撤兵之初步。關於此項暫時辦法，雖無日期規定，而日代表擔保，倘能從早撤兵，即從早撤兵。又謂德國建造之砲壘，不在將來給與日本居留地範圍之內，其日本擬留之權利，係屬於經濟性質，此項權利如下述：一、在青島要求居留地之權，但別國於該處設立公共租界，不得因此而排除之。二、對於業經造成各路德國所有權利，暨對於與鐵路相關各礦德人所有之利益公至該

項築路之地，係完全中國主權所在，且係屬於中國法律管轄者。三、給與德國別兩路之讓與權（即高密徐州線及濟南順德線），須用日本資本建造，日本資本家正與中國磋商供給該項需用之條件，中國政府可得與別路用外國資本建造者同一地位。又日本代表特別擔保如下：甲、中國向日人在青島所為之一切讓與，不得因此而排除別國人在該埠經營之事業。乙、對於現有鐵路，日人因佔多數股份，故獲有經濟上之管理，然無論如何，不得因此項管理而使各國商務利便有所歧視。日本又聲明，中國如不照以上辦法辦理，日本仍保留援引一九一五及一九一八中日協定之權利。威總統則聲明，倘中國有不照辦情形，日本應以己意向聯合會行政院請求調和，並聲明彼之談論均不得解釋為彼於中日互換文件有所承認，因此項文件要求各款，美國政府曾為切實抗議等因。此函簽名者為漢基。

余觀此密函之意，日本代表已有向三國代表聲明擔保讓步之意。威總統仍聲明不能視為承認中日間互換文件云云，已給與我將來修廢之機會。

詎後和會秘書送交我代表團之正式和約案，其中關於山東問題者只有三條，規定舉凡德國在山東一切權利，連同膠州灣租借地，以及鐵路礦業海底電線在內，均無條件讓與日本。不但三國與日代表所議定聲明各節並未提及，即交還中國一層，亦一字不提。其意謂日本以為列入約中，似有不信任日本代表之意，與日本信譽攸關。

於是我代表對三國會議主席，提出抗議，並由陸王兩代表出席全體會議，發表不能承認之宣言，請求修正，並保留簽字。該項宣言，和會主席允中國代表之請列入議事錄，但不允保留簽字。

嗣後開全體大會，對德奧和約簽字之日，我代表聲明在和約上不註明保留字樣，亦不作為附件，僅於約外聲明，不允，又改為代表簽字不得視為有礙中國相機重考山東問題之權，又不允，我代表遂拒絕對德和約簽字。

其實其時政府已電代表簽字之訓令，而代表仍不遵令簽字，英國似有所聞。故外相白爾福接見顧代表時，以代表不遵照政府訓令，隱相詰責。顧代表誘以政府訓令，係令保留簽字，對方亦無從證實。

日本代表，擬打開僵局，遂將漢基密函所載各節，在大會宣布。日本外務大臣內田康哉亦發表聲明，對日本代表在和會之宣布，完全同意，是日本方面似有轉圜之意。假使我代表趁機與日本代表作進一步之磋商，或可能有解決之辦法。弱國外交，委曲求全，亦非得已。我代表始終堅持，及至簽字之日，近於仰面求人，反受人奚落，遂至鎩羽而歸。結果代表贏得虛名，而我反受了實禍。

至收回德奧租借使領館，取消在華之特權，執行虜獲戰利品，因已在大

會議決，故於和約生效後，即實行接收，兩國均無異議。

以我代表已站在不利立場，尚孤軍奮鬥，餘勇可賈，至堪欽佩。惟日本代表所提一九一五成約，係指廿一條關於山東問題，一九一八成約，係指青島撤兵換文，日本代表只含糊其辭，並未確實說出原文，致美英以為成約不可不守。以我記憶所及，當時議山東問題，陸氏恪遵袁總統不必先議之批示，似只有日使聲明作為存案，沒有換文（我或記憶錯誤）。陸代表携有外部祕密抄件，何不查明？倘無換文，何能作為成約？至青島互換照會，日外相來照會只有三項（已詳前節），並無涉及其他德國權益。章公使照復同意，即同意來文之三項。記憶猶新，何能牽強附會？顧王兩氏亦許不明內容，陸氏為廿一條親當折衝之人，青島交涉，雖我越俎代庖，然全案都送交外部，何以不查明據實作說帖交委員會，以釋美英之誤會？此我所不解者也。

嗣後民國十年，美總統召集華盛頓會議，商議關於太平洋各國問題，我國派顏惠慶、施肇基、顧維鈞出席。其時我已退休，惟見外交部發布膠澳問題經過，關於山東青島交還問題，仍由中日兩國直接商議。政府即派王正廷為接收膠澳事務專員，與日本公使小幡酉吉直接商議。王氏為和會反對直接交還之人，而直接商議之結果，仍不出當年日本代表在和會聲明之範圍，不知王正廷先生對之作何感想也。

六十八、五四運動終身受冤誣

　　章仲和此次請假回國，有人告我說，外邊有謠言，說你們與日本接洽，將倒徐擁段，這次章公使回國，即是商討進行方法。我說這真是無稽之言，從何說起，我們從來沒有這種思想。他又說，你不知道嗎？吳笈孫秘書長半壁街有聚會之所，時常密商對付合肥，大約這謠言即從那方面來的。我聽了他說得有實據，似信非信，不以為意。仲和此次回國，想多休息，避免應酬，故我以天津特一區寓為其居停。

　　仲和來後三日，即五月四日，東海在公府設午宴為仲和洗塵，有錢總理陸閏生與我作陪。宴到中間，承宣官入告，吳總監來電話，天安門外有學生千餘人，手執白旗，標語為和會失敗，攻擊曹總長諸位，請諸位暫留公府，不要出府回家，因學生將要遊行。其時巴黎和會，我國代表不簽字的消息已傳到北京，我聽了即向總統說，這次和會，來電報告很少，不知公府方面有無電告。今學生既歸咎於我，總是我不孚眾望，請總統即行罷免。總統一再慰留，且說學生不明事情，不必介意，即顧錢總理說，打電話令吳總監妥速解散，不許學生遊行。席散後，錢總理約到他公事室少坐，即撥電話告吳總監傳達總統命令，閏生先回去。少頃錢總理又電問鏡潭（吳炳湘）現在怎樣了，吳說正在勸說不許遊行，但學生加到約有二千多人了。又等了一回，錢幹臣（錢總理號）又電問鏡潭，解散了沒有？吳答人龐口雜，頗不容易，恐他們定要遊行示威。錢說請你多偏勞。有頃，吳總監來電話謂，正在勸說解散之時，香巖（段芝貴字，時任衛戍司令）忽要出隊彈壓，如果香巖出隊，即由他去辦，我不問了，幹臣又電請香巖說，這是地方上的事，不到出兵時候不必出隊伍，由鏡潭去辦，請你不必過問。又等一回，香巖來電話謂照鏡潭辦法，不能了事，非派隊伍出來，嚇唬嚇唬他們不可。又由吳總監來電話謂，香巖如定要派兵，我即將警察撤回，以後事情，由他負責吧，我不管了。錢總理一面勸吳妥速解散，一面勸段不要出兵，地方上事，應由警察負責，不必派兵彈壓。香巖則說，照鏡潭辦法，不但不能解散學生遊行，恐事情擴大更添麻煩。各執一辭，爭辯不已。看錢總理兩面為難，沒有辦法，我與仲和說，我們走吧，遂告辭而出。

　　回家時汽車不經過前門，沒有看見學生，到了家門，警察廳派來三四十名警察，隊長向我請示，怎樣保護法？我說這是你們的事，怎麼反來問我？隊長說，上頭命令「文明對待」，故連警棍都沒有帶，怎麼好呢？我苦笑道，你們看怎麼好，即怎麼辦得咧！警察們即找木板石塊之類去堵大

門。我家向無警衛，牆不高，門又不堅，正在此時，丁問槎（士源）大踏步而進，見我與仲和在客廳談話，他說我剛路過東交民巷，學生遊行隊要進東交民巷，為守兵所阻，即向東而行，人數不少，看來即將到這裏來了。他見警察在堵門，他說堵門有何用處？我說，他們奉的命令，是文明對待，故連警棍都沒帶。問槎聽了大笑道，好個文明對待！正說話間，聽得吶喊叫囂之聲，漸漸清晰，問槎說，來了你們應先躲避，不要吃眼前虧。我即到東面去看家父，見我父呆坐在廊下，有一婢一僮陪侍著。頃刻之間，吶喊之聲，越來越近。有頃，見白旗一簇一簇出現牆外，父囑我躲避，但我房的建築，是西式一排平列，無處可躲。正在這時，忽有一石塊對我父飛擲過來，幸婢將身一擋，打中背脊，腫痛了好幾天，若中我病父，即不堪設想了，即扶我父進屋。

我於倉猝間，避入一小房（箱子間），仲和由僕引到地下鍋爐房（此房小而黑）。這箱子間，一面通我婦臥室，一面通兩女臥室，都有門可通。我在裡面，聽了砰然一大聲，知道大門已撞倒了，學生蜂擁而入，只聽得找曹某打他，他到那裡去了。後又聽得砰砰蹦蹦玻璃碎聲，知道門窗玻璃都打碎了。繼又聽得磁器擲地聲，知道客廳書房陳飾的花瓶等物件都摔地而破了。

後又打到兩女臥室，兩女不在室中，即將鐵牀的桿柱零件，拆作武器，走出了女兒臥房，轉到我婦臥房。我婦正鎖了房門，獨在房中，學生即將鐵桿撞開房門，問我在那裡。婦答，他到總統府去吃飯，不知回來沒有？他們即將鏡框物件等打得稀爛。我婦即說，你們都是文明學生，怎麼這樣野蠻？我在小室，聽得逼真，像很鎮定。他們打開抽屜，像在檢查信件，一時沒有做聲。後又傾箱倒篋，將一點首飾等類，用腳踩踏。我想即將破門到小屋來，豈知他們一齊亂嚷，都從窗口跳出去了，這真是奇蹟。

又到兩親臥室，將一切器皿打毀，對我雙親，承他們沒有驚動。打開櫥門見有燕窩銀耳之類，即取出了匣子摔了滿地。我父即說，這是人家送給我的，我還捨不得用，即送給你們好了，何必暴殄天物？他們不理，還是踐踏得粉碎而去。後到汽車房，將乘用車搗毀，取了幾筒汽油，到客廳書房等處澆上汽油，放火燃燒。頃刻之間，火勢上升，問槎即將老父母扶到院中角落坐下。

仲和在鍋爐房，聽到上面放火，即跑出來，向後門奔走，被學生包圍攢打。他們見仲和穿了晨禮服，認為是我，西裝撕破。有一學生，將鐵桿向他後腦打了一下，仲和即倒地。問槎向警長說，現在學生已放火傷人，成了現行犯，還能文明對待嗎？警長亦不理。適日友中江丑吉聞訊趕到，見仲和倒在地上，他亦認識，即推開學生，將仲和連抱帶拖，出了後門，藏在對面油

鹽店，把門而立，說日本腔的中國話，這是我的朋友，你們要打即打我，我不怕！他雖知自衛之法，亦已受鐵桿打傷多處，臂背紅腫，經月餘才癒。吳總監隨即趕到，一聲「拿人」令下，首要學生聽說，早已逃得無影無蹤了，只抓了跑不及的學生二十餘人，送往警察廳。

我仍在小室裡，吳總監向我道歉，將全家送到六國飯店。消防隊亦趕到，東院一排西式房已將燒盡了，只賸了門房及西院中國式房一小部分，隨即救滅。仲和亦由總監派車送入同仁醫院，我即到同仁醫院，見仲和面色蒼白，閉目而睡，狀很疲憊狼狽，我沒有驚動他。醫生告我，他全身共受傷大小五十六處，幸沒中要害，後腦震動，故致暈倒，等靜養兩三天後再看。我又回到六國飯店，囑部電京奉局速開一專車到天津，接仲和夫人來京。傅沅叔（增湘）總長來慰問，他說我聽得消息，即到北大勸說，但已預備出發，阻擋不住，請你原諒，想不到學生竟如此大膽荒唐。府秘書長亦來，余因不滿於他，對他很不客氣。他問我火燒情形，我說我也不知道，你自己去看吧。後吳鏡潭來，問他逮了幾個學生。他說，他們聽了我汽車喇叭聲，要緊的學生都已逃光了。等我下令拿人，只賸了二十餘個跑不及的學生，我看他們都不是重要的。我說，打人放火的都沒有抓到，這些盲從的學生不必為難他們，請都釋放了吧，他答應而去。

後我又到醫院，因不知仲和傷勢情形，即住在醫院。仲和夫人來時，已在第二天凌晨了。我雖住醫院，亦不敢去看仲和，恐他感觸，於傷不利。他夫人告我，若無中江，仲和之命休矣，我聽了悽然，很感中江之見義勇為，真夠朋友。仲和說，有一小記事本，和皮夾鑰匙，都放在曹家鍋爐裡，後都找著了。等仲和傷勢漸癒，我才出醫院。東海為我安置於團城，團城前有玉佛殿，後有住房十餘間，又有一斜廊通到一亭，下臨北海。我即以住房住家眷，家父母已於翌晨送往天津寄住友家。亭名沁春，我即以作書房起坐室，殿前兩旁，各有群房十對間，其時部中秘書，恐我有事，每日必來，即於右側群房為休憩所。左側群房，公府派一連兵護衛，跟我家僕役廚房等同住一起。

我到團城第二天，合肥即來慰問。此老向不做虛偽的敷衍，他說這次的事，他們本是對我，竟連累了你們，我很不安。又問仲和傷勢如何。且說你們不必辭職，看東海如何處置？說了即辭出，我本已預備辭呈，因合肥囑不必辭，只好暫擱。後仲和出院，東海安置他於北海北隅之靜心齋。時北海尚未開放，靜心齋亦有亭榭樓閣，古松翠柏，風景宜人，外交部新修理髹漆，以備招待外賓，與團城一葦可通，不必經由外面。東海為我與仲和之安頓，倒是斟酌周到，煞費苦心。

我住團城數天後，東海忽傍晚駕一葉扁舟，由北海登城而上。我適在沁春亭，他直入亭中，時已夕陽西下，清風徐來，他說這裡很涼快。又下亭同到前院，經過玉佛殿，說玉佛還是暹羅進貢的。見古栝數十株，他說這俗名白皮松，只有北方有，團城特別多。且走且說，我留一小舟，在城下北海，可駕遊北海。北海魚種很多，亦可垂釣消遣。又問你帶書本來沒有？答沒有。他說，可送些書來，供你解悶，你有所需，打電話給秘書廳好了。走到北海邊，即乘小舟而去。他談笑如常，對學生事，一字不提，避開現實，真老於世故者也。隨即送來一部東三省政書，是此老在東三省政績奏摺，與軍機處往來書電很多，木版大本十二冊，誠洋洋大觀也。後又遣吳笈孫送我及仲和各五萬元，一為蓋屋，一為養傷。余報告合肥，合肥說，還了他，我們不是可以用金錢收買的，遂送交吳秘書長囑代謝總統。後又要為我置買一宅，我亦辭謝。

　　我在團城頭幾天，還有學生，手執捲了白旗，三三五五的行走，後來即沒有了。北大蔡子民校長，有簡單談話登於報上，記得有「民亦勞止，汔可小休」之語，亦是勸學生停止之意。我以為學潮已經結了，豈知不多幾天，有友來告，學潮又起來了。這次似有背景，且像有組織，有名人在街頭演說，不是學生，歷數你們種種罪惡，中有一人，你亦相識（姑隱其名），竟舁了棺木在旁，大罵你為親日派，甚至說你不但想出賣山東，連中國都要給你賣掉。說你簽了廿一條還不夠，將來必將與日本簽中日合併條約呢，你們學生，怕還不知道。還說他有權力，可能殺我，我拼一條命，跟他鬥到底，故將棺木預備在此。此人演說即在北大近處，頓時學生來聽者數百人。學生大聲說道，我們也非跟他拚命不可。於是這人幫助學生，設立學生聯合會，派學生到上海聯絡。且運動商會，要求罷市。上海學校亦同時響應，但商會不很聽他們的鼓動。上海有青年會會長朱某亦是好出風頭的人，趁此機會幫助學生，向商會董事要求，且叫學生向商董磕頭跪求，說得痛哭流涕。商董無奈，允開會商議。報館亦附和鼓吹，說和會失敗，全因我們三人對日外交失敗之故。學生聯合會又運動商會聯名電政府，請求罷斥曹（汝霖）陸（宗輿）章（宗祥）三人，以謝國人。政府接到此電，以為機會正好，即不等我們上呈辭職，竟下辭職照准之令矣。

　　以我的揣想，東海本擬借上海和會，抑制合肥勢力，故南方代表，初提陝西及參戰借款問題，都是針對合肥。若合肥不理，即以破壞和會之責，委之合肥，公之世論。乃合肥測知其用意，即令陝西畫界停戰，參戰案件送閱和會。南方代表，乃提議裁撤參戰軍，同時提到國會問題，到此反關於東海自己地位問題。適發生學潮，攻擊我們，即利用此機以剪除合肥羽翼，斷其

日援之路，本非初意。又不敢直接下令罷免，於是繞了大圈子，達成目的，惜百密不免一疏，不先設法令我辭職，竟下辭職照准之令，反授合肥以口實，斥為命令造謠，成為政府笑話。

令下之日，合肥即來團城氣呼呼的說，沒有辭職，而捏造辭職照准之令，命令亦造謠言，天下尚有公論是非嗎！東海為人敦厚，以前舉動，亦許不是出之他意，這次命令，他尚能辭其責嗎？此次學潮，本已平息，那班破靴黨，以沒有達到目的，又利用街頭演說，鼓動起來，擴大到各處，惟恐天下不亂，東海知而不加制止。尤其對你們，為他冒大不韙，借成日債，這種舉動，真所謂過河拆橋，以後還有何人肯跟他出力？他對我作難竟累及你們，良心何在，豈有此理！說罷不等我答復，竟悻悻然而去，可見此老心中之忿懣，滿腹牢騷。

後來政府下了一道命令，告誡學生，且說我們都是公忠體國，為國家效力，沒有對不起國家之事，爾學生切勿輕信謠言等語。這是官樣文章，為我們洗刷，但與免職令自相矛盾矣。繼以錢能訓辭總理，任龔仙舟（心湛）為總理，以表示錢引咎，且與段有接近之意。以東海素稱為德高望重，為北洋元老，猶不免使用權術，可知政局之複雜陰陽。以我平凡向無機詐之人，何能適應此環境。自愧無能，從此退出政界，未嘗再問政治，自號覺盦，竊比古人年至五十，而知四十九年之非，那時我年已近五十矣。

此事對我一生名譽，關係太大。學生運動，可分前後兩段，前段純係學生不明事實，出於愛國心，雖有暴行，尚可原諒。後段則學生全被利用，為人工具。那位演說之人，盡其毒舌之所能，任意造謠毀謗，學生幼稚心理，以為名人演說，一定可靠，牢記在心。甚至我子女上學，亦受同學之揶揄，可想中毒之深。俗語說，真金不怕火燒，話雖如此，然在此澆薄社會，子且不能信其父，何況他人，我若不於此時表明真相，恐我之後人，亦將誤會。故我寫此事，不厭其詳，但求真實，信不信由人，我總憑自己的記憶，將此事之真實性，儘量報告出來，亦可使我良心稍安而已。

東海不滿合肥，是權力之爭，然合肥之權力並非與東海爭奪而來，這是盡人皆知。然居其位而無其權，總不免觖望，而合肥對東海，以我之觀督，總算惟命是從，不失其尊敬之意。即以此事而論，亦沒有直斥東海，足見合肥之厚道，而東海對我們，事前如何布置，我不知道，事後之安排，亦可認為有內疚之心，故我仍事以師禮。至街頭演說之人，與我雖非至交，亦非泛泛。其人寫作俱佳，惟器量太小。大凡器小之人，必多猜疑，我與仲和曾向東海推薦他為秘書，東海說，我的秘書長，用不著磐磐大才，即指此也。豈知他反疑東海要用他，為我們破壞。又有一年，他向我借三千元過年，我亦

答應，因急景凋年，一時忘了於年前送去，到了新年送去，他竟大怒，拒而不受。我莫名其妙，後有他同鄉告我，借錢過年，總是為窮，新年送窮，我鄉最忌，他以為我故意開玩笑，觸他霉頭。但我那裡知道，真是為好反成怨了。然因此細故，竟成大仇。他明知政務事實，故意顛倒是非，無中生有，以蠱惑青年，毀我名譽，至於此極，使青年信以為真，何乃太毒。然人心不古，天道猶存，此君熱衷過度，合肥執政時，他又入段系，派為參政，曾托雲沛向我疏通，我謂事已過去，請不必介意。後投入郭松齡部下，郭敗，此君死於亂軍之中，屍骨無存，自食其果，我亦為之惋惜。

其時友人都說，你為何不辯？我以為眾怒難犯，眾口鑠金，辯亦無益。況家嚴曾有止謗莫如自修之訓，若彼此呶呶不休，更增老父之慮，故從無一言辯白。豈知處此是非不明之時代，不自辯白，即認為默認，不表白真相，即目為不敢發表，久而久之，積非成是。故雖事成陳跡，不能不發其真實相也。後來北大有關此事之人，已將此事改稱為文藝運動，使人將五四運動，淡然忘之，不意國府編輯教科書又將此事列入教科書，加以渲染，遂使全國學子，知有五四運動之事，即知有不佞之名，不佞之謗滿天下，實拜國定教科書之賜也。我所寫的，是憑我親歷之事，即捕了無關緊要的學生二十餘人，是憑吳總監對我說的，我已請他釋放。後有說北大學生亦有被捕，經名流保釋，則非我所知矣。至其他方面的事情，我不知者，亦無從寫起，非故意從略也。

子興回國不久，以夫人病，遂請出使瑞士，為夫人養病。東海允其所請，派為出使瑞士公使，遂偕夫人出國，在瑞士置一別墅，為夫人養病。夫人故後，以夫人遺言，入天主教本篤會隱院修道，苦修十六年成為司鐸。羅馬教宗對陸氏特別待遇，本擬俟陸氏成司鐸後，來華傳教，俾可與上流社會，廣傳教義。但又恐陸氏身體孱弱，不勝繁劇，故先派南文院長來華視察。南文到南京後，已與當局接洽同意。他臨行時，陸氏囑其對徐東海與余，特別致意，故又到天津訪東海。東海為設茶會，約我全家與會，並攝影囑南文氏攜歸，送與陸氏以為紀念。陸氏自進本篤隱院後，與我常通信，告我本篤會情形，並贈我與培德夫人新婚儷影。院中因他身弱，特設一小教堂，省他多步。他來信告我，謂將我與許文肅公照片，並列祭臺，每天做彌撒，為我祈禱，並附寄祭臺照片，較在國內時，倍覺親切。迨臨終時，囑陪他的司鐸說，我死後告知在中國四位至友，即顏惠慶、劉符誠、顧少川及余也（據《陸徵祥傳》）。揣其用意，似於五四運動對我彌補其歉疚之意焉。此事距今四十餘年，回想起來，於己於人，亦有好處。雖然於不明不白之中，犧牲了我們三人，卻喚起了多數人的愛國心，總算得到代價。又聞與此

事有關之青年，因此機緣，出國留學，為國家成就人才。在我呢，因之脫離政界，得以侍奉老親，還我初服。所惜者，此事變化，以愛國始，而以禍國終。蓋學潮起始，由於學子不明事實真相，誤聽浮言，激於愛國心，以致有越軌行動，情有可原。迨北大校長蔡子民先生，發表談話，勸學生適可而止，學潮似已平息。然反對者以尚未達到目的，又鼓動街頭演說，加以背後有組織，有援助，遂擴大範圍，遊說至上海等處。迨至我們三人下臺，錢閣引咎，蔡校長亦辭職南下，反對者已如願以償矣。那知反對者所利用之工具，反為陰謀野心家滲入利用，遂使此風瀰漫全國，以後遇事，輒以學潮遊行為武器，擾擾攘攘，永無停止，直至大陸變色，此風反戛然而止。推原禍始，未始非五四運動為之厲階也。

六十九、漫談財交任內兩三事

余退休後，無官一身輕，偶想兩三事，隨筆記之，聊資談助。財交兩部，本屬比鄰，內部只隔一牆，余兼攝時，即在屬上開一道門，晴時步行往來。每日先到財部，到交部時，總在四點以後。葉次長將閱過來文百餘件，堆在我公事桌，短時間何能遍閱，因囑次長，分要例兩種，要件蓋以「要」字木戳，例行公事，則蓋「例」字，以省時間，豈知又出了毛病。有一次，西原笑問我，君對交通部事，是不是不管的。我說，沒有的事。他又問展長浙江到福建的鐵路，亦是商借日款，君知道否？答知道。他說，現已快訂合同，其中有不實不盡的事，君知道否？我矍然說，這倒不知道。他笑道，合同快訂了，難道不將內容報告總長，即在口袋裡取出一電報交我看，我看了頓時惶愧，即說等我到部查明再復，此電暫借給我。我即到部，對譽虎不客氣說，這電你看，到底你怎樣搞的？他還狡辯，這事總長亦批准過的，遂檢原稿取來，但蓋的是「例」字戳。我說這件不能算例行公事吧，且電中所說你何曾對我說過？他才無言，即對對方說，總長不贊成此事即作罷。後我知道對方經手的人，我亦認識，恐有誤會，託西原轉告此人，我並沒有不贊成造路，你們續商好了。那知西原對那日人說，曹總長不是不贊成造路，是不贊成你們不盡不實的鬼祟行為。我說你何必這樣說，叫對方都難為情。西原說，這次我們借款，十足交款，不折不扣，從沒有回佣之說，你是交通總長，若不說穿，將使人疑我們借款，也同他們一樣，故我特意這樣說的。但這日人從此沒有見過我，因此這路亦即停止。因一電而停止造路，我倒很覺抱歉。時燕孫回粵，桂莘知其事，詳細問我，我只好據實告知，桂莘深怪譽虎，不應如此。我借重譽虎因其熟悉路政，文筆又快，而他對我不無芥蒂，因時生齟齬，後因問槎關於京綏路事，總以公文呈部即行執行，從未先與次長接洽，很不滿意。然問槎對總長亦是如此，且潔己從公，無懈可擊，終於添派闞霍初為副局長。因問槎公事公辦，彼此亦很融洽，而霍初反與我接近矣。

時捕獲德國貨船艘六，歸交通部管轄處理。海軍部擬請撥為運輸艦，在國務會議時駁回，此六艘貨船，大達輪船公司首先下手，由劉厚生持張季老（謇）親筆函，請將六艘出租權由大達輪船公司經理。該公司為季老創辦，規模不大，以季老親筆函託，即復函照允。譽虎以季老面子，亦不便異議，但以修理輪船為名，派員經理，所費亦不貲。船政司本屬閒曹，因之反成熱門，遂稱我為新交通系，後以新聞事件，我雖極力為他彌縫，而他對我之芥

蒂，仍未消除。燕孫後又重返北京，他對我態度更加冷淡了。我因其有幹才，始終重視。

至財部方面，達銓（吳鼎昌）相助為理，毫無隔閡。各司司長，雖多斯識，都能推誠共事。只秘書換了兩人，一為徐新六（達銓所薦），心思細密，文筆亦佳，頗資臂助；一為黃秋岳（眾異所薦），能文能詩，惜以後任行政院機要秘書，竟通敵出賣祕密致被槍決，文人無行，可嘆。至鹽務署，督辦僅屬虛名，次長李贊侯（思浩），浙江人，其時與我尚無深交，熟於鹽務，人亦老成練達，余以外行，又無暇兼顧，只以鹽務積弊太深，余不敢謂以身作則，惟囑次長廉潔從公而已，鹽商關於加價、借引、借運等事，須由督辦批准，余總先交達銓次長擬具批稿，再加討論予以准駁。余對事務員，一直主張久於其任，不應隨長官為進退，夾袋中又少特殊人物，一動不如一靜，故到部後，對於舊人，非有過失，決不更換。一朝天子一朝人，在北京政府時代，尚無此陋習。至交部人員，更無法更動。各省財政廳長，本隸屬於財政部，大都是梁任公任內委派。此職本應聽部指揮，然多是識時人物，見地方財權已移掌於督軍，對於部令，先請示督軍而行，與督軍已沆瀣一氣，若要調動，須先商得督軍同意，故余更不必多事矣。

其時改革幣制，已改兩為元，先已聘坂谷芳郎為顧問，與達銓及幣制局總裁陸閏生討論方案，徐新六幫助很多。對於各省設立之官銀號發行鈔券錢票，先令取消。以中、交兩行為中央銀行，有發鈔券權，私立銀行及官銀號向兩行領用，以歸劃一。各省除東三省外，都已遵照辦理。湖北督軍王占元，不肯照辦，且來京與我面商，擬援東三省例。我告以東三省情殊，故擬從緩，他省不便援例。一日來交部又商此事，我仍未允，他悻悻然不歡而去。隔了不到一小時，又來電話要來見我，即復電話請他來。他來後，我到客廳會他，他見了我，即向上磕頭，我莫名其妙，只好陪他磕頭。起來後袖出一紅帖，很恭敬地說，我們從此拜把，我忝長幾歲，僭稱為兄，剛才多喝了幾杯，冒犯老弟，請勿介意。官銀號發鈔事悉遵部令辦理，說罷即告辭。余真不解其用意。剛才吵嘴，忽來拜把，豈非奇談。後他交卸鄂督，閒住天津，往來無間，歿於天津。我去弔唁，僕役竟用盤托了一身白孝衣，云是拜把者都應穿孝，余不知北方有此俗，大窘，即說我們南方，凡有老親在堂，不能為至親穿孝，搪塞未穿，後送葬亦不敢去。

又有英美主張中國鐵路國際化問題，亦頗傷腦筋。其時英美公使，忽向政府提議，中國應造的鐵路很多，應設一國際性的機構，將中國已成及將成未成鐵路之借款及管理權，全由國際性機構經理（一說此由中國某方面建議為英美贊成者）。余得此報告，私想這樣辦法，弊病一清，且可推廣造路，

亦是一法，惟有損中國主權，故主反對，燕孫反對更力。英美兩使約我與燕孫吃飯商談，交換意見，燕孫發表反對意見甚多，余亦主張不同意，謂如此辦法，有損中國主權，且窒礙甚多。英使力說與主權無關。後余謂必不得已，將已成之鐵路，仍照舊辦理，以後新設鐵路，由國際性機構經理，惟該機構仍須由中國政府監督指揮。會商數次，不得結果，英美意見聞亦不同，遂無形中作罷不提了。又上海拆城，亦屬交通之事，故交部亦須派員監視。葉次長已派定陶蘭泉，臨行前來請示，余告以上海為我故鄉，恐嫌嫌疑，為人口舌。上海北城與法租界毗連，將來城牆拆了，城基地價必大漲，我固不願留買寸地，君亦江蘇人（陶為武進人），我勸你亦不必購買城基地。將來城基地如何處置，城磚如何變分，悉聽滬紳意見，部員不必有所主張云。後聞滬紳設立商辦圍城電車公司，利用城磚為路基，築一圍城電車，這辦法頗為合宜。

又有一書，前清禁烟之時，有印度末次運來烟土一千七百箱半，被海關扣留，存在關庫，尚未處分。以前蘇督李秀山（純）曾擬以每箱四千元收買，呈報政府。合肥派丁問槎赴滬調查，得知每箱實價二千元，李督軍多報二千元，遂批駁不准。王叔魯任財長時，有葡萄牙商人，向財部商購未成，余到部後，該商又來商購。余以此事易遭物議，然在籌款之時，亦非得已，遂先陳明總理，以此項烟土，覬覦者多，遲早終成問題，與其給地方處分，不如由中央處分。中國禁烟已有名無實，若已禁絕，因購銷而毀禁令，政府對不起人民。今地方烟土充斥，上海更為薈萃之區，禁烟徒有其名，即多此一批，只限一次，有如九牛一毛，沒有對不起人民之處。惟辦此事易遭物議，故不敢主持，請示總理，應否與該商商議。總理說，誠如你說，地方處分，不如中央處分，只要辦得認真，沒有弊竇，你去商辦好了，有我負責。我得了總理同意，遂與達銓先商定辦法，擬就合同，約葡商來部。葡商謂該項烟土，存庫多年，棧租已費不少，故願以每箱一千元承購。我笑對他說，我是政府，不是商人，沒有討價還價的商量。你前曾與李督軍願出每箱二千元承購，我即照你原價，以元年善後公債，劃出一部分作價，分年抽簽還本，否則即作罷論。彼見我說話開門見山，沒有拖泥帶水，知道是公事公辦，沒有額外要求，遂照允。後於合同內有「此項公債抽簽還本年限不能預定，須視銷路之遲速，定還本年限之長短。若有意外，不能推銷，公債全部作廢，保證金一概充公，不發還」字樣，該商對此，頗有議論。余說不能推銷是商人之事，政府受了損害，不向商人賠償，已是體恤商人，那能再還保證金。他說合同是雙方面的，怎麼不能商量？我正色道，我早給你說，我是政府立場，你願不願辦，由你自便，政府定的合同，不能改的。他見我態度

堅決，亦就照允了。

　　後由友介紹上海商人吳某承辦推銷，先繳保證金百萬元。吳某以大利即在目前，設立公司，大事排場，因此引起了江蘇李督軍（純）之注意，以此案以前為政府批駁，現竟由商人得此權利，懷恨於心，遂令該項烟土不准運銷上海以外。吳某受此限制，單靠上海一處，存貨又多，能銷幾何？葡商又無力對付蘇督，吳某又不是幫會中人，不能控制黑社會，遂至黑吃黑，截車刮土，時有所聞。吳某大窘。報紙攻訐政府，吳某尚知大體，辨明其中原委，與政府無關。上海護軍使恐鬧風潮，令將該項烟土查封，不准銷賣。北京英公使唐少川向政府說，願以印度出口原價收買，為製藥軍用。我想這將與葡商藉口之機會，遂向總理建議，將該項烟土焚燒銷毀，一了百了。總理亦贊成，遂報告國務會議，令上海護軍使將該土移存海關倉庫。余又嚴令海關監督姚煜（姚字文甫亦是我友）嚴密防範，倘有差誤，惟該監督是問，因有以假貨賄換之風聞故也。又令在浦東擇地趕造鐵爐，登報通告，定期焚土，政府派大員前往監視。上海搗亂分子，提出嚴厲條件，焚土時須每只當眾剖開，經眾看過，投爐焚燒。焚時不用竹桿翻挑，防竹孔藏土，改用鐵桿。焚時加以石灰食鹽，使烟土變質，海關監督一一照辦。焚土經過三日，才行燬盡。每日由政府專派大員，海關監督，洋稅務司，地方警察，地方紳士，新聞記者，學界代表，蒞場監視，於萬目睽睽之下，將一千數百箱印度大土付之一炬。此事我自命得意，因弊絕風清，政府下此決心，人民一無指摘，葡商亦無可藉口。惟滬商吳某，啞子吃黃蓮，有苦說不出，但亦怪他排場濶大，致遭人疑忌也。

　　時上海洋麵粉進口，日以數千包計，江海關監督姚文甫擬設臨時洋粉落地，每包抽兩角，此是例外之舉，恐呈部批駁，特派余幼時同學鍾海航（時任關署科長），來京面遞呈文，其意可令其疏通，且以同學關係，可以無話不談，不避嫌疑，用意可謂周到。余與海航卻是老同學，相別數十年，久無消息，不知其在關署也。相見之後，約他在家吃晚飯，談談別後情形。他代姚監督訴說上海應酬之繁，開銷之大，請格外諒解照准。且說監督派我前來，因知我們是老同窗，臨行前囑咐我，總長如有所需，囑我轉達，監督是總長朋友，我又是總長的同窗，幸勿見外。我答以洋粉現價每包價格在三元左右，每包抽稅兩角，尚不至影響民食物價。且食洋麵粉者，比較是富有之家，可以照准。但這時臨時辦法，不能作為永久定案，所收之稅，提二成作為關署特別費，餘款悉數解部。他見我沒有什麼私話，到底部屬攸關，不便多說，只問回滬時，總長對姚監督有何吩咐，余只囑其代候而已。海航遂携部批回文，滿意而歸。聞姚監督以余公事公辦，沒有私話，甚為詫異，可見

其時政府官場之風氣尚有傳統規模。以上諸事，偶然記起，亦足見當時北京官場之風紀猶存也。

余退休後，時陪侍我父居於湯山雙蔭軒為多。有一次，同佩秋並携四五兩女還帶一婢，到北戴河，住於中法銀行別墅。別墅很寬敞，法國人夫婦住樓上，我們住樓下。這是我初次到北戴河，似為中法銀行招待者。余在交通部時，曾由京奉接一支線直達北戴河，西人咸感便利。其時別墅不多，又無市面，頗為冷落。兩女及婢，獨自到海濱入海游泳，幾不能起，幸同居之法人將三女長髮繞在兩臂，曳之上岸，得免於難。我初不知他們竟去游泳，幾生不測，甚感謝法人之救護，住了一月而歸。北戴河本是漁村，光緒初季，為一西教士發見，認為避暑勝地，因氣候溫和，沙平浪靜，在山上築一堡壘式的別墅，鄉民以為砲臺，報告地方官，據以詳直督，直督派張道員察勘，囑將沿海之地，盡行收買。時每畝只值三吊錢（一吊為制錢一千，合當時墨西哥銀一元），張道員將買收之地半歸私有，後地價漸漲，每畝竟值百元以上，張氏後人，賴以致富。後朱桂莘因帝制事被議，隱居於此，建議東海，撥款建設，遂約吳頌平從事興修，沿海馬路，利用當地沙泥，路基不堅，故不許行汽車，即驢馬只能在兩邊土路行走，不許上馬路。北戴河旁有小山，築舍數椽，架以木橋，傍以朱漆欄干。山中亦有小瀑布，頗饒幽趣，在半山設一茶寮，兼賣飯點，竹籬茅舍，雅致宜人。於山頂樹一石碑，刻有水竹邨人（東海別號）題寫詩句。設一公所，管樂生管理（義務），建造房屋，須由公所核定，恐礙風景。後遊客漸多，又設招商旅館飯店，布置始井井有條。

七十、舊居被燬北京蓋新宅

　　自趙家樓住宅被燬，由團城遷往天津，賃屋而居。而京中舊友，或自營新宅，或收購故第，其中以任振采（鳳苞）所購之鐵獅子胡同陳圓圓之園庭推為第一。余不免見獵心喜，因有交通銀行總理名義，北京無居住之處，亦覺不便。適有佟府夾道佟公府出售，余即往視，該府殘破不堪，遺蹟全無，賸有小戲臺一座，祠堂一所，尚可修理。因佟公後人，久已中落，以拆售木料瓦磚為生，故售價甚廉。該府原來通至東四牌樓大街，現只存沿夾道群房以自居。原來占地很廣，本名野園，余將餘殘之棟梁木料，在東邊蓋兩卷式之堂屋五楹。佟府夾道改名同福夾道，野園易名半野園，稍稍點綴泉石，種竹十數竿，芭蕉兩三株，祠堂改為家祠，戲臺加以修理油漆，均移至東邊。此我自己之設計，樸素幽雅，屋邊尚有老槐兩株，我居於斯，見客於斯，且常宿於斯，悠然自得。至西面則由外國工程師設計，蓋一洋樓，以居家屬。余因不在京，不自監視，又沒有限制，任其攬造，落成之後，規模過大，富麗堂皇，恍若外國使館。而老親所居之平屋，反不甚寬敞，余見頗不合意，然木已成舟，有何辦法。該建築師以為外交官應有如此規模之宅邸，不知我已退休，手頭已拮据，而費此偌大建築費，那知我心中之苦也。

　　家祠修竣後，我父已從烟臺回京。奉祖先神位入祠之日，我父主祭，入祠門即仰視神位，簌簌淚下。余知父心有感觸，即匆匆成禮而畢。我對此宅亦不滿意，知我者譏我奢侈，忌我者引為抨擊，事後我亦覺失於檢點，剛鬧五四風潮不久，而蓋此龐大新宅，豈不令人指摘，但已悔之無及。故常奉雙親居於湯山別墅，我父亦喜歡住湯山。後德國租界收回，改為特別第一區，奧租界為特別第二區。德商住宅，多有廉價出售，余亦買得一所，面臨海河，來往船隻均可目睹。西式園庭，廣約六畝，建築堅實，客廳天花板以紫銅鑲成，不豐不儉，頗覺合宜。北京新宅，住不到兩年，將大樓租與丹麥國為使館，月租千金。其餘房屋，仍歸自用，全眷移居天津。原來沿佟府夾道有平房兩所，適有某牧師同熊秉三元配夫人及董顯光夫人孫慕韓夫人等擬租為養老院，余因是慈善事業，遂捐助之。

七十一、交通銀行鬧擠兌風潮

有一年十月，為我父六十晉五誕辰，友好以我家有戲臺，從未演過，擬公送名伶劇五六齣為公祝，且謀同樂，情不可卻，定五時開演，十時後即完場，余亦藉以娛親，遂允領受。正將開演之時，交通協理任振采倉皇而來說，不得了，今天午間起不知何故，發生擠兌（以鈔易銀元），午後中國銀行，亦同樣擠兌，我行特意中午不休息，以示鎮定，半日間已兌出七十餘萬元，如此下去，將不得了。今日老伯壽辰，本想不來報告，恐事趨嚴重，特來報告，我聽了即說，我行還有千萬日金儲備，索性敞兌，風潮自會平息。振采說，那千萬日元早已借給財部了，那裡再有預備金？余即吃一驚，不客氣厲聲叱道，你太難了，我再三囑咐你，這千萬日金不可動用，以備萬一。怎麼又一聲不響，借給財政部呢？至今我還不知道，你眼中還有我嗎！他說那時總理在醫院養傷，故未報告，後來久了遂忘記了，這是我的錯誤。我說，現在不是認錯即可了事，應想如何辦法？他無言可答，遂使慶祝良辰，興致索然矣。

王叔魯忽然來了，（叔魯為中國銀行董事長）開口即說，我們找翼卿（靳雲鵬）去，遂同車去見靳總理。叔魯先說今日中、交兩行同時發生擠兌風潮，這事不能聽其延長，延長即不得了，請總理令財政部先撥還兩行一部分借款，以救目前之急。豈知翼卿斜了眼，口含了一支長旱煙桿，慢慢吞吞的答道，你們自己貪厚利借出，現在有什麼辦法？我聽了不耐煩，即說，總理，你這話太無理了，那一家銀行不是為圖利而開的？財政部向兩行借款，都訂有合同期限，財部不顧信用到期不理，且屢借不還，兩行在寬裕時候，亦願替政府幫忙救急，現在發生擠兌，若不從速撥款鎮壓下去，市面金融亦要大受影響。我們是來向政府討債，不是來求政府救濟，總理說出這種話，似乎太無責任！叔魯又溫和的說，這次忽然起此風潮，不知是何緣由？若兩行擠倒，金融紊亂，政府亦不能置之不問，現剛開始，還容易辦，倘延長下去，即不容易辦了。請總理細想一想，無論如何，先撥若干，以濟眉急。靳仍默不作聲，說來說去，不得要領而出。

是日壽辰之戲，就此涼臺，中心又急又不安，向我父略告情形。越日與叔魯同去見徐總統，陳明此次擠兌風潮，實因財部只借不還，兩行受此影響，恐不能敞兌，若不敞兌，破綻立見，以後越難收拾，務請總統切令財政部先還一部分借款，現剛開始，尚易為力，再延緩，恐將無法收拾云云。總統說，你們跟靳總理說了沒有？我們同說已報告靳總理了，總理態度冷淡

得很。我接說，靳總理的回答太不負責任，務請總統切囑靳總理，令財政部先還一部分。總統問財部向兩行借了多少款，望開一單來，遂辭出，令兩行開一借款細單，中行兩千多萬，交行則過了三千萬（此數或有錯誤）。越日同叔魯見總統將單呈閱，我又說，這些錢，都是人民的存款，財政部吃了銀行，即吃了存戶。財部對銀行不顧信用，我們何以對存戶？務請令財部速撥還一部分，現尚有效，若長延下去，即不可收拾了。總統答，我速跟翼卿說，先行想法撥一部分接濟，遂辭出。又過一時，毫無影響，而兩行敝兌，已覺為難，我與叔魯單見靳翼卿，他答得更妙。對我說叔魯有錢，聽他賭博一擲萬金，若肯墊借若干，即可維持過去，財部實在無法可想。對叔魯則說我有辦法，他跟合肥借款，動輒數千萬，他不肯想法罷了。當面挑撥，盡是空談，如是者挨了一月有餘。

我與叔魯又去見總統，謂財政部總是拖延，一無辦法，兩行已筋疲力盡，本不願限制兌現，現在無法，只好限制兌現了。於是先限數目，嗣又限半日，但形勢越來越壞了。在這時候，警察總監殷洪疇，憲兵司令秦華，步軍統領王懷慶，每夜在警察廳或步軍統領衙門，召集兩行主要人，以維持地方治安為名，詢問每天兌現情形，庫存多少？我們答以點金乏術，財部分文不還，庫存自然越來越少了，即將財部借款清單，給他們閱看。殷洪疇一臉橫肉，面目可憎，且說這是你們跟政府的事，我們管不著，我們只要知道，每天兌出多少，庫存還有多少是了。我與叔魯答曰，每天兌出不論多少，庫存總是越來越少，如此下去，政府不給兩行設法，將來市面出了岔子，我們兩行不能負責。我們要向你們聲明，這次擠兌，不是兩行自己虧空，是幫政府的忙因而虧空的。每夜召集，一若三堂會審，連日如此，實在受不了。於是我單見總統，大發牢騷，譴責靳翼卿身為總理不令財政部給兩行想辦法，反令地方官每夜會審，形同侮辱，我實受不了，若再不想辦法，仍是每夜審問，我將交通銀行，索性關門，聽他怎樣處置我好了。東海再三勸慰道，財政部亦實在窮得無法可想。我說我也知道財政部窮得沒辦法，但翼卿不應再令地方官每夜會審，侮辱我們，後來總算停止審問了，兩行自己種種想法，真到了山窮水盡地步。北京交行經理胡筆江，東借西湊，勉強又支持了近一月，終於宣告暫時停兌，俟籌足款項再行開兌，就此關門停業者，有數月之久。

當擠兌之時，北京邵飄萍所辦的某報極力推波助瀾，鼓煽人心，說我借日款時，得了多少回佣，同福夾道宅邸，如何富麗，裡面陳設盡是無價之寶，庫裡藏金無數，存款人只要結合起來，到他宅邸要求開兌。不允即劫取陳設藏金作抵押，不怕他不趕緊開兌。如此言論，真是煽惑人心的惡宣傳，

幸大眾知道邵之行為卑鄙，沒有生反響，我亦不與之爭辯。我想，這事外人不明內情，但總是愧對存戶的，桂莘時來談論，亦想不出什麼辦法。一日他說，可否再向日本三銀行試探口氣？我曰，三銀行借款一億日金，交通銀行也占了四分之一，現在政府借款連利息都沒還過。交通銀行雖已還了五百萬，還有二千萬，也是分文未還，如此情形，我有何面目再向他們開口？那時續借二千萬日金，本不是借給交行的，他們請商轉借，居然如願以償，那是君亦知道的。其時銀行本無須如此巨款，筆江建議將多餘之款，活用生利，振采不聽，反而背地裡借給財部。我是外行不知運用，振采為老銀行家，連有備無患的常識，也不知道麼？假使今日手裡有此千萬日金，即使擠兌，不但不必擔憂，還可能增加銀行聲譽。馨航（潘復字）那種鬼鬼祟祟的行為，我早已看透，難道振采反不明白？真使我不可解。唉！總之我以外行，當時糊裡糊塗，接了下來，又想不到他們利用我，使我長交通部後又兼了財政部，更無暇顧問行務。財部有達銓幫忙，一切部務，我不問亦可放心。交通部情形，君是知道的，自愧無能，對交行不能盡監督之責，亦是我之過，復何可言。桂莘聽了，亦只是嘆息而已。

時梁燕孫已回北京，張雨亭與吳子玉（佩孚）意見日深，張要梁氏組閣，東海亦同意。梁要求張先接濟交行復業，張允由奉天銀號借給交行四百萬元，惟需要梁（燕孫）、曹（潤田）、任（振采），葉（譽虎）四人共同擔保（舊例交通次長兼交行幫理名義與交行亦有關係）。余亦無奈，只好應允。張在津住在河北德記軍衣莊，余與燕孫來往京津間等待奉天官銀行經理來津會商，始獲成議，簽訂合同。是夜回家，心境一鬆，即宿於兩卷草堂，就枕即熟睡。距至四時，僕役急叩室門，喊快起來！快起來！外邊走火了。余匆匆起牀，出門一看，四簷都已延燒，火起自壁爐。冬季缺水，消防無力，頃刻之間，以余經營心賞之兩卷草堂，成了焦土，幸未延燒別處，真是所謂禍不單行。回想我父六旬慶祝之盛況，僅五年間，而盛衰相差如此之甚，不禁今昔之感。

借款既成，余即辭交通銀行總理，振采亦勢難留任，由上海分行經理錢新之（永銘）出而維持，舉南通張季直（謇）為總理，錢為協理，擬借張的聲望，以挽頹勢。詎梁燕孫恐交通落到浙江財閥手裡（新之與之接近），預定開股東會改舉梁氏為總理，筆江不願與梁氏合作，與副理王孟鍾另創中南銀行（爪哇華僑糖業巨商黃仲涵為大股東），離京赴滬，交通銀行又成清一色了。此北京政府時代交通銀行之情形也。振采離交行後，以陳圓圓園庭住宅讓與顧少川，遷住法租界，與余居甚近。顧氏又添蓋洋式客廳，餐舞廳，中西合璧，更加富麗堂皇。中山先生到北京，即以充行館，後即歿於行館。

七十二、梁士詒組閣曇花一現

　　梁氏組閣，以奉張為靠山。曹（錕）張（作霖）本係聯絡一起，不久，又成參商。軍閥之離合，事同兒戲，非局外人所能料，有說是東海挑撥之成功，亦未可知。梁氏組閣後，頗想一展抱負。吳佩孚即借山東問題，以梁氏擬與日使直接商談青島問題為藉口，初即通電攻擊，繼以電罵，措辭粗暴，不成體統。且故意造謠，謂已派余為實業專使，陸閏生為北京市政督辦，實行親日政策，以毫無影響之事，竟擬之公電，梁雖一再通電辯白，吳始終不理，彼此罵戰，越罵越兇，真是不可理喻。梁氏忙於罵，顧不到政事，終為吳佩孚罵倒。梁閣時間太短，無事可記，惟有一事足記者，即以鹽餘作抵擬發行九千六百萬內國公債，以整理公債，籌備政費。當靳內閣時，以潘馨航長財政，毫無計畫，頭痛治頭，腳痛治腳，月得之關鹽餘款，僅供給吳佩孚軍餉，尚嫌不足。故以高利貸向小銀行、銀號，挪借小款，勉強應付。小銀行等貪其厚利，更有要求還時折合美金、英鎊者，潘則無論如何苛刻條件，一概承受。其意本想只借不還，因之小銀行、銀號，時聞倒閉。各部經費，除能自給者外，薪水欠至兩年以上，使館經費亦久不匯寄，致各外使借債度日，實不成體統。而潘公館則識賭無虛夕，藉此拉攏，己則不入局，挾妓廝混，人皆諷其為抽頭請客。而靳翼卿視為心服，以馨航有小聰明，又善迎合上峯意旨，故對軍閥廝混甚熟。潘尊翁則很正派，當過一任知縣，篤信佛教，號對鳧居士，年逾八十。有一次，他尊翁生辰，人家送禮，都是銀器，尊翁命一概璧還。後馨航回家，打電話到送禮各家，謂剛才總長不在家，不敢作主，故暫奉璧，現總長已回府，仍請送來好了，送來後一概賞收，其可笑有如此。

　　至梁內閣時，以張代山杉（弧）長財政。此人久任財次，熟於鹽務，他以為目前救急，只有發公債，梁亦同意。計算鹽餘進款，以之抵押發行一億公債而有餘，不知為何緣故，只發行九千六百萬元的公債，以為還舊欠，充政費，這不能不算是正當辦法。且以鹽餘作抵，亦是可靠財源。但向例發行內國公債，必須由總稅務司經管，以堅信用，這是民三發公債開的端。詎這次安格聯總稅務司，竟拒絕經管，或因吳梁交惡之故。故已印成之九六公債，不能發行，成為金融界的名詞，而梁閣即由此垮臺矣。

　　自梁閣倒後，東海又任命靳雲鵬為總理。時吳佩孚氣燄不可一世，利用曹錕為幌子，擁兵居於洛陽，自稱為直系，以段合肥所屬為皖系，對皖系極不相能。合肥以國事日非，東海有隔岸觀火之勢，任令吳佩孚利用曹錕胡作

非為，與段為敵，遂遷居南苑之團河以避嫌疑。靳本為段的親信，因與徐又錚爭權，段終左徐而右靳，故靳對段不滿，遇事陽奉陰違。東海命張作霖調停，曹錕恐張祖段，極力拉攏，且結為親家。作霖謁段於團河，語多祖曹，且為曹解說，段聽了不悅，即說，你莫管我們事，快出京去吧。張受段冷遇，更親曹。時直皖兩方，已醞釀裂痕，段曾令靳雲鵬免豫督趙倜易以吳光新，以防吳軍移動。此事與皖方大有關係，聞靳已通過閣議，而此令竟為東海擱置不發。於是段徐之間，裂痕益深。靳知不免戰爭，對段亦有內疚，遂辭總理，以免捲入漩渦，陽示不作左右祖，實則與直方暗通消息。迨曹吳攻擊徐樹錚，東海即令開去徐樹錚西北籌邊使及兼西北邊防軍司令各職，調任為遠威將軍。東海竟對合肥明白挑戰，合肥因而大怒，謂又錚收復庫倫，功在國家，故任以西北籌邊使，籌禦邊防，曹錕、吳佩孚挾嫌誣計，總統不問功罪是非遽免徐職，綱紀何存！遂上劾曹錕、吳佩孚，總統又令免吳佩孚第三師師長職，褫奪中將，交部依法懲辦，曹錕革職留任。東海兩面敷衍，以為已給合肥面子，豈知兩方俱不滿意，反促成皖直兵戎相見之局面。

七十三、皖直開戰北洋始解體

　　余久已不問政事，見皖直兩方情勢，演變至此，兵戎相見，已箭在弦上。南北和議，既已無望，設北方自相殘殺，團體渙散，將來局面，更難收拾。心以為危險，不甘緘默，明知無效，姑且一試，以希免北方生靈之塗炭。遂兩度赴團河，對合肥說以北洋團體為重，無論如何，應相忍為國，萬一火拼，無論勝負屬誰，總是自相殘殺，北洋團體從此分裂。現正南北相峙，設若北洋團體解體，不但無以對南方，即北方亦將四分五裂，當此民窮財盡之時，我以局外人，深為杞憂，公為北洋元老，對曹錕尚有舊誼，吳佩孚分屬後輩，若有軌外行動，公以元老資格，無論用何法制止，萬不可以兵戎相見。北洋團體，設毀於公手，公將何以自解？反覆痛陳，幾至淚下。合肥云，你尚不明內容，吳佩孚自通電言和擅自撤兵，早已目無中央，綱紀無存，又私受南方軍餉，暗通對敵，均非軍人所應為，那時我只好忍耐。曹錕庸才，被吳利用，逼我太甚，今竟挾制東海，下令免徐樹錚職。又錚收復庫倫，為人所不能為，何負於國，東海竟受他的挾制，下此命令，只圖兩面討好，於國事有何益處。我忍耐已久，忍耐亦有限度，我只讓步，他更進逼，這你亦應該知道的。是非功罪，我自負之，實不能再容忍了。我看他意志堅決，無可再言，遂辭出。

　　後又見東海，力陳自項城逝世以後，曾幾何時，北洋團體，日形分裂。目下欲謀南北統一，既不能戰，又不能和，內亂頻仍，民生日蹙，且貽笑外邦。總統素以和平為宗旨，今連北方自己都不能和平，何以對國人？此次皖直兩方，若出於火拼，將來何以善其後？總統當此難局，不應坐觀成敗，應以最後有效之辦法，阻止兵事，即不能阻，亦可以對國人。東海嘆道，我何嘗不阻止他們，奈他們置若罔聞，各走極端，有何辦法？我又令張雨亭入京，亦無用處，今已箭在弦上，再有什麼可說。我料這次戰鬥，無法消弭。又去看段香巖（時北京衛戍司令），問他雙方軍力的比較，及能不能懸崖勒馬，停止衝突。他很樂觀的說，您不知道自傅清節退出長沙以來，吳佩孚仗了曹錕勢力，那種驕橫情形，芝泉（段祺瑞）也忍受得夠了。為北洋團體著想，也非去吳不可。譬如人身上生了毒瘤，遲早總得動手術，遲開不如早開。至論兵力，他分析比較給我聽，似乎很有把握，很是樂觀。我想他是老軍事家，所以必非無據，惟恐他太抱樂觀。

　　後來吳佩孚通電討段，竟說為國除奸，這見得他太無修養，出言太放肆了。並自河南分兵進駐近畿，竟對合肥有宣戰之勢。於是合肥檄討曹錕吳

佩孚，以邊防軍兩師，西北軍三混成旅為主力，編成定國軍，自任總司令，以徐樹錚為副司令，派段芝貴為前敵總指揮，在長辛店設指揮部。段芝貴料此戰不會長久，遂在火車上設總指揮部，很露輕敵之意。張作霖因受段在團河冷淡，曹錕又極力拉攏，遂亦祖曹。吳光新時率二十萬大軍為長江上游總司令，合肥此著，本大有用意。豈知吳光新忽發奇想，適於此時赴武昌，大宴鄂中將領，被王占元扣留。皖系軍分東西兩路，東路由徐又錚率西北軍三混成旅，在楊村方面，與直軍曹錕作戰，且防奉軍入關。西路由曲同豐陳文運分率邊防軍兩師（還有一師時駐山東）在涿縣琉璃河對抗，並令丁士源以運輸飛機供運輸。東路徐又錚進軍頗順利，已越過廊坊進到北倉，預備改裝警察隊，進入天津（因軍隊不能入租界）。西路初出順利，適逢大雨，彼此在雨中相峙兩日，兵士在壕中，雨水過膝仍在壕不動。聞吳佩孚於大雨中，在大樹上掛電話，不停向保定催派援軍；並用鞭炮在火油筒燃放，以節省子彈，聊助聲勢，足見直軍兵械兩缺，急待救援。余不知兵，惟想對方已力竭待援，何勿揮軍前進，反令軍士困守雨壕之中，豈不令士氣沮喪，這是什麼兵法？前方陣勢如何布置，我不明白，到了第五日陳文運軍已退守固始，曲同豐尚在前線，而援直之奉軍已在途中。奉津非能朝發夕至，在此中間，不知曲陳兩軍作何行動，真令人百思而不可解！迨奉軍到達保定，曹錕已預備糧食，不待休息，即令先派一部分馳赴增援。吳佩孚見援軍已到，即令援軍代守防地，自己率領勁旅渡琉璃河，迂迴直趨長辛店之後。聞段香巖尚在車中打麻將，秘書長梁眾異屢屢催增兵西路，段終遲遲不發。等到吳佩孚率兵逼近長辛店，子彈已落到火車，即倉皇令開車進京城。

其時東路，徐又錚正預備驅軍入天津，聞西路敗訊，不敢前進，退守廊坊，回京視察。曲同豐在前線被俘，主將被俘，西路軍隊，即潰不成軍。邊防軍及西北軍的精良軍械，均為直奉兩軍分贓而得。聞合肥預令兩路不許用重炮，恐火力太猛，傷亡過重，雖似宋襄之仁，亦已有輕敵之心。僅五日間，戰事即告終結，自有戰事以來，未有若是之速也。

此次戰事，皖方以新銳的武器與陳舊之直軍相爭，正如以石投卵，決無敗理。豈知有石而不能用，則卵雖軟弱，亦可使你淋漓盡致，無能為力。可知無將兵之才，雖有堅甲利兵，亦是徒然。此次皖方之敗，即由於此。

合肥自敗訊到來，即蟄居府學胡同寓邸，上呈自劾，請將一切官職勳位榮典一概褫革，聽候處分，一人負責，實踐獨自負責之諾言。此老倔強負責，卻為可佩，但在北方之皖系軍隊，從此完結，北洋軍隊，從此解體，不幸言中，不勝感嘆。

是役也，論者謂又錚所擬之作戰計畫，頗合軍事原理，而仍失敗，以

為不照他計畫而行之故。余不知軍事，又未見又錚的計畫，不敢置一辭。惟以愚見所及，為客觀之評論，段香巖本稱宿將，又是老輩，不免依老賣老，自負輕敵，以為奉軍何堪一擊，直軍更無論矣。他狃於復辟之役，不察情勢之不同，甚至在車中打牌，由北京製成饅頭，送到軍前。他料此次軍事，指日可勝，判斷錯誤，此其一。曲同豐、陳文運，雖係日本士官出身，曲是山東老粗，勇而無謀；陳則無軍人氣，只知趨承，未戰先怯，絕少住宿兵營，已背「官不離兵，兵不離官」之原則，更談不到與士卒同甘苦，何能當指揮之任，此其二。邊防與西北兩軍，成軍不久，訓練不足，下士雖經講武堂訓練，均未經過戰事，指揮未如意，兵士不能人自為戰，此其三。邊防軍以馬子貞一師，訓練最好，調駐山東，不及調回，致後備無軍可援，此其四。吳光新被扣留於武昌，影響軍心很大，此其五，此次因重奉輕直，故以徐又錚當東路。假使以又錚西北軍當西路，先擊敗直軍，則奉軍亦不致入關援曹。又錚東路已將入天津，實為西路所累也。我曾於開戰前，問坂西利八郎顧問（他是參戰軍顧問），以這次戰事之預測。他說邊防軍訓練不足，指揮官及下士，都沒有戰爭經驗，用以作戰，未免過早。這支軍隊，只能服從命令，不能人自為戰，全靠指揮官之如何了。真是一語破的。

七十四、靳雲鵬設計謀毒同僚

　　戰事結束後，東海仍以靳雲鵬為國務總理。吳佩孚電令警察總監吳鏡潭，嚴緝禍首，計有徐樹錚、段芝貴、曾毓雋、朱深、梁鴻志、姚震、姚國楨、李思浩、王郅隆、丁士源等十人。鏡潭本與段系接近，且與又錚私交甚篤，以未奉政府命令為辭，延遲兩日，使十人均由日本使館建川武官，以庇護政治犯為名，都進入日本兵營了。日本兵營餘屋寬綽，由王祝三（郅隆）加以修理，連各人家眷亦可同居。此名單由靳雲鵬擬以電吳者，余本列名在內，東海閱後謂，潤田反對此次戰事，曾對我力說，設法避免戰事，聞到團河兩次，勸芝泉相忍為國，以何理由，列他為禍首，因之榜上無名。

　　又錚進了日本兵營，急欲逃出，時車站軍警檢查很嚴，恐反出事。過了一時，他備了一只日本人作行李的大號柳條筐，蜷伏筐內作為行李，由兩日兵抬到車站，進入三等車，由日兵看守。到天津時，尚未黎明，即潛行南下，先到杭州，遊說浙督盧子嘉（永祥）。又到福建，遊說閩督李厚基。閩浙實力，尚屬於合肥。又錚擬在福州建置，整軍經武，以圖倒吳，事為合肥所聞，急電阻止。余適居父喪，只知有其事，不知其詳。又錚蜷伏在柳條筐內三時餘，尚南下圖雪恥復仇，其忍耐堅決之心，亦可佩也。後在上海住了一時。

　　靳的原意，本想趁此機會，將異己者一網打盡。豈知盡被漏網，無可洩忿，於是將十人照相放大，榜之通衢，猶以為未足，必欲置之死地而後快。他們在武官處兵營內，每晨早餐都是吃北京燒餅，由日本勤務兵到前門外一家燒餅舖去買，日以為常。有一日早餐，眾異先就食，一咬燒餅，即覺舌麻，心知有異，即齰口未食，剖而視之，每個燒餅內，都加砒霜，即由買燒餅的勤務兵，趕至前門外，找尋原舖，該舖已關門大吉了，於此更可知靳處心之狠毒。

　　靳在段門下，受恩最深，他在小站段部下當一等兵，假日每不出營，在營舍習字看書，為段巡視所見。問其家中情況，他說尚有老母，還有一弟（即雲鶚）。家貧，每月所得餉銀，寄家養母，尚不足養，故欲多識些字，預備考隨營學校，冀得升為下士，以養母親。合肥嘉其孝行，即將他補入隨營學校。後他又求合肥補他的胞弟（雲鶚）以一等兵，合肥知其弟讀過小學，亦即補入隨營學校。兄弟二人，畢業後由下士逐漸上升，不久竟由連長至營長，步步高陞，到了兄為總理，弟為師長，由合肥一手提拔，真是特別之知遇。因與又錚爭權，終不得逞，遂遷怒於合肥之左右。有疑其此次戰

事，名為不左右袒，難保不與曹錕暗通。今徐又錚既已被打倒，又出此毒計，忘恩負義，陰險狠毒，幾無人性矣。

我們由王叔魯發起一會，約丙子同庚的名流，名為丙子會。每年於十二月東坡生日，及五月楊椒山先生生日，兩次聚餐，（因兩公亦是丙子同庚）毫無作用，只快朵頤，且藉暢談，有周孝懷、張乾若、陳半丁、汪向叔、萬璧臣、潘子欣及余等十二人。翼卿本亦在內，同人因鄙其為人，從此會餐，即不約他，亦可見其為士林所不齒矣。

七十五、直奉火拼竟殃及池魚

自梁閣垮合以後，由顏惠慶、周自齊先後相繼組閣。奉張以吳佩孚借題發揮，攻倒梁閣，對他存有敵意，極不相能。吳則以張推梁組閣，為禍國殃民，雙方電罵，繼以通電數張十大罪，張亦通電數吳罪狀，各不相讓，又成為非兵戎相見，不能解決之局面。曹錕本庸碌無能，處於兩難，既無力助吳，又不願與張決裂，故只能聽吳張相鬥，己則處於中立，由吳主持。但吳屬於曹，曹又何能自居局外。東海曾令雙方撤回原防，再圖解決之法，終於無效。吳佩孚設司令部於保定，自任總司令，張作霖司令部設於落岱，亦自任總司令，調兵遣將，雙方均擁兵十萬以上，勢均力敵，不相上下。惟將領方面，似直優於奉。況吳自領之第三師，及後編的三混成旅，久經戰爭，尤善於迂迴山嶽之戰，故開戰以後，旗鼓相當，攻擊猛烈。初則屢進屢退，不分勝負，奉方恃火力之強，馬隊之勇。吳方善攻人弱點，乘虛奇襲。加以接濟方便，奉方接濟遼遠，於是吳方佔優勢，奉方漸漸不支。不旬日間，奉軍撤退軍糧城，繼又退至山海關，吳方以陸海軍夾攻，遂至潰不成軍，此其大略也。有知內幕者言，以皖直和直奉兩次戰爭，均由東海利用靳雲鵬，從中挑撥策動，其意是想倒段而排曹張，許靳以總理，其說亦有可信之處。

吳佩孚自戰勝奉張以後，氣燄更不可一世，坐鎮洛陽，遙領中樞，政府之措施，須先得吳之同意。時董綏經（康）為整理財政委員會主席，晉謁洛陽。吳問西原借款情形，董不加思索，即答恐黑幕重重吧。因此一言，閣員中有高恩洪者，與我本有間隙，更媒孽其間，遂使我受無妄之災，貽終身之恨。余匆匆出京，未曾告知芝老，聞芝老知道此事甚憤，曾賦一詩，經友寄示，余頗感動，因芝老絕少作詩文，我從未見過他的詩章，文則僅為徐又錚撰神道碑，蓋芝老非遇到極憤慨之事，決不輕易形之筆墨。意者以我三人，已無端受五四運動而犧牲，今吳佩孚又以借款問題，藉口傾陷，故作此詩以鳴不平，且嘆當局者無正義之可言矣。原作錄後：

> 不佞持正義，十稔朝政裏。立意張四維，一往直如矢。
> 側目忌憚者，無辭可比擬。謂左右不善，信口相詬訾。
> 唱和聲囁雜，一世胥風靡。賣國曹陸章，何嘗究所以？
> 章我素遠隔，何故謗未弭。三君曾同學，宮問聯角徵。
> 休怪殃池魚，亦因城門燬。歐戰我積弱，比鄰恰染指。
> 陸持節扶桑，樽俎費唇齒。撤回第五條，助力亦足使。

曹迭掌度支，讕言騰意苃。貸債乃通例，胡不諒人只？

款皆十足交，絲毫未肥己。列邦所稀有，誣衊乃復爾。

忠恕固難喻，甘以非為是。數雖一億零，案可考終始。

參戰所收回，奚啻十倍蓰。

　　此案經法院調查，經數月之久，檢察長且當面質詢，終因查無證據，始宣告不起訴處分結案。

七十六、痛遭大故一怒散兩姬

　　吳佩孚令國務院對余發令通緝，時顏惠慶為總揆，尚持公道，以有無弊病，尚未查明，何能即令通緝，改為交法院查辦。余以此項借款，十足交款，既無扣佣，出納都照正當手續，財政部有案可稽，我自己既沒有開過一張支票（部章由次長管），又沒有用過一文，私弊決無，故坦然不以為意。豈知晚上，周子廙（自齊）來電話，要我親接。他說洛陽方面，對院令頗為不滿，恐有意外行動，勸君還是暫避為是。適日前有友為我算命，說今年恐有牢獄之災，宜加小心。聽了子廙電話，想起友人之預言，遂於翌晨搭了第一班火車赴天津。臨行未及稟辭我父，又想津宅在舊德租界，現已收回改為特一區，亦由中國管理，故抵津後即寓陸閏生（宗興）家，他家在日本租界。時日本總領事為吉田茂氏，先訪吉田氏，告以緣由，因津寓在特一區，故暫寓陸宅。吉田氏甚為殷勤，謂軍閥的事，無理可講，君住日本租界，我必特別注意。余居天津很久，因家在日本租界，故與日本總領事，都有來往，記有松平、吉田、有田、桑島諸氏，而與吉氏最為相契，過從亦多。他對合肥，亦很欽佩。

　　我父在北京因兩天不見，抬了籐椅，到處招尋，母告以到天津去了。又過了幾天，仍不見我回家，父告母說，我亦要到天津去，母說這樣天熱，不必去吧。又過了數日，又說要到天津，母電話告我，我想津宅瀕海河，尚不甚炎熱，回電說，父定要來津，不如請來吧。次日早車雙親來津，是日炎熱異常，父已異常疲累，到了津寓，仍不見我，問在那裡，何以不見。母告以有事與閏生商量，故住在陸家。父說我也要到陸家去看他。旁晚遂派車接我父來陸家，見了我很高興，足見思子心切。因在火車冒暑而來，精神仍覺萎頓，在客廳坐了一會，問我臥房在那裡？我想父因疲勞要休息，引入臥室，請其少臥休息。父說我不要躺，遂在靠椅坐著，問我何以不回京。告以與閏生有事相商，尚須過幾天回家，後即在閏生家進晚膳，胃口不好，只吃半碗稀飯，我想或因勞累受熱之故。飯後說，我亦要住在這裡，好跟你講講話。我告以這是閏生的家，還是回特區家好，我明晚亦要回到特宅去了。閏生聽了我們的話，即上樓去，半頃方下樓，我以為以我的交情，我父既有此說，也許留父暫住，豈知並沒有留住之意，亦許聽了婦人之言了。又坐了一回，只好送父回特宅去。我本想晚間回特宅，諒不至出岔子，豈知吳已令天津警察廳長楊以德，設法緝捕。楊告以住在日租界，無法緝捕，楊派人來告我，勸我不要外出，吳佩孚對我不知為何如此懷恨？

遂問閨生，宅後出租的房，有無空屋？他說，只有一所一樓一底的，恐怕不合用吧。我說這次家君對我的情形，覺得有特別印象，我既不能回特宅去，他又不肯離開我，只好租下來再說，閨生沒接下文。遂叫人打掃，接父母同來，住在樓下。天熱屋小，蠅蚊又多，苦惱不堪。第二天我父即發高熱，且有腹瀉，閨生薦一日醫診治，過了兩天變為腸炎。有友薦一德醫，診視後仍未見效，余很惶急，我母同二妹亦著急非常。我心想假使閨生留父暫住，不住這小屋，或不至會得此病，心中不免悒悒。旁晚偶出外散步，見離陸家不遠，有一宅貼招租者，余即入內領看，是一所五樓五底的房，尚有一小院，覺尚合式，即定下囑看房人雇人趕快打掃，告以今夜即搬來。吃過夜飯，趁晚涼時候，令兩人抬家父坐籐椅到新居，我父尚在小院中稍坐，且說，這屋不差，我即住在這裡吧。我答以我們大家都要搬來同住，老人似覺滿意。明日曾家二妹亦來，他說這屋比陸家的屋好多了。她每天來侍疾，看老父病情沒有好轉之象，亦不安心。她告訴我，看爸爸的病象不好，應叫北京家中人都來天津。故父親未搬到新屋時，家人都已來津住在特區宅矣。

搬了新屋後，我父寢室安置樓下，是夜睡眠很安靜，翌日熱度亦稍低，大家以為病有轉機。豈知過了一日，熱度又高，加以便血，時時昏迷不醒，夜中說夢囈，滴水不入口，德醫亦沒有辦法，方覺進屋時之清醒，不過是迴光反照耳。第二日仍昏迷不醒，到晚上在昏迷中時時喊權呀！權呀！老父對此孫，特別鍾愛，故雖在昏迷之中，下意識會不知不覺的喊出他的名字來，我聽了刺心，那時老父已無知覺了。翌日即十一年閏五月廿四日十時三十分，竟安然棄不肖等而長逝了，享年六十有七，哀乎痛哉。

追想起病之由，及惦念不肖冒暑來津，老父愛我之深切，而我侍奉無狀，思之能不痛心。大殮之日，弔客寥寥，獨合肥向不預聞婚喪事之人，親來弔唁，且勸慰我說，尊翁已近古稀之年，死生有命，不必過於悲傷，保身即是安親心。余且哭且訴，因我政治關係，而禍延老父，焉得不痛心，若非吳佩孚無理通緝，我不來津，老父亦不會冒暑而來。言已大哭，合肥亦含淚勸道，我也知道你心中的委曲，奈秀才碰了兵有理說不清何？當此炎暑，保身為重，即叩別。三朝朱桂莘來弔，見靈柩停在狹窄之中堂，告我如此停靈不妥，不如早日安葬。答以我父遺言，要歸葬於故鄉，現在家鄉尚無塋地。他說，在此鬧市中，停靈於狹小之中堂，終於不妥，遂在院中蓋一鐵筋水泥堅固之屋，為停靈之所，直至回南安葬。

北方習俗，每逢婚喪喜慶，院中總蓋蓆棚。蓆棚蓋法，真若房屋，尤其棚頂，亦有屋尖飛簷，不會漏雨，故在棚內可作種種用場，亦是一種特別手工。靈堂設於堂內，經堂即設在棚內，房屋狹小，幸有蓆棚可派許多用場。

來客開席，亦在棚內。北京蓋蓆棚者，稱為篷匠，手技之精，南方也沒有。余在靈堂孝幃內守靈，我母常在孝幃外念佛，有時啜泣，天氣潮熱，穿了粗布孝衣，時時流汗，我總慰勸，然仰視遺容，亦悲泣不能自制。回想臨終前夕之悲音，霎時間即安然仙逝，真有人生如夢之感。先父於病中自輓一聯，敬繕寫懸於靈前，聯語如下：

> 念一生無過無功，地獄天堂，問閻羅何以處我？
> 想先世克勤克儉，朝乾夕惕，願子孫毋忝爾生。

可見我父生平之為人，心境泰然，而勉勵後人，又如是之切，願後人勉之。

時薛姬住樓上，靈棚內梵音清淨，滿屋淒涼，忽聞樓上有劈劈拍拍之聲，知是薛姬約人打牌，在初喪中，成何體統？我很震怒，恐有礙女客的面子，隱忍不言，惟勸她不可再做。一日艷裝出門，為我撞見，即厲聲斥道，妳這樣打扮，還像穿孝嗎？不怕人家背後譏評嗎？她竟回答道，姨太本無穿孝服的資格。我大怒，大聲罵她混蛋，她竟還罵。我上去伸手打她，被人勸阻，我氣極了，又開口大罵，她即上樓，從此她即不下樓行禮，又不見我面。等到領帖過了，她托言母病，要回常熟家去，我也不阻她，這怪我平日待她寬容之故也。

還有蘇姬，初即託言家中沒地方住，住在陸家後面之租房，有時來家行禮。然人言嘖嘖，說她有外遇，聞她常常出去，跟一群少年，在利順德飯店跳舞。我未得憑證，只好暫忍，惟囑咐她，外邊人言可畏，你為我面子，自己名譽，也應該知道，但屢戒不悛。領帖過後，謝過喪，我可出門。一晚余到利順德飯店偵視，果見她同一群少年作樂跳舞，其中我無一識者。歸即問她是否同少年在利順德跳舞，她直認不諱。問她跟何等人跳舞，她說都是張少帥的同事。我說，我去看過，沒有一個相識的，這班人狎你作樂，你也隨便跟他們玩，他們當你作舞女看待，你知道嗎？她不認錯，反說有什麼關係，我即罵她不要臉的賤人，我的臉給你丟光了，你還有臉躭在我家嗎？我家不能容你這樣無恥的賤人，想不到她即下跪道，你真的不肯饒恕我，不要我的話，即請放我走了吧。我站起來說，你走即走，我不要你這樣無恥的賤人！要走即走好了。她求給她的衣服首飾，准她帶走，我也准了，就此勞燕分飛，把她打發了。我告知我母，老三鬧得太不成話了，我已打發她走了，我母素厭惡她，聽了說也好，我叫媳婦來陪你吧，從此你們倆亦可好好的過日子了。遂打電話告我婦，說老三已打發走了，你可來同住，我婦拒絕不肯

來。我母很生氣對我說，那麼叫老二回來吧，遂電給薛姬，告以蘇三走了，你可回來；她沒回電。過了一時，竟突然帶了一個妹子回來。她妹本已嫁張姓，不久又改嫁。余對她很不高興，但對她沒有說什麼。

余在喪中，向另房獨宿，她以為故意冷淡她，時時與我鬧彆扭，她的妹子從中幫腔，更使我生氣，但我仍不理她。過了數月，在我生日前兩天，又要回南，我也不阻擋她。我知道故意冷淡我的意思，她以為我仍會要她回來，但我始終不理她，從此恩斷情絕。其時我正在戒烟，勸她同戒，她不但不戒，反嗜好更深。臨行前姊妹兩人，還燒了兩大罐烟泡帶走。走後檢點衣箱，早已寄存女友家中，可見她早有預備，使我更心冷，這是恃寵而驕的結果。蘇姬濫交男友，屢戒不悛，她們時遭我母生氣，趁我在喪中，任意妄為，我忍耐已久。這是她們自作自受，我沒有對不起她們，我不是尖刻薄情的人，惟自認不能齊家而已。我與薛姬同居十六年，與蘇姬亦同居六年，終於凶終隙末，如非前生孽債，亦是我少年荒唐之結果。

七十七、徐蔚如講經達銓辦報

　　余居喪中，深自懺悔，酬應既無，友好往來亦少，惟吳達銓、徐蔚如兩君時來聊天。蔚如居士，研究佛學有年，我請他講佛氏生死之道。他很謙遜道，不敢講佛道，聊說一點入門之法罷了。他說佛教宗門甚多，最簡易修持者，莫如淨土宗，只要念佛誠心勿懈，自能往生西方極樂世界，即孝子追念先人，多念佛亦可蒙佛加被。人莫不有生老病死，佛宗皆稱為苦，要脫離此苦，莫如念佛。念佛本是平常事，人人都會，所難者要有信、願、行。信者不疑之謂，願者誠心之謂，行者不息之謂。能信而不疑，有願力而勿懈，則學佛已有了門徑。況誠心念佛，慢慢的多看經典，觸類旁通，自會悟解，真是不可思議。惟先除去貪、瞋、癡，貪即不妄求，瞋即忍暴怒，癡即是無妄念。又須行五戒，即不殺、不盜、不淫（家人在內）、不妄語、不飲酒，因飲酒易變性也。人皆謂佛法是出世法，其實佛法是入世而後出世之法，故大乘佛法，還要救無量眾生，小乘則只求獨善其身，故曰入世而後出世，出世者即無生無死之意。初念佛時，要使心鎮靜不亂，每念一句佛號時口裡念，耳裡聽，心裡想，一心不亂，即能成功，與儒家所謂靜而後能安，安而後能慮，慮而後能得之意相同，又與求其放心之意亦同。淨土宗經典，最要者只有三部，即《阿彌陀經》、《無量壽經》、《觀無量壽經》。此三種經，簡易明瞭，說明西方極樂世界之境界。念佛時常想極樂世界之境界，久而久之，極樂世界境界常現心中，臨終時自有感召，佛菩薩能來接引到西方了。

　　徐君有時來講《阿彌陀經》，有時來講釋迦佛出生及修道的經過。他說，佛亦人也，眾生皆有成佛的資格，只是自己自暴自棄，與儒家所謂舜人也予亦人也之意相同。有時來講念佛生西的實事，證明是事實非虛構也。此不過記其大意。余聽了之後，始有信佛教之觀念。後又勸我刻經，云刻經功德，亦可超度先人。現天津亦辦有刻經處，與南方楊仁山居士所辦刻經處之經，板口相同，將來可集大成。現正擬刻《華嚴搜玄記》，刻資尚未集成，君何不為先君子祈生安隱，圓滿此功德乎？詢需若干，他說《搜玄記》卷帙較多，約須三千元，余即允之，他願擔承校刊。正在雕刊之間，又發見《搜玄記》逸記若干卷，補成全璧，他歡喜非常，告余曰，此真因緣湊合，不可思議也。二年餘始刊成，訂成二十本。蔚如身弱，任啟新洋灰公司事，事忙又勤於用功，遂至天不永年，惜哉。

　　達銓亦時常來談，他長於貨殖，對新聞報紙，亦頗有興趣。本任鹽業銀行董事，因該行行員，皆習於錢業，不易改革，乃聯合金城、大陸、鹽業、

中南四銀行，創設四行儲蓄會，以維持幣信，擴大營業為主旨。主四行者，皆願承從，進行順利，總會設在北京，上海設分會，儼然為四行之總匯。達銓長於計畫貨殖，營業互臻發達。天津《大公報》為英斂之創辦，因賠本停刊，達銓遂承購約胡政之、張季鸞兩氏，重新發行，仍稱《大公報》。三人同約不入仕途，一意辦報，達銓任總理，季鸞任總編輯，政之任經理。社論由季鸞擔任，關於經濟金融者則由達銓執筆。季鸞天分甚高，博聞強記，每涉國際約章，能記其年月，條文大概，下筆千言，每於晚間與余晤談之時，一面談天，一面寫稿，頃刻立就，一字不易，真異才也。季鸞瘦骨支離，弱不禁風，而筆仗鋒芒，有萬夫莫當之概。行文雅俗共賞，評論中的，知識份子，政界要人，莫不重視，不愧為輿論之權威，政府之指南也。余於新聞界友好，只有黃遠庸、張季鸞、胡政之、陳冷血君等，真是孤陋寡聞。七七事變後，報社遷至上海，附出《政聞週刊》，執筆者多是知名之士，發表政見，議論時政，亦名重一時。後上海淪陷，轉輾遷至重慶，淪陷區內不易見此報矣。後達銓出任貴州省政府主席及文官長等職。季鸞雖未出仕，每遇重要問題，蔣先生亦常垂詢意見，參與密勿。不幸在抗戰時期，臥病不起，殊為惋惜。

七十八、靳雲鵬忘恩不顧師門

　　合肥下野後，吳自堂（光新）接至天津，即居吳邸，茹素軌禪，不問時事，日惟與舊友對奕，晚飯後八圈麻將消遣，不改常度。余去見時，他不是對奕，即是念佛，偶爾吟詠，不常作也。心靜神怡，毫無得失之心現於辭色，可見其學養之深。有一日，揖唐忽來告余，合肥近況，君恐還未知，現住自堂家，自堂亦外強中乾，為力有限。此老向不問家事，家人交謫，置若罔聞，長此下去，終非了局。余已函告合肥門下之有力者，尚無復音，在此世態炎涼之日，我輩應為老人稍盡微力，君意如何？我聽了出於意外。他又說除在日本兵營者外，要算翼卿受恩最深，又為現任總理，先跟他一商如何？我向鄙視翼卿，即說此人涼薄又勢利，且與合肥有芥蒂，亦未必肯解囊相助！他說雖有芥蒂，何至連舊恩都忘了不顧師門之緩急，我們先去告知合肥的現狀，他或尚不知也。我本不願去，揖唐強我同行，不得已同去見翼卿。揖唐把合肥近況說了，且說我已函告合肥故舊之有力者，共同幫合肥一個緩急，想君必贊同，且義不容辭！豈知翼卿又是那副神氣，斜了眼，唧了一支長旱烟管，慢吞吞答道，我跟合肥的關係，用不著你們替我費心。我聽了怒不可遏，抑制了一言不發。揖唐即曰，我們不是替你費心，以你跟合肥之關係，自非他人可比，恐你還不知道，故來給你打個招呼。我已函告合肥的故舊，不久總有回信的，言罷我們即辭出。回來我對揖唐說，如何？我沒有見過這樣無情義的人。

　　俗語說，眼斜心不正，即此人之謂也。靳雲鵬以一小卒，適逢其會，合肥賞識於牡牝驪黃之外，並及其弟，不次提拔，一帆風順，竟泝至總理，其弟亦得師長。以素無學養之人，輙膺大任，遂至自大自尊，只知功利，不知天高地厚，目無餘子，連師門的恩義全忘，所以宰相須用讀書人。

　　我問揖唐，你想湊幾文？他答想湊兩萬。我說，好！我也湊此數，我又勸闓生湊了兩萬，其餘均由揖唐盡力，共集了二十萬元，由揖唐送去。合肥不肯受，說安貧樂道，人所應為，我家儉省，尚可敷衍，何可白受人錢？你為我轉謝諸君。揖唐再三說，他們都出自誠意，由於自動，決不肯收還，請暫留下。合肥說，既然如此，我尚有井陘正豐礦股票，可照數送與諸君，作為諸君收買股票，幫我的忙好了，我也可安心。揖唐又問，近來翼卿來過嗎？他答事以後，尚未見過，可見此人竟一錢不名。迨後日本關東大地震，合肥發起集資救濟，時合肥又有再起呼聲，翼卿始以五千元以助救濟為名，特來親見合肥。這是戰後初見面，合肥對之，毫無責怒之色，此老容量

真不可及也。經數日，揖唐以井陘正豐礦公司股票送來，我說合肥留此，亦可備緩急。揖唐云，此老決不肯收回，不如收下吧。後井陘正豐公司股東會，竟舉我為董事，迨京津淪陷，日本貝島公司收買井陘正豐公司，推我為董事長，其原因即由於此。

七十九、暗殺之風蔓延到天津

　　時暗殺之風甚熾，在余友好之中，首當其衝者為史量才君，在滬杭公路上，被兩人開槍殞命，兇手逃逸無蹤。量才辦申報有年，為上海新聞界巨擘，被害之原因，終不免報紙議論過激，文字賈禍，甚為惋惜。其後上海大開殺戒，暗殺之風，延及天津，曲同豐被刺即是開端。曲氏自皖直戰後，杜門簡出，不問政事。有一夜深夜，有三人乘人熟睡之時，破門而入，將家屬及僕人，閉之一室，偉青（同豐字）於倉忙中想取手槍，已被擊斃，兇手從容而出。不久，又有莊景高被刺事，時值除夕旁晚，有人叩門，景高自去開門，立被擊斃，刺客掩門而走。時適爆竹之聲混雜，家人一無聞知，迨家人請他祀祖，始見莊氏倒在門內血泊中，已氣絕矣，大門依然掩閉。曲莊二君均屬段系，景高為雲沛妹婿，曾代理駐日本公使，為人和平圓通，久未預聞政事，亦無仇人，這是暗殺無疑。

　　日本吉田領事，派警備三人到我家，說奉命保護，晚上亦宿我家。我即去見吉田氏，告以無此必要。他說，我有密報名單，都是段系要人，君亦在內，有二十餘人，惟段先生不在內。派警備保護不只君一家，在日本租界內，我盡預防保護之責。我見他負責殷勤之意，只好答應稱謝。後在我家派住警備三人，且特設警鈴，直通警署，過了兩月有餘，沒有動靜遂撤出，吉田氏不久亦回國。

八十、徐東海下野曹錕賄選

其時我心恢意懶，時同老母在經堂念佛，連報紙也不看。有一日，閏生忽來告我，東海下臺了，你知道嗎？我說鼎折二足，我早料到其必覆，不意如此之速。陸云，吳佩孚通電主張，恢復舊國會，迎黎元洪復職，從新算起，不算補足任期，東海因之不能不下臺，明日聞即回天津了。我又問，現在沒有副總統怎樣交代？他說，聽說周子廙（自齊）以教育總長攝總理，這次又兼攝總統了。他即辭去。後聞東海下臺，由於南方要恢復國會，尚是上海和議破裂後之演變，非常國會宣言迎黎復職，東海即宣告辭職。東海老謀深算，終鬥不過這班無法無天的軍人政客。他與合肥政見不同，以開和會抑制合肥權力，終至得此結果，真是弄巧成拙。東海係由新國會選舉的，當皖方失敗，下令解散安福系，並通緝安福系要人，新國會自動宣告休會，實已等於解散。當時東海若同引退，豈不更覺來去分明，光明磊落，何必等吳佩孚驅逐而下臺，殊為東海惜。

周子廙攝總統不久，舊國會議員又陸續來京，本來留京者亦不少。子廙宣言還政於民，即辭職。子廙為人厚重圓通，當項城任外務部尚書時，以駐美一等參贊，調任外部右丞，不久下臺。入民國後，外而山東都督，內而部長，歷任六部總長，又任國務總理，今又兼攝總統。迭次政變，除帝制一役外，均未牽及，不久即解除通緝。官運之通，莫與倫比。惟妻奇妬，無子有二女，每次出外宴會，妻必遣女相從，人故不敢邀約，以免口舌。妻故世後，值梁燕孫在香港作逋客，因赴港訪梁，平時懍於閨威不能涉足花叢，到港後脫離羈絆，不免任情縱慾，遂染性病。歸京後，初猶諱言，後由中醫治療，竟至不起，年近六旬。雖由於不自檢點，致自戕其身，然斯人也而有斯疾也，究其原因，不禁嘆夫婦之道苦矣。

東海下臺後，吳佩孚以黎元洪總統尚未期滿，藉口補足任期，又擁他復任。其實黃陂以副總統繼任總統，其時已恢復舊約法，黃陂是依照舊約法繼任的，其任期應以項城不足的任期為黃陂之任期。項城已任總統四年有零，則黃陂繼任之期不足一年，早應期滿。因南方軍政府，以護法為名，恢復舊國會，開非常國會，迎黎黃陂復任，於是入京就職，不稱補足任期，作為依法復任。自黃陂復任總統，大權操於眾議院議長吳景濂，政事人事，悉尤其操縱，驕橫狂妄，目無法紀，荒淫無度，夜夜麻雀，任意妄為，作威作福，權勢之大，不可一世。半年之間，六易總揆，議員政客軍人，互助勾結，朋比為奸，譸張為幻。甚至議員誣告閣員，忽而入獄，忽而迎歸（指羅文幹

事），黎總統一無辦法，人稱他為黎菩薩，終至為直系之津保派，被逼下臺。北方政治之黑暗腐敗，未有甚於斯時者也。

不及一年，津保派急不及待，不能等黎黃陂滿期，於是由津保派指使馮玉祥的軍隊，以索餉為名，向總統索餉，每日到黎宅嚕囌，軍警視若無睹。黎不能安其位，但尚戀棧，遂通電說不能在北京行使職權，不言辭職，携帶印信出京到天津行使職權。詎火車開抵楊村，直隸省長王承斌，警察廳長楊以德，率領軍警，以迎駕為名，逼黎交出大總統印信，迫不得已，始將官印一齊交出，又將擬就辭職交國會代行職權之命令，勒命簽署。迨一切照辦，才許火車開行，得回私邸，此又是演了逼宮之新劇。然國會議員，尚非清一色，選舉曹錕，尚有問題，於是只好出以收買之一途，由吳景濂同所謂津保派政客主持，分頭收買，每票價格不一，至少五千元。曹錕只想早登寶座，明目張膽的賄買議員，登臺不久，即被馮玉祥以賄選得來的總統，將他攆下了臺。總算顧及舊情，將曹錕禁於總統府後面之延慶樓，不加以罪。

八十一、邂逅女學生竟成眷屬

余每日與家母在經堂看經念佛，忽忽居喪已屆大祥。我母誠心念佛，光陰大半在經堂度過，有時女友或二妹來，陪作方城之戲，我又不喜此道，獨坐書齋，不免有寂寞空虛之感，蓋年來綺念雖已平淡，尚不能太上忘情。一日有友告余，外邊來了一個女學生，看看像是初出茅廬，不像個中人，恐有別情，盍往訪之。余因好奇心，偕友同去，見其人貌不美麗而很端正，身不苗條而覺莊重，薄傳脂粉，衣著樸素，不善肆應，尚無習氣。其母在旁張羅，說些客套話，本人視其母似嫌其嚕嘛，因初次茶圍，稍坐即出。後去了數次，漸漸廝熟，說話亦隨便，沒有那種裝腔作勢的樣子。有一次，其母不在，余即問她，聽說你是個女學生？她點頭。進的那間學校？她說進過上海博文女學校。我問，既是女學生，為何到這裏來？她嘆一口氣說，也是沒有法子，我本是良家女，原籍潮州，生長在上海，我姓郭，祖父早年即來上海經商，開鴻裕紗廠，我父又開鴻章紗廠，至今還在上海。潮州人喜歡多男子，我父沒有子女，與我媽同居後，懷了孕，大家希望生一兒子，那知生下來一個又是女孩，那即是我。我母氣極，把我襁褓好了，棄在地塍。時我母住在無錫，外婆知道了，抱我回家，我是外婆扶養大的。我外祖之父，本做三菱公司買辦，家道尚好。外祖教讀為生，家道已經中落。後我母跟我父分離，也住在外婆家，外祖又故世，我母是揮霍慣的，住了幾年，因之外婆家慢慢的也窮了。我在學校時候，正是北京學生鬧五四運動，上海學生也跟著起鬧，大家到護軍使衙門去請願，我也跟去了，碰上下雨，大家淋得像落水鷄，一定要見護軍使。後來出來一個軍官，叫我們回去，護軍使已經知道了，不要在雨中久等了，大家就一哄而散。我想北京學生反對的曹某一定像紅鬍子一樣的兇狠，害得我們在雨中淋了半天，真苦極了。我看她那種興奮的樣子，問她後來怎樣？她說，我回到家裏，把東洋貨都擲掉了。外婆見了說，孩子瘋了吧？怎麼好好的東西，都擲掉了？我說，大家說不用東洋貨，抵制日貨，才是愛國呀。外婆罵道，傻孩子不要聽他們的胡說，擲了又費錢要買。又過了二年，外婆家景況更壞了，媽叫我不要去念什麼書，跟我到天津去。外婆聽了，帶哭說道，窮也要窮得清白，你千萬不可帶毛囡（我的小名）到天津那種地方去！媽答知道了，不要嚕嘛了。我莫名其妙的跟媽到了天津，起初住在一間小客棧。後有一人來，跟媽背著嘀嘀咕咕，不知說些甚麼，不久即同他領到這裏來了。我看這裏床舖俱全，家具也有，知道這不是好地方，但我有甚麼辦法呢？說時眼淚已流在眼眶裏。

我想這番話，有名有姓，有頭有腦，不像假話，即問她，你知道我是誰？她答我那會知道？我即笑道，我即是你說的那個紅鬍子啊！她不信說，我想紅鬍子一定是很兇狠的，你不像。我看她那種天真無邪的神氣，遂說，我為甚麼要騙妳——她覺得有點難為情。說時，她媽也回來了，我即出來。我想，她也是天涯淪落人，不覺起了憐憫之心，無事時常去跟她胡說聊天。她也對我熟了，總是談她從前的家事。過了一時，我又去問她，你在這裡，總能習慣住下去了？她說這種地方，我那能住下去，我是無法啊！她又訴說往事，她說我小時候，我父常領我到老宅去玩。郭家本是大家庭，那時祖父健在，家中叔嬸又多，他們都說潮州話，我聽不懂，到晚上總是要回外婆家去。後來我父親一定要我住在老家，到了晚上，還是哭要回外婆家。我祖父是個慈愛的人，他說不要勉強，等孩子大點再說。後來，各房都分住了，我父只有我一個親生女兒，一定要領我回去。我母不肯，吵了一場，從此父親斷念不來了。現在想起來，假使那時領回老宅，何至到此地步，也是命該如此。現在想要離開這地方，那有人肯拉我出去呢？說著即落淚了。我也感動，勸她不必傷心，你跟媽商量，如果同意，我可為你想法。她聽了很高興，說我不跟她商量，她一定不贊成，她跟我意見不同，不可跟她商量，恰好我家不遠，有一空房招租，我告訴了她，她一定要求我租下，我即答應她，不久即搬進去了。

　　我常散步去看她，她總是在家，有時做活，有時看小說，她要我給她買教科書和小說，我也給她買去。她對我時露委身之意，我說，我年近半百，與你相差太遠，怎能合式？你得跟媽商量。她說，你怎麼總說跟媽商量，這是我的事，與她沒有關係。論到年歲更不在乎，嫁年輕人難道沒有做寡婦？嫁年大的，也有白頭偕老。外婆對我說過，嫁人要嫁年紀大的，才能真心愛護，我聽外婆的話。我又說，我的子女年紀都比你大，恐怕不能相處，我不願以一時之愛，反害了你，你得仔細想想。她說大家客客氣氣，怎麼不能相處，我也是好人家出身，只要不因我過去的事，對我輕薄，我就十分滿足了。我說，這不是急事，以後再說好了。後來走得越勤，越談越密，與其說談戀愛，不如說談家常，談得愈多，情感自然越加瞭解。我想這人，既沒有習氣，又沒有小家氣，可說是入汙泥而不染，真是難得。如是者又過了兩月餘，我也有娶她的意思。彼此雖有同情，但恐來家後後悔，故把家中複雜情形，索性都告訴她，要她再考慮，免得後悔。後她對我說，已細想過了，決不後悔。

　　不知誰造我謠言，對我母說，我又有外室了，我母很生氣責問，我即將前前後後，詳細告訴我母。我並說，我對這人，察看了一年多了，他本是好人家出身。我再察看，如果合式，也許討他，現在尚沒有定，我決不瞞你

的。我是需要有一伴侶，為將來的老伴，我年已半百，決不會再做像以前的荒唐事，你請放心。我母聽了，也覺釋然，並也有同情之意。又過了一時，我覺得她確有誠心嫁我之意，遂稟告老母說，此人我觀察已久，沒有習氣，也沒有驕傲，一定能居家過日。自從接她出來，已過了半年，沒有要過我做過一件衣服，買過一件首飾，又從沒有出門遊玩，總是在家識字做活。我想這人定能做我的伴侶，將來進門後，你可相信我的話。母說，我也覺得你太寂寞，應該有一人作伴，只要你自己明白，不要再蹈覆轍得了。我得了老母同意，去告訴她，她亦非常高興，可說有情人終成眷屬。

後來服闋後，於十三年八月二日娶她入家，祭告先父，拜見我母，對我婦亦行禮如儀。那時她十七歲，妹婿志忞，以老夫少妻，頗不贊成。我說，請你看事實來證明，不要先存成見。

在沒有進門之前，我曾同她到特一區宅，時我婦在上海，只有四五兩女在家。他們知道我將娶她，五女慶五即說，爸娶了大姨，毀壞了家庭，娶了二姨，毀壞了名譽，家庭毀壞，還可改好，名譽毀壞，亦可恢復，若使身體毀壞，那可無法修補了，其意也是率直愛親之意。靜真聽了知有所指，故格外注意，尤其對我身體，更加保護，靜真常記在心，惟恐貽人口實。這是五女之忠告，亦靜真之自好也。志忞見我要討靜真，曾致我一信，不是勸，竟是罵，我也不理。後來靜真進門後，對我母先意承旨，對我婦亦恭順客氣。我婦因內弟王紹良，向乃姊獻殷勤，說靜真壞話，故不免有了成見。我母見她和順勤儉，既沒有習氣，又不喜穿飾，甚為滿意。我那時尚有嗜好，睡得晚自然起得晏，她卻一早即起。她對我說，你能不能改早一點起來，老母經常下來等你吃飯，將近兩點，又不肯先吃，你知道嗎？我說，我的晏起，已成了習慣，以後這樣吧，你到十點即叫醒我好了。她得了我同意，將鬧鐘開快半點，等鐘響了即叫醒我，慢慢的習慣改過來了。我母很歡喜，告訴我二妹。志忞知道，特來謝罪，索還前信，我說信已丟了，我已不記在心，你亦不必介意。從此志忞與二妹，對靜真很看重。後靜真不叫我，我到八時後，即能自醒。她提議先出去散步，換換空氣，回來再用早點。初時只走三十分，漸加到一時，亦不覺累，精神亦漸漸恢復。每次散步，總過曾家，志忞看了，甚為欣羨。嗣後對我戒烟方法，她不贊成，要我把這事交她管，我亦贊成。她知我不喜歡用西法硬戒，她用緩和的方法，將枇杷膏滲入烟膏，每天限制，漸漸減少，量不變而質減少，時間雖久，終於戒除。我想不到，她年紀雖輕，而做事卻很老練。我的身體，轉弱為強，這是我一生的轉捩點。不久，為先父安葬，一同回上海，我母總稱道她，因之上海親戚，聽了我母之言，見她舉止行為，亦都讚美。我亦自慰，晚年得一佳耦，至今已四十年，始終如一。

八十二、三角聯盟奉直又啟釁

張作霖自敗回奉天，整軍經武，極力改革，起用優秀軍人，授以方面重任，又設兵工廠，延德國專門技師，製造新式軍械，又訓練空軍，事事認真改進，各方來投之軍人，即如張宗昌等，亦兼收並蓄，以為臂助，無日不以雪恥為念。而直系方面，曹錕以三省巡閱使，坐鎮保定，軍事悉委之吳佩孚。吳佩孚又以馮玉祥為左右手，只知加增師團，不管軍餉之所出，故致政府所入，僅能供吳之軍餉，財政窘到極點。而曹錕全不過問，只希望速登寶座，任吳景濂與卑鄙無行之政客，及津保系軍人胡作非為，至鬧成賄選的笑話。而南方則桂粵交惡，互相火拼，致中山先生不能安居於粵。段合肥居天津，雖不問事，而各方歸心，隱然成為政治之中心。經中間之奔走運動，段孫張三方面，均一致同意，形成三角聯繫。余因忙於先父之歸葬，故未預聞。但知合肥曾遣周孝懷（善培）及許靜仁（世英）二氏，代表訪問中山先生於廣州，又錚亦曾去過。中山亦遣汪精衛氏來津答訪。段氏宴請汪氏時，余僅於席間一瞻汪氏之風采而已。聞中山先生又遣孫科公子到奉天訪問張作霖，歡談甚洽。從此三方面愈接愈近，遂成三角聯盟之勢。

張作霖見事機成熟，遂以討賄選為名，出師進山海關，聲討直系。直方分三路應戰，以王懷慶、胡景翼任中路，馮玉祥任北路出熱河，吳佩孚駐秦皇島，自任總指揮。豈知這位倒戈將軍馮玉祥又與段張之間，有了接洽，與直系胡景翼和孫岳亦有默契。故馮出師，行軍遲緩，奉張又請合肥以犒軍為名，送馮巨款，馮遂又倒戈歸到段張方面，由懷來迴師，先駐高麗營，（合肥送款犒軍，即在此時），翌日即入北京。孫岳內應，遂開城入北京。直軍在山海關，已為奉軍挫敗。後到九門口與奉軍交鋒，直軍又大敗。吳光新與張宗昌又由冷口側面斷其歸路。吳聞馮玉祥倒戈，不敢回北京，於是將軍械、糧米，置於天津總車站，封標交段合肥點收，自己由天津乘軍艦逃往湖北省之雞公山，戰事遂了結。

時北京成為無政府時代，由黃膺白（郛）組織攝政內閣，至段氏執政時為止。此次奉直之戰，實由合肥暗中支持奉方而獲勝。時段氏住在天津吳光新宅，特設無線電臺，與奉方指示聯絡，布置周密。而其要點，尤在張肯化錢，馮能利誘，故能速戰速決。惜余不能知其詳，僅於屈文六（映光）、袁文欽（良）兩君來舍時，談其大略情形而已。

余料理先父回南安葬事，出殯前先為先父成主，請徐東海題主，張乾若、郭嘯麓兩君為襄題。又請魏鐵珊（棫）君為先君撰墓誌銘。魏君，山陰

人，性豪放，為文簡潔，書法北魏，故並請其書丹，由方藥雨君介一名手鐫刻，絲毫不爽。鐵珊任俠，喜打抱不平，常飲於小酒肆，與余過從漸稔，每同飲於菜根香。該肆備餚不多，而酒多佳釀。酒後談往事，嘗在上海太古輪船，見洋水手欺侮華工，他忿將洋水手，抓住領口，往外一扔，竟落於江心，他即一躍登岸逃避。真是能文能武，技術工夫，亦臻上乘，亦奇人也。

八十三、馮玉祥回京逼宮盜寶

此次馮玉祥倒戈迴師，行軍迅速，人方知其由南苑開拔，不久忽已回京。有孫岳內應，師臨城下，即由安定門開城放入。入京後即捕曹錕的嬖倖李彥青槍斃。李為曹之軍需處，仗勢行兇，無惡不作，人皆切齒，故都稱快。後又索捕王叔魯，王掌財政，諒亦為請餉不滿。偵者入王宅，王之臥室，係在兩卷式之後間。時叔魯已起身，兩卷室前窗敞開，偵者見窗開無人，遂不注意，向前搜索。王於此時，即乘間出後門，匿於其僕之家，由僕家乘車入東交民巷中法銀行。迨捕者偵知，回到兩卷後房，見浴盆水尚溫，桌上早點未食，始知王已鴻飛冥冥矣。

翌日馮偕衛戍司令鹿鍾麟，警察總監張璧入宮，想活捉遜帝溥儀。遜帝方進膳，聞訊即倉卒出宮，逃匿東交民巷德國醫院。經鄭蘇戡（孝胥）與日本公使芳澤謙吉氏接洽，遷入日本使館，安置於二樓，皇后亦接來同住，亦庇護流亡之意也。

是日後門一帶，臨時戒嚴，軍警林立。鹿張兩人進宮，見遜帝已出宮，即開元明清三朝收藏之寶庫，劫掠寶物，以軍用大卡車，運載而出，萬目睽睽，人所共見，無可掩飾。當時進宮之鹿鍾麟、張璧，還乘間偷竊。張見桌上有一對均窰花盆，種的菊花，他知均窰是珍品，即告隨警，這菊花是好種，給我帶回去。鹿鍾麟則見桌上陳設有一翡翠瓜，故意把玩，即將軍帽覆扣瓜上，隨弁知其意，即捧瓜和帽，趨出至鹿跟前道，您忘了帶軍帽了。鹿說很熱，我不要帶，你拿著吧。真是連盜帶偷，兼而有之。余雖未目睹，然人言鑿鑿，決非虛構。

故宮寶物，集唐宋元明清五朝之大成，寶庫不止一處。聞馮玉祥所盜，不過一庫，盜後將庫縱火焚燒。當時宮中失火，確有其事，消防員尚檢得爐餘金屬，亦可證明。自民初至余在政府時，間有總統贈送外國元首，須由外部咨內務府，提取數件，尚很慎重。後項城提取瓷器，令郭世五（葆昌）仿造洪憲官窰，始由郭親自選提，難免多報少。郭死後，其子出售古瓷，得有巨金，可為明證。此外未聞政府提取寶物者。迨政府南遷，大部分寶器亦隨之南下，中經變亂，輾轉遷移，聞瓷器損壞不少，今有一部分尚保存在臺灣。遜帝居宮時，因積欠優待費，以古物向銀行抵押借款，余曾親見，從此內務府遂開監守自盜之門。後於遜清帝出京前，時局混亂，遜帝以賞溥傑為名，運出珍貴寶物、名人書畫手卷、古版書籍，及賞師傅遺老者，無從稽考。今所陳列於故宮博物院者，恐精品不多，無復當年之大觀矣。

歷代之國寶，無知軍人不知保藏，賣與外國，惟利是圖，可為浩嘆。然又想歷來國寶，及歷史名迹，中國不加保存，毀於兵禍及水火之災者，不計其數，反不如售於外國，陳列博物館，使中國之國寶，藉以保存，而使外國人得知中國文化悠久之為得也。

八十四、還鄉葬父合肥任執政

民國十三年之冬，我扶先父靈柩歸葬上海，適張馮及蘇浙閩鄂各省督軍擁護合肥出任執政。臨行之前，謁合肥辭行，以回鄉葬父，不獲隨公晉京為歉。惟有一言奉陳者，自項城逝世，北洋團體日形渙散，武力統一已成過去。公此次東山再起，國人屬望甚殷，重以中山先生北來，正是商量南北統一的機會。中山重於理論，公重於實行，互相調劑，可為國家前途慶。公於統一夙願，此次若能實現，亦是全國所企求。人民苦於爭戰久矣，建設前途，久成虛望。這次公應與民更始，開一新局面，由於人事方面，宜多用新人，庶幾庶政一新，開始建設，以副全國之望。此機不可再失，願公俯察輿情，以慰人民喁喁之望。我到南方，亦當將公夙望，宣傳於南方，以盡萬一。因南方對於北方情形，向來隔閡也。合肥聽了頻頻點頭，惟囑葬事完了，早日北返，余遂辭出。

此次扶柩南下，送殯之盛，與當年大殮情況，適成對照。路祭之棚，直達碼頭，世態炎涼，為之喟嘆。到了碼頭，遂謝客扶柩登新豐輪船。該輪曾載盛杏蓀（宣懷）封翁柩，故將艙門改由中間出入，靈柩可由中間入艙。並在飯廳艙板釘有四銅環，可將靈柩綁住，以免風浪顛簸，並可照常上供，此真叨了盛氏之光。盡包官艙，以備親友送殯之用。幸風平浪靜，到滬埠頭，上海親友已在埠頭蓋棚路祭。接受路祭後，即移柩民艙，直至安亭橫涇新塋。塋地兩面靠湖，上岸便利。新塋先由許靜仁先生介紹一地師（忘其名）與方允常兄到處勘擇。余意只求先人永眠平安，不必為子孫發達著想，經過三個月，始覓定於此。遂由允常監修，已逾半年，尚未完全竣工。占地十六畝，墓外建四合房兩所，一為墓祠，一為小學校，校名即用先君名字，為豫材小學。墓隣兒童，免費上學。墓前種了花樹，四時開花不斷，墓後兩旁，遍植松杉。墓祠後面，闢一竹園，旁有荷池。墓之周圍，垣以石欄，並置祭田百畝，以備修葺，並為後人祭掃之需。安葬前承伯符族丈兄弟四人合送道士經，高搭棚臺，誦經禮懺至下葬之日止。靈柩停於墓祠，鄉隣前來參拜，絡繹不絕，並觀道士經。親友送葬下鄉者，因安葬時刻，擇為子時，都住在墓廬。四合房屋只有一所竣工，睡舖遂生問題，甚為擁擠，殊覺不安。我與靜真，宿於舟中。

嗣於報紙見執政府名單，卻無平素出入最勤之人。不設國務院，由執政親裁。執政府設在前陸軍部，相連之海軍部則為秘書廳，以梁眾異（鴻志）為秘書長，但未見徐又錚、曾雲沛之名。我想兩人為段之左右手，不

可少之人，這又太避嫌疑矣，頗以為異。後知又錚以專使名義赴各國考察軍政，方悟合肥維護又錚之苦心，因又錚容易樹敵也。閣員中有楊庶堪，此人為國民黨，淡於名利，藉以點綴，總算與中山先生有關聯之意，真是煞費苦心。後聞中山先生到了天津，即對往迎使者，主張廢除不平等條約之言論，與合肥意見相歧。中山先生又主張開國民會議，合肥則主張先開善後會議，故善後會議國民黨員無一出席。兩巨頭尚未會見，已意見不一，我已恐無好結果矣。

余到滬後，胡筆江兄已為我在南洋路預備寓所，係又錚故居，抵押於中南銀行者，一切俱全，不勞布置，賓至如歸，盛情至感。余到滬時，齊（燮元）盧（永祥）之戰已成尾聲，起因為爭奪上海地盤？淞滬本屬於蘇省，自盧子嘉以淞滬護軍使陞任浙江督軍，淞滬遂隨盧而隸屬於浙，以何豐林繼任淞滬護軍使。迨齊撫萬（燮元）繼李秀山（純）督蘇，以上海為財富之區，希冀復隸於蘇，遂與盧起爭奪之戰。盧敗於齊，盧為合肥嫡系不能坐視，遂令奉軍南下援盧，由張宗昌率師南下，軍容極盛，一戰而敗齊軍。齊雖敗走，但為孫傳芳由閩入浙，政府令盧永祥為蘇浙巡閱使，但有虛名，而無實權，段系在南方遂失了一有力的地盤。奉張本有窺伺南方之意，又派邢士廉率兵南下，且以鄭鳴之（謙）為江蘇省長，鷸蚌相爭，漁翁得利。戰事雖暫停止，局面仍未安定，淞滬護軍使，仍由何豐林復任。

盧嘉帥邀遊西湖，余以嘉帥已不在其位，又當軍事倥傯之時，故以修墓辭謝。余八世祖君錫公墓在上海方濱橋，君錫公為遷滬始祖，享年百有二高齡。姚張太孺人，亦享年九十有七。檢閱舊碑，此墓建於乾隆十八年，距今已二百數十年。當時離上海城西門三十餘里，世變滄桑，今已盡入法國租界。先君已繞以圍牆，立以墓門，巍然立於市廛之中，年久失修，牆塌門圯，故擬重修。族人以該處地價甚昂，不如售地他徙。我以貪地價之高而出賣祖宗遺骸，豈子孫所應為？祖宗遺骨，能安且安，以盡為子孫者心之所安。幸墓門離馬路尚有尺餘，故修馬路時尚無妨礙，遂將圍牆加高，墓門重建，並將墓門前寬尺餘長約三丈之地向法工部局購進，可與馬路取齊。不過數厘之地，竟花四千餘元，真是千金地矣。

余到上海，筆江兄又為我備一汽車，故到各處謝喪，甚為方便。父執之健在者，尚有姚子讓、葉醴雯、沈恩孚、李平書、蘇稼秋、莫子經、李蘭舟、王一亭諸老先生。他們住在城裡者多，城牆雖拆，改建圍城電車，仍分內外界線。由伯符族丈陪同到各處拜訪，且請父執在寓歡宴一次。蘇稼老因避戰來滬，即留住我寓。姚子讓翁正在修上海縣志。李平老、王一老當革命軍攻製造局失敗後，革命黨人都由二老掩護。李蘭老為先君老友，曾為我

說他少年苦學事。時某欽使出使俄國，蘭老謀使館學生未成，參贊某為其至戚，告他同船到俄（欽差治裝旅費由政府開銷），再求或可成功。豈知欽差因私帶同行更不允，後只允在使館住宿，不管伙食。蘭老備極艱辛，做工自給入學，卒以學成，在使館充翻譯有年，積資升遷至海參威總領事。適值俄國革命，華僑受虐，蘭老電請政府派輪為華僑預備避難，北洋袁制軍令招商局派輪赴海參威，有亂時華僑即避入商輪。但亂事時平時起，該輪久留不許放回，買辦有怨言，且有嗜好。蘭老聞他向僑商私收票價，到船責問，見他一榻橫陳，蘭老大怒，竟把烟具擲入海中。買辦含恨回國後，造謠報告局長。楊杏城時為招商局督辦，回明項城撤職。時項城已入京，再三求見，項城有成見，終不獲見，由秘書長張仲仁說項疏通，余亦曾向項城說明其為人，終未傳見。迨合肥組閣，始出使波蘭。及顏駿人組閣時，與蘇俄建交，始使俄國，時適回國。其人耿直不阿，談及俄國革命，紅白俄決鬥激烈，人民困苦，糧食奇缺，列寧與史太林當政之時，尚未安定云。

此次回上海，酬應甚繁，幾無虛夕，頗以為苦。暇時輒到達銓寓所約知友聊天，故人話舊，最有意思。宴會中最覺奇異者，莫如黃金榮之招讌。其時黃充法租界工部局華督察長，稱黃老闆，家住八仙樓一衖堂裡，車不能進。黃老闆與杜月笙、張嘯林到衖口迎接到家，入門後先在客廳進桂元湯，又進清茶。設有精緻的鴉片烟榻，裝了兩口，殷勤勸吸。少頃到中堂，席設正中，繫以桌圍，中設獨座，繫以紅椅披，兩旁陪坐者即黃與杜張兩人，還有一人忘其名。先由黃照舊式定座、安箸，每做一事，即作一揖，此是上海舊俗，讓我獨坐。席前供有高裝糖菓四式，這是裝飾。另有豐富滿漢席（有烤乳猪者上海稱為滿漢席），我肚中暗笑，真像當年做新郎的情況。席終請到另一室，壁上掛有鏡框法工部局督察長中法文的委任狀。室有書桌，大約是公事房。三人輪流敬烟進茶，恭維過份，反令我侷促不安。其時黃在法租界已有勢力，杜、張二位尚未露頭角也。臨行三人又送至衖口上車而別。這種場面，初次碰到，直出意外。余來滬前，黃君派張嘯林北來代表送殯，同船回滬。天津楊敬臨警察廳長，亦派警察四人，護送到滬。抵埠時張知警察帶有手槍，說租界上岸帶手槍不妥，囑交他代收保存。及回津時，警察向張索還手槍，張終支吾，後換了四支老式手槍，說原來手槍找不到了。警察不樂意說，回去怎麼好交差，定要原槍，爭論不已。余知新式手槍一定他們留下派了用場，不肯交還，彼此爭論，有礙面子。遂對津警說，我寫信給你們廳長證明好了。這是上海幫會中人的作風。

這次伯符族丈偕其弟竹甫、匡甫兩丈殷勤招待，甚為心感。伯符丈以近八十高齡，異常健康，不論遠近總是步行，尚留老輩風格。臨行約我全

家，到他家吃晚飯，由少奶奶親手自製，完全家鄉風味。這頓晚飯，吃得最舒服。

動身前適逢老同窗鍾海航之喪，身後蕭條。他本服務江海關監督署，余囑姚文甫監督，厚致賻儀。他一子讀交通大學，還差一年，海航太太求我薦入監督署，余助以學費囑俟畢業再謀事。余臨行前，在大華飯店設宴謝客，到有百餘人。後即侍母趁津浦路車回天津，時已四月底，南方已入黃梅雨節矣。

余離滬後，奉方勢力已進入南方，先派楊宇霆為江蘇督軍，姜登選為安徽督軍（倪嗣沖因病返北），張宗昌駐軍上海，雜有白俄軍長，紀律不佳，深為上海人不滿。不久孫傳芳即以此為藉口，起兵驅張宗昌，張率軍退駐江北。楊姜兩督，深感威脅，於南方情形亦不熟悉，席不暇暖，即引師北旋。孫遂乘勢入據南京，自稱五省聯軍（蘇浙皖贛閩）總司令。孫係山東人，很有智謀，工於心計，又能迎合人心，當時亦為表面擁段之一人。後直系以鄂人治鄂為名，驅逐王占元，易以蕭耀南。孫時為王部之師長，實權已操之於孫。他又由鄂巧取福建，閩督王永泉為段之門生，效忠於段，但才具平常，孫遂入閩，段係在南方又失了一個地盤。江蘇督軍自馮國璋為蘇皖贛巡閱使，由馮而李，由李而齊，一直擁此名義。孫入了南京，加以浙閩兩省，故稱為五省。那時為爭奪地盤，各省時起鬥爭，政府鞭長莫及，又無力制裁，徵請江蘇名士紳陳陶遺為江蘇省長。又改上海為市，起用學者丁文江為上海市政督辦，禮賢下士，深得人心，於是江南勢力，盡屬於孫。段係在南方的勢力盡失，執政只能周旋於張馮之間。奉張本無擴張軍備之心，而馮則自恃擁段有功，肆意要求，擴充軍隊，侵蝕陝豫，自稱為西北軍。張以馮為收買而來，鄙視其人，且獨霸北京，北京戍衛司令及警察廳長都為他心腹，威脅政府，時起磨擦。而執政府中亦分兩派，段駿良竟祖馮而反對張。於是張作霖一怒而返奉天，合肥屢次懇邀，竟置不理。

八十五、合肥囑赴奉邀張作霖

　　回津後，仍居天津舊居，我母見物思情，不免感觸。隣近本置有一地，擬另蓋一小樓，奉養老母，方擬倩人設計，不意合肥來電話囑我入京。余即到北京，見合肥後，略問南方情形，即說近來張雨亭與馮玉祥時鬧瞥扭，越鬧越僵，雨亭一怒回奉，屢次去約來京，他總不來。但有許多事非同雨亭商量不可，雲沛去奉兩次請他，他仍不來。你與這次政爭毫無預聞，雨亭對你亦頗尊敬，故擬勞你一行，能同來更好，余切盼其速來。他對你尊而不親，或許礙於面子，不能不來。他若問你近事，你只說剛從上海回來，一概不知。我看合肥焦急之情，故即允去奉天。回津告知老母，母恐我再入政界，深為疑慮。我說，這次叫我去奉天約張作霖，他來不來，與我無關，速去速回，決不久躭，請母放心。

　　翌日動身赴奉天，住在奉天交通銀行，行長係振采之弟，余亦相識。即與帥府通電話，約時會晤，回電約下午三時。屆時到帥府，見雨帥寒暄後，即轉達合肥之意，且說余因回南葬父，回北後合肥即囑前來奉請，合肥說有許多事，須與老帥面商，盼望很切。所商何事，余亦不知，務請枉駕一行。他說，要商的事，我都知道，既承枉駕遠來，請您少想，我可跟您同行好了。我當即道謝，想不到張氏這樣爽快的答應。此次相待甚殷，公宴之外，又約便飯談天，但沒有問到北京事情。他向不回拜，此次竟破例回拜，大家都以為異。他說奉天一無足觀，我囑隣葛（宇霆字）陪您一觀兵工廠及飛機練習，但練習工夫尚淺。

　　翌晨隣葛即來陪我去看兵工廠。據說這兵工廠比日本兵工廠約大一倍以上，機器都是德國製，比日本兵工廠還新。余是外行，走馬看花，各部設備完善，覺得偉大。聽隣葛說，產量足夠應用，不必外求。只看了一部分，隣葛說，若看全部，三天亦看不了。我們先去看飛機練習，即到飛機基地，見飛機駕駛員在上空，作種種翻騰技術，亦很熟練。正觀看時，又回府進膳。張誇獎隣葛，他說，這兵工廠是隣葛建議鄉辦的。現在槍彈重砲都能自製，裨益軍事，省費甚多。東省新軍事都委之楊宇霆，財政委之王永江，王氏籌劃周詳，獎勵農產大豆出口，換進外匯，故能幣制穩定，自給自足，兵精糧足，地方安定，足見張氏能知人善任也。張氏身軀不高，聲亦不大，頗有恂恂儒雅之風，沒有糾糾武夫之氣，北人南相，決不像長白山出身之健兒也。臨別告我，咱們明天上午八時一同起身。我以為八時起程，很夠從容，豈知睡到四點，即來報告，大帥已預備上車了。余即匆匆起來，盥洗後到車站，

雨帥亦到。上車後傳令開車，天尚未明也，據聞他動身時刻向不照預定，或早或晚，防意外也。

車中只有我們兩人，進早膳後，隨便聊天。他不諱言招撫的事，對趙次珊（爾巽）老人頗致崇敬，且佩他誠懇，待人厚道，但絕不提張錫鑾。雜談移時，又談到政事，臧否現代人物，他最推崇者為袁項城。他說，只有項城的能力智力，能統一中國，惜誤於群小，忽起帝制運動，中道而殂。談到他初次見項城情形，說他的氣度談話，雖只片刻，已令人五體投地。對趙次老說旗人中有此遠大眼光者很少，惜缺乏時代知識。對合肥謂他雖有剛愎之性，但用人不疑，對人誠實，不用權術，故門生故舊人才眾多，無一不樂為之用，惜過信又錚。又錚之才，勝於宇霆，惟鋒芒太露，反有時為合肥之累。對東海則謂有容人之量，而短治現代之才。他的學問深，但理論不切於時勢，也許我們沒有他的學問，故不易了解。對黃陂謂碌碌庸才，靠了一時運氣，做了副總統，還要亂出主意，以至府院不和。對馮玉祥則深惡痛絕，謂這種反覆小人，惟利是圖，還要裝偽君子。這人險而詐，同他共事，真要小心。余與他初次暢談，聽他評論人物，論及時事，卻都中肯，不覺起了傾佩之意。

飯後又到一站，他令停車，說我的老家離此不遠，內人還住在老家，我得下去看他一趟。他即下車，帶了一馬弁，疾馳而去。我想他姬姿雖多，猶不忘貧賤之妻，亦是難得。回車後休息一回，余亦小睡一時，到天津站已在深夜，靜真在汽車已等了一小時多了。遂別了雨亭，偕靜真回家。翌晨晉京復命，合肥以雨亭同來，甚為滿意，囑在京稍留數日。余回京寓，即住先父所居之屋。

聽說張雨亭在民國後初次晉謁袁總統，時任師長，在客廳候見時，見陳飾有一對乾隆雕漆大花瓶。正在觀覽之時，總統出來了，且說到簽押房去談（親出陪見亦是特例），遂同到公事房。臨行見他穿夾呢軍外套，總統說關外寒冷，呢大衣不夠禦寒，即命隨侍拿自己用的貂皮大衣（即外套）給他換上。迨到家不久，那對乾隆雕漆花瓶隨即送來，傳令總統送他的，可見項城籠絡手段之高明。項城見武官師長以下的，向不讓坐，立正報告，亦不起立，而對張作霖雖是師長，如此優待，卻是例外，宜其五體投地，始終服從不渝也。

八十六、在病中聞徐又錚被戕

余到了北京，頗覺萎頓，以為途中勞累，不以為意。合肥既囑我留幾天，即電津屬靜真來京。第二天即有寒熱，友人薦一中醫，診後說，病似傷寒，尚不敢斷定。服藥兩次仍無效，余想他說病似傷寒恐是對的。因我喜喫草莓（俗稱外國楊梅），時正上市，我飯後必吃一盅，此物貼地而生，中國原始肥料，難免有微生菌，洗滌不淨，此菌入腸，即易得傷寒症。余之得病，恐由於此。到第三天，精神更疲，熱度亦高，靜真來時，余已病莫能興。第四日熱度更高，食物不進，時說囈語。我想中醫無效，至第五日黎明，我告靜真，你去後樓說我要換請德醫克禮大夫。她去後樓後（我婦住在後樓），我即迷迷糊糊睡著，入了昏迷狀態。等靜真從後樓回來，我已入昏迷，一連三晝夜不省人事。等我甦醒後，靜真才將經過情形告我，他說我那天到後樓說你要改請克禮大夫，倒碰了她一釘子。她說病生在他身上，花樣即多了，一回請中醫，一回又要請西醫，即是傷寒症，也沒有什麼要緊，妳回去用七隻鷄蛋煮熟，在病人身上搓滾，等到滾完了，背上滾出白毛，病即會慢慢的見好，也不說請克禮大夫的事。我即回來，看你昏迷，還以為你是睡著了，只好照她之說用鷄蛋七隻如法炮製，熱鷄蛋在你背上輾滾，你也沒有知覺，滾完了七隻沒有看見白毛，但覺你發燒熱度更高了，我才急了，只好打電話到天津，請老太太回京。她回來叫你，你也不應，老人家也慌了，說既然本人要請克禮，即去請克禮好了。後來克禮來了，聽診時你也不知道。克禮說這病是傷寒，熱度高到極點，所以昏迷。若要我治，需要照我辦法，現在不可吃一點東西，倘再不急治，恐有危險，你們想定了主意，再來請我。說完，沒有開方即走了。那晚大家議論紛紛，老太太也不能拿主意，說開祠堂，求他父親決定吧。於是寫了兩張紙，一寫中醫，一寫西醫，焚香拈紙，拈得西醫一紙，遂連夜打電話請克禮來。克禮帶了護士同來，說一切由她調度，家裡人不能亂出主意等語。我聽了暗自好笑。靜真初來，少不更事，不足為怪。我婦何以見識如此淺薄，連老母亦不敢作主，幸先父有露，一紙而決，得慶更生。

到後來熱度漸退，克禮告靜真，即稀飯亦不能吃，恐米粒粘腸，容易破腸衣出血，每天只能飲牛肉汁鷄汁。但我婦說，應忌葷腥，只能飲米汁。克禮來時，護士即實告。克禮說，只飲米汁，那有滋養，恢復更難，遂囑藥房以牛肉汁、鷄汁裝入藥瓶，每日照飲。此次病中，每見至友來望病，說不了幾句，即覺淒然流涕，悲從中來，自己亦不知其所以然，大約

覺得病無起色，恐有永訣之意。有一次西原來京，亦來看我，我見了他，握手嗚咽，竟一句話也說不出。他見此情形，無可慰藉，只緊握我手，道珍重而別。兩月後病始好轉，大便亦通，自知有起死回生之望。時逢暑天，家人餉我西瓜，只有一分。我再要一份給靜真，即回說沒有了。我又見她睡在軍牀，連縟墊都沒有，足見待她的情形。在病牀臥了兩月餘，渾身痠楚，想起行幾步，寒熱又起。及至三月有餘，始能起牀行動，瘦骨支離，體重減了二十八磅，真是像出鬼門關。靜真陪我，寸步不離，且常受磨折，她雖不告我，我也心裡有數。連我母在病室多坐一回，即由女僕來請到後樓，說客已久待，三缺一。故我等稍有氣力，自覺已能支持之時，即偕我母同靜真到湯山去休養了。

我在病中，適開關稅會議，我既不能出席，連會議情形亦毫無聞知。問樵等常來看我，恐添我煩惱操心，亦不告我。後來病已好轉，才由與會者約略告我會議情形。日本派專員（忘其名）出席，對我國很表同情。這專員聞擬繼任公使，回國後不知何故被刺，或云自殺，甚為可惜。各國與議者，議論雖多，總算達成加稅目的，於財政裨益甚多。以前免稅之烟酒，且課重稅，雖以條約關係，不能達到自主目的，然從前桎梏，總算解鬆，亦可慰也。

後又聽說又錚從各國考察回來，與合肥深談兩宵，合肥仍促其出京。出京日，送行之人甚多。時已有不利於徐之謠言，隨員等勸其乘汽車赴津，不必乘專車，又錚不聽，仍乘專車按時開車。行到廊坊，被張之江（張為馮玉祥部下時駐軍廊坊）刦持下車，又錚尚穿睡衣，張軍曳又錚至廊坊稍遠之處槍殺。臨時接陸承武（陸建章子）由津趕到，聲稱為父復仇，皆馮玉祥之預謀也。病中得此噩耗，更覺傷感。此次合肥極力迴護又錚，而又錚不自戒備，卒中馮之陰謀，其命也乎。亦可見因果報應，終不能免也。合肥親撰墓碑，足見老人如何心境。

余到湯山，日使芳澤君亦在湯山，本想往訪，一問關稅會議詳情。芳澤亦與會之一人，然身體疲憊，在園中散步，尚覺疲乏，遂不果往訪。未幾，他即回京，遂失了見面之機會。

後來預會友人來湯山看我，談及關稅會議。據云與會者十二國，我政府所派委員數亦相等。政府對各代表及委員，特購備新汽身以供使用。特派來會者，旅館招待，備極周到。此會根據華盛頓會議中國關稅自主及加稅之議決案，該議決案規定華府會議結束三個月後，由中國召集與會各國，開議於北京。因金佛朗案未解決，法國不允列會，始延至今日。華府會議議決中國增收關稅，於裁釐前徵收值百抽七·五，裁釐後值百抽十·二五，奢侈品（包

括菸酒）值百抽十至十五。委員梁燕孫氏提議，先議中國關稅自主，各國代表以有背華府會議定案，不與同意。經再三說明，幾次磋商，始獲同意，議決於一九二九年（民國十八年）一月一日起，中國實行關稅自主，中國政府聲明同時裁釐。議定後隨議在實行前過渡臨時加稅辦法，中國方面，提議須加至關平銀九千萬兩，各國一致反對。幾經討論磋商，仍回到照華府決議案以資過渡。又以支配用途，各國意見不一，後日本代表提議互惠辦法，各國亦有贊成者。日本派佐分利代表來華專議此案，佐分利很同情於我，惜其時南方成立政府，繼以北伐，各國遂意存觀望，會議時開時停。隨後各國代表亦有回國者，會議遂就此停頓了。言時甚為惋惜。余以為此次關稅會議，目的重在加稅，自應依據華府定案，提出理由，重議增加，方符現實，裨益財政，從而振興工業，增遂貿易。即照華府稅率，關稅亦能隨之增加。中國關稅不能自主，由於條約束縛，條約修改，關稅自然自主。若照此次議決實行，尚須俟四五年，屆時局面如何尚未可知，能否實行更難預料。現在民族主義已漸抬頭，國際情勢亦有變遷，修改條約，為期不遠，何必爭此未必能兌現的空頭支票，我覺非計之得也。

我們到了湯山，我仍每日洗溫泉，身體日漸康復，然覺靜真終鬱鬱不樂。有一天旁晚，她不吃晚飯，忽悽然對我說，我來你家已將一年，家中的複雜情形，我早已知道，故抱了無畏的精神，一切都想忍受。但萬想不到對我這樣的作難，尤其你的子女中有對我特別為難之人，不論什麼事，總是像豆腐裡尋骨刺似的，處處為難。這種做人，有何意思？我時時提心吊膽，忍氣吞聲，你在病中，他們對我在房中的一舉一動，都有人暗中監視。他們對我常有帶著輕蔑口氣，當初我不是對你說過的嗎？欺負我，我能忍受，對我輕蔑侮辱，我不能忍受。這樣下去，怎樣能久？我是從一而終的，現在你病亦好了，我也安心了，故決計讓了他們，對你亦算有了交代。說時抽噎不止，面色轉青，女僕在旁，說二太神色不對，莫非服了毒了吧。一經檢查，果然服了鴉片膏，遂即電北京，請醫生來救治，幸施救得快，洗腸後救了回來。我更諒解其為人，對她更加看重愛護，她受刺激太深，難怪而存自殺之心。其時她已有孕，故住湯山特別長久，直至天寒，始回天津。

在湯山時，正是水蜜桃上市之時，我倆曾得桃核種在庭院，默禱核能成樹，開花結子，即是我倆天長地久，白頭偕老的預兆。後竟成樹開花結果，迄今三十餘年，恐早已萎枯矣。蓋桃樹年久生蟲，易萎也。慶稀在後坡上種一桃核，亦開花結子。余託任筱珊君（任京滬路局長）採購梅花二百株，植於湯山內苑。種後活的不及一成，惟種於雙蔭軒別墅庭前的十餘株，均長成，每年到三月開花甚盛。

八十七、老母古稀靜真生一女

　　回津後，小樓圖樣已由沈理源建築師設計好了。理源為意大利留學生，故為羅馬式彫刻之處很多。余以費工，商請減去。地本有四畝，以二畝蓋了住宅，其餘二畝另蓋出租小樓七所，名洪德里。因我母十年前朝普陀山，皈依印光法師，法名洪德，取以名里。落成後即遷新宅，於三樓修一經堂，為我母供佛淨修之所。印光法師勸我母修淨土宗，多唸佛。我母晨餐後即上經堂，唸佛號外，又誦《阿彌陀經》、《金剛經》、《心經》等，都能背誦。功課畢即午膳。午後如有親友來，時為方城之戲。每逢手氣不佳之時，靜真即為替代，輸則代付。靜真並不喜此道，聊為承歡之意而已。炎暑時，每到北戴河避暑。

　　是年七月為我母七十壽辰，因子女都出洋不在家，特在特一區宅舉行慶祝，亦寓有遷就我婦之意，使家庭和睦。壽辰前夕，至親好友即來預祝，名為暖壽。靜真適屆臨蓐之期，尚侍我母到特宅，張羅賓客。至夕開酒席，正在招待賓客入座之時，忽覺腹痛，猶勉強陪席。我三妹見她神色有異，即趕緊囑開汽車陪至醫院。到了醫院，僅兩刻鐘醫院即來電話，說添了一位千金。眾賓聞之，都起立稱為雙喜臨門。我母亦覺歡喜，故即名此女為慶稀。

　　翌日，我母臨壽棚觀看，見壽屏壽聯壽幛，琳瑯滿目，看了亦覺喜悅。只演小班戲，不徵名伶，聊為娛親而已。這次我母古稀之慶，徵求名人書畫，承名人贈名貴的書和畫，又有賦詩奉祝者，余裱裝成幀，以為紀念。是日清晨，余七時即赴特區宅，少頃趙次老（爾巽）即來。且說我特意早來拜壽，趁客少可談天，還說我不客氣，沒用早點，特來吃壽麵的。遂邊吃邊談，觀覽各家書畫，讚我別出心裁，很有意思，可永留紀念，這是孝思不匱之意。我只遜謝，少時辭去，尚沒有客來。老輩風度，至誠率真，殊不可及，此項書畫，離津時未及攜帶。那時回南葬母，想葬畢即回。誰知時變如是之速，一離津門，就此出國，此去不復返矣。

八十八、子女出洋談婚姻問題

自五四運動以後，子女在北京學校，受不了同學的閒言誹語，不得已只好轉學。三男權本在清華預備學校，轉入上海南洋中學。二女梧孫在教會聖功學校，仍舊。四女幼梅、五女慶五，轉入上海中西女學，後又回京入聖功。六男在師範附屬小學，未轉。過了幾年，二女畢業於聖功，要求赴美留學。我對子女教育，不分男女，既願出洋，無不允許。適施植之兄（肇基）使美履任，遂託携行，一切出入國及入學手續，均承代辦，甚為感佩。施君以我的子女出洋，旅費應予稍寬，使她假期時可到處旅行遊覽，以廣見識，故定年給兩千美元。到美後，由施公使介入愛爾米學院，習教育。畢業後，又入哥倫比亞大學，得教育碩士。越年，三男又畢業於南洋中學，要求出洋。適清華學生赴美，遂偕同行。臨行前，余對他說，人貴自立，不可依賴，切不可以我有財產，可不必用功。要知財產是靠不住的，現在的財產，未必即是將來的遺產。有了學問本事，才是自己可靠的財產。你應當自己為前途著想，切不可存有出洋是為鍍金之心。

過了三年，四五兩女又畢業於聖功，同要赴美留學。我說，我的景況，已不如前。但我向不分男女，你們既要赴美，我亦贊成。不過你們要知道，四人同時在美留學，我的負擔不輕，你們不要白費光陰好了。適廖鳳書兒（恩濤）出使古巴，託他帶到美國。後承他將入美手續辦妥後，赴古巴新任，甚感。

四女本微有結核症，行前由庸克醫生檢驗，認為可行。到美後，由二女介入同校。豈知入學不到一年，舊病復發，只得退學入院療養。五女學生物學，等她畢業，才一同回國。留美子女四人，得碩士學位者，只梧孫一人。

我友吳達銓兄，見我子女四人均赴美留學，他說，君總算盡了為父之責了。像我們這種家庭，希望出佳子弟，真不容易。在這種環境，又在這種社會，要我們的家庭不受影響，豈非難事？家庭如此，子女可想而知，花錢出洋，只是為了有交代，盡父責而已。我知他有為而言，他已訂婚，但先娶了日女，他未婚妻知道了，由四川隻身趕到北京，不能不結婚。但日婦不悅，他夫人後只生一男一女，日婦則生六七個兒子。他夫人很能幹，而日婦只知揮霍，不知教育兒子，故他對家庭亦有不滿。我說君太消極了，兒女自有兒女福，為父者不可不盡目前之責，以免日後為他們藉口。我們家庭雖不免傳染習氣，然我的意思，只望子女不至太不成器，但能自立，本無大希望於他們也。在此世風日下，要有好家庭，好子女，先要有好政府，好社會，才能

有好教育。還要夫妻和洽，才能有和樂的家庭與快慰的子女。兄意如何？為父母的只要不溺愛，不放縱而已。他只嘆息，足見他有難言之隱。我因達銓之言，想起家庭能否快樂，全在於婚姻之能否圓滿。在我們幼年時代，都是盲目婚姻，看各人的運氣。除非本是姻親，從小即同廝熟，又當別論。否則只講門戶相當，八字相配，其他態度容貌，到相見時已生米煮成熟飯了，有何辦法？只可委之命運。近來新式婚姻，在交友時，彼此不免有掩飾之處，等結婚後，始真相全露，故亦有離婚之事。我們那時代，那有離婚之說，如提出離婚，女方視為莫大的恥辱，故律不禁納妾，諒亦為彌補之意。我亦不能免俗，然由於對方有所為而嫁，並非出於雙方融洽而結合，故仍不免終凶隙末，但我雖納妾，對於正室之名分，未嘗有所冒犯，而她不自省，反生種種彆扭為可惜也。我婦唯一之美德，為自奉節儉，故對子女亦不奢華。我本喜歡子女，尤其在孩提之時，那種天真無邪的神氣，真可以解除煩惱。惜我後來事繁又多酬應，無暇與他們接近。然對子女小時，父母決不可以夫婦不愉快之事告知他們，四五歲的孩子，知識特別敏感，聽了之後，牢記在心，到長大後若有理智，自能辨別，否則永存於心，對父或母即成隔膜了。

我於長二兩女，小時接觸較多。長女名聞喜，性聰明，善伺親意，深得重堂歡心。二女名梧孫，性和順，不與人爭論，聰明稍遜於聞喜，然肯用功讀書。三男權（字典平），與四女幼梅，我婦北來時仍跟祖父母在上海。他們小時，我正在遊學，故接觸最少。五女慶五，生於北京，適逢我父五十之辰，放名慶五，從小憨態可掬，體又結實，像北方孩子，故小名燕兒。六男樸（字君實），亦生於北京，性倔強，有事務才。其時我正忙，他又在上海讀書，後想赴美，我已無力遣送。故學陸軍，入日本士官學校，適日友坂西利八郎君回國，遂託偕行，入學手續，亦由坂西君代辦。畢業回國，脾氣大變，始信嚴格教育，能變化氣質也。

我對子女婚姻，都由他們自己選擇，雖形式上得我同意，然從未干涉，幸都圓滿。長女嫁劉夢飛（法國工科畢業），雖非新式，然訂婚後女婿常來我家，相談很熟。她出閣最早，未進大學，時我任外次，親家士熙，出使俄國，適逢其會，結婚儀式特別熱鬧。惜產後得病，年卅六即亡，遺子女各一。二女梧孫，嫁陳圖南（哈佛大學經濟碩士），在美訂婚。回國即結婚，生兩男。三男權，娶胡彬（伯平之女），生一男三女。惜媳在滬友家觸電而亡，權亦未續弦。四女幼梅，與張伯勉（堅白之子）在美訂婚，情感甚篤。因幼梅肺病久醫未癒，相守數年之久，終於同意解除婚約。五女慶五，嫁祖競生（法國中央大學工科畢業），生一男兩女。六男樸，娶北京同仁堂老藥舖樂襲芸，生一男一女。

後余娶郭靜真，時已四十九歲。翌年生一女，適逢我母古稀之慶的前夕，故名慶稀。隔了十年又生一女，適我母八十之年，故名慶頤。因為晚年所生，我母特別喜愛。慶稀又聰慧好勝，時想種種方法哄我與祖母歡笑。她同情窮人，最不願人稱她潤小姐。每日乘汽車到耀華學校，在很遠處下車，走到學校，回時亦然。在校冬天，偕同學溜冰為嬉，與同學董履和互擲冰塊，兩小無猜，不意後來竟成佳偶。慶頤生時，華北已淪陷於日寇，我住頤和園。慶稀就讀於燕京大學附中，沒有高中，故又入北京慕貞教會學校，住校與滿蒙學生同坑而睡，決不嫌他們髒也。後進輔仁大學，時在北京碩果僅存之大學也。她那時想到重慶入聯大，行裝已具，以無伴而罷。她從沒有提過要出洋留學，後嫁董履和（美依里諾大學化學博士），生二子。慶頤在津入聖心教會學校，轉輾遷校，耽誤很多。後到日本，仍入聖心畢業，嫁宋允嵩（斐卿之子），波士頓大學畢業，生一子。這兩女從小與我朝夕相敘，與我們親情獨厚，可見子女與父母之接近與親情大有關係也。然以我景況與時局關係，對兩女未能深造，然他們對於英文，都有造就。

八十九、馮玉祥陰謀逼段下野

　　合肥此次出山，由於中山先生與奉張浙盧結合三角聯盟，由張作霖馮玉祥盧永祥等聯名推舉為臨時執政。就任之初，中山先生蒞津；因開善後會議問題，與中山意見相左。迨中山扶病入京，合肥與中山尚未晤對，中山先生即歸道山，因之國民黨不滿合肥，未曾出席於善後會議。時適浙蘇交戰，盧敗於齊，孫傳芳乘機捩取福建，遂入浙江；執政遂令張作霖出師援盧。盧向忠誠於合肥，張本有志於南方，遂派張宗昌率師南下，又令邢士廉駐兵淞滬。齊燮元敗走褫職，即任命楊宇霆督蘇，以鄭謙為江蘇省長。楊將原來蘇軍盡易以奉軍，又派姜登選為蘇皖魯剿匪總司令，駐兵徐州。盧永祥為蘇浙巡閱使，徒擁虛名。惟淞滬護軍使仍由何豐林復職，為盧保存一部分勢力。會倪嗣冲因病辭職，即命姜登選督皖。張更要求以張宗昌督魯，貫通南北。長江勢力，盡入奉方。孫傳芳恐奉圖浙，召集浙皖蘇贛閩五省代表開會軍事會議，組織五省聯軍，自任總司令，以閩督周蔭人為副司令，通電反奉南下，集中五省軍隊，置主力於長興。楊姜就任伊始，尚未布置就緒，知戰事不能免，令邢士廉退扼蘇常。孫軍五路齊發，進陷蘇州宜興。原來蘇軍白寶山陳調元等響應孫軍，楊姜等以南方地勢不熟，布置未周，所攜重武器不適用於蘇常等處，遂決令全師渡江北返。孫軍亦不追擊，唾手得蘇皖兩省，真是鷸蚌相爭，漁翁得利。

　　其時奉軍郭松齡部，忽與馮玉祥勾結倒奉張，聲稱回師清君側。適姜登選北返，中途被郭槍斃。郭軍出山海關，班師回奉，軍行神速，前鋒已抵白旗堡，奉軍尚未全部返奉。馮玉祥又進取熱河，郭勢益張。幸吳俊陞率騎兵趕到，與郭軍戰於白旗堡。日本關東軍暗助奉張，郭軍不支潰敗，郭松齡夫婦被執槍殺，戰事終結。奉張雖挽回頹勢，而於執政影響甚大。

　　執政既失勢於南方，只能盼望張馮合作以維大局。馮本先張入北京，近畿京師早已布置，雖派北京衛戍司令鹿鍾麟等監視執政，猶未滿其野心。以擁段有功，肆意要挾，擴充軍旅，要求地盤，貪得無厭，自成為西北軍。又聯絡段公子駿良以為內應。張以馮收買而來，只圖私利，向存輕視，不甚注意。馮對張陽示恭順，陰懷叵測，對張之主張每與駿良密商拖延，甚至破壞。張漸察知，遂一怒而回奉天，不復問北京政事矣。合肥屢次懇邀，張終不理。適余北回，合肥以余向無關係，張對我又尊而不親，遂囑余赴奉邀張，張果偕來，而余以病莫能興矣。其時執政府制已改為國務院制，以許世英氏任國務總理，院務改組，府秘書長仍屬梁眾異。

未幾召開關稅會議（詳前），余患傷寒全未預聞。合肥對於改訂關稅，素抱願望，而此次會議一無成就，所議決者，等於望梅止渴，頗為失望。後以解決金佛郎案又遭物議（實為關稅會議速解決此案）。又在北京開法權會議，上海開退還庚子賠款會議，均無結果。馮玉祥因結合郭軍失敗，自動下臺，以西北軍全權交與張之江，分布於近畿及京奉沿線，以至熱河。北京衛戍仍掌握於鹿鍾麟。迨徐又錚回國復命，出京時被張之江戕於廊坊，合肥傷感之餘，以兩年來素志未遂，無補時艱，已萌倦勤之意。後南方亦成立政府，繼以北伐，北京共黨分子徐謙等圖謀擾亂京師，聚眾圍攻國務院。時許總理已辭職，繼以賈德耀，至是賈亦辭職。後屢易閣揆，終不能久於其任，遂下令通緝徐謙、李大釗、易培基等五人，其實都是馮玉祥之策動。於是公然嘯聚群眾，聯合工人學生數千人，遊行示威，馮軍亦便衣滲雜其中，圍攻執政府，日夜不休。合肥知有背景，不忍傷害青年，令警衛彈壓，不許實彈放槍。軍警以空嚇無效，向空開槍，有子彈誤中學生，於是大肆咆哮，大喊口號，打倒段執政。教育總長章士釗主張強硬對待，學生擁入教育部，毆傷章總長。又攻入警察廳，與警察徒手相搏。學生以磚石為武器，警察放水龍頭抵禦。朱博淵總監，亦受微傷，秩序大亂。衛戍司令鹿鍾麟坐視旁觀，不加制止。合肥知無能為力，遂由執政府突圍而出至私邸。鹿鍾麟派兵包圍段邸，聲稱保護。合肥知有陰謀，恐生不測，遂與博淵行嚴駿良等乘夜潛出私邸，至六國飯店少憩。趁黎明頭班火車至天津，寓吳自堂宅，通電下野，交國務院執行政務，令吳炳湘暫代總監，維持治安。嗣後馮軍被奉軍壓迫，撤出北京，集中南口，為奉軍擊敗。馮玉祥去俄，旋加入北伐軍。合肥居津，杜門謝客，靜玩禪悅。

合肥臨行，曾雲沛未及隨行。後知為鹿鍾麟扣留軟禁，為雲沛舊情人陳文悌偵悉，重賄守弁，許以終身留養，潛同逃出。馮玉祥對合肥左右，最切齒於徐又錚曾雲沛兩人？若無陳文悌念舊營救，雲沛不知要受若何磨折，甚至步又錚後塵，亦未可知。風塵中有此義俠之女性，亦殊難得。此又合肥下野之一小插曲也。合肥對駿良向來不許預聞政事。聞駿良棋手亦高，每與乃父對弈，贏了即說你只會奕棋，輸了則說你連奕棋亦沒有進步，故駿良對父，戰戰兢兢，不敢多言。此次聞駿良竟預聞政事，合肥亦一反常度，不加制止，致觸怒了張作霖。余不常到合肥私邸，又不陪他打牌，故合肥日常起居及府中事不甚了了，即奕棋事亦聞朋輩之傳說而已。

九十、張作霖開府稱大元帥

　　自合肥下野，中山逝世，馮玉祥敗於南口，奉張勢力獨佔北方，擁有東三省冀察魯豫地盤，聲勢浩大。各省督軍，擁兵自雄，孫傳芳自稱五省總司令，張宗昌以直魯聯軍名義佔有山東。不久國府任命蔣先生介石為北伐總司令，誓師北伐，勢如破竹。迨入南京，忽逢英日之阻，遂有廣州上海反英大罷工，英艦砲轟南京，日本出兵濟南等事。吳佩孚收拾餘燼，連合孫傳芳，擬阻擋北伐軍於長江。終至吳師慘敗，一蹶不振。孫傳芳初很得勢，後亦節節敗退。迨龍潭一役，大遭損失，退守蚌埠宿遷。日軍阻止北伐軍於濟南，北伐軍繞道北進，張宗昌不能抵抗，退至德州。

　　孫傳芳與張宗昌想借奉軍之力，以圖再起，於是聯袂來北京。其時閻錫山馮玉祥響應北伐軍，正與奉軍作戰。張作霖雖與閻馮作戰，其志只圖控制北方，並無與國府抗衡之意。孫傳芳善於辭令，力說張氏與南方劃疆而治，徐圖進展。他說北伐兵軍力單薄，外有外交問題，內有黨爭糾紛。上海清黨，廣州罷工，事情嚴重，北伐未必成。我方擁有偌大地盤，且有奉天兵工廠，兵精糧足，非南軍可比。咱們兩人，尚有餘部，足供前驅。只要您老肯領導，又有奉軍作後盾，大勢未可知也。鼓其如簧之舌，張氏竟為所動，於是他們擁戴張老將（時人通稱）為元首。張以北京政府無首領，遂允其請，稱元帥，帥府設於中南海。

　　余與張老將本無淵源，自去奉天後，始較相稔。然我回來即病，仍無機會與他接觸。老張在順承王府時，楊宇霆告我，老帥對你很尊重，有相見恨晚之意，囑我轉致，希望你常來府談談。余本在家無事，去那邊亦可知道一切消息，遂偶到順承王府。見張老將總在三點後到公事廳，廳內亦設有鴉片烟榻。時政府尚未改組，顧少川為國務總理，每來白事，立談數語，不讓坐，我見了很覺不自然，當年項城亦從沒有這種態度。有人說跟老張做朋友，很能受他尊重，一入他部下，即大不同。我見他對少川的態度，而覺此說之可信。後少川辭職，改任潘馨航為總理。馨航嬉皮笑臉，對軍閥一套功夫嫻熟，故相處很好。我則居於客卿地位，尊而不親。後在內閣外設政治財政兩委員會，政治以梁燕孫為會長，副以曾雲沛，財政以我為會長，副以葉譽虎，均用聘書。明知迴光反照，轉難言辭，好在仍以客卿相待，聊備諮詢而已。出師前夕，張氏設宴餞行，與宴者不過二三十人。軍人方面除孫（傳芳）張（宗昌）楊（宇霆）張（學良）外，相識者有韓麟春、褚玉璞、戢翼翹、鮑毓麟、吳俊陞、張敬堯諸人，餘均不相識。並演平劇，由楊小樓梅蘭

芳合演《霸王別姬》。演到〈別姬〉一段，卻演得淒涼悲壯，有聲有色。然為出師餞行而演此劇，余覺有不祥之預兆。

張為大元帥時代，為時不久，且忙於軍事，政治無事可記，惟有一事值得一記。其時共黨在北京到處煽惑學生，因懾於奉軍之威，學生亦不敢公然遊行示威，表面雖似斂跡，然滲透運動未嘗稍戢。其機關設在俄國使館內的兵營，都由使館大門出入。兵營大門，久已封閉，無人出入，只有黨員祕密出入。楊宇霆為參謀長，偵之確實，遂令軍警密為布置。某日於拂曉前，破門而入，不但共黨不曾預為戒備，連前面的使館人員亦毫未知覺。捕獲為首的李大釗，國共黨員一同逮捕。且搜出祕密文件甚夥，擇要送交國聯。同時搜查東三省及天津俄國總領事館，亦搜得共黨文件。李大釗及國共黨員，交軍法處審詢。李大釗判處死刑，執行槍斃。餘黨量其輕重，分別判罪釋放，人皆稱快。此事於事後由楊隣葛告余，余初不知也。

再有一事，近戲劇化。有一日，警察偵知鮑羅庭之妻來京，火車到站，將鮑妻在車內逮捕，送高等法院，由沈院長（忘其名）親自提審。鮑妻直認為鮑羅庭之妻，此次回國，領有護照，通過北京，並沒有在北京下車逗留。警察在車上逮捕時，她即提出回國的護照證件。沈院長審明屬實，並無下車逗留嫌疑，遂即釋放。事聞於老張，部下捏稱鮑妻有同謀嫌疑，竟疑沈有賄縱情事，張遂令看管待查。沈為我同學，人甚正派，歷充法官，且曾為奉天高等法院院長，有抗直之名。得此消息，深夜來找我，將案情細說，請向張解釋。余亦覺無間諜嫌疑，僅為過路，並無問罪可能，遂允為解釋。翌日先與隣葛（宇霆號）說明詳情，並說我敢擔信沈決無賄縱情事。遂同見雨帥，隣葛先向雨帥說明此事之經過，並謂該案我們已詳細研究，似沒有問罪理由。沈院長與潤田為同學，潤田深知其人很正派，且曾為奉天高等法院院長，政聲很好，老帥亦曾傳見，潤田敢擔保他是可靠之人。我們研究之下，沈辦此案，鮑妻既無間諜之嫌，沈亦無賄縱之事，請老帥對沈院長開恩了吧。張聽了不響，隣葛又說，沈某雖沒有賄縱嫌疑，這樣重大的事，沒有請示，即行釋放，究屬疏忽，應交司法部記一大過，以示薄懲。張氏點一點頭，說聲好吧，隣葛即大聲喊道，大帥開恩了，遂令副官將手令取來，對了雨帥，還大聲道，大帥對沈某開恩了，將手令一撕兩片。余竟愕然，一場風波，就此了結。余對雨帥說明天帶沈院長前來叩謝，張說那不必了。後隣葛告我，您不知道這道手令若不對大帥當面撕掉，難保不又生枝節。余很佩隣葛的細心，但覺關外辦事，另有他們的一套，又為之驚訝失笑。

當時有中法銀行，本為前政府辦結金佛郎時專為發行美金債券而設，總裁王叔魯，不知何故辭職。後銀行只辦普通銀行業務，張氏囑我接任總理。

余以該行已屬普通銀行性質，即允繼任。後南京政府成立，余即辭職，推薦錢新之繼任。余自任總裁後，月酬存巴黎銀行，未曾動用，結存四萬餘法郎，約合一萬美金。後三妹亦受匯業銀行倒賬之累，外甥留學法國，學費難以為繼，余即以所存法郎贈之，以為外甥學費。

當張氏開府北京，南方北伐軍已節節成功。北伐軍情形，余不清楚，只知當蔣先生以北伐軍總司令率領黃埔出身軍人，由廣州出發，一路順利。不久即收復湘贛各省，雖遇吳佩孚孫傳芳之抵抗，終被克服。迨收京滬，開始清黨。

時武漢設立容共政府，以汪精衛為主席，蘇俄人為顧問，連合農工，與北伐軍不相容。蔣先生窺測蘇俄赤化中國之詭計，力行清黨，且利用上海幫會，一掃而清，脫黨者亦不少。上海杜月笙從此露頭角，蘇俄政策由此失敗。至在北伐時期，英日如何反對，孫張（宗昌）如何抵抗，工會如何搗亂，同黨如何分裂，其中忽離忽合，錯綜複雜，余亦不知其詳。

奉軍對閻錫山馮玉祥兩方，戰區在山西山東河南。雙方軍隊各有五六十萬，戰線長達二千餘里。奉方稱為安國軍，分七個軍團：第一軍團總司令為孫傳芳，對魯西；第二為張宗昌，對魯南；第三為張學良，對晉東；第四為楊宇霆，由京漢路南下；第五為張作相，對晉北；第六為吳俊陞，為後備；第七為褚玉璞，對大名方面。又以韓麟春戢翼翹各領一師對河南，並策應津浦京漢兩路，初對山西方面，頗有進展，山西各軍已退到天鎮蔚州井陘一帶，惟傳作義率五千之眾堅守涿州，屢攻不下，守至三閱月，糧餉不濟而退，曾哄動一時。褚玉璞人甚粗鄙，然作戰最勇，與南軍抵抗最力。河南方面，因馮軍內變，似未前進，此是大略情形也。

後蔣總司令與白崇禧總指揮，決定以三個集團軍由京漢、津浦推進，一面進攻保定滄州，一面進攻許昌正定，山西軍又向石家莊方面推進。奉軍四面被包圍，戰線愈縮愈小。迨至滄州失守，保定放棄，孫張諸人均又回到北京。奉張知眾寡不敵，大勢已去，遂決定總退卻，引師出關。

出京前，李徵五曾對張學良說，直魯聯軍（即張宗昌所領）幫了大元帥的忙，始終服從，損失甚重，這次奉天軍出關，非將直魯聯軍同時出關不可，否則於人情道義上，太說不過去，令人寒心。後學良率師出關，仍沒有帶直魯聯軍一同出關，李氏甚為憤怒，然亦沒法，致張宗昌褚玉璞兩部殘師逗留蘇北及津塘冀東一帶，成為孤兒。聞徵五與國民黨元老們甚稔，當陳其美在上海發難時，徵五為之籌劃，但從未入政界；與蔣先生同鄉，我友李祖恩之叔也。張氏出關前，請王聘老出來維持北京治安，定期回奉天。

九十一、張作霖殉國於皇姑屯

　　張雨帥於出關前夕，聞日本公使芳澤謙吉漏夜謁雨帥，謂萬不可在京郊作戰，公使團深以為慮，希望顧全大局，引師出關，以待時機。雨帥本已決定出關，當即容納其意。有人說芳澤是晚謁張，是勸張氏仍鎮守北京，日本必為後援，是否事實，不敢揣度。芳澤是我老友，為人和平正直，向主與中國和平親善，諒不至與軍人一般見識，勸張氏據北方獨立，以抗南軍。惟公使是奉命而行，日軍已在濟南有阻止南軍之舉，芳澤又漏夜晉謁，難免外人有此猜疑。有人說，張末了還說，我張作霖決不做吳三桂，我亦不怕死。

　　第二日，張氏即啟程出關，留楊宇霆張學良等在關內集中師旅，引退出關。張氏行動向守祕密，這次竟一反常例，行程時刻，一律公開，行時且令不必戒嚴。夜間上車，送行者寥寥。日本顧問町野武馬，切囑須在日間到達奉天，已露暗示。（町野為張作霖顧問甚久，忠於張氏，反對少壯派侵華政策）張亦不以為意，真是一反向來的舉動。人每反常，即非好兆。專車到皇姑屯，尚未天明（是處為京奉與滿鐵交叉點，由關東軍駐守）。關東大佐河本大作在該處預埋炸彈，等到張氏一節專車經過該處，炸彈爆發，車輛粉碎，張老將就此殉國。然尚有一息，說了一聲，這是日本人幹的。因無臨時救急設備，到府已氣絕。吳俊陞與雨帥同坐一車廂，同時被難。

　　張氏坐鎮東三省，整軍有方，理財有術，保境安民，人民稱頌。尤其對付日人，內外並進，剛柔互用，關東軍無所施其技。少壯派恨之入骨，非去之不可，遂以非常手段，致喪其命，張氏亦不愧為一世之雄也。

　　奉天省長臧式毅，以事出非常，大軍尚未回瀋，地方治安有關，秘不發喪，只發表大元帥受傷療養。日本方面，大起疑心，本莊夫人及林總領事夫人以慰問為名，突然到府見張五夫人。見帥府一切如常，自內到外，毫無變動，五夫人還盛妝出來招待，看不出一點痕迹，只好請慰問大元帥而歸，相見當時布置之周密。等到楊張兩氏將關內奉軍完全撤回奉天，始行發喪，日人大為驚異。

　　日本對東三省久存野心，因張應付得宜，無從尋釁。然關東軍對付張老將，煞費苦心，張氏隨機應變，應付裕如，關東軍亦無可奈何。少壯派恨張氏尤甚，隨時想出於暗殺，奈張氏防備素嚴，無從下手。這次出關，竟一反常例，毫無預備，不理會町野顧問之暗示，遂至遇難，其命也歟？然亦可稱為殉國。

　　聞日皇以軍紀太弛，擬將河本大作大佐付軍法會議懲處，軍部以恐搖動

軍心，請求免議。夫以現役軍人，對友邦大員，肆無忌憚，行此非法行動，而猶以搖動軍心為庇護，可想那時日本軍人之跋扈，日皇亦無法處置。假使張老將坐鎮東北，諒不至掀起九一八事變。即使關東軍尋釁，必能設法彌縫，使大事化小，似可斷言也。

張學良被舉為東三省保安總司令，以繼承父業，日本特派重臣伊集院彥吉為弔唁專使（伊與張是老友）以學良的父執自居，勸學良仍以保境安民，繼承父志，不必服從中央而易幟。幸而學良懷了國仇家恨，竟不接受。河本暗殺張老將一手，雖是大膽目無法紀的行為，卻無意中幫了中國一個忙，使南北即成了統一之局。

後北伐告成，東北易幟，當時勸張老將為大元帥的孫傳芳張宗昌兩人，亦先後結果。張宗昌為韓復榘誘至山東，在濟南車站槍斃。孫傳芳在天津信奉佛教，在居士林一同念佛，被坐在孫後面的施劍翹女士用手槍擊中後腦，當場畢命。施女士為施從濱師長（為孫槍斃）之女，聲言為父報仇。北洋軍閥，從此告終。

九十二、張學良懷疑殺楊宇霆

　　張學良既為東三省保安總司令，以楊宇霆為參謀長。張楊向很親睦，回奉以後，楊因忙於布置軍事，以張在喪中，先事後報，張以楊獨斷獨行，目中無我，很為不滿。且以楊得軍心，大權獨攬，恐不利於己，常懷疑於心。加以左右逢承，進讒挑撥，於是起了殺楊之心，以為非去楊終不能安其位，而楊不知也。

　　會宇霆尊翁七十壽辰，學良餽贈特豐，並執子姪輩禮，早往祝壽，盤桓終日，招待賓客，故示親密之意。迨壽辰已過，猶親往楊家，與宇霆討論善後，以示倚畀之殷。學良嗜西瓜，雖冬季必購自臺灣，楊亦有同嗜。一日以請吃西瓜為名，請楊到帥府。楊即欣然前往，見門禁森嚴，而學良久不出，心知有異，但想不到大禍即將及己也。

　　聞學良在樓上，尚猶豫不決，以袁頭大洋一枚卜卦，默禱袁頭向上即殺；三擲三向上。其妻于鳳至在旁說，要怎樣辦，即怎樣辦；何必遲疑不決？於是殺楊之意遂決。令高紀毅（前誤常蔭槐因兩人都當過京奉局長）帶兩武士入客廳，由武弁各執楊宇霆的手。宇霆即大呼，叫留子（學良小名）出來，問他我姓楊的甚麼地方對不起你姓張的，竟要下此毒手！語尚未畢，高紀毅已踞在椅上，向楊頭頂連放兩槍，宇霆頓時斃命。雨帥的秘書長鄭鳴之（謙），目為楊派，同時被害。學良以楊得軍心，疑將不利於己，下此毒手，何乃太忍！況東北人最講義氣，張家在東北有悠久的歷史，父執前輩，以雨帥為國捐軀，對學良格外擁護，而楊宇霆未必有覬覦之心。學良僅為細小爭權，不惜失一好助手，可謂無謀。自毀長城，學良年少氣盛，自作聰明之故也。

九十三、北伐告成東北亦易幟

北伐告成，國府要人齊集北京，改稱北平。定都南京，改國旗為青天白日滿地紅。此旗實為容共時所定；五色國旗，亦為革命初期為南京臨時政府所定者也。此次在北京集議，對前政府要人發通緝令，約有二十餘人，不能盡記。只記得王揖唐為首，顧維鈞為殿，余亦列名其間。據說這非蔣先生之意，時蔣先生不在北平，故沒有認真執行。余以新政府第一次命令，不能沒有戒心，遂又返居天津日本租界舊居。

國民政府，為所周知，以黨治國，惟主席之權力與大總統無異。各省設政治分會，各統集團軍，又與舊政府無甚相異。蔣主席恐成軍閥局面，擁兵自雄，尾大不掉，乃以編遣為名，集軍權於中央，用意未嘗不是。所惜者北伐才成，曾幾何時，內戰又起，兵連禍結，爭戰連年，惜余不知其詳。

余所知者，閻錫山聯合馮玉祥及桂系和西山會議派，聲言反蔣，推閻為總司令，馮玉祥、李宗仁、張學良為副司令，在北平成立政府。各人都就職，獨張學良沒有表示。於是雙方爭取學良，以為己助。那時張少帥，紅極一時，各派代表駐奉極力拉攏，中央以上次吳鐵城赴奉遊說張學良易幟成功，駕輕就熟，仍派鐵城赴奉。聞吳鐵城出關，現款即帶二百萬，銀行透支，沒有限制。挾其雄厚之財力，他派何能相比。吳氏到奉後，運用銀彈攻勢，對於帥府重要份子，舖平熨貼，尤以學良之左右，更極力利誘拉攏。學良喜推牌九，吳遂投其所好，每晚與學良推牌九，輸贏之數，動輒數十萬。吳故意認輸，十場總輸九場，還恭維少帥手氣好。兩月之間，學良竟贏了數十萬。左右親信，亦多沾光。賭博賄賂，沒有痕迹。不費吹灰之力，只於偶爾提及正事，已相與默契，心照不宣。吳鐵城的傑作，在奉天成功，已是第二次。迨吳回京，學良出師，助中央作戰，軍事就此解決。閻錫山棄了二十年山西地盤，逃到大連，度了一時流亡生活。張學良遂以副司令入主北京。

其時日本少壯派軍人已躍躍欲試，但日本政府方面，總願以外交途徑解決東三省問題，故特派內田康哉為南滿鐵道總裁，本莊繁（曾任張作霖顧問）為關東軍司令。幣原外相，甚至說日本若侵佔東三省，無異吞了一個炸彈。那時日本政府總想由外交途徑解決，不敢負侵略之名也。

九十四、九一八事變震動全國

　　日本自戰勝俄國以後，以為東三省為日本以鐵血為中國收回者，自應有優先權。自前清以來，中國總是委曲求全，然日本亦不願用武力。後軍閥抬頭，對東三省覬覦之心更甚，初只想用柔軟手段。自張作霖任東三省巡閱使後，以為三省大權操於張作霖，而張雖為武夫，應付得宜，辦事有分寸有手段。日本關東軍想走內線，初由本莊司令夫人，招待張氏最寵的五夫人，遊覽大連，本莊夫人親自招待，關東軍武官於經過處，列隊歡迎，好不威風。大連市中到處張燈結綵，由日本招來藝妓演員，排日遊宴觀劇。且贈張五夫人以珍貴禮品，盡歡而歸。以為有此內線，商量自易。豈知老張於軍政大事，向不謀及婦人，故白費心思，本莊且招本國新聞的譏諷。後郭松齡叛變，奉軍力不能支，幾至潰散。關東軍自動協助，張貼佈告，聲明若子彈落到附屬地，不惜還擊。蓋張軍在附屬地內線，郭軍則在外線，明明暗助張方，使張軍處於有利地位。郭軍處於被打地位，郭遂失敗。關東軍以為這次救張出了危險，如此市恩，必應厚報。孰知張氏不等他們開口，同日本顧問町野武馬到正金銀行，將私人存款盡數提出，共五百萬元。偕同町野顧問，親詣司令部，對本莊司令深致謝意，謂承大力，幸勝叛軍，奉上區區私人存款，以備犒賞。關東軍少壯派軍人見其眼明手快，足智多謀，除暗殺之外，別無他法，遂發生皇姑屯炸車之慘事。

　　他們以為主帥已喪，學良年輕少閱歷，較易就範，故派重臣為弔唁使，慎重將事以期說服學良，東北另樹一幟。豈知學良國難家仇，更難說話，於是只有出之武力一途，方能達到目的。其時關東軍以國內少壯派尚未得勢，有所顧慮。而中國北伐之後，繼以內戰，不能團結。共產黨又伺隙逞動，國軍喘息未寧，正是侵略的好機會。於是關東軍隨時尋釁，適因萬寶山事件，雙方衝突，以張學良片面廢約為理由，嚴重抗議，學良置之不理。遂種種尋釁，演變至自拆鐵路，誣為中國拆毀。中村少尉失踪，誣指為中國暗殺。遂於九月十八日砲轟北大營，掀起事變。時為民國廿年九月十八日，故稱為九一八事變。

　　時學良在北京養病，甫出協和醫院，令奉軍不抵抗，退入關內。又聞有受中央密令，為保全實力。關東軍先據北大營兵工廠及通信機關，後遂全佔瀋陽（即奉天）。那時日本政府尚不顧事變擴大，令關東軍不得越出奉天省。關東軍開到吉林邊境，不敢前進。關東軍只有兩旅，兵力薄弱，乃請朝鮮總督出兵協助。日本政府令朝鮮軍止於鴨綠江。其時日本總理為若槻禮

次郎，外相為幣原喜重郎，政府尚能控制軍人，不願事變擴大。惟願商談東三省中日懸案以抵制軍人之藉口。聞東三省與日交涉懸案積至三百餘件，固屬奇聞。其中自不免有難商之案，我想未必盡屬難商。如將可商之案，從速商結，只賸難商之案，即堅持不商，日本軍人亦無從藉口，對日本亦理直氣壯。而學良不此之圖，一味躲避，豈是正辦。

當事變未起之前，汪袞父駐使日本，聞幣原外相曾有「若日軍強取東三省，無異吞了一炸彈」之言。袞父與幣原相處很好，遂與幣原探詢日本政府對東三省真意。幣原說，少壯派軍人的行動，我不贊成，惟聞東三省懸案積至三百餘件，張學良一味推延，迄未解決，現託病躲在北京，總不見面。若貴國政府能將東省懸案從速商議，逐次解決，我亦可對少壯派軍人交代，使他們無法藉口等語。袞父得此言，即請假回國，見外交部部長，自告奮勇，願當其衝。時外交部長為王儒堂（正廷），聽了袞父之言，反有輕視之意，說日本只是恫嚇，未必能對東三省出於冒險行動。設若有此行動，我國尚有國聯為後盾。袞父又說國聯不可靠，日本軍人亦決不聽從國聯。現在談判，或可避免戰禍，失此機會，後悔無及。兩人言語衝突，袞父是性情中人，即說，你們如此攪法，我敬謝不敏，將來你們總有後悔之日，即當面辭職，儒堂亦未挽留。回到天津，見我即說王儒堂誤國，他不聽我言，將來必有後悔。言時猶忿怒，我只勸慰。後政府派蔣雨岩（作賓日本士官出身）繼任，幣原仍以告袞父之言告蔣公使，雨岩即回國報告政府，他想走袞父路線，可惜時機已失，已趕不及。九一八事變即已掀起矣，失此機會，可為嘆息。

九一八起事之初，張學良在北京協和醫院出院不久。曾派專車接在天津之顏惠慶、顧維鈞、章士釗、陸宗輿、張國淦及余共八人到北平商討此事（還有兩人名忘了）。汪袞父在北平，被邀未到。顏駿人（惠慶）主張派要員到瀋陽詢問本莊司令，究竟目的何在，作初步試探，再定方針，報告政府，請示辦理。顧少川（維鈞）亦附和此說。余乃說報告中央是應有之義，但我以為最好作為地方事件。若能就地商結，然後報告政府，趁此日本政府尚有控制軍人之力，亦無擴大之心。倘使日方提出條件，只要不損害領土主權，請示政府，可商即商，務宜速結，不宜拖延。如果能作地方事件交涉了結，是為最好的辦法。學良聽了只說了派員到奉天，亦得先請示中央，這是答覆駿人的話。對我的話，沒有答覆，這明明不贊成我的意見。隨即共進午膳而散。

我回津後，日本領事即來問我，對張副司令商談有無結果。我說不過交換意見而已，談不到結果。他說我們政府不主張擴大，現有控制軍人能力。但少壯軍人對政府不滿，若使改組政府，事情即難說了。張副司令不要小看

此事，關係很大，若能速了，兩國之幸也。遂別去。

中江丑吉亦由平來津，他說北平報紙登載，你們跟張學良談話，他對你口氣很不滿意，不知你跟他說了什麼話？我說，我主張速了，且能作為地方交涉，從速了結更好。他說近來北京報紙，很抨擊親日派。宋哲元演說，亦有決不聽從親日派的話，似有所指，你要小心。我笑應之。他又說關東軍的軍人有與我中學同學者，他們看作我是浪人，不帶色彩，可能無話不談。我想去奉天跟他們談談到底他們要想做什麼。我說你肯去好極了，助以川資。他說不必要，遂別去。過了數日，中江回來告我說，不得了，他們竟對我說，要把東北另成一國。若使政府阻擋，他們即自由行動，不惜棄掉國籍，學英國取得新大陸的辦法。他們說得到即做得到，我問本莊什麼意見？中江說，還不是跟他們一樣，只是做法穩重一點罷了。趁現在政府尚能控制軍人時候，不速了結，將來必至不可收拾。他們不但把東北成為一國，還要將華北特殊化。我問特殊化怎樣做法？他說即是獨立的前奏。我聽了，不覺愧然於心。

其時張學良仍在北平，行所無事。以我所聞，只是自己行樂，稱病不見日本人，每日要打無數的嗎啡針，自然沒有精神辦事了。那時日本政府還想跟他談結懸案，他總託病不見。後日政府特派一學良相熟的滿鐵某理事到北京，學良亦託病不見。有一日，某理事偵知學良在某妓院吃花酒，該理事即闖入妓院，眾客都吃一驚。到底學良有主意，即起立與理事握手道歉，並說久已知道您來京好久，實因纏病在身，不能接見。今日朋友約我到此散散心，還是初次出門哩。某理事即說，我也知道少帥體弱多病。好極了，今天難得的機會，可以一談。學良笑道，這種地方那能談公事，過日一定約談。某理事沒法，只好告辭，從此又托病永不見面了。學良誤國，即在此時已不能自辯，何必要待西安事變。

當九一八起事之初，日本重臣及政府都不主張事情擴大，而我國未能把握時機，殊為可惜。後若槻內閣下臺，關東軍遂不費吹灰之力，佔領了奉吉兩省，進佔齊齊哈爾，在嫩江口遇馬占山軍抵抗，馬亦敗北，日軍氣燄更張，以一部分軍隊沿長城南下攻熱河。熱河主席湯玉麟，亦不抵抗，正撤軍出省，日軍追擊，半路遇到廿九軍，遂展開遭遇戰，彼此肉搏。廿九軍慣用大刀隊，日軍最忌身首異處，頗受損失。在喜峯口激戰甚久，日軍遂止於熱河。

遲延復遲延，才得了日本同意，國聯調查團出發了。調查團由英美法德意五國代表組成，以英國李頓為團長。中國政府對於調查團寄以極大的希望，派顧少川招待，陪同調查。後調查團發表報告，結論謂「問題的解決，

恢復原狀和維持現狀都不是，滿意的辦法。要根本解決，以東三省為自治區，施行高度自治權，由各國充當自治政府的顧問，討論和提出一種特殊制度之辦法，以治理東三省之詳密議案，要先成立由國聯行政院掌握最高決定權，由中日雙方和中立觀察員組成的顧問委員會，這是國際合作最適用於滿洲的辦法。」這報告中國果然大失所望，日本亦不贊成。中國政府希望得到公正的判斷，適得其反。猶憶當年故友汪袞父曾向外長王儒堂力言國聯調查團不可靠，日本亦決不肯聽命於調查團，且願回任當折衝之任，儒堂不聽，袞父忿而辭職。由今思之，不能不說袞父有先見之明也。

九十五、吉田茂請合肥商停戰

　　吉田氏回國後，曾任外務次官，因反軍閥辭職，奔走和平運動。一日忽來天津看我，余頗驚訝。相談之下，始知他祕密來津，擬請合肥與日本西園寺公爵以在野元老身分出來斡旋和平，先商兩軍就地停戰。他說兩國政府，已無談和餘地，趁關東軍尚沒有進攻熱河，若由兩國元老以第三者地位，斡旋停戰，正是機會。若使就地停戰，雙方同意，即開了和平之門，以後可由兩政府直接商談了。我來時已得西園寺公同意，日本軍人對西園寺公意見尚能尊重。我想段先生久為軍界領袖，德高望重，中國軍人諒亦能尊重他的意見，擬請君介見段先生。我說，君冒險遠來，為兩國謀和平，熱心真可欽佩。但關東軍氣燄方張，肯就此停戰嗎？他說，若由兩國元老出面調停，先就地停戰，只要貴國同意，日本諒亦無異議。我又說，東三省問題怎樣辦？他說，東三省現在沒有戰事，以後再從長計議，目前暫且不提。我說：若不包括東三省，恐段先生不樂意談吧。他說，見了段先生再說。吉田去後，我即去見合肥，報告吉田來意，且略述我們談話。合肥即說，撇開東三省即無從談起。我聽了，即想這次吉田先生恐要白費心了。

　　翌日，吉田氏見合肥，說明來意。合肥即說，閣下為謀兩國和平，遠道而來，熱心令人欽佩。但此事變起於東三省，要講停戰，應從東三省說起。我們在野之人，出來調停，說話要有根據。當局若問到東三省問題，將如何答覆？我看單從就地停戰作為調停，恐沒有這樣簡單。現在中國軍人氣燄之高，不下於關東軍。若說停戰，應由日本先停，因這次是日本先開戰的，君意如何？吉田聽了，知話不投機，即沒有往下說，告辭而出，黯然回國。

　　此次吉田氏奔走和平，冒險遠道而來，不能達到目的，吉田氏定為失望，余亦很為惜惋。合肥以其不畏強禦，為兩國謀和平，亦極為讚佩，所惜者吉田氏尚不能明白合肥之處境。合肥何嘗不想兩國速謀和平，而其為難之處，又不便明白說出。當時中國民氣之激昂，只知抗日，不知國力。蔣先生因籌備未全，不敢輕言抗戰，已受輿論抨擊。而政府之主戰派聲勢正盛，在他們眼中，合肥尚有親日之嫌，故蟄居津門，毫不問政，與日本西園寺公爵何可比倫。西園寺公有重臣之擁護，即軍閥亦有所忌憚。合肥於政府方面，除蔣先生外，很少淵源。以我之見解，今日之合肥，已成為偶像，只能受人尊敬，不能再起作用。而以合肥之身分，又不願說出話來不受歡迎。吉田氏於合肥之立場，尚不能深切明瞭，且以當時關東軍之氣燄方張，恐亦未即肯停戰也。

自九一八起事以後，民心日形緊張，有識者皆料這種局面說變即變，存有戒心。我友江翼雲（庸）來勸我南下，他說，我們在這裡，總覺不妥，還是離開為是，我明天即南下，君意如何？我說君言甚是，但日本這次舉動，決不只在華北。若要離開，除非遠避，我有八旬老母，又無兄弟，棄母獨行不放心；侍母偕行不可能，我只好留此，隨機應變。他說，他們若強逼，怎樣對付？我答，這倒不怕，自己拿定主意，難道可用暴力強逼？倘平津陷落，我還想跟淪陷同胞盡一點力呢！他笑道，你還有這勇氣，可佩。遂辭去。

九十六、成立冀察政務委員會

其時國軍正在南昌剿共，無暇兼顧北方，而日本關東軍正預備揮軍南下。於是政府先設政治分會於北平，以黃膺白（郛）為主席，與日本華北駐屯軍（此是根據庚子條約）司令梅津商訂自山海關至察哈爾境為止為非武裝地帶，是為塘沽協定，中央並派黃杰關麟徵兩師駐紮華北，並派憲兵一隊，隊長為蔣孝先。蔣隊長不動聲色，破獲北平共黨機關多處，學生亦不敢遊行，人民感激，希望蔣隊長駐北平。但日本關東軍仍不滿於塘沽協定，中央又派何應欽北來暫兼攝政治分會主席，與梅津更商定，按照塘沽協定，加入河北察哈爾兩省為緩衝區。在此區內，中央不得有國民黨活動，更不能在區內居住，並不派中央軍及憲兵駐紮，稱為何梅協定。其實主其事者為梅津之參謀酒井隆也。於是國軍及憲兵隊均調出北京，何應欽亦回南京，中央政治分會改為冀察政務委員會，是為華北特殊化之初步。委員長為宋哲元，兼北平綏靖主任，以秦德純為北平市長兼參謀長，蕭振瀛為天津市長兼總參議，陳覺生為京奉路局長。宋帶有廿九軍四師，師長為張自忠，馮治安，劉汝明，趙登禹分駐各處，名為地方部隊。宋號明軒，為山東樂陵縣人，人爽直，不失為山東軍人氣派。秦號紹文，雖屬軍人，尚有書卷氣。蕭號仙閣，有小聰明，又像政客。陳覺生嫻日語，是日本通。據說參預祕密定策者，只秦蕭兩人。該會委員幾人，何等樣人，我都沒有留意，故全不清楚。

一日，忽接國民政府公函，附任命狀，任我為該會委員。我早無意入政界，遂繳還任命狀，附函辭謝。其時中央政策，以先安內而後攘外，故對宋委員長，囑令與日軍委曲求全，萬勿開釁，意在爭取時間，極力籌備。聞秦紹文預聞軍事，蕭陳兩人專辦交涉。陳嫻日語，自然交涉之事，陳重於蕭。蕭則與日軍虛與委蛇，陳則酒食徵逐，這即是冀察政委會的外交，與日本談判，無一件有結果，即門頭溝礦事亦久談無結論。余不知其內容，只聽說遇到為難之時，蕭陳兩人，向宋委員長推諉。宋無可推諉，而以養病為理由，回樂陵家鄉納福去了，一去即無回來的日期。陳覺生以委員長不在京，更樂得推諉。有時彼此軍隊小衝突，總是令宋軍撤退，向日軍以誤會道歉了事。好在覺生與日本軍人敷衍周到，私交不差，故沒有鬧過大事，總算遵照委曲求全之意旨。後來日本以張學良、宋哲元兩位將軍，只知躲避，沒法商量，遂起用天津總領事川越茂為駐南京大使，與政府直接談判。政府方面，以張岳軍（群）為外長，與之對手，商談亦無結果。

九十七、日軍設立冀東偽政權

不久，日軍在通州設立偽政權，名為冀東反共自治政府。此為日本在中國設偽政權之開始，以殷亦農（汝耕）為首領。殷號亦農，浙江人，曾留學日本，嫻日語，向稱日本通，曾入同盟會，又任蔣委員長總司令部諜報課課長，與軍統方面亦有關係。此次忽為日軍任偽組織首長，故人多揣測。這個偽組織，亦設民政、財務、教育各處，並設徵稅局及冀東銀行。通州為京津保必經之路，水陸交通，商賈雲集，向為商業重心，亦為軍事要點，故稅收頗可觀。設局徵稅，名為日軍協餉，實則坐地分贓。故無恥之徒，因利藪所在，亦有趨之若鶩。原駐唐山保安隊隊長張慶餘，投歸偽組織，殷即委為偽組織保安隊隊長。更練了一支保安隊，居然應有盡有，麻雀雖小，五臟俱全。後張慶餘反正，殷幾被綁送於宋，賴池宗墨而得救。其時宋哲元的二十九軍有一部駐於通州南城，並不移動，與張慶餘的保安隊，彼此對立，各不相犯。通州偽組織與二十九軍處於敵對地位，而二十九軍與通州保安隊竟能同在一處，互不相犯，亦是奇聞。且殷亦農（汝耕）出入京通之間，從無阻礙，晚上出城，二十九路軍守城兵，還為他開城門。是敵？是友？真是莫名其妙。

通州日軍一直沒有行動，倒是天津的駐屯軍反活動起來了。原來天津日本駐屯軍司令，新換了香椎。這位香椎司令到任不久，即發佈告，日本租界施行戒嚴，出入租界均須檢查。日本領事館以租界內住有中國有身分之人，故發一種特別通行證，持有特別通行證者，即可免檢查。有一日，日租界忽宣布宵禁，入夜斷絕行人。僕人告我，外邊傳說今夜廿九軍，有偷襲日本兵營之說，故特別戒嚴。到了夜半，果然聽到疏疏落落的槍聲，不到一時，槍聲即停止，仍歸夜靜，但只聽到處似有喧嚷之聲，不知何故。直到明晨，聽有人說，日本方面，有某特務機關，與駐屯軍合謀招遊勇流氓二三百人，想於夜間偷襲駐在南開廿九軍的兵營（南開與日本租界相距二華里，中間隔一河，廿九軍亦有兵駐紮），想將廿九軍攆走，趁秩序大亂之時，日本駐屯軍以維持地方為名，佔領天津。那知這班遊勇流氓，由日本軍曹所帶領，剛出日本租界，即為廿九軍偵知，還不到廿九軍兵營，即被廿九軍打得落花流水，四散逃走了。這次廿九軍又出了一次風頭，始知以前之謠言，是故造的烟幕。從此以後，日本飛機每天在租界上空飛行。有一次，有數架飛機低飛，竟在我宅三樓窗外飛掠而過，機聲震耳。我母適在三樓經堂，見飛機掠窗而過，不免驚嚇，即接她下樓。她說，這樣情形，我那能在經堂念佛，我

怕住在這裡了。遂同乘坐汽車，到特別一區宅，我母即暫住下。在樓上露臺見日本飛機十餘架，向南開大學投擲炸彈，頃刻之間，南開大學，盡成焦土，幸在暑假，校中無一學生。

日本人對於南開學生，向視為反日份子。記得有一次，南開大學開運動會，亦請日本領事來參觀，到的是領事及副領事兩人，適與我並坐。運動會開始時，學生拉拉隊用號旗排成「毋忘國恥」四字，排得很精巧。豈知日本領事見了，怒形於色，起立要走，且說真豈有此理，請我們來侮辱我們。我即請他們坐下，對他說，你不要誤會，他們決沒有侮辱日本的意思，中國之恥多著呢。即從最近事說起，八國聯軍攻北京，德佔青島，英佔威海衛，法佔廣州灣，無一不是國恥。我不是為他們辯護，我想他們學生們，要提起國人的警惕，故為此玩意，決不是專指日本的，你不要誤會。領事經我解釋後，即坐下，但不久仍悻悻然而去。這次因懷恨學生反日而遷怒於學府，顯見日本軍人之愚蠢。

南開大學，人皆以為張伯苓所創，其實首創者為嚴範孫（修）先生。嚴先生道德學問，世有定評，尤醉心於教育，曾任學部侍郎。清季曾率張伯苓赴日本考察教育，心儀福澤諭吉創立慶應義塾之精神，歸而在家設一私塾，親自教授，伯苓為之助。初僅學生十餘人，後來學者愈來愈多，始擴充為中學，由中學而成立大學，慘澹經營，竭盡心力。伯苓於範老逝世後，繼承其志，又經十餘年，始成大學。範孫先生不慕榮利，與項城雖善，屢徵不起，盡瘁教育事業。大學設於南開，故以地名。大學中庭，立有範孫先生銅像，日本學者對嚴先生亦很尊敬。狂暴之日軍，那知南開大學之歷史，加以摧燬，為之嘆息。

我母住在特別區宅，越日發燒，熱度增高，臥床不能起。醫生說因受了驚嚇，神經受了刺激，這不要緊，宜安靜少動。過了一時，病癒，仍接回到秋山街住宅。

九十八、遜帝出關成立滿洲國

宣統遜帝出宮後，先住北府（醇王府），鹿鍾麟派兵包圍，出入均須檢查，遜帝不安。陳弢庵太傅（寶琛）與英人莊士頓（教英文師）商議，擬先遷居英使館，籌備赴英留學。詎鄭蘇戡（孝胥）已與日使芳澤氏接洽，暫避日本使館，且特備三樓，得與帝后同住，遂遷入日本使館。住了一時，又潛到天津，居於日租界張園（張彪別墅），張竟索租金年五萬元。住了一年餘，遂購得陸閏生住宅。在津時，由莊士頓教授英文，並由王國維氏講習金石考古之學。遜帝度其平淡生活，並無復辟之意。平時惟遺老陳弢老、羅叔蘊（振玉）、鄭蘇戡及其子鄭垂等時常入侍，外人欲請見者，亦隨時可入見，無復小朝廷體制。適遇孫殿英盜東陵事，遜帝在京縞素遙祭，並派寶瑞臣與懿親赴東陵視察，謀善後。聞裕陵（乾隆）普陀峪（西太后）兩陵，盜得最慘，珍寶殉葬亦最多。帝王陵工，均堅固異常，非有大規模轟炸，不易打開。此次孫殿英竟戒嚴動員，如臨大敵，用炸藥轟炸，才將陵炸開。惟康熙之景陵，獨免於盜。聞炸開景陵，甫見隧道，即有黑水噴出，冲面傷目，人不敢近。孫殿英亦自稱國軍，以國軍為盜賊行為，成何體統？後知孫殿英之軍與盜賊無甚分別，遜帝請政府查辦，未聞有下文。

自九一八事變起後，關東軍即想建立滿洲國，與中國分裂。但在中國方面，亦須有聯絡，方可順利進行。關外與何人聯絡，我不得而知。關內聯絡贊成者，為鼎鼎大名之詩人鄭孝胥，與享有考古學者之羅振玉。力持反對者，則為清室太傅陳寶琛先生。日本關東軍軍人挾持遜帝，由天津乘兵艦先至旅順，俟與瀋陽方面商議成熟，才進瀋陽。以吉林省長春為滿洲國之都城，稱為新京。其時中國尚未對日宣戰，日本亦想與中國謀和，故雖成立滿洲國，遜帝先稱執政，以留餘地。約定一年後，始稱皇帝，改滿洲國為滿洲帝國。以鄭孝胥為總理，羅振玉為監察院長，並以陳太傅為中書令，陳迄未就職。國務院及各部均設總務廳，總務廳長官全是日本人，為發號施令之機關。總理及各部大臣，不過畫諾而已。

後陳太傅曾對我說，蘇戡（鄭孝胥）這孩子，做這事真荒唐。他若忠於大清，仍留清朝名稱，還不失為偏安之局。今稱滿洲國，與前清斷絕關係，連祖宗皇寶，亦不承認。將來日本若勝，不過為日本之附庸，敗則與日偕亡矣。言時很露憤懣。他稱遜帝為皇上，竟稱蘇戡為孩子，可知他對鄭氏之鄙視且恨透矣。

後有趙欣伯者來北京，趙亦日本通，嫻日語，余初不相識。一日忽遇

於席間，他是參預滿洲國成立之人，余遂問其滿洲國成立之經過。他說，康德皇帝（即溥儀）尚未到瀋陽以前的事，我不明白。其後主張成立滿洲國，進行最力者，中國方面，為熙洽及羅振玉，其時鄭孝胥尚未到瀋陽。成立滿洲國方案，是于冲漢主的稿，在我家開會議定的，與會者有張景惠、馬占山、熙洽、臧式毅、湯玉麟等。羅是日未出席，在幕後策劃。日本方面與議者，只石原筦爾及片倉衷兩人，皆是關東軍重要份子。聞當時羅振玉曾與陳寶琛太傅約定，若建國非仍稱大清國不可。因此問題，與日方再三商議，不得同意。嗣後設了籌備委員會，推張景惠為會長。日本坂垣征四郎，駒井德太郎亦來瀋陽，一同商議。於是急轉直下，成立了滿洲國，先稱執政。約定一年後，改為帝國，稱皇帝，以長春為新京，國號大同，舉行開國典禮，以鄭孝胥為總理，羅振玉為監察院院長，我（趙自稱）為立法院院長。後過了一年，日本久不踐約，鄭孝胥時與爭論。兩年後，才改稱為滿洲帝國，執政改稱皇帝，國號康德。但這個政權與大清國毫無關係，國務院及各部大臣，滿漢都有，次官漢人更多，又有日人。各部均設總務廳，廳長均是日本人。國務院總務廳長為駒井德太郎，最為跋扈，且掌全權。鄭孝胥與駒井時時齟齬，不能相處，遂辭職。繼任為張景惠。張是好好先生，與日本廳長很少磨擦。日本人仕於滿洲國者，都有雙重國籍，在滿洲則為滿洲籍，回日本仍為日本籍。宮內省亦派有日本人，但只監督用度不能超過預算。宮內的事，只取監視態度，尚少顧問。此事贊成者自然以鄭氏父子及羅振玉等為首，然成立政府時，鄭孝胥卻不在場。羅以意見不合，亦不出席。故主張最力者為熙洽，始終冷淡者為馬占山。後馬潛赴黑河，揭櫫抗日，嫩江一戰，日軍頗受傷亡。我在滿洲國成立之時，亦出力不少，亦可稱為開國元勳了。言時頗有得意之色。

我聞遜帝未出宮前，政府久未撥優待費，已靠售古董為生。後到天津，聞早將攜帶出宮之古董字畫出售為生活。此次出關，即無日本劫持，成立滿州國，恐亦無法維持下去矣。

九十九、西安事變種下了禍根

　　張學良自從關東軍佔領瀋陽，不抵抗而令奉軍入關，有說是奉令為保全實力，人皆詆他為不抵抗將軍，無以自白。然自九一八以後，在北京時，嗜好日深，隨時須打嗎啡針。尋歡行樂，尚欠精神支持，遑論辦事？後受友好之勸告，自己亦覺不安，遂決心到法國，忍痛將嗜好戒絕。又遊歷歐洲，回來調任西安行營主任，奉軍亦調至陝西，協同剿共。奉軍心有不甘，以為抗日若能勝利，尚有還鄉之望，今轉輾剿共，永無前途。共黨迎合奉軍心理，極力煽動。又與楊虎城駐在一起，楊以陝人主陝，早與共軍勾結，以固其位。學良受了楊虎城浸潤之言，又聽部下亦有怨言，遂起了對蔣先生不滿之意。適蔣委員長來西安，帶了蔣鼎文率師來。楊虎城聽了，以為共軍局促延安，有奉軍及陝軍，足夠圍剿。這次蔣鼎文同來，恐與自己地盤有關，遂勸說學良，俟委員長來時，我們一同進言，主張聯共抗日，實行兵諫，不聽即出以劫持行動。學良同意，故蔣委員長剛到華清池行營，張學良部下即與楊虎城部下連合起來，共同行動。此消息傳到了北平，其說不一，人心大為震動。余想這事關係太大，想知道一點真情，遂到政委會，亦許能有確實消息。見宋明軒（哲元）與秦紹文（德純）正在討論此事，亦不知內容。明軒說，我們只好靜觀，且看情形之變化。聽說中央已決議討伐，為蔣夫人所阻，先須看情形再定。宋子文乃偕端納飛往西安，其詳不得而知。

　　隨後余詢之漢卿同到西安的某處長，據他說，此事發起於楊虎城，漢卿（學良）少帥受了虎城先入之言，又知道部下的怨望，對委員長亦有點不滿。但楊虎城老於世故，少帥則年少氣盛，因之少帥反成為主動。當時計畫雖為兵諫，實有劫持之意。後委員長來了，楊虎城即將隨員另住一起，我亦在內，名為招待，等於軟禁。外邊情形，因之隔離，不能清楚。委員長到的第二天，即聞槍聲，且有兵士闖入招待所開槍，錢大鈞受傷，邵元冲當場中槍而死，我亦幾遭危險，一彈由我耳邊飛過，幸沒受傷。同時行營方面，亦有弁兵進去，憲兵隊長蔣孝先出來阻擋，中槍而亡。那時真是混亂之極，聽說少帥派某旅長來請委員長到西安，委員長以事出意外，不明原因，倉卒間只帶一弁越牆而出，黑夜不辨高低，腳稍受傷。少帥派來的某旅長，進了委員長房，已不見委員長，只見書桌上委員長寫的日記，屢屢稱讚少帥，知委員長對少帥不差。他來時少帥亦囑咐他，只許用安全方法請委員長到西安來，說有要事商談，不許魯莽從事，遂到處找尋委員長。後在驪山山谷後面，發現委員長踪跡，該旅長即上山跪請委

員長下山，委員長面斥不允。後少帥來了，上山向委員長認罪，懇請下山聲淚俱下，決保沒有他故。委員長見他誠意悔過，於是由兩弁扶了下山。這是當時的情形，後聽說蔣夫人宋子文來到，與周恩來商談什麼，我不知道。周恩來如何來的，我亦不清楚等語。

漢卿我亦相識，其人英俊活潑，少年耽於聲色，不足為怪。惟不忘國恨家仇，同情抗日，應表同情。此次因一時之錯誤，竟種下莫大之禍根，亦是他初料所不及。觀其勇於改過，懸崖勒馬，自願送委員長回京，甘受處分，不失為好男兒態度。當九一八起事之時，我曾對張漢卿力說，最好作為地方案件，從速就地解決。按之當時日本情勢，非不可能，無奈漢卿置若罔聞，且對我蔑視。誰生厲階，至今為梗。

漢卿到南京，受軍事裁判，徒刑十二年，蔣委員長請為緩刑，改為幽禁，遂隨委員長所至為行止。行蹤所至，從者數十，車馬具備。戶外運動，不加限止，惟不能出指定之區域，其意在愛才，加以磨鍊耳。晨夕相伴者，只趙四小姐。趙為燧山（慶華）之女，曾為鐵路局長。當其女從漢卿時，即登報斥為私奔，有玷門風，斷絕父女關係，亦強項不畏權勢之人也。其女從漢卿度幽禁生活二十餘年，聞今已恢復自由。然美人遲暮，將軍亦垂垂老矣。國破家亡，漢卿其無疚於心乎？

一○○、禳災弭兵建金剛法會

　　後藏班禪活佛與前藏達賴活佛鬥爭失敗，早已逃到北京，駐錫於南海。北京雍和宮以及其他喇嘛，仍奉為活佛，到南海參拜者，進了新華門，即跪行而前，日以百計。時朱子橋、王竹村、屈文六等居士，以天災頻仍（西北大旱，長江大水），兵禍未息，勸合肥發起建設時輪金剛法會，以弭災禍。合肥自皖直戰後，茹素念佛，篤信佛教，遂集款在太和殿開禳災弭兵法會，由朱子橋、王竹村、屈文六諸居士先為籌備。合肥本悲天憫人之願，請班禪活佛親自主持，特在太和殿設隆重道場，名為時輪金剛法會，諷誦仁皇護國經七天，祈禱弭兵息災。風聲所播，四方來參拜者，每日火車乘客輒增。在太和殿正中，由一小喇嘛以五采粉用手捏畫成一地氈式的圖案粉圖，約有四丈見方，正中蓮花上坐如來佛像，四圍有金剛羅漢諸天神像。上像天堂，下像地獄，神仙妖魔，飛禽走獸，天女散花，各種花朵，莊嚴法相，維肖維妙。四圍填滿圖案，無一空處。這粉圖有一藏名，惜記不起。據云此種手技喇嘛，西藏亦不多了。日本高野山大僧正適到北京，亦來參觀，嘆為觀止。殿中滿懸幢幡，四周搭成梯形的臺座，每層置酥油盞燈，無慮數千。殿門前中設一高座，為班禪之寶座。座前設一供桌，陳列各種銀器，皆功德者獻呈者。開壇之日，先由喇嘛用梵樂迎本尊於北海白塔，供於太和殿御座。每日下午二時開壇，班禪升高座，一手持杵，一手執鈴，朗誦經咒。兩邊喇嘛數十人，均席地誦經。殿大聲洪，幢幡招展，經旗飄揚，肅穆莊嚴，得未曾有。功德者由活佛各贈一哈達懸於頸上，另換密宗法衣，席地環座於活佛座下。四方來的善男信女，在太和殿下對壇膜拜，太和殿下廣場為之擠滿。到第七日，由安欽活佛主持，在廣場燒護摩祭，法會就告圓滿。

　　據高野山大僧正告余說，此種法會，法力甚大，若有感應，百里之內能枯樹開花。又云我到了北京，才知密宗真諦，因北京建造都含有密宗意義云云。時已十月，說也奇怪，外交官邸院內一棵碧桃，滿樹開花。西山八大處，亦有桃李花開，真是不可思議。

　　法會圓滿後，班禪活佛在南海請與會功德者飲酥油茶，活佛上面正坐，被約者左右分坐，有一漢語翻譯。他說，人間劫數，天道之常。報應循環，都由人造，無法消除。法會功效，只能保佑一方。人人都能為善，自然沒有遭禍之道。又講了些因果之說。說罷開始煮酥油菜。一切器皿茶杯，俱是金質，每人奉送一杯。余覺茶味腥羶，頗難下嚥。活佛袖籠一小狗，這是西藏的特種，時時玩弄，即在法壇誦咒時，此狗仍籠在袖中也。

北京雍和宮有一白喇嘛，是一修持密宗得道的喇嘛。據他說，北京天津都有黑氣籠罩，這是兵災之兆。自建設金剛時輪會後，北京黑氣已消滅了。他想為天津眾生建一息災道場，但苦無經費。他說有一日靜坐入定時，到一宮殿，見一丈六金身的天王，即跪求為天津人民消災。天王說，這是劫數，你求消災，誰來受這劫數？他說，我願以一生擔承一切劫數。天王曰可，即醒。此一剎那，爐香已焚了一支。他遂發願在天津建息災道場，計算需費三萬元。適有一信徒，向京奉路局長常蔭槐告以此事，請他幫助。常說，我不信這些，但捐些錢倒可以，遂允如數捐助。白喇嘛大喜，遂籌備一切。天津某藥房老闆，亦是密宗信徒，商借黎宅戲臺建息災道場，規模雖非太和殿可比，然懸設神像數十幅，置酥油燈數百件，皆臨時置備者。四方來參拜者每日亦有數十人。等到七天，道場圓滿，不久白喇嘛即圓寂了。雍和宮因白為眾生承受災難，自願捨生，特為他建一紀念塔，至今尚存。說也奇怪，後來華北內戰外患，相乘而來，平津近處，都遭有或大或小的兵災，而平津兩地，均安然無恙，此我親歷的事，雖近乎迷信，亦許是佛法無邊。

　　白喇嘛前因募捐建造宗喀巴宗師佛像於雍和宮，因募捐不分男女，為人誣告他男女混雜，有犯清規，捕入警察廳。他經過七日不食不語，只是靜坐。廳長吳炳湘以為奇，遂釋放，足見白喇嘛卻有功夫。其圓寂之時，宗喀巴佛像，亦正是開光升座，距功德圓滿後才數日耳。

一○一、合肥南下受蔣公禮遇

合肥自九一八事變後，蟄居天津吳自堂宅（光新與合肥是姻親），杜門謝客，靜耽禪悅，與外人絕少往來。有一日，我友錢新之忽從上海來，先訪達詮（鼎昌），後來訪我，久別相逢，握手道故。惟突然而來，頗以為異因問他為何事來津。他說，蔣先生想請段先生往南方一遊，借此領教老師，不知段先生有此興趣否？君可否轉達此意，一問段先生？我亦要謁見段先生，請為先容。我說他住處離此不遠，我們即可同去見段先生。遂到吳宅，先晤自堂，說明來意，吳頗贊成，遂同見合肥。新之將蔣先生希望合肥南下之意，說得輕描淡寫，不著痕迹。正在徐聽下文，豈知合肥即說，我久沒有南方去，好極了。你們給我預備飛機票，我沒有什麼行李，明天即可同行。新之說，那不必如此匆忙，我還要趁此看看朋友。合肥說，那麼改為後天吧，要走即快走。新之稍談即辭出。新之出來告我，段先生真爽快，有果斷，使我又佩服又驚異。我說，段先生在此，心境可知。君說話真得體，要言不煩，這所謂心心相印，盡在不言中了，佩服之至。那知那天晚上，即有多人勸阻合肥南下，駿良亦不贊成。合肥對他們說，我已答應錢新之，且飛機票已為我預備了，約定後天即動身，那可失信！他們知道合肥的脾氣，主意定了即難更改，只好聽之，大家爽然若失。

過了一日，合肥即同新之啟行。聽說合肥飛到南京，蔣先生已在機場候接，口稱老師（蔣曾入保定軍校，段任校長，故有此稱呼，聞蔣先生初次與合肥通信，自稱志清，是他的學名），親扶他上車，同至行館，只有恭敬誠懇之表示，沒有官場迎接之排場，合肥極為滿意。蔣先生本在南京預備行館，合肥說明天上中山陵，向老友奉花圈後，願住上海，遂以上海陳雪暄（調元）別宅，借作行館。此宅房屋不多，全是西式，在西摩路，頗為幽靜。院中草茵花木，與北方相比，另是一種氣象。供應之外，月致用費兩萬元，合肥辭以過豐。蔣先生說，老師若不需此數，可分贈舊日袍澤，聞他們生活亦很艱難。合肥遂留下，自己只留數千元，餘均批送舊部，每人千元，余亦叨受一份。後來抗戰時，余因津渝匯兌不通，又恐日人知而生疑，故託重慶交通銀行代收代存。及至勝利，法幣貶值，幾等於零，遂沒交匯，只心領其盛意而已。

合肥住處，沒有設軍警，只有便衣軍警，暗中保護。余到滬後，常去謁見，見老人心境甚好，精神亦佳，每日與奕友對奕，晚間衛生麻將八圈，與在北方，起居無異。有吳清源者，稱為圍棋天才，年僅弱冠，曾到日本，

與日本九段名手對奕，日本亦很驚服。合肥對圍棋，自負甚高，清源求與對奕，合肥贏了半子。然吳對人說，段老先生確是高手，因他年高德劭，故讓他半子，兩人各有千秋。後日本又約清源到日本。日本對圍棋，頗有研究，且賭輸贏，輸贏很大，不算賭博，非日本人不能入段，故吳清源曾一度入日本籍，勝利後又復籍，在日本亦得九段。合肥居滬，不常出門。陪侍者家屬之外，惟曾雲沛、梁眾異、段運凱諸人而已。吳自堂時常來往津滬。

一○二、侍母到杭建水陸道場

　　在七七事變前二年的春天,我母要到杭州靈隱寺建水陸道場,以完心願。全家隨行,乘津浦鐵路南下,一過江北,見桃紅柳綠,金色菜花,一望無邊。一江之隔,風景懸殊,始覺春在江南,非北方可比也。到滬後,住三妹王家,我婦則住乃兄培孫家。後到杭州,靜真因流產與慶稀都未同去。三妹要留滬照料靜真,亦未同行。

　　到了杭州,即住在靈隱寺。靈隱、韜光,為西湖北山山脈精華之所萃。一入山門,見夾道濃蔭。盡處有亭架於澗上,為冷泉亭,其側即飛來峯也。此峯不知從何處飛來,峯高不過數十丈,巍然獨立,上有樹木,青翠欲滴,下有巖局,幽閟可以通行,世稱靈隱仙窟。

　　靈隱寺大雄寶殿,燬於兵燹,今雖重修,然不能與寺之建築相配。有名之羅漢堂,幸未毀損。此堂建築甚古,其中羅漢五百尊俱全,寺僧告我,係唐朝名手所塑,未知是否可靠,然決非近代名手所能塑,可以斷言。瞻仰一周,見各尊各樣,無一相同,姿勢靈活,栩栩如生。惜古代建築,光線黯淡,加以多年的香烟,不能看得清楚。然觀其姿態,方悟武術家所稱為羅漢拳姿勢,或即取法於此,此五百尊羅漢可稱為國寶矣。寺中素齋可口,時正蠶豆上市,余最喜吃蠶豆,新豆帶皮油炒,鮮嫩帶澀,勝於蓴菜。

　　後又侍母與同來者乘籐輿遍遊西湖各名勝,越山而過,正值杜鵑花盛開,滿山都是杜鵑,人行花間,清香襲人。又遊九溪十八澗,水淺而清,即在水上曲折而行。旁有老桂數十株,若到秋天,木犀香味,幽香襲人,想更有一種趣味。至龍井山,山不高大,旁設茶肆,便人憩品新茶,另有雋味。到烟霞洞,此處素齋有名,果然名不虛傳。到雲棲寺,經過竹徑甚長,一入幽篁,俗塵全消,流連不忍去。道場圓滿,老母非常喜歡。回滬後,老友任筱珊約遊姑蘇,遂侍母携靜真到蘇州城。余長交通時,筱珊為餘留任之秘書,後出任滬寧鐵路局長有年,現退休居於蘇州內。余奉母抵蘇後,筱珊已預備肩輿,在車站迎候,即至其家。承他夫婦留住其家,且將臥室讓給我們,殷勤招待。

　　翌晨,到觀前麵館用早膳,即導遊舊家名園,大概彷彿像頤和園內諧趣園,卻更寬大,開放遊覽,其中以獅子林為最勝。獅子林中有石疊假山,佔地不大,聞係倪雲林設計者。入其中,有層巒疊嶂,邱壑俱全,曲徑通幽,亦有樹木竹篁,一處一境,各盡其妙。山中有一亭,而對小瀑布,平時亦有水沿巖石而下,若遇雨後,必有可觀,真是巧奪天工。園中另有亭榭迴廊,

現已易主。中間蓋有一祠堂，金碧輝煌，惜與全園布景不能調和。雅俗共處，益見俗氣。其他各園，雖已荒圮，亦各有佳處，以留園為最大，是盛杏老家園，亦開放任人遊覽。可見中國庭園之藝，不遜於日本，中國尚幽大，日本尚纖巧。又有一古寺，中有大池，池中蓄一大黿，背蓋長五六尺，橫約三四尺，遊人飼以饅頭，一啖可吃八個，據云此黿已有百年以上。晚飯宴於××酒樓，菜餚精美，不讓西湖樓外樓。蘇州飲食，久已膾炙人口。

隔日遊虎邱，坐籐山輿，輿伕盡是女人，男子卻在家中做繡貨，這是奇聞。女轎伕身強腳健，不讓壯夫。人說蘇州婦女嬌弱，不盡然也。沿途多蒔花出賣，長達數里，如白蘭、珠蘭、茉莉等，都蒔於盆。此花來自閩廣，以花朵市於茶葉及糖菓店者，北京又以為餽贈之品。風送幽香，心曠神怡。及至虎邱，茶棚遊人坐滿。虎邱恍若平地，不過稍高。古迹有試劍石，中裂若劈。又有一大平石，名千人石。北有劍池，據云是吳王留傳之迹。池之東，石刻虎邱劍池，顏魯公書也。此外尚有虎跑泉、望海樓等，因天晚不及觀，歸家已上燈矣。有舊友某君（忘其名）在任家坐候，聞我至蘇來訪，且送洞庭山白沙枇杷兩簍。此物不嘗久矣，遂大啖之，味雖雋美，個兒比前小多了，恐因培植不良之故耳。

後又同筱珊夫婦，乘船遊靈巖，舊友適至，與筱珊相談，遂約同遊。靈巖寺在靈巖山上，故以為名。中途在石家飯店進膳。石家飯店，遐邇馳名，遊蘇者莫不一快朵頤，菜餚烹調，特別精美，點心種類尤多，余雖嘉賞，微嫌味甜，然名不虛傳也。靈巖山者為吳王別宮以居西施者，尚有浣花溪、洗脂池、琴臺等遺址。吳宮花草，徒供憑弔而已。寺為善男信女募建，以供奉印光法師者，尚未完全竣工，已有僧人數十，住寺修行。中有一僧，聞係雲南軍人，亦放下屠刀之流歟。落成後，印光大師駐錫於斯，後即圓寂於斯。當年館娃宮，千百年後變為淨土道場，亦勝事也。

回城後，聞印光法師在興隆寺坐關不見客。老母以因緣難得，侍母至興隆寺求見。法師以母遠道而來，且係皈依弟子，特開窗口接見。余亦得瞻仰法顏，色相慈悲，聲音宏亮。聞為建水陸道場南來，特別歡喜，仍勸我母多念佛，福壽綿長，後福不淺云。語已，即關窗入內。余因侍母得瞻法顏，亦因緣也。

蘇州住了四日，承筱珊殷勤招待，慈心很悅。余覺蘇州有閒階級，真能享受，晨起即到觀前麵館，一碗湯麵，一壺名茶，與友人聊天，到午回家，作為常課。麵館清潔，各種麵食都精緻可口。惟蘇州市政太差，道路不平，衖口置石槽小便，穢氣薰人，應加以改良也。蘇州飲食之外，糖菓特佳，有采芝齋所製各種糖菓，式樣多而味適中，非東洋的糖菓可比。語云，上有天堂，下有蘇杭，足見魅人之深矣。

一〇三、廬山應召蔣先生邀請

　　時逢盛暑，上海酷熱。達銓在廬山別墅避暑，揖唐亦到廬山。達銓來信，略云蔣先生在廬山開會，聞君在滬，擬約一晤。君如有意，可囑新之陪同，挈眷來此避暑，藉圖良晤。遂挈眷偕新之趁江輪到九江，同遊者有梁眾異、段運凱、陳蔗青（介）三君。九江暑熱更甚，夜不成眠。時慶稀才五歲，不能入睡。旅館且多臭蟲，靜真置慶稀於紅木桌上，拂扇至天明。我等亦不能睡，坐了人力車，沿江兜風。直到晨曦初上，即到蓮花洞雇籐轎上山。剛到山半，即覺得涼風習習，暑氣全消。上山後，住在招待所。

　　翌日，達銓來，即同他到別墅，與他夫人同進午膳。達銓善飲，其夫人亦能飲，且能烹調。飯後隨便散步，同遊近處。

　　廬山稱為雲海，氣候溫度，總在八十度上下，甚為舒適。在樓上時有雲霧飛進，薄雲輕霧，恍惚人在雲上，雲在人下，別有幽境。

　　達銓雖與蔣先生接近，時時約談，然尚未入政界。過日同去見蔣先生，為儀禮之周旋，余與蔣先生尚初次相見，僅作寒暄。蔣囑此處涼爽，可多住幾天而出。熊天翼、吳忠信二君約在萬松堂食晚飯，滿院全是松樹，此為熊氏所居之所。尚有二三人招飲，都是達銓之友。吳號禮卿，為揖唐同鄉至友。余在廬山，見到的軍人，都是黃埔出身，溫文爾雅，頗有修養，與北方軍人完全不同；或入黃埔時已有中學根柢歟。

　　住了數日，蔣先生招午餐，同來者都被約，達銓揖唐亦同席。到時，蔣先生已先到，約我在別室談話。蔣先生精神充沛，態度從容，沒有自尊自大之意，卻有誠懇親近之感。坐定後，他即問，你對日本戰事，怎樣看法？我略謙遜道，我以為九一八事變之後，經過五六年，當時日本政府尚無擴大戰爭之意，且有控制軍人之力，那時卻是談判的機會，可惜張宋兩位都沒有與他們誠意談判，失此機會。後來日本不守塘沽協定，節節推進，佔領地方已不少。雖然佔領的只是點與線，已使國軍攻守為難。目下日本政府已沒有控制軍人之力，要想和平解決，懾於軍人，無從談起。軍人氣燄愈高，慾望愈大，少壯派軍人已漸抬頭。此時我們決不能談和，為民族為國家，只有抗戰到底一途了。蔣聽了微微點首。我又說，中國和日本軍力懸殊，抵抗亦不容易。共黨又在後方到處搗亂，獨力支持，真是難事。這次戰事一定會持久，我們必需要有外援。起初蘇俄稍有接濟，這是另有作用，沒有誠意的。我想日本軍力雖強，已失了國際同情。加以物資缺乏，持久作戰很是困難。日本陸軍本來主張北進，海軍則主張南進。現在看來，日軍由北而南，萬一侵入

我沿海省分，他們一定趁此侵擾南洋，目的在掠奪南洋的軍需物資。英國對於南洋殖民地，豈能坐視。美英同盟密切，亦不能無動於中，到那時局勢自然會變。我們現在對美國應多做宣傳工夫，不但對政府，還要重視民間。美國尊重民意，要美國明白日本志不在小，共產黨改革土地主義完全是假的。美國若能明瞭日本與共產黨的實情，對日斷絕貿易，不聽共黨的宣傳，自然會援助我抗日剿共。我們在目前，只要集精銳部隊，堅守防地，不必想收復失地。但求不再失地，以待時機轉變，決定抗戰到底，團結一致。雖然萬分吃力，終有勝利可望，共軍的虛聲恫嚇，不足懼也。愚見所及，不知有當萬一否？蔣先生聽了，連說你的意見很好，默察他已胸有成竹，不過聽聽各人的意見而已。

談話後即入席，各人面前只有清水一杯，沒有酒，菜餚清潔亦不多。聽說蔣先生不嗜烟酒，生活簡樸，故請客亦不備酒。席散蔣先生先走，我到達銓處。他問我說了些什麼，我略告之。他說，聽說這次會議，要決定和戰方針。

後眾異問我，君向主親日，何以對蔣先生說抗戰到底的話，莫非違心之論？我曰不，所說的都是由衷之言。我主張親日，不是親帝國主義者的日本。現在他們侵略我國，與我為敵，怎能再講親善？我想日本陸軍主北進，這次由北而南，故料如果他們到了廣東，一定乘勢侵入東南亞各地，掠取軍需物資，故對蔣先生這樣說的。後來果然日軍不自量力，掀起太平洋之戰，闖了彌天大禍，這是自食其果，我初料所不及也。其時日軍已佔領東三省，攻佔熱河，駸駸有南下之勢。聞蔣先生在會議時說：「和平不到完全絕望時期，決不放棄和平；犧牲未到最後關頭，決不輕言犧牲。」這真是至理明言，可見蔣先生亦極力求和平，無如日軍相逼太甚，不得已而出於抗戰。既決意抗戰，即義無反顧矣。

後由達銓導遊廬山兩天。遊蹤所至，不能盡記，記有五龍潭瀑布。廬山瀑布很多，都是一瀉直下，獨五龍潭瀑布，恍若一幅珠簾，徐徐飄盪，乘風微幌，最有意思。又有捨身崖，一岩突出，往下一望，已覺心驚。若一失足，真可碎骨粉身，此是古時跳樓尋死之法也。有一古廟，出雲霧茶。雲霧茶本為廬山名茗，該廟所產，味特清雋，惜所產不多。招待所後面有松林道，直達牯嶺。牯嶺已有市街，西人避暑別墅都在牯嶺。至香鑪峯，為廬山最高峯，雲霧籠罩，忽隱忽現，所以稱為不見廬山真面目也。留遊九日，仍與同遊者趁江輪迴滬。經過南京，春孫弟服務外交部，來輪敍晤，匆匆而別。

聞黃山亦已修復，可供遊覽。中國名山勝地，各省皆有，惜交通不

便，設備不周，只有寺觀可供住宿，故不能引致外人觀光。上海銀行陳光甫君，近來兼辦旅行社，雖只能限於交通方便之處，對遊人已便利良多。倘使改善交通，旅行社更擴而充之，則外國觀光客，必將源源而來，不但可得外匯，地方人民，獲利亦多。期以他日，觀光之盛，可與日本歐洲各國媲美無疑也。

余在上海，有一小插曲，幾乎鬧成笑話。我寓三妹王稚虹家，有一日，陳任先（錄）請我吃晚飯。是晚還有一局，先到陳家，座有顧巨六（鰲），為洪憲元勛。我想問洪憲內幕，因有他客，不便啟齒，遂約先去他局，回來再談。遂匆匆赴第二局，再回陳宅，與巨六暢談。渠告我許多秘聞，均聞所未聞。巨六健談，余亦喜聽，不覺長談過了兩時，尚未回寓。時上海常有綁票，王宅以我深夜未歸，恐出意外，向第二飯局家電詢，云早已走了。又向我常往來各家電詢，均云沒有來。稚虹急得沒法，約了梁眾異同去見杜月笙，請他偵查，並報捕房。月笙說，報了捕房事即鬧大了，明早即登出報來，萬一曹先生在他處流連，豈不尷尬？我看先由我派人偵查一下，等明日再看吧。我在陳家與巨六越講越起勁，竟忘了時候，已過了三小時。我說太晚了，改天再談吧，遂坐車回寓。一到門口，見裡面電炬通明，家人正在議論，我倒吃了一驚，以為家中出了什麼事。他們見我回來，各道經過，大家一笑而罷。這是我的疏忽，沒有電話通知，難怪他們著急。幸月笙老練，沒有鬧出笑話。照巨六所說，那時從龍諸君，都與芸臺商談的多。項城不消極，也不積極，聽他們擺佈，這無異蹈項城於爐火之上，宜其踐祚第一天即有跳火坑之言也。至各人所說的話，我亦不能全記，不但為他們保密，我亦無從詳記矣。

有一次見合肥，他問我，你在廬山對蔣先生說了些什麼？我將對蔣先生說的話，略述了一遍。他說你的看法對的，日本兵力雖強，但缺乏物資，不能作持久戰。他們軍人狂妄，以為中國三個月可以平定，真是說夢囈，現在應該明白了。但我國若沒有外援，這仗也打不下去。你猜想日軍若到了南方沿海省份，必將侵入南洋，掠取作戰的物資，照前途觀測，恐怕要走到這條路上去。但我國元氣也喪盡了，還是能和平最好。停了一會，又嘆一口氣說道，且看氣運吧！我認這次戰爭，要兩敗俱傷！

又一次，合肥病了，我去時看見一西醫為他輸血。那時輸血手續，真不簡單，先覓血型合適的人，臨時備溫水，將膠管置入溫水桶內，由助手抽血，通由膠管，再由醫生找病人的靜脈管輸入，歷時很久。隔三天輸血一次，聽說沒有什麼重病，只因平時素食，營養不足，故病後輸血，方好從速復元。不久病已痊癒，精神亦復元。

余將北返，到合肥處辭行，見老人精神雖佳，卻有點頹唐之意。那日星

期，他獨坐書齋，留我吃飯，他自己吃素，只一湯一菜。聽說有時吃飯，只有一碟鹹菜，為我添了兩餚。飯後，我告辭。他說，沒事多坐一回，我這裡來客很少，又坐下閒談。他問北方情形如何？我告以我來時日軍止於通州。他說，我看二十九軍未必擋得住日軍，倘日軍南下，戰事即將擴大，局面即難說了。又項城帝制，是芸臺惑於術者之言。袁氏三代，沒有過五十七歲，項城是年正五十七歲。芸臺信術士說，除非黃袍加身，才可免禍延年。以項城身體強壯，若無帝制運動，何至憂憤而殂。又說到馮華甫（國璋）若不作梗，決不是今日的局面。又說馮玉祥心懷叵測，以為人家總不如他。又說蔣介石卻是好領袖，將來事業，只有寄望於他了。聽他語意，都有往事不堪回首，後事只能期之後人，且有依依不捨之意。我以為老人獨居無聊，故留雜談，那知這次竟是末次對談，從此即成永訣矣。

余正束裝作歸計，忽見滬報登有汪袞父因心臟病逝世之消息，閱之不禁淒然下淚，痛失了一良友矣。回津後，適逢領帖開弔之期，即撰祭文，往北京汪宅弔奠，撫棺大哭。問汪夫人以袞父之病狀，她邊哭邊說，袞父向有歇止脈，醫生說是心臟病的根源，因沒有異狀，不甚注意，本人亦不覺有異。有一日忽然心痛不止，即送協和醫院，經過愛克司光檢查，說心臟邊有一小塊，須經手術，方能明白，遂用了麻劑動手術後，發見心旁有一小塊，像一個小型的心，醫生說沒有見過，不敢動手術，即照舊縫上。豈知尚沒有縫好，即已氣絕了。我說恐怕是癌吧，亦不敢斷定。袞父下世年尚不到六旬。及臨祭，余親讀祭文，一字一淚，讀到後來，竟嗚咽不成聲。友情之感動有如此者。

袞父長於文學，又擅詩詞，寫日記積存數十冊。余曾見其中有偶及時事者，亦甚中肯，詩詞稿均未整理，已梓者僅楊子《法言注釋》一種而已。九一八事起，與王儒堂部長爭論，忿而辭職，前已提及。日本朝野聞其喪，特在東京開追悼會，則為歷任使節所未有者也。余南行時，與他辭行，談及此事，猶餘怒未息。余勸道，當局既抱「天塌自有長人頂」的觀念，我勸你不必抱無謂之杞憂。「曲突徙薪亡恩澤，焦頭爛額為上客」，我們只好靜觀。憂能傷生，忿易傷神，請你自己保重為要。他聽了氣也平些，遂道珍重而別。那知相別僅半年，竟天人永隔，能無傷感。

此次回津，帶了岱孫之女綺霞同行，岱孫已有一男二女，慶稀住在他家，與綺霞很好。臨行措別之情，依依不捨。故商得岱孫夫婦同意，携同至津。初來時很高興，久離父母，不免思家。慶稀特別感以溫情，後竟情同手足，同住一房，同上一校，後又同入輔仁大學。勝利後，由君實介紹與粵人李桂萼結婚，靜真親送到北京成婚禮。李君服務中央信託局，余到上海，時常相見。後生女四人，婚姻聞不甚圓滿。

一○四、合肥留遺囑逝世滬濱

　　越一年有半，合肥噩耗，忽來自上海。相別僅年餘，竟天人永隔，聞之不勝痛感。時蔣先生為合肥置一別墅於黃山，以為頤養，孰料別墅方落成，而合肥已作古人矣。芝老為安徽合肥人，故人稱合肥而不名。素性剛毅，果斷廉潔，不威而嚴。聞在小站練兵時，不離營舍，與士卒同甘共苦。每逢發餉，總由陸軍部軍需處員，點名發放，從未經手，更見其公而無私。余追隨二十餘年，見其治事之勤，待人之誠，自奉之儉，而遇事負責，令出必行，皆足為後人法。項城對段寄之以股肱，重之以姻婭，而段對項城亦忠心耿耿，惟命是聽。及帝制發生，合肥即毅然隱退，屢召不至，其公私分明若此。迨項城取消帝制，應徵組閣，含淚受命，其愛護項城始終不渝又若此。參戰之役，力排眾議，雖被黎罷免亦不顧。卒以宣布雖近歐戰尾聲，然仍為國增光。合肥統一願望，惜吳佩孚違命撤兵，破壞他的志願，最為遺憾。後軍人跋扈，利用東海，時時傾軋，合肥欲整飭綱紀，遂至同室操戈，反而失敗。知北洋團體已近解散，不能有補於國家，遂毅然南下，將自己抱負，寄厚望於蔣先生。當討伐復辟之役，兵餉兩缺，然果斷決行，義無反顧，馬廠誓師，卒告厥成。其見義勇為，不折不撓之精神，有與蔣先生相同處，宜其意氣相投，寄以厚望也。

　　國難方殷，有賴老成，胡天不幸，不憖遺一老，真有人之云亡，邦國殄瘁之感。聞病篤自知不起，猶倚枕草遺囑，寄望於蔣先生，拳拳為國，語不及私。由於希望和平，培養國力，力圖團結，以防共禍，更三致意焉。臨終神明不衰，足徵平時修養之功。政府飾終之典，備極隆重。蔣先生擬國葬於黃山，且示歸葬故鄉之意。駿良以乃父一生事業在北方，力主移靈北返。聞出殯之日，儀從特盛。余以津浦鐵路破壞，不能南下祭奠，深以為憾。後靈輀北旋，臨時裝備津浦路，並由專車直達北平。靈輀抵達北平，前來執紼者不下千餘人，儀仗簡單，只有一容車，一魂轎，柩罩全繡圓佛字，有僧人百人，隨柩沿路念佛號，肅靜莊嚴，別開生面。以白布繫槓之兩端，長達十餘丈，執紼者均曳白布而行，實行執紼之意。靈櫬暫厝於北京西郊臥佛寺，與孫中山先生碧雲寺之衣冠塚，遙遙相對。駿良堅持勝利後才安葬，想至今仍厝寺中。世變滄桑，駿良亦已下世，風雨淒其，魂歸何處？言念及此，能不悽然！

一〇五、老母八旬我又得一女

是年為我母八旬壽辰，靜真適於是年又生一女，與慶稀相隔十年，又逢母慶，故名慶頤，以祝我母克享期頤之意。我母新病初癒，又得一孫女，更為喜悅。我以六十之年，得此末子，亦頗喜慰。我母以靜真流產兩次，故此次懷孕，格外小心，連吃飯囑咐開到樓上，自己亦來同桌而食，其愛護有若此。

這幾年孫兒女都已回國，又以最小兩孫女均為我晚年所得，故格外鍾愛。其時曾孫曾孫女及外曾孫兒女已有七人，四代同堂，稱為家慶。我又無事，常能承歡膝下。二妹同姨娘攜子女，三妹偕新媳婦（錢新之女），均由上海特來祝壽。時逢溽暑，我母同兩妹等到北戴河避暑，借住陶祝年別墅。靜真產後未去。住到農曆七月我母壽辰之前，始回天津。壽辰前夕，在家暖壽，壽筵初開，先攝一照，親屬齊集。我母左挈曾孫其繩，右挈曾孫其鎮。還有曾孫女其紘，外曾孫女祖玲，及小孫女慶頤，尚在襁褓，均尤其母抱坐左右。兒孫兒媳，女兒女婿，外孫姪輩，圍立兩旁，共有三十餘人。老母顧而樂之，滿面笑容，此為最後合家歡之留影。可惜梧孫夫婦及外孫未來，時圖南任漢口金城銀行經理。

我母以時局紊亂，不欲有所舉動。惟以八秩壽辰，總須稍盡祝意，況我兩妹又遠道特來慶祝，遂借天津大飯店為壽堂，由富連成小戲班演劇，聊以娛親。上海親族亦有來祝賀，我母亦親臨壽堂與百齡之戴老夫人及吳頌平太夫人並坐觀劇。三老夫人，精神均健，賓客咸為稱羨，同祝必臻期頤上壽。到了將近完場之時，忽來了一個不速之客，侍役報金司令到，一看卻是川島芳子。她一身戎裝，穿了長靴，儼然是美男子。她還對家母行軍禮，祝壽而去。

一○六、七七事變平津遂易手

慶稀因患骨節炎，纏綿牀褥，不能動彈。後住吳頌平在白河邊之別莊療養，我母亦願同去。慶頤僅數月，忽出痧疹。後值年終，我母因有祀祖等事，要回家過年，慶頤不能出門，留在別莊，由褓姆看護。除夕之夜，我與靜真去看視，見慶頤安睡，褓姆相陪，桌上點了守歲燭，還有一盤福橘，頗覺孤獨，而小孩則安睡如故，始覺安心。過了元宵，仍回別莊。該處荒野無鄰，君實派了兩名礦警來護衛。直到春融，慶稀能起牀行動，惟走路不平衡，即搬回家。

越年，我母有微恙，夜起滑跌牀前，傷及臂骨。雖經醫接好，仍不能活絡，因侍母挈兒，偕靜真到湯山浴溫泉。兩月以後，慶稀腳病痊癒，我母臂亦活絡，惟不能向上直升，因年老難以痊癒。是年七月，慶頤周晬，北平親友亦來吃周歲麵，即留住湯山。正在歡聚之時，北平忽來電話，云昨夜蘆溝橋因日軍借端尋釁，與廿九軍開火，廿九軍已退出宛平縣，日軍已佔宛平，真若晴天霹靂，遂倉卒回平。越日京湯公路因挖戰壕，即不能通行矣。時在七月七日，故稱為七七事變。

後廿九軍與日軍戰於豐臺，不久即停，無甚損亡，遂以誤會了事。嗣後日軍要求廿九軍退出南苑。南苑為廿九軍根據地，即與日軍抵抗，激戰連續三日，彼此均有傷亡，師長趙登禹陣亡。在北苑受軍訓之學生亦參加助戰，傷亡數十人，從此戰火即燃起矣。

日軍由通州開入北平，中央令宋哲元退守保定，以張自忠代宋之職務，並兼北平市長。其時廿九軍大部分已南調，民氣激昂，以廿九軍節節退讓，報紙痛詆宋張兩人，不遺餘力。張自忠含冤莫辨，自知留在此間，無能為力，徒受人罵，遂祕密南下。於是日軍由關外乘京奉火車，直入天津，僅在山海關稍受抵抗，一路沒有阻擋，如入無人之境，一若與京奉鐵路局長早有默契者。人民雖驚愕，然安堵如常。日軍不費一點兵力，竟唾手而得兩大名城，平津即易手矣。

日軍在北平設立維持會，以前步軍統領（即前清九門提督）江朝宗為會長，並兼北平市長。天津亦設維持會，以高凌霨為會長。高曾任農商總長，在曹錕時代曾任總理。日本人物色到這兩大人物為會長，真屬不易。而江高兩人，以前任高官，不惜降格供人利用，抑何若是之無恥也。江之子某，為市政府財政處處長，大發其財。父子同惡相濟，總算名利雙收。

其時謠言四起，有謂廿九軍即將反攻者；有謂中央即將派飛機來轟炸日

軍者；於是天津人民切盼王師北上。又恐國軍飛機誤投炸彈，用油漆在曠地到處畫成極大的國旗形式，以為標記。人民盼望國軍，真若大旱之望雲霓。等了好久，毫無消息，「只聽樓閣響，不見有人來」，於是人民大為失望，才知滿城風雨，盡是宣傳。當日軍佔領平津不久，當時為宋哲元辦交涉的陳覺生，忽於一日腹中劇痛，到晚即死。日軍要求剖驗，為陳氏家屬所阻。陳柩停於別院，距正房較遠，日本軍醫於夜深人靜之時，潛入別院，見棺蓋而未封（諒待親屬來），遂啟棺蓋，剖屍檢驗後，仍舊蓋好，家人沒有聞知。等封棺時，始知曾被開蓋剖驗，日醫檢驗後，沒有發表，亦是一個謎。其時中央地下人員在平津者甚多，這謎是可想而知。

一○七、十九軍抗日戰爭開始

　　自九一八事變以後，政府以攘外先須安內，故一面剿共，一面談判，以爭取時間為準備。但人民那會知道政府的用意。誤為政府不抗日，並受了共黨的煽惑，對政府更加憤懣，抗日心理，愈加激昂，以上海人民為尤甚。時蔡廷鍇等所領之十九路軍，在上海閘北駐防，有一日，有日僧數人經過虹口三友公司，適值散工之時，不知怎的，日僧與工人發生口角，因言語不通，彼此衝突。工人多恨日本人，遂將日僧毆打受傷。日本領事向上海市長提出懲兇賠償道歉三項抗議，市長本息事寧人之意，均已照允，且到領事館道歉，案已了結。詎日本海軍陸戰隊更要求十九路軍撤出閘北，政府亦勉為照允，代以憲兵駐閘北，可謂委曲求全之至。豈知又要求即日撤出閘北，於是激怒了十九路軍全體軍人，以為換防接防，那有一日可了，當即拒絕，且聲明不撤出閘北防地了。日本海軍陸戰隊竟派兵來驅逐，就此衝突。彼此開火，一時即停。日本又派步兵逼令撤退，十九路軍被逼氣忿，遂與日本步兵交戰，彼此均有傷亡。

　　虹口為日人居住營業之地，人數在十萬以上。日本以護僑為名，又調步兵與十九路軍作戰，十九路軍即出應戰。日步兵屢次進攻，十九路軍陣地屹然不動，終不得逞。日本又出動砲兵助戰，以虹口為根據地，向北站、江灣、吳淞、大場一帶進攻，十九路軍旅長翁照垣即下令迎擊，扼守陣地，奮勇作戰。結果日兵被擊退，十九路軍陣地依然守住，惟損失相當嚴重。於是中央派兩師增援；日本亦添調兩師，由白川大將率領到滬，戰局遂至擴大。

　　上海民氣，本極激昂。以十九路軍初次抗日，更表同情，設立後援救護隊，自動捐助物資、亦有捐錢助餉。家家婦女，織毛線衫助贈。十九路軍越打越兇，人民救護慰勞亦越捐越多。日軍打了兩個月，終不得手。於是日軍迂迴作戰，抄國軍後路，由太倉瀏河方面進攻。十九路軍恐斷後路，遂退出閘北，至真茹南翔一帶布防，彼此相持不下。於是英國領事會同各國領事出面調停，中日均同意，在英國兵艦中議訂停戰之約。結果中國軍隊退出上海三十里，約定上海永不駐兵。是役也，十九路軍之勇敢固足為國軍增光，而人民之踴躍輸將，敵愾同仇，尤為難得。其中最有可歌可泣的一事，當戰事發生之初，日本倉卒之間，強拉中國卡車為他運送軍火子彈到前線。有胡阿毛駕駛的卡車，亦被拉運子彈。阿毛見卡車上裝滿子彈，由四五名日軍押運。胡阿毛駛到吳淞江邊緣，即開足馬達，一剎那間，連車帶人，都沖到江裡去了。以一工人亦有如此的壯烈成仁，足見上海人抗日的心理。從此中國

民族抗戰之火焰，被日本的砲彈燃燒起來了。時在民國二十一年一月二十八日，故名為一二八之役。十九軍得了英名，然上海三十里內失了駐兵權，虹口商務印書館所存的古版書籍，悉遭焚燬，民間損失甚重，亦有傷亡，因為抗日，無一出怨言。

日本以一二八之役，稱為勝利，故於是年天長節（即日皇生日）大舉慶祝，由上海日本居留團團長河端發起，在虹口搭了高臺，由白川大將首先演說。重光葵大使由南京來參加，亦有演說。河端興高采烈，亦在臺上演說。演說完了，還向臺下問道，日本臣民有沒有登臺演說的？有一穿和服的男子應聲說，我有演說，遂讓路使他上臺。那男子走到臺邊，即將炸彈向臺上一擲，正中了白川及河端兩人，當場斃命。重光大使傷了一腳，後將一腿鋸去，成了跛足，支拐杖而行。此外炸傷的將領尚有數人。憲兵當場將這男子拘捕。該男子即大聲呼曰，我不是日本人，我是朝鮮人尹逢吉也。一時臺上臺下大亂，從此中國人又知道安重根之外，又有朝鮮烈士尹逢吉。日本此次雖戰勝，結果喪了一大將，傷了一大使。若河端之死，無足重輕。後十九路軍在福建成立人民政府，為中央撲滅，抗日英名，從此喪失。

民國二十六年八月十三日，日軍又在上海借端尋釁。這次日軍有預定計畫，國府知日軍貪得無饜，委曲求全，永無了期，遂於八月十三日正式抗戰。決心抗日，即從此起。雙方激戰，延及上海附近各縣。日軍出動坦克車助戰，而國軍敵愾之心，蓄之已久，士氣之旺，一以當十。且善用大刀隊，日兵最忌身首異處，見了國軍大刀隊之兇狠，已魂不附體，失其戰鬥力，死於大刀隊者不計其數。日本增調步兵，往往進入稻田，不能自拔，中國亦屢增兵，戰至三月之久，彼此均傷亡慘重。

嗣以日軍迂迴作戰，又抄我後路，國軍戰線遂向西撤。日軍更出動飛機助戰，我軍力不能支，傷亡又重，遂隨戰隨退。日軍乘勝追擊，直到南京。其時國軍飛機尚少，軍器又不及日軍，處此逆境，只仗士氣之旺，終不敵飛機大砲。日軍飛機，掃射及於京滬火車，傷亡無辜難民，真是慘無人道，而南京即於此時失守矣。

一〇八、南京失守德使出調停

　　日軍攻佔上海後，即沿京滬線直下南京。國軍士氣昂揚，尚沿路抵抗襲擊，日軍傷亡亦重。迨攻進了南京，即大肆淫威，奸淫屠殺，發洩獸性，無所不為。又縱火焚燒官署，延及民房，成為火海，三晝夜不熄。被殺戮的兵民達數十萬，真是戰爭以來未有之浩劫。而松井司令官不加阻止，且對京滬車逃難的百姓，仍以機關槍掃射為樂。號稱文明國軍隊，出此野蠻行為，不但增加中國人民仇恨之心，更在國際上留此污點。身為司令，使日軍行野蠻舉動，不加阻止，真可為日本之國恥。

　　日軍進了南京以後，以為中國無再戰之力，必將求和，故屯兵不進至半年之久。豈知中國因失了首都，人民遭此屠殺，反更堅定了抗日決心。趁日軍不進之時，積極布置防禦工作，政府暫遷武昌，指揮作戰，遂有武漢大會戰之役。其時國軍士氣，達於高潮，人人都有敵愾同仇，滅此朝食之慨。武漢之戰，國軍以少數飛機，竟使日軍退卻，不敢前進，都是靠士氣之旺。而日本佔了點與線之地，反形防守為難。德國大使陶德曼，奉了政府密令，向日本政府稱，願為兩國出任調停，請日本提出條件交我政府考慮。條件如下：（據金雄白所著《汪政權的開場與收場》）

一、內蒙自治（包括獨立）。

二、華北不駐兵區域擴大，行政權全部屬於中國，惟希望勿派仇日人物為華北最高首領。現在能結束，便如此做去。將來華北如有新政權成立，應任其存在。但截至今日，日本在華北尚無設立新政權之意。至目前正在談判之礦產，應繼續辦理。

三、上海不駐兵區域須擴大，至如何擴大再議。上海行政權仍歸中國。

四、對於排日問題，應照去年張群部長川越大使所表示之意思做去。詳細辦法，係技術問題。

五、防共問題。日方希望對此問題，有相當辦法。

六、關稅改善問題。

七、中國要尊重外人在中國的權利。

　　時蔣先生出巡視察防務。政府將日本條件交國防會議，均無議異，發電報告。得復除第二條華北政權問題外，餘可接受商議，惟談判時須請德使以第三者加入。又囑將原文送給他細閱後再復。後將條件轉展送到時，已過

了日本與德使約復的日期。又由德使請展期，又過了期。日本政府以一再展期，仍未得復，認為中國政府無誠意接受和議，遂開御前會議，撤回條件，由近衛內閣聲明，不以國民政府作為對手。後德使持中國政府復文去時，已在日內閣聲明之後。如此陰差陽錯，錯過和談機會。

一〇九、天津日憲兵橫行無忌

其時天津日租界，頓時入了緊張狀態。尤其是憲兵，在天津各口檢查行人，認為可疑者即行拘押。一個小小的憲兵軍曹，可以隨意罵人、打人、拘人。人民遭其蹂躪，莫敢與抗，恨之入骨。滿街貼滿牆膺懲支那的標語，認為有反日嫌疑之人，隨意拘捕。於是激動學生青年，將牆壁貼有標語之處，乘夜撕去，隨貼隨撕，反在原地方貼反日的標語，日本憲兵到處拘人。我睹此情形，以為學生本於愛國心，反橫遭拘捕，捕去後不免要受苦刑。這種事亦有出於我朋友家者，只好勸他們父兄，叫子弟離津他去。後來日憲兵偵知為首的學生係某銀行經理之子，即欲探取行動，被我知道，急以電話通知其家，憲兵去時，其子從後門逃去，撲了一個空。他們疑心是我放走的，但沒有憑據，遂對我疑忌，暗中偵查。

我們有一聚餐會，每週一次輪流作東。會員以銀行界中人為多，沒有目的，只快朵頤，故聚會之家，不是家有名廚，即是主人善烹調，在我家及許漢卿、任振采、周鑑澄家為多。鑑澄善烹調，業律師，與銀行界亦有往來。飯後餘興，只是打牌叫局，自作其樂，從沒有談及國事，真是毫無作用。

一日，鑑澄家人忽來告我，說鑑澄被日憲兵抓去了，請我營救，我很為詫異。鑑澄曾留學日本，人甚正派，向來不問外事。難道為了訟事，為人挾嫌誣告，但不應為日憲兵所捕。遂去見日本駐屯軍司令官（這時司令官像是梅津我本相識），問他周鑑澄被捕的原因。我說周為我的友好，他為律師，向來安分守己，不問外事，我敢保證。司令說，這案還沒有報上來，等報上來後，看情形再說。經過一星期，我又去見該司令。他說，據憲兵報告，他家常有聚會，汽車塞途。他以律師身分，不應有此場面，恐有祕密會議情形，故加以逮捕調查。我即說，這是誤會了。遂將聚餐會事說了，會員銀行家居多。他家的街道又狹，故致汽車滿街。我亦是會員。周君業律事，向來決不做歪事，我敢保證。若查有軌外行動實據，我敢負責。後經月餘，查無實據，始釋放。雖未用刑訊，然在洋灰地的營監稻草地上，寢食於斯，食又粗糲，一月有餘。文弱書生，何能經此磨折，兩腳俱腫，行步艱難。休養月餘，始能行動，真是無妄之災。

又有英租界婦嬰醫院丁懋英女醫生，忽被捕去。我不認識丁大夫，經我友沈少蘭懇託。那時我相識的駐屯軍司令已調回日本，憲兵司令又不相識，因受沈君之重託，遂去投刺見憲兵司令。寒暄後，我說聽說貴部捕了丁懋英女醫生，這人我本不熟，但經我知友的懇託，說丁醫士向來熱心辦醫院，從

沒有問過外事。她是基督教徒，病院亦是為社會服務，故看病接生，由她一人經理，窮人免費。她若被捕，病院即沒有主持的人。我為病人及產婦的關係，丁醫士若沒有大嫌疑，可否由我保出，隨傳隨到。他說，這醫生寫英文信給朋友，說太陽總要向西落下去的，這不是罵日本嗎？我說，她是基督教徒，這句話恍惚是西洋的成語。他們寫洋文信，往往喜用成語，不一定是罵日本。他帶譏諷的口氣說，我們初次見面，我倒佩服你老先生對不相識的人也不怕找麻煩。我答，我雖不認識丁大夫，但來託我的朋友是個誠實人，他的話我可相信。且我因為丁大夫的醫院，只有她一人照顧，她若不在醫院，這些婦嬰即沒人照顧了。他說好吧，等查明再說吧。遂辭出。有一日，記得是我的生日，正在吃麵時候，憲兵司令部忽來電話，請我即去。我即匆匆到司令部，勤務兵不請我到應接室，即請我到司令的辦公室。坐了一回，司令亦不出來，我正在疑慮，丁大夫出面了。隨後憲兵司令亦出來了，但不跟我招呼，即在公事桌座上對丁大夫說了一套訓話式的話，然後與我握手道歉，並進茶點，請丁大夫亦同入座，說你現在亦是客人了，請坐用茶。又說曹先生本與你不相識，竟肯熱心保你，以後要常常請教曹先生，今天即交曹先生帶你出去，沒有事了。我遂告辭，先送丁大夫回醫院，後回家，真像戲劇化。這司令做事真是滑稽，我倒借此認識了他。

　　勝利後重慶方面來的記者，問丁大夫這事的經過，她竟說她始終跟日本人辯論，日本人無法，把她放回來，曹某跟我翻譯的，登在報紙。我見了對沈君說，你見報沒有？真好笑丁大夫要充好漢，倒也罷了，何必牽涉到我，不管我的面子，好人真難做。沈君說，我一定要他登報更正。我說不必了，請你告訴他，以後不要這樣信口開河，令人難堪。沈少蘭亦是熱心社會的人。他在驗方新編上揀了幾種常用的藥，配製施送。他在北京西郊有一所房，在那邊派一人專管施送。亦有遠方來者，有求必應。那時北京西郊，中國設有警察分所，一日捕了一個共黨嫌疑人，在他身上搜出沈氏施藥，竟疑沈君有通敵嫌疑，把施藥人抓去。經向警廳解釋，施藥不問何人，來要即給，那能知道來的是如何人？並說明沈君向來正派，熱心社會事業，始獲無事。在此混亂時局，好人真是難做。

一一〇、抱不平遭日憲兵疑忌

　　我友田蘊山將軍（中玉），身後遺有紡織廠基地一所，廠已停辦。廠基有四十餘畝，在英租界內。日軍要使用該地，由中國翻譯告田夫人道，你的丈夫鬧了臨城劫車大案，你們產業應該沒收。皇軍為了好意，不追究前案，今要使用該廠基地，給你地價五萬元，你得快快的答應交出。田夫人不願，又沒法訴苦。翻譯屢來催逼，久持不決。有人告田夫人，何勿請求曹先生向日本上級軍官商量。曹先生亦是田將軍故交，必肯出力。於是田夫人經友介紹，來告我始末經過。我想蘊山已故，他為臨城案已受政府處分，與日軍何干，必是翻譯從中作祟。遂去見北京日本喜多機關長，寒暄後，即問前田蘊山將軍的夫人告我日軍要沒收他天津紗廠的基地，是否有此事？他說，日軍確是要用該地，但是價買，並非沒收。我聽了知是翻譯的把戲，遂說，日軍既需用該地，田家亦願意出售，可由軍方直接與田夫人商量，不必由翻譯傳達。喜多亦已明白我意，即說請告田夫人，日軍決無沒收之意。我告田夫人，田夫人感激涕零，要我幫忙到底。我說，我與蘊山的友誼，自應幫忙。如與日軍商量不能滿意時，我再來幫忙。後日本派軍官與田家直接商量，給價五十萬元，田夫人亦滿意，此事圓滿解決。這班翻譯，都是日憲兵部雇用，為虎作倀，魚肉人民，天良喪盡，真是漢奸。正是俗話所說，「閻王易見，小鬼難當」。

　　有一次，日本憲兵竟找到我頭上來，藉口我家不守防空令，漏光出外，日憲兵五六人，大聲叫開門，撳門鈴甚急。僕人知有異，故意不開門，且將門鈴電線剪斷。他們即破門而入，其勢洶洶。進了屋，即問那一個是掌櫃（家主）？我即答道，我即是掌櫃。他說，你知道防空令不許向外漏光嗎？我答，自然知道。他說，既然知道，怎麼你家向外漏光？我說，沒有的事。我家樓上樓下，所有窗戶電燈，都用黑布罩上，怎能漏光？他們說，明明是你家漏的光，我們都看見的。我說，你若不信，我領你到各屋去看。看了都有黑布窗簾，電燈都罩黑布，他們無話可說。即說，為甚麼不開門？我說，半夜三更，你們人聲嘈雜，防有盜賊。他說，我們已說明是憲兵，仍不開門。我說，僕役怕你們打人。他說，我們憲兵不亂打人的。正在說話時，二個憲兵往地窖子去，見門鈴電線剪斷，爭論起來，即動手打人。有一僕門牙被打掉了，大喊救命。我即說，你聽！下面即在打人了，還說憲兵不打人！他即下去，我亦跟同下去，見一僕面嘴流血。我厲聲斥道，人都打傷了，還說憲兵不打人。你們到我家來胡鬧傷人，明天非告你們的司令不可。他們見

我怒氣沖沖，毫不懼怕，遂趁此下臺說，好吧，同去部隊問話。我說，明天我會去見你們的司令，我怎能同去部隊。他們見我嘴硬，即說，這樣吧，明天帶了命令再來拿人吧，遂一哄而去。

我住在日租界很久，日憲兵應該知道。他們明明看我多事，故意要丟我的臉，找岔煞我的鋒頭，使我不敢再出多事，暗示警戒之意。但無岔可找，我那裡管他。到了明天，我正想到憲兵司令部去講理。司令卻派一副官持名片來道歉，說司令聽到昨夜府上的事，已將他們申飭。這班憲兵新從他處調來，不知情形，致有冒犯，務請原諒。我說謝謝你們司令，請告訴他，憲兵不應隨便打人。遂叫受傷僕人出來，這人即是昨夜被打受傷的，門牙都打掉了。副官即說，回去報告司令官，行了軍禮而去。

一一一、堅辭華北偽政府主席

　　華北要設臨時政府，已傳遍平津。一日，有一自東京來者，投刺請見，名刺上有興亞院某部長字樣，忘其姓名。我不識此人，但已引入。他即說，久聞大名，聽說你是主張我們兩國親善的，大家稱你是親日家，即伸出大拇指頭說，好的！好的！余已厭其狂妄之態，即答，豈敢！豈敢！他又說，你們孫中山先生過日本時演說，主張大東亞主義。這主義應由我們兩國領導，才可安定東亞。遂即大談其大東亞主義。余嫌其煩，聽而不答。他又說，我們這次極願與貴國向來主張兩國親善的人合作，實行孫中山大東亞主義。我聽了不耐煩，即說，我沒有見過孫中山，但聽說他的大東亞主義，先要自由平等，廢除不平等條約。像你們現在之行動，想以武力征服中國，怎能平等自由？怎能說是孫中山的主義？我那時亦自知神氣露出不自然的樣子，他見我語不投機，即告辭而去。看上去像一軍人，但沒穿軍服。

　　過了一時，土肥原賢二忽來見我。如所周知，他是有名的謀略家，我與他亦曾見過幾次面。他說，京津維持會，僅屬一時性質，不能有所作為。現在我們決定要設立華北臨時政府，擬請您出來擔任主席。日本軍不日南下，若得了南京，即成為正式政府，主席即是大總統了。我們都知道您是向來主張兩國親善的，現在兩國親善的日子到了。您多少年來，受了多少的鳥氣，現在正是您吐氣揚眉的時候了。我答道，不錯，我是向來主張中日親善的。但你們這樣搞法，怎能講親善？他說，因為南京政府反日，所以不能講親善，以後北京立了臨時政府即不同了。我說，彼此要講親善，只要彼此有誠意，不論那個政府都可以做到，不必要另立政權。但你們要如何主張，是你們的事，我不便多說。至於我呢，自從先父去世以來，現在只有八旬老母，她因為我搞政治關係，把老父的命送掉，她恐怕我再搞政治，時時對我垂涕而適。我已對老母言，誓不再入政界。我與段祺瑞先生的關係，你應知道的。他當執政時，我也沒有出來，這是明證。且我有腎臟病，時發時癒，像這樣多病之身，更何能當此重任？多謝你的好意，我是不能幹的，請你們另請賢能吧。他說，看您精神很好，不像有病的人，且正當盛年，是為國服務之時，不能以家事而不管國事。我說，您在北方有年，您總見過人家在新年陳設的唐花吧。像牡丹海棠之類，都是顏色鮮明，但一出屋外，受了寒冷，即枯萎了。我的身體亦是這樣，若無事休養，還可過去。倘若出來擔任重任，不久即將倒下。這只有我自己明白，他人何能知道？還請原諒。反覆講來講去，講了三十分鐘，他看我沒有活動的意思，始告辭而去。

後北京特務機關長喜多駿一又來勸我說，您跟土肥原君談話，我都知道。我想您恐怕與軍方磨擦，不好辦事，故不肯出來。這層可不必顧慮，不久我將轉任為聯絡官，若軍方與臨時政府有磨擦，我可在中間調和，請您放心。這人雖屬軍人，然尚文雅，我見過幾次，覺得尚誠實，沒有囂張之氣。因答道，我不是顧慮這些，您若願聽，我可以心中之言相告。他說，極願領教。我即說，中日兩國，從地理上歷史上關係的密切，自應互相親善提携，我向抱此願望，惜才力不足應付，終至失敗，反被人罵我親日賣國，但我於心無愧，並不因此灰心。今兩國不幸兵戎相見，到此地步，我實在痛心。您應該明白，中華民族決不能以武力屈服，以我的觀察，日本決不能以強力併吞中國，中國亦決不能以武力抵抗日本。日本若想武力征服，中國恐抱寧為玉碎，不為瓦全的決心，於日本有何益處，徒得了侵略之名，為各國齒冷。我想彼此遲早終有悔悟之日，言歸於好。我以為臨時政府之設立，似無必要。但這是你們的事，我不能置喙。若論主席，應以沒有色采超然之人為宜。萬一局面有變，尚可發生作用，不必以親日之人為限。這是我中心之言，不是徒託空言，亦不是含有惡意，希望您諒解。他聽了我言，頻頻點頭，似有會意，只說領教了，可惜已晚了。遂辭出。後聞王叔魯（克敏）在大連已與日本關東軍接洽妥了，這問題就告一段落。

　　中江丑吉聞此消息，特由北京來津見我說，聽說日本軍部方面已定設立華北臨時政府，要請君為主席，君意怎樣？我答，土肥原及喜多都已來勸過，我已決絕堅辭。他即起立，對我一鞠躬，說道，我來即是問君主意。君決意不就，好極了，我也放心了。他又說，君若出來，自信能為百姓謀福祉，為兩國謀和平，即拚此老命，也還值得。不然的話，還是保全晚節吧。說罷，即告辭，留他吃午飯，亦不允。日本人勸我不當偽主席者，惟中江一人而已。

一一二、與王叔魯病牀一席話

　　不久，王叔魯（克敏）到了北京，即來見我。我適臥病，門者告以主人病不能見客。他說不妨，我與你主人是老朋友，即在床前亦可談話。遂引入臥室，我仍躺著。他坐在床邊，問我何病？我說，腎臟病患了多年，時癒時發，發時即不能起床。他說，日本方面很盼望您擔任臨時政府主席，您該知道，我是為您來舖路的。我說，您看我這樣的病夫能當主席嗎？土肥原和喜多都來過了，我已堅決表示不幹，我想他們應該明白瞭解了。我們不必再談這些，言歸正傳，請您把在大連的經過告訴我聽聽。他說，他們對您未必就此死了心，我們先談我的經過。我住在大連，關東軍中堅分子要跟我談談，由滿鐵理事介紹，和關東軍××少將（忘其名）交換幾次意見。那還在七七事變以前，宋哲元在北京。他們說，宋哲元一味避不見面，即見面也談不出所以然。後來宋竟避到家鄉，一去不來，他們不能忍受，因此想另立政權，單管華北的事。那時要我出來任事，我說，到那時再說，目前情形，還談不到。及蘆溝橋事變發動以後，他們又來說現在情形變了，不但華北一方面，連南京政府也是沒有誠意。他們先在華北另立一政權，要我出來擔任主席，一切到福岡再說。即預備飛機，接我到福岡去，與東京軍部的人見面商量。到了福岡，東京軍部方面的人已先到等我了，即說，華北設立臨時政府，我們既已定議，我們希望君或曹君出來擔任主席。曹君已由北京方面接洽過，因身體不好，不肯擔任。請君到了北京，再與曹君接洽，最好能合作。一切事情，由北京軍方面與君商談好了。我即告他們，要在北京立臨時政府，必先取消冀東政權。其餘的事，到北京再商。我與曹君久未通信，不知他的意見如何，見面再說。我又說，若設立政府，總要像一個政府才能發號施令，軍方不能事事干涉，方可辦事，他們也同意。我即來北京，這即是經過的情形。

　　我聽了他的話說道，您說要像一個政府，不能事事干涉，這是最扼要的話。他們既表示同意，很好。但只是一句口頭話，又沒字據，且日軍方面人又多，這人這樣說，他人未必這樣說。日本人說話，向來不可盡信的。他們要你上臺，什麼都好說？上了臺之後，即不是那麼好說？這是您亦知道的。況臨時政府，是在軍司令部之下；雖不屬於軍司令部，您想那軍司令能聽命於臨時政府？王說，我又不會說日本話，日本情形又沒有您熟悉，所以希望您出來合作。您如出來，我願以主席讓您，我另擔任一部，共同合作。我說，這話不必再提了。我因老母在堂，不能離開這裡。我能幫您忙的地方，

我一定幫忙。但我若見了不順眼的事，我也要替淪陷的人盡我的微力，那時也要請您幫我的忙。事已如此，您是有手段的，總可相機應付。老實說，這政府說不到有怎麼主張，能為淪陷區人民盡一分力，使人民少受一分苦即很好了。他聽了嘆了一口氣，轉了語氣說，我也是不得已而為之，債臺高築，室人交讁，如何得了？我看您景況未必比我好，您說得不差，為人民盡一分力即盡一分力，何必一定固執呢。我說，我景況確是不好，但吃瓦片（北京人稱賣房過活）還可過一時，我是決不幹的，豈有對你說假話？他又說，我的脾氣，您亦知道的，我王某亦不是肯聽日人指揮的人。這局戲不知如何唱法，過一天，算一天，不久拆班亦未可知。但由日本軍人胡天胡地的攪下去，百姓不知要吃多少苦，有一個政府在旁看著，總比他們胡攪好一點。我那敢說為百姓解除痛苦，我亦像您說的盡一分力罷，只好做到那是那裡。我說對了，這個臨時政府只要能為人民盡一分力，即算已有交代，不必說有什麼主張。為人民盡一分責任，即是為國家保存一分元氣，這是為自己的良心，不是為日本人服務，更不是為圖富貴。我們到底是好朋友，人同此心，心同此理，盼望你這樣幹，亦可對得住良心，對得住國家。他說，今天說得很痛快，真是與君一夕話，勝讀十年書。您在養病，不應過分興奮，我先告辭，過日再談。遂告別而去。

我與叔魯自從清末他任直隸交涉使時始相識。那時我是外務部侍郎，交涉使由外部奏派，尚有堂屬之分，故很少往來。後他當中國銀行總理，我是交通銀行總理，往來漸稔，從此常常聚會，交誼遂深。他本出身富家，乃翁子展先生，曾任廣東某道，故他能講粵語。他曾任黃膺白政整會總務廳長，記性特強，能背記簿記數目字，為宋子文激賞。惟喜賭博，好揮霍，致景況日窘。此次出來，亦為貧而仕，未必為附日。可見安貧守己，亦不是容易的事。

那時北京城內，風風雨雨，謠言滿天飛。有說吳佩孚與土肥原條件講好，即將出任主席。有說殷亦農（汝耕）可能升格，當臨時政府主席。又有說靳雲鵬亦有意出來當此席。等到王叔魯來後，這些謠言才熄滅。

有一次，張燕卿（文襄之子）忽然光顧。他曾任天津縣長，又做過滿洲國實業部大臣，彼此聞名，卻無往來。他忽問我，華北臨時政府即將成立，君願出任否？我說，若東海出來，我或許可追隨。他知我是擋駕之意，即不往下說了。後來過從漸稔，然絕不談及政治。他名義是新民會會長，後來辭了，由繆斌擔任，繆斌我從未見過。聞燕卿在京很活動，我沒有問過他，他亦沒有告過我。

還有一位不速之客，人稱他為憲十九爺，是肅王之第十九子，我本不相

識。他說慕名來訪，現向日本借三十萬元在內蒙肅王府圈地辦牧場，時來往於京蒙之間，到京必來看我。他畢業於日本西京大學，日語嫻熟，曾服務於滿洲國，與日本朝野知友很多，與關東軍接觸亦多，卻是日本通，亦是一個神祕人物。與我從沒有談過過去的事，我亦沒有問過他，惟有時借我家宴請日本人而已。他對其妹川島芳子，卻深惡痛絕。

一一三、華北臨時偽政府成立

　　不久日本方面籌備成就了。臨時政府成立前一日，喜多駿一特來天津，約請八人在利順德飯店晚餐，先到八人家裡，投刺面約，表示敬意。晚上與會者，記有龔仙舟（心湛）、王揖唐、靳翼卿（雲鵬）、齊撫萬（燮元）、陸閏生、朱博淵（深）及余，還有一人忘了。席間，喜多簡單致詞，略謂日軍此次行動，出於不得已，以後成立政府，希望速成和平，兩國恢復親善，一致反共。諸君為華北負有重望之人，務請多加指教，共同協力云。當場聲明不能到北京去者，為龔仙舟，陸閏生及余三人。靳翼卿則說，你們把我家鄉山東搞到如此之糟，叫我有何面目跟你們協力？喜多致歉意，餘均無辭而散。翌日臨時政府宣告成立，所轄地域，只有京津兩市，京兆七縣而已。組織分立法、行政、司法三院，稱委員長，不設主席。惟行政院委員長稱院長，等於主席，由王叔魯兼。立法院委員長湯爾和兼教育。司法院委員長朱博淵兼總檢察總長（或云董康）。下設總署，分實業、司法、財政、教育、治安等總署。實業署長王蔭泰，財政署長汪時璟，治安署長齊燮元，另設賑務委員會，會長王揖唐。再有秘書廳、警察廳等，應有盡有。余未預聞他們組織，於人事未能盡知，不過知其大略而已。魯叔日文翻譯為張仲直，棣生之子，人尚規矩，是否秘書長，余亦不知。

　　日本方面，駐屯軍司令外，又設華北軍事總司令部，為華北軍事最高機關，下設聯絡部，憲兵部，尚有其他，不得而知。聯絡部為特務機關改組，部長喜多駿一，與中國政權當折衝之任。總司令部時在天津，總司令為寺內壽一大將。各委員長署長就職後，由喜多率領到天津謁見寺內總司令。余聽了一怔，想不到如此之甚，真像覲見了。

　　爾和、揖唐事畢來看我，我無意中脫口而出，說覲見完畢了！他們以為我有意調侃，揖唐連忙解釋道，因北京總司令部尚未修理好，寺內總司令在津，不過是儀禮式的訪問罷了。我即道歉，謂前言戲之耳，幸勿介意。爾和怒容滿面的說，我們這次本是入地獄，你愛惜羽毛，不肯合作，還說這些風涼話，豈有此理？我即對湯說，我的羽毛早已給人拔光了，那裡還有毛羽可惜！他聽了心裡明白，因他與五四運動亦有關係。

　　後日本方面要臨時政府聘最高顧問兩人，一為吳佩孚，一為下走。余想中國顧問，都是有名無實，不若日本最高顧問，真要辦事，若再不幹，怕要鬧僵，遂應允。行政院定給月薪千元。日本方面以最高顧問至少應與院長平等待遇，何能等於署長，叔魯問我怎樣？我說，千元足矣。豈知吳大將軍以

為不足，後給吳月三千元，我覺得可鄙。我的最高顧問，真是實做了吃糧不管事。

不到一月，保定陷落，日軍要趁此耀武揚威，要求學校學生開慶祝提燈會，遊行街市，以示慶祝。以本國地方為敵人陷落，還要本國學生慶祝，這成什麼話？想臨時政府亦站在中國人立場，除非喪心病狂，那能發這種布告？這次倒是叔魯與爾和極力反對，以去就爭，總算作罷。日軍只放氣球，掛一條帶，寫慶祝保定陷落字樣，到處在空中飄揚，徒令中國人見了益加氣忿，真是無謂。

喜多與叔魯約定每週會晤一次，商談公事。叔魯要在臨時政府（即外交大樓），喜多要在他的辦公處，彼此爭執不定。後定折中辦法，彼此到鐵路俱樂部商談才解決。有一次，叔魯乘汽車往俱樂部，途中遇刺，叔魯蹲在車底未傷。陪乘的日本人坂本（忘其名）探首出望，適中彈而斃，從此喜多到大樓移樽就教了。每次會商，日本提出者多是窒礙難行；中國提出者，又是礙難照准；因此都沒有結果。但日本所提者，即使窒礙難行，不待商妥便自由行動了；而中國的提案，即束之高閣，永無下文者居多；因之時生磨擦。而冀東政權，屢次商議，迄未取消。

一一四、就公司董事長的開始

余到夏季，仍到北戴河休養。有一日，叔魯派祝硯溪（惺元，日本同學）到北戴河來，要我即回京，云有要事面商，且要硯溪等候同行。余問何事，他也不知，我只得偕硯溪回京。見了叔魯，他即說，你尚在北戴河享清福，日本方面對你大不滿意，對我也提過好幾次了。爾我老友，不能不告。他們說你什麼事都不肯幹，而對反日嫌疑的人，總是出來請託說情，疑心你是重慶的地下工作人員。我答謂，這真是笑話。我被國民政府通緝，難道他們不知嗎？我還接受臨時政府高等顧問，這都是事實。叔魯說，他們說的亦有事實的。以前在天津時候，學生發傳單，撕標語，你總為他們說情。有一次憲兵對一個學生要取行動，被你通知放走。更有周律師丁醫生，都是你出來保釋。如此下去，我為你耽心。我說我與國民政府，向無往來，以上的事，是我本了良心，亦有為了朋友，毫無作用。我不擔任職務，因為體弱關係，你亦看見過的。

叔魯又說，他們說你到廬山，受政府招待，你擔任高等顧問，是為了掩護。你是知道日本人行為的，軍人更是任意行動。我在此受罪，不能不顧及老友的安全。你既為老親不能遠行，犯不上在此吃眼前虧，我不能不跟你直說，免得你被他們猜疑，我想你在政事外擔任一些職務為是。現在他們要辦新民印書館，要我提名董事長，我先跟你接洽，萬一我提出來，你又不幹，不是更給他們為口實，更給你加麻煩嗎？我想了想，叔魯的話卻是關切，不像弄手段，先謝了他的關切，即提出關於書館一連串問題。我問印書館是官辦還是商辦？公司營業如何性質？他說是商辦，由日本平凡社與凸版公司出資合辦，營業專印刷發行教科書。又問教科書是否也由公司編輯？他答由教育部編輯，公司只管印刷發行。又問公司有沒有董事會？如何組織？他答有董事會，由中日兩國組成，中國四人，連董事長；日本三人，連副董事長。我想只印刷發行，只好答應，遂說承君關切，就遵命吧。但以後如再有與政事有關的事，務請為我擋駕，只說病人不能擔任罷了。但我尚須休養，我在北戴河亦是休息之意，請在頤和園找一住處，叔魯也應允。遂一面開辦公司，一面在頤和園找住處。

印書館副董事長為田中莊太郎，曾任天津領事，能說華語，余本相識。余約祝硯溪、瞿兌之（宣穎，瞿文慎公鴻磯之子）為董事。還有一人，為叔魯推薦，忘其名。其時頤和園內房屋，俱已租完，以委員長之命，將辦事處騰出一部分租與我住。此屋與慈禧寢宮樂壽堂相通，前為李蓮英所居，南房

三間，北房兩卷三間，西廂三間，廚房僕役住所在外，院有一井，云為當年慈禧御用水井，而慶頤飲之，即患腹瀉，據醫驗為礦質太重之故，故慶頤飲料特取之於燕京大學。以太后御用之泉水，而小女不能用，亦一趣事也。事務員告我，本園有甕山，故又名萬壽山。今年遊園者特別多，每日門票，售至萬餘。園內各處，連亭榭大小不下百餘處，盡已租出，即昆明湖南之龍王廟，本係飯店兼旅館，亦租了長住。昆明湖原來不大，咸豐年間重修此園，開拓昆明湖，用人工將甕山填高拓大，上建排雲殿，歷階而上，有百餘級。殿前廣場很大，慈禧太后六旬萬壽，即在此殿受賀。

後導觀樂壽堂，即慈禧之寢宮。寢室陳飾，據云仍照原樣。見有一銅牀，兩只沙發，是洋式的。其餘妝臺桌椅都是紅木老式，地氈是紅色的藏氈。人說慈禧如何奢侈，亦不過如是而已。園內另有一園，名諧趣園，聞係乾隆南下時，仿揚州某鹽商之園而建者，可謂園中之園，一切都照南方民間園庭式樣，沒有一點帝王家氣氛。大約乾隆住膩了宮殿園囿，反覺民間園囿之有意思，故在園中又仿造這園。其時天下承平，物力豐富，故不惜建築土木，供其遊豫，三次南巡。清代之由盛而衰，實始自乾隆也。

當庚申之役，英法聯軍無故侵華，初只要求訂約通商，覲見遞國書，清廷頑固不知國際通例，竟拒其請。英法即引兵進京，迫令訂約，焚燒圓明園，延及靜宜，靜明，靜漪等園。海淀一帶，成了火海，三晝夜未熄，並掠奪園中寶物無數，為中國之恥，為他國效尤。由今思之，清廷之頑固，固屬可笑，而當時英法之強暴，比之今日日本之軍閥，有過之而無不及也。

余居頤和園，晨起亦早。每日在園內散步，自長廊至石艇，來回數次。稍累，即在石艇小憩飲茶，精神日佳，自想有生以來，這是最舒適的日子。回想當年日本政府，曾特製一遊艇，呈送慈禧太后御用，備極華麗。行下水禮時，日使內田康哉同夫人親來主持。太后偕后妃等與內田夫婦，乘坐遊艇，繞昆明湖前後一周。（內田夫人，美而擅交際，聞能入宮單見太后，太后與她亦很相契。公使夫人能入宮單見者，惟她一人而已。）慶邸那相亦同陪坐，余亦恭逢其盛。今此遊艇銹閣船塢，已成廢物了。

園之殿後，有一元朝名臣耶律楚材之墓，不但沒遷移，還在墓上蓋了一祠，內供耶律楚材之像，刻有石碑嵌在牆內，略述事迹，足見修園之時，亦尊重前代名臣之舊迹也。園門左側，有房一排，似為當年軍機大臣候旨辦事之所，今則為陳列御用車輿儀仗等物，供人閱覽。中有一輛前世紀的敞篷汽車，式樣古老，聞係袁項城任北洋時，外國剛行汽車不久，特由外洋定製進呈。豈知適有某國公使在京乘坐汽車肇事，特由總理衙門照會停止。因之項城進呈汽車，傳旨申飭，可見當時宮廷之頑固。

園中尚住相識者，有袁芸臺，溥心畬，傅沅叔（增湘）諸氏，時相過從。且令慶稀從心畬學畫。又有立五奶奶，與我比鄰而居，為毓朗貝勒之女。姊妹三人，亦常往來。孟小冬女士，即由立五奶奶介識者也。

　　我與芸臺向少往來。他自墜馬傷足，行路很不便。住園時，他常枉顧，特別殷勤，談些北洋舊事。來信稱我元老。我說尊稱不敢當。他說自東海故後，數北洋諸老，惟君堪當此稱號。君對先君始終如一，先君亦常稱道。我只一笑謝之。我去訪他，他總是在研究德文及拉丁文，可謂老而好學。他喜彈古琴，我亦是門外漢。他獨住園中，但僕從甚多。聞他家有侍役至兩代者，從不遣散，故家用浩繁，此亦原因之一。他的弟輩，見他總請安站立，不敢坐。不問，不敢說。對長兄如此恭順，亦他家特別的家規。

　　慶稀與綺霞就讀燕大附中。慶頤在頤和園時，由褓姆領了每日走園一圈，身體更壯健。後滿四歲，送入燕大附屬幼稚園。燕京附中，只有初中，慶稀與綺霞改入北京慕貞女學校。此為教會所設，有寄宿舍，但學生寄宿，須行抽簽，不能自定，故姊妹兩人不能同住一室。臥舖盡是土坑，每坑睡四人。慶稀同坑的同學是東北人與內蒙古人，生活習慣不同。一日，慶稀忽病，學校先電知京寓，我婦即往看視。見宿舍全是磚地，又是土坑，伙食亦粗糙，心生憐憫。俟靜真接慶稀回頤和園後，她即到權的家中，對權婦發脾氣，說你們房屋這樣寬敞，難道不能留住七妹，使她住在不甚衛生的宿舍，自然容易病。媳婦無以答，只說他們沒有說要來住。婦即回家，從此與靜真更加和好，時來，頤和園。後來竟自動要來園同住，靜真很高興，為她收拾布置房間。接她來了，那知她的小兒子（樸）反對，來園堅要接他母同去唐山，竟對母說，媽也要倒戈嗎？其母很生氣的說，好吧，跟你到唐山去，你是要我死在你那裏才放心！遂悻悻同去。後來糖尿病越重，又加了腎臟炎，沒有再到過北京。不久，樸寓搬天津，她即歿於樸寓。臨行一句氣話，亦竟成了讖語。

　　我在新民印書館，事務都委之田中副董事長，相處尚好。我只在開董事會時出席，由兌之建議辦一月刊，名為《中和》，不談時事，只講中國掌故歷史，於文化上亦有貢獻。有一次開董事會，提出新印中國地圖，為學校教科之用，竟將東三省連一部分內蒙古稱為滿洲國。余大反對，謂我們商辦公司，竟將國土隨便變更，豈有此理，此圖不能發行。日本董事說，遲早總要這樣，我們不過先印，免得將來再印罷了。我說，將來如何，我們管不著，商辦公司何能擅改國家領土。試問發交學校，學生如問東三省那裏去了？假使你做教員，如何回答？日本董事亦無話可答，遂決議廢棄，這地圖不能發行。這件事日本軍部大不滿意，田中大受申飭。

有一天，見叔魯。他說日本人真不講信用，以前說的話，都是騙人，你到底知道他們的脾氣，不肯上當。我相信他們的話，弄得焦頭爛額，早知如此，當初也決不答應了。目前情形，重慶政府亦沒辦法。你看華北情形，將來要變到怎樣？我說，那何必說，他們設立華北臨時政府，即可猜想到將來了，現在正在起頭呢。只有拿定主意，做一分是一分，此外還有什麼辦法。我不是對你說過的，他們請你上臺時，總是說好聽的話，上了臺即不同了。他們對我，至今還沒有斷念，但已用恐嚇手段，想使我屈服。遂將憲兵借防空與我作對之事，跟他說了，這不是故意與我尋事嗎？我是不怕的，我理直氣壯，為何要怕他們。他們對我，亦無可奈何。我擔心的倒是共產黨鼓動學生。可憐這班學生，有心愛國，不知道怎樣愛法，心靈脆弱，受了共黨的鼓惑，還不自知被人利用。聽了共黨的話，認為是愛國，像中了催眠術，不辨是非，跟了即走，即父兄亦沒有辦法。你看章一山先生的孫子，周叔廉的兒子，不都是這樣麼？我們不知道的還多著呢。這亦是青年人不滿現實的表現，我真不懂日本名為反共，而做事都是為淵驅魚，為叢驅雀，尤其是軍曹憲兵專門像幫共黨做事。我想這樣搞下去，總是個兩敗俱傷的局面。人家說我親日，我不否認。但我親有正義感人情味的日本人，不是親侵略我國的軍閥，故我問心無愧。我想中日戰爭，總有了結的一天，倒是共黨的為害，恐永無盡期。叔魯亦以為然，且說，我看日本的辦法，只注重反日。名為反共，而所作所為都是幫共。共產黨也夠聰明，名為反日，但見了日兵即退讓，從沒有對日爭戰。我看中央剿共，亦沒有辦法。以後的事，只能靠天運吧。我看叔魯，亦是滿腹牢騷。我跟他見面，總是閒談。我從沒有問過他政事，他亦沒有跟我談過政事。

一一五、堅辭聯準銀行董事長

　　當臨時政府成立之前，日本經濟顧問阪谷希一（前政府經濟顧問阪谷芳郎男爵之子），余本相識，並經長野勳為介，擬向中、交兩行商借墊款。時中行經理為卞白眉，交行經理為徐柏園，余為介紹，由阪谷直接商。兩行經理允與墊借，惟聲明分行鈔券，須向總行領用，月有限制，分行務有發行權。經過半月有餘，兩行均已各墊了五百萬元左右。白眉告阪谷，如此辦法，兩行無力應付，只好停止借墊辦法。阪谷亦諒解，遂與兩行商設仿照美國聯合準備銀行辦法，另設一銀行，由華北六大銀行與日本方面合資辦理。白眉、柏園亦贊成。遂更約金城、大陸、鹽業、中南四行經理同為發起人，設立委員會，六行同為委員會委員，規定有發行權，鈔券與日本金鈔平價匯兌。於是開成立會，六行經理均列席，定為委員會制，名為華北聯合準備銀行。後又加入河北省銀行。詎開行後，日本印成的鈔券，即源源而來，毫無限制。白眉來告余曰，日本借美國聯合準備銀行為名，全不照美國銀行的辦法，不過借此機構，發行鈔券，等於發行軍用票，中國六行何能同負此責任。我與阪谷說了幾次，看他亦無辦法。如此下去，貽害無窮。我不能分擔此責任，我要走了。等我動身後，請轉告阪谷一聲云云而去。自白眉走後，委員會亦取消了，於是改為總裁制，阪谷先使長野勳來探我口氣。並謂君為總裁，尚可有些限制。我謂在此情勢之下，無論何人，都沒有限制辦法，請謝謝阪谷君的好意。後阪谷親來勸駕，謂我們兩人合作，總比他人好些，一定能和衷共濟。君身體不好，我可多做一些事，決不使君勞累。我說不但身體不好，我對銀行，招牌已壞，以前交通銀行擠兌事，君應有所聞。我這塊招牌，不能再掛出去了。他道交通擠兌，由於政府不接濟，於君何尤。說來說去，我幾辭窮，遂謂我不能出來擔任重要職務，前已與土肥原喜多兩人再三說明，無論如何，不能擔任此職。我話早已說盡了，務請原諒。後喜多又來勸說，君說不擔任政治工作，銀行非政治可比，軍方都屬意於君，務議勉為其難，我仍一再堅辭。

　　其時汪時璟卻向軍部方面運動此席，阪谷尚嫌其不夠資望，仍來勸我。我已知此事，遂對阪谷說，汪君本銀行出身，在中國銀行擔任經理多年，經驗豐富。現長財政，兼了銀行總裁，財政金融，聯絡一氣，最為合宜。後聞軍方對阪谷說，曹君不肯就，即讓汪時璟幹好了。阪谷只好贊同，我真如釋重負。當年中央政府從英國李斯羅司之建議，改革幣制施行法幣之時，將全國銀行發行準備的金銀硬幣，全部運到美國保管。時華北有硬幣七千萬元，

另存公庫，為各銀行發行共同準備。中央要移交美國，為華北人民反對，沒有移動。聯銀遂利用這公庫準備金，作為發行準備，然發行數目太大，非此區區足夠準備，因此阪谷想種種方法，吸收外匯。

華北聯合準備銀行，簡稱聯銀，開辦將近一年，發行自然順利。有一天晚上，我去看叔魯，正與叔魯聊天時，汪翊唐（時璟字）來了，神氣很得意，向叔魯伸了兩指說，報告委員長，聯銀券已發行到兩億了。叔魯聽了，即大聲說，你是來表功嗎？這種濫紙，少發一張，即為百姓少受一張的痛苦，我正設法籌畫增加發行準備，你亦應有點打算，不要一味討好他們，這是你的責任。翊唐本來表功，想不到反受了一頓埋怨，遂無精打采，連稱是是而退。我見叔魯尚有百姓放在心上。後來阪谷定了以貨易貨的辦法，只有外匯進來，沒有聯銀出去，故華北聯銀券一直維持水準。這辦法是否與叔魯商定，不得而知。

後張乾若對我說，你不幹聯銀董事長很好。我接重慶來信，他們還以為這銀行是你出的主意呢。

一一六、貝島會社收買正豐礦

　　日本實業家都來華北謀發展。有貝島煤礦會社，早已派技術家來華北調查能煉焦的煤礦。以井陘礦區的正豐公司設備完備，煤質亦好，於是由開發公司向臨時政府，提議收買井陘正豐煤礦公司。但此礦為段合肥所創，雖為股份公司，段方有關的股份占大多數。其弟子由，一生棄官經營此礦。合肥家本不富裕，身後僅存此礦，但股票已出賣很多。當子由任經理之時，機器購自德國，且用德國技師，慘澹經營，費力不少。現由董事會管理，余亦董事之一，前已提及。叔魯商之於余，我說，先應探詢董事會主事者願出賣與否？後主辦人說，此礦是股份公司，現在段家股份不多，子由故後，無人盡力經營，出售也許可能。但先得經董事會商議同意，若願意脫手，還要開股東會決定。余遂報告叔魯，並問貝島收買，曾否說收買價格。叔魯說前途願照額面收買。余說額面收買，恐不能成，且看股東會如何決定。後股東會授權董事會辦理，但附條件，售價不能在額面一倍以下。余以股東會議決告知叔魯，叔魯先說合肥身後蕭條，回復他們，價格須照額面二倍如何？我說段家景況不好，這次貝島開採，不止限於正豐礦區。擴大之區，應由政府與他們交涉。即正豐股票價格要他三倍，亦無不可。叔魯亦同意。貝島覬覦此礦已久，恐為他人捷足先得，願照額面三倍收買。又開股東會，余出席報告經過，照額面三倍出售，決議委託余與實業署長接洽交割手續。此事圓滿解決。

　　新公司名為井陘煤礦公司，推余為董事長。余以已為新民印書館董事長，當面即辭。他們說，君原為正豐公司董事，若不願任新公司董事長，是不願與日本合作了。喜多亦來勸我就任，不得已遂任該公司董事長。其副董事長為草場義夫，是礦業專家。一切由副董事長主持，余惟畫諾蓋章而已。草場盛稱公司前辦事人之認真，設備亦好。余告以此礦為前執政段氏所有，及其弟棄官辦礦之經過，他們都表示欽佩。

　　井陘公司董事有白川一雄者，以企業家而兼政治家，在井陘不甚得意，思別有所圖，屬意於開灤礦務，時與余談及開灤事。余亦不知其詳，時董事長孫章甫為我老友，乃央我介紹與孫君一談。白川問孫君以開灤中英合辦之經過，及目前礦務之情形。孫君一一告之，且謂開灤煤質不甚佳，灰分太多，故須經洗過才能煉焦。原來開平公司之礦，現只有唐山一區，其餘均為灤州礦公司之礦產。但現已合併為一，故稱開灤。當合辦之初，原採合採分銷辦法。後因窒礙甚多，故改統一辦法，設董事會，由中英雙方選任董事，

董事長中國人，副董事長英國人。現任副董事長為英人納遜，人甚公平，故相處甚好，毫無問題。白川又問，灤州礦何人開辦，因何與開平合辦。孫答以灤礦為天津紳商所辦，發起人為周緝之先生（學熙），曾任財政總長。那時開平缺乏礦產，灤州缺乏資本，由英方提議合辦。時袁宮保為北洋大臣，不以為然，故英方讓步，條件於中國有利。白川明瞭內容，但無法加入。後太平洋開戰，英人納遜回國，白川遂以軍部名義進入開灤公司，只帶幾個日人為助手，其餘一仍其舊，毫不變更。後又設了幾座小型煉鐵鑪，開煉不久，即已終戰。白川回國後當選議員，病卒東京。

自先君棄養，靜真生慶稀後，我每年總到北戴河逭暑。是年住同功堂梁燕孫的別墅。我母以借住不方便，故到唐山君實處去過夏。唐山離北戴河不遠，氣候亦較涼快。時君實住開灤官舍，相當寬敞，庭院亦廣。我們去北戴河時，先送母至唐山。君實亦為祖母設一經堂，母頗滿意。我們回來時，亦在唐山小住數日。我曾同工程師下礦觀察，工程師為我說明該礦原由比利時人開辦，故至今仍有比國工程家，漸漸易以中國人。尚有極少數英國人。住了數日，接母同回天津。

我雖常住北戴河，自己未置別墅。友人雖有別墅，亦不常去。時胡筆江已到上海，故居停於筆江別墅時為多。有時以胡頌平、陶祝年為居停。後志忞亦置別墅，全家盡去，故家母亦常同去。我母喜坐海邊，受日光浴，觀男女游泳。張漢卿（學良）亦每夏必到，來時與少男少女，騎驢疾馳，所過之處，衣香鬢影，臨風飄蕩，煞是美觀。惟塵沙飛揚，為遊人側目。趙四小姐，即於此時相識者也。桂莘女兒，亦同遊嬉，故桂莘別墅，即為他們休憩之所。

志忞於別墅界石刻有心坎字樣，其意將志忞兩字分開。但以坎名其居，總覺不祥。後因酒毒成肝硬症，醫囑戒酒，終不肯戒，性變暴躁，動輒罵打。有一年新年，我們去賀年，見桌上中間擺了一盤血淋淋的豬心肝腸，二妹氣得發抖，知又是志忞在發脾氣，不敢多言而出。翌日二妹來告，志忞近來動輒用刀嚇人，恐在醉鄉萬一失手，如何得了。我忍無可忍，只好携子女去上海躲避一時再說，姨娘亦要同去。二妹去後，志忞另納一小星，常住海濱，不知何病，歿於別墅。我即電二妹，先囑方允常兄赴海濱料理棺殮。二妹來津，知尚欠天主堂巨款，遂劃出庭院地一部分出售還債，料理後事，遣散新姬，扶柩回滬。志忞志高傲物，所如輒左，懷才不遇，借酒澆愁愁更愁，有憤世絕俗之意，卒以酒病喪生，為之惋惜。

再說我何以住燕孫之別墅。有一年，交通銀行不知那裡得來的一筆外快，桂莘董事主張不要分，為我及燕孫振采三人在北戴河各置一別莊，名為

同功堂別墅。我以為自己有了別墅,不必叨擾他人。豈知道了一看,燕孫振采的別墅,都是新造落成。分給我的,在山坡上一所洋人本有的小洋房,風景雖佳,惟屋小如舟,僅能獨住,不足以容眷屬,故改住燕孫別墅。別墅工程草率,為之修理,所費不貲。桂莘對此,亦覺不平,適逢悼亡,商我讓給他為塋地。我即同意,並送我地價萬元,辭之不獲。她夫人即葬於斯,自己亦營生壙,我則仍無別墅了。

一一七、明治礦業開發磁縣礦

　　日本明治礦業會社之專務理事板橋喜介偕宗近鵬介來訪。宗近擅中國語，說明來華開發礦業之意。余說你們來得遲了，華北井陘礦已為貝島會社收買。板橋答稱，因為明治礦業為日本礦業協會會長，不願早來與同業競爭。我們志在幫助貴國開發礦業，不在目前求利，遲早沒有關係，磁縣礦如何？我聽了商人不事競爭，已屬難得，且說不求近利，幫中國開發，更覺眼光遠大，對他即另眼相看。板橋又誠實和藹，雖是初見，知其為有修養之人，即說既如此，你們先去察看，這是老礦，面積很廣，煤質亦可煉焦，不下於井陘，惟不知埋藏量如何？他們辭謝而去。經測驗後，又來見我說，磁礦確是煤質很佳，面積極大，經測量後埋藏量豐富。惟工程浩大，費錢要多。好在我們目的不求近利，已由開發公司呈請臨時政府給照開採。其中有名六河溝一部分礦區，業已開採，聽說是君的礦產，不知確否？余說，只有投資關係而已。他說，恕我冒昧，直言告君，諒君亦未去看過。該礦所用機器，都是早已用過了年齡陳舊的機器，若在日本，早已作為廢鐵，何以買這種舊機，我曾參觀井陘公司，那公司的機器，確是精良。君委託何人辦的？恐君還不知道，受人蒙蔽。他這樣的直率相告，我聽了卻有點難為情。我說，承君直告，感甚。這礦本是比利時國人辦的，後來不知怎的售讓與甬商某君。我友李君，與該商同鄉，想跟他商讓，該商索價甚昂。李君勸我投資，我以辦礦亦是有利於社會的事，遂允投資。李君即告知甬商，說是此礦是我要辦。其時我長兩部，中國商人仍有官尊民卑積習，聽了我辦此礦，就大大的讓步，與李君訂約，將該礦讓與李君。後來李君仍沒有照約履行。我本外行，又兼笁兩部，那有工夫顧問，遂任李君一手經理。但李君亦是外行。廣事交遊，本想做實業家，卻成了社會聞人。現在事已過去，不必再提。他聽了我的話，心裡明白，即顧而言他，不再往下說這事了。板橋後辦手續，請得採礦執照，預備開辦，推我為董事長。我因初見板橋，即有好感，並有六河溝關係，不便推辭，當即允議，即請他為副董事長，並約稽迪生、夏爽甫兩君為董事。其他一人，由叔魯推薦。板橋是礦業專家，辦事刻實，平時總在礦上工作，非開董事會不到北京。開會時詳細報告工作情形，一面測量開礦，一面修造接連京漢的運輸鐵路。他說磁礦煤層極厚，甚為高興。我當時對明治礦業，以板橋誠懇，頗存厚望，擬俟戰事終結，商中日合辦之法，豈知成了幻想。

　　宗近在北京辦了一個學校，招考幼童數十人，以備將來礦場工作。經過

兩年以後，鐵路告成。開採出煤，日僅出千餘噸。開採不滿一年，戰事即告終結。故明治對於磁礦，投資最多，而沒有獲利。然板橋並無怨言，可見涵養之深。

一一八、汪組偽政府竟稱還都

　　汪精衛為國民黨元老，七七事變後，日本近衛發表不與國民政府為對手，曾派高宗武赴日本見近衛，試探有無和平可能。至廣田內閣，發表對華三原則，即「善鄰友好，共同防共，經濟提携」。汪以廣田既有此聲明，認為等於取消近衛聲明，已開和談之門。政府以形禁勢格，不便與日本談和。他對抗戰前途認為黯淡，故擬離開重慶，響應三原則，運動和平。其意以為抗戰下去，徒傷國家元氣，為共產黨造機會。遂離重慶飛往河內，同行者只夫人陳璧君與曾仲鳴夫婦。在河內發通電（艷電），響應廣田三原則。本擬赴法國以待時機，不料在河內遇刺，誤中曾仲鳴身亡，遂一怒而變更原意，由日本影佐少將雇輪護送，由河內至香港，召集周佛海、梅思平、高宗武、林栢生等商組政權，與重慶對抗。旋即至滬，另立政府於南京。曾一度往日本，見日本當局對組府事，並不熱忱。後與坂垣及興亞院長官晤談之下，始覺他們想組的政府形同滿洲國，遂大失望。然勢成騎虎，無法下臺，回至上海，與當地日本軍事當局會議。日本方面提出的建國基本方案，竟似滿洲國藍圖之翻版，更為失望。本擬再與日本方面磋商，而高宗武陶希聖亦翻悔，竟携此方案赴香港發表，於是輿論大譁。政府即以叛國罪名，明令通緝，遂使汪氏逼上梁山，一意孤行，不復有所顧忌矣。

　　平心而論，戰爭終有構和之日，汪氏之是非功罪，姑不必論。惟汪氏既知日軍閥並無謀和之意，徒借汪氏名望為號召，設立政權，竟不惜令名，甘為利用，且為亡友而叛國，未免私而忘公。以我所見，汪氏夫婦都具才能，惜一重於領袖慾，一重於權力感，兩者相合，非另組政權，不足稱快。惜汪氏之領袖慾，始終沒有滿足。此次組府，總算大權獨攬，躊躇滿志矣。幸先歿於日本，生榮死哀。否則勝利以後，將何以自處？惟陳璧君瘐斃獄中，慘矣。汪氏組府既為謀和，未聞與日本談有和平之方案。而其部下之爭權奪利，作威作福，荒淫無度，更甚於維新政權。汪氏雖獨善其身，亦何補於大局。更有曾隸於國民黨者，猶自高身價，強言羞與維新為伍。同為一丘之貉，而強分涇渭，抑何可笑。惟汪氏有演說天才，聞在北平新民會演說，語語諷刺日本，卻語語不離民族，聽者莫不感動，甚至流涕，不愧為黨魁之才，又能取悅人心。還記得昔年獄卒的優待，特枉駕親視其老母，賞賚有加，北平傳為佳話。但何以卻忘了救命之恩人章仲和（宗祥）？想他以為救命恩人，只有肅王而不知其他也。

　　汪氏成立政府後，邀華北臨時及南京維新兩政權首領會議於青島。維

新政權合併於汪政權，任梁眾異為監察院院長。華北臨時政府改為政治委員會，仍任王克敏為委員長，並任王揖唐為考試院長，名義上似為隸屬，實際上仍是獨立，華北只每年解汪政府鹽稅五十萬元而已。至其間如何協定，不得而知。惟冀東偽政權，至此撤銷。

殷亦農（汝耕）並無下文，遂皈依佛法。有一小插曲，順便一提。殷曾在團城玉佛殿延僧修建法會，以余曾住團城，被邀參加，余亦不時隨喜。法會圓滿，在家設齋供僧，另一桌供女僧（尼姑）。我見有一尼，似曾相識，然我從沒有與尼姑往來，即亦置之。席散，這尼竟前來自我介紹說，曾住在西直門外章氏家庵者。余始恍然，知為故友章宷丞之遺孀（章曾任外部參事）。宷丞久病肺疾，家庵即為他療養之所，歿於家庵。她說自先夫故世火葬後，即落髮出家，現在西直門城根某尼庵當住持。此人當年是上海名花，竟能看破紅塵，為夫守節，亦是難得。

當王揖唐未定之前，喜多駿一又來勸駕。說現在國民黨政府已在南京成立，華北臨時政府改為政務委員會，已回復了戰前體制。王委員長不久將要辭職，此時君當可以出任，我特來徵求同意。我說我不出任的原因已一再說明，與政權更迭毫無關係。且現已就了三個公司董事長，已盡我力，仍請原諒。他笑道，君亦太固執了。又問君看南京政府將來能否與重慶政府合而為一？我答，我不明白此中情形，你們情報一定比我明白的多。又談了一回，遂辭去。臨行還說，此是顯親揚名的事，我想太夫人也不會反對。我說，此是我自己的事，與家母無關，但家母亦決不願意。

一一九、遊青島訪老友章仲和

　　青島為山東問題的癥結，久想一遊。時仲和、心微均在青島，遂携慶稀飛往青島。下機後心微夫婦在機場候接，陪往旅館。心微留英學造船，現為港務局局長，其夫人即我婦之妹。心微講衛生，每天浴冷水，冬夏無間，飲食有節，鍛鍊不輟。因公傷腳，致行路稍跛。青島本一漁村，自租讓德國，僅十餘年，堡壘之外，對於市政亦極力修整，道路廣寬平坦，樹木到處成蔭，市廛與住宅分開，成為現代都市，更覺整齊。德國天津租界，亦是定了計畫，一氣呵成，不是枝枝節節，常須修改。中國人只知托庇外人，坐享其成，連外國租界之市政，亦沒有學到，言之可恥。青島形勢更是緊要，假如高徐、濟順兩鐵路造成，不但為良好的軍港，且可為南北物資的吞吐口，控制東南半壁。宜德日之野心家眈眈而視之矣。

　　仲和家在小山上，拾級而上，有數十級，亦可望海。院植松樹，十年之後，松樹成林，可大有佳趣。我與仲和自五四以後，尚未見過。久別重逢，更覺愉快，暢談甚歡，互道別後情形。惜彥安夫人已定船期赴滬，不能在青島為憾。仲和之兄伯初，留學美國，兄弟生活不同。其兄留美，反喜東方生活。仲和留日，則喜歐化生活，家中純是西式，生活亦仿歐化。心微本是留英學造船，他在海邊自築一家，恍若輪船。他講衛生，又善游泳。

　　時青島公園櫻花盛開，滿園燦爛，遊人擁擠，一如遊於日本的公園。此德人所種，一若為日人預備者，亦是巧合。心微導觀德國時代之炮臺，雖只賸遺跡，想見當時之堅固，尚陳列一廢炮。青島山明水秀，樹木甚多，別有一種幽靜之感。本擬遊嶗山，時為游擊隊所據，遂不果。居民安堵如常，沒有戰爭氣氛，與平津迥異。聞有湛山寺為倓虛法師所創建，惜無人介，未獲瞻仰。住了七天遂賦歸歟，時慶稀方十三齡，居然能伺候我起居，並極周到，人皆稱讚。臨行前夕，知友假飯店為餞行。余以叨擾友好，尚未還席，趁此作為答席，預囑慶稀完賬。飯罷主人去完賬，櫃上說小姐已完了。余亦不知她在何時完的賬，人皆稱她聰明，余亦覺得她敏捷。

　　不久北京又擬設建設委員會，想為我位置。叔魯代為我辭，謂曹君身體不好，今已擔任三處公司董事長，不必再約他，遂改為建設總署。適殷同自青島來，即推薦殷為署長。日方同意，遂以殷同為建設總署署長。我很感叔魯能踐前約。殷同號桐生，有幹才，諳日語，頗得日方信用。在任時，為日本人建設了兩件事。一件是日人要在西郊建一新村，那邊有官地，也有民地，民房很少，但雜坟很多，桐生對民地民房民坟一律給官價百元，令其

遷移，那是太苛刻了，比向來政府收買民地章程，差得太遠。由西直門開一馬路，直達新村，設電燈電話，畫定區域，供日人領用。附近另建一民航機場，免與軍用機場混在一起。另修馬路，很平坦寬廣。還有一件是修南小街馬路。南小街通祿米倉，沿朝陽門迤西建有倉房數十間，前路即名南小街，從朝陽門直達海岱門。在清朝末季，以祿米改折銀兩，倉亦久廢，南小街久未修理，貧民佔道蓋屋，變成貧民窟，街道愈窄。前政府屢擬修馬路，以無收買民房之費而中止。日軍欲利用祿米倉，不能不修南小街馬路，殷桐生只是每戶給官價百元，勒令拆屋。貧民此得百元，有的蓋草棚而居，有的因此自盡。桐生不顧一切，一意孤行，只將貧民自盡者代埋而已。人皆罵他為刻薄鬼，怨聲載道。但此路僅修到祿米倉而止，不及南小街之半，只為日本軍謀便利而已。這真是日人理想合作的人，日本方面已預定他為叔魯繼任人，豈知命運不濟，不久一病嗚呼了。

一二〇、徐東海高齡病逝津門

　　徐菊人先生名世昌，原籍河南。項城小站練兵，遂入幕。小站位於天津東海之濱，故人稱東海而不名，前已提及。出身翰苑，擅書法，又好繪山水。為人和善而有智謀，不威而嚴。尤講衛生。前年八十初度，猶精神矍爍，往祝者各贈草書楹聯一對，筆姿蒼勁，毫無衰象。津寓院中，闢一菜畦，下野後，常自短衣，戴笠執鋤，從事種菜，不但可以活動筋骨，自種的菜蔬，味更佳美。又好硯，集硯百餘，擇其尤者，作銘刊硯背，印成硯譜。嘗貽我一硯，並一硯譜。余於此道未嘗研究，惟聽其講解，始略窺門徑。其弟端甫，受兄之薰陶，蓄硯三百餘方，然多而不精矣。東海素講理學，實行黃老政治，簡而不繁，余每請益，輒勸我多看書，即不能記，亦是有益。又教我靜坐之法，每日靜坐一時，摒除雜念，不但養氣，且可延年。余與東海向事以師禮，有清習慣，凡受過保薦者，即視為門生。東海重儀節，每見客，即至稔之人亦整衣冠出見。在病中，余每去視疾，總是起牀整襟以見，可見其謹肅不苟。病係攝護腺腫脹，此係老年病，照西醫方便治法，稍動手術，亦可治癒，並非致命之病。端甫商之於余，擬送北京協和醫院治療，其時尚能起坐，余極贊成，且促速行。即在天津西醫，此種小手術，亦有可能，已預備矣。家人因聞要動手術，群起反對。後變為尿毒症，與項城同病，遂至不起，春秋八十有二。

　　當項城小站練兵之時，延入戎幕，佐項城定章制。但項城天分甚高，所擬章制，極為周詳，東海不能贊一辭，由是交相敬佩。偶有建議，無不施行，相得益彰，遂成莫逆。項城少有大志，自負不作第二人想，每對東海說，苟富貴，毋相忘。嗣後互相提攜，終至登峯造極。東海於小站人才，瞭如指掌。他說所謂小站三傑（王士珍、段祺瑞、馮國璋），均許以能獨當一面，大有作為，此外尚未成熟。豈知辛亥革命，風雲際會，來得太快，遂以未成熟之才，邊膺方面，時會所趨，莫可遏止。故民國以來，沒有任重致遠之才，都是爭權奪利之徒。其評論人物，卻有獨到之見。每時談及，尚多感喟，項城利用若輩，自無遠大成就之可言。後出任總統，想以和談謀南北統一，惜南方局面已變，故未成功。惜對合肥聽信左右之言，橫生疑忌，卒以釀成皖直戰爭，以北洋元老而使北洋團體由他瓦解，不免有盛德之累。東海以文人而能駕馭武人，實仍基於小站練兵，受項城尊敬，有以致之也。從政之暇，延攬學人，編輯清代詩人遺稿，成為《晚晴簃詩集》，發揚潛德幽光，於文獻亦不無裨益。開弔之日，摒除繁文縟節。弔客很多尤以門下士為

多。喪儀簡單嚴肅，弔者絡繹不絕。門下士十餘人，推郭嘯麓（則澐）撰祭文公祭。祭文真做得情文並茂，悲痛感人。祭之日，公推嘯麓為首。讀祭文者，碩大聲洪，讀到悲痛之句，抑揚淒涼，與祭之人為之落淚。東海無子。於家鄉水竹邨本營有生壙，夫人已先下葬，因道路不靖，不能歸葬。其弟端甫主張暫葬於天津萬國公墓。生前自寫墓碑，題為水竹邨人之墓，亦可見其胸襟矣。

一二一、吳佩孚設宴硬拉交情

吳佩孚自敗北回京，居於什景花園，在家仍設八大處，以過閉門稱大帥之癮。當年與王叔魯爭最高顧問月費，已屬可鄙。平日妄自尊大，不甘寂寞，標榜反日，而土肥原之流常出入其家，與其扶正夫人講條件。其人反覆無常，惟勢利是圖，忽而衡陽撤兵，與南軍言和；忽而收拾餘燼，阻撓北伐。汪氏南京組府，又想投機，信使往還，已將成熟，不知何故，成為泡影。自命為北洋功臣，而棄明投暗，妄興兵戎，北洋團體為其破壞。在家無聊，與陸閏生家互設乩壇，名為紅卍字會，供奉儒釋道回耶五教神位，求神問卜，以問休咎，豈非妄人乎哉。陸閏生（宗輿）與他時相往還，且為我揄揚，勸我入會，意在拉攏，余惟一笑置之。一日，王揖唐忽告我，吳子玉想跟你談談，設宴款待，囑我先容，我們亦可多一朋友。我即說，我不敢高攀。揖唐笑道，您還沒忘與合肥的過節吧。事隔多年，何必這樣認真。我說，豈但如此。他在洛陽得意的時候，竟因西原借款，董綬經隨便說了一句恐黑幕重重，竟要叫顏駿人（惠慶）政府下令通緝。顏尚知法律，以為尚未查明，何能即令通緝，改交法院查辦。他不滿意，我遂避往天津。先嚴為了多日不見我，抱病冒暑來津。我本想陪侍先嚴住特一區宅，警察局長楊敬臨遣人告我不要出日租界，因之向閏生租了一所一樓一底極小的房屋。時正酷暑，屋小蚊蠅又多，致先嚴得了腸炎，遂至不起。你那時不在津，未知此事。此我終身之憾，故不願見他，免傷我心。此言恐揖唐未必轉告子玉。

又一日，揖唐忽坐了吳家的汽車強邀同去。並說，恐預約你又推辭，故臨時囑我坐他的汽車奉邀，人家這樣的誠意，你總不好意思再推卻吧。我說我不是給你說過了我不願見他。他說，看我面子，就勉強去一次吧。我問你們到底什麼用意。定要我去？揖唐力說無它。卻是子玉出於誠意。我說，我為你面子，姑去一趟，但決不入席，請你們原諒，遂坐了自己汽車同去。子玉已在門口迎候，只說久仰，我亦不理。進了客廳，見陪客只有閏生與揖唐，但揖唐已先溜了。略談片刻，即請入席。我說已有他約，不能奉陪，即起立要走。他一再強留，我竟不顧禮貌，逃席往外即走，連說揖唐豈有此理，就此上車回家。我想吳大帥碰這樣的釘子，還是初次吧。後來他對閏生大說我壞話，閏生沒有細說，只說你太過分了，我不答。（我心想，你也是與他同惡相濟的人。假使那時你留我父暫住，也許不至得病。）他還為他辯護。我說人稱他偉大，我卻看不起他。我有我的理由，不能隨人附和。後來吳佩孚因牙毒入腦身亡，還有人說被人謀害中毒，並稱他不入租界為好漢。

不知日本若允他練兵，他早已袍笏登場。他的得保晚節，實拜一牙之賜也。至不入租界，有勢力者，亦無足奇。合肥戰敗，仍居故廬，何嘗自刭為奇。

閏生遷回北京時，余尚在頤和園，故絕少謀面。他迷信扶乩，每見必談乩事，余不信此道，只好唯唯諾諾而已。一日，他的第三子忽來園告余，其父病肺炎甚重，現在協和醫院。余即進城去看視，已入迷昏之狀，不能言語。不久回家，遂至不起。歿後他子竟說無以為殮，余贈以聯幣八千元。

閏生有智謀，惟喜走偏鋒，過於熱衷。晚年不得志，家居無聊，經濟亦窘，時向乩壇問休咎，迷信愈甚。加以嗜好日深，身體愈弱，一經病魔，抵抗無力，遂使藥石無靈，與世長辭，年尚不滿六十，為之可惜。身後蕭條，其後人不通音信，不知如何情況。

一二二、王揖唐繼任偽委員長

揖唐原名賡，安徽合肥人，前清末科進士，曾留學日本法政大學，後又改入陸軍士官學校，中途退學，能文能詩。清季歸國，以同鄉關係，投入北洋督練處總辦段芝泉先生部下。段以揖唐能文能武，甚為器重。入民國後，與曾雲沛等相契。段合肥執政時，出任安徽省省長。後又與曾雲沛等組織安福俱樂部。少時曾遊德國，與一德婦同居，生一子，與德婦同回中國，後又仳離。母去子留，子名瑞士。叔魯任內，揖唐曾遊日本，與日本朝野文人，吟詩酬酢，提倡和平親善。寫了遊日記聞，說日本道德日墮，已失了東方傳統文化，實為此次侵華之因素。其出遊日本，繼叔魯上臺，似已早有預備矣。

就職後，設一諮詢委員會，聘會員八人，憶有龔仙丹（心湛）、張堅白（鳴岐）、章仲和、曾雲沛、梁眾異，餘二人忘了。囑我約章仲和來京，他說此會不過聽聽在野名流之意見，無甚工作，並借此多幾個朋友談談而已，務請仲和來京。余遂函致仲和寓有勸駕之意，仲和果然應允來京，揖唐並為他預備官舍。後日人設纖維統制會，此為國策機構，未徵得仲和同意，即發表他為總裁。在揖唐以為是尊重他的意思，仲和窘極了，甚有難色，余亦以統制機構不就為是。仲和說，不先得同意，隨意發表，這樣我只好回青島去了。余告揖唐，仲和此來，本是勉強，這樣做法，不夠朋友。若要他就纖維總裁，我亦沒法留他了。後調任為電力公司董事長，方允就職。

揖唐作風與叔魯不同，自稱為名士派。又謂我對政事經濟都屬外行，故一任日方辦理，從不顧問。遇有難題，亦不爭執。余曾勸他，這也不是辦法，可遷就的不妨遷就，不能遷就的總得把自己意見說明，聽不聽由他，我總應盡其在我。他說君說甚是，但在此環境之下，說也白說，徒費唇舌，徒傷感情，不如客客氣氣，保持彼此感情為好。你看叔魯，事事要爭，到底爭到了什麼？至此，我想人各有志，他要這樣作風，只好由他。從此我再不對他說什麼意見，他亦不久即下臺了。

在揖唐任內，我友方藥雨，向未入過仕途，玩碑帖古錢，繪山水，自成一派。他見羅叔蘊出任滿洲院長，忽發官興，要我推薦於揖唐為天津市長。我告以己所不欲，勿施於人，此朋友之道也。君本名士，何必混入泥沼。後來他終達到目的，到任之日，自己掣升國旗，繩觸屋簷，一瓦落下，恰從他的頭旁橫斜而下，雖未受重傷，已流血如注，綁以繃帶。行接印儀式時，頭扎白帶，人家以為不祥。不久我軍勝利，余亦南下葬母，不知如何結果，恐

亦不免縲絏之災。真是卿本佳人，奈何從賊。

揖唐下臺後，繼之者為朱博淵（深）。博淵是法律家，民初任總檢察長甚久，官聲甚好。執政時代，曾任警察總監。當學生鬧風潮時，打進總監公事室，博淵與學生搏鬥受傷。他雖是文人，卻有糾糾之氣。此次忽出任委員長，余初不知，出我意外，就任不久，聞他有病，在家辦公。余曾去視疾，見他骨瘦如柴，聲音亦低，與前判若兩人。但案頭堆積公事，仍親自批閱。問他病狀，云胃間時時作痛，時好時壞。勸其休息，不必親自批閱。他說，我是習慣，不閱覺得不放心。他們知道我病，很少跟我談公事。不久病竟不起。以我揣測，恐是胃癌。

華北首長死於任內者，博淵之外，還有湯爾和殷桐生兩人。其後偽政權首領，都遭刑戮，而此三人反得到生榮死哀。人生遭遇，真是有幸不幸矣。

我想日軍雖節節勝利，所佔的地方只是點與線。中央軍始終抗抵，終不屈服。地方越大，布防難越，加以游擊隊到處襲擊，防不勝防。惟共軍名為共同抗日，實則遇日軍即避。日軍泥足愈深，想盡方法與重慶談和，花了許多冤枉錢，走了許多冤枉路，毫沒有得到結果。人日聽說王叔魯出來時，曾得有重慶方面的諒解。他們又知道燕大校長司徒雷登曾為叔魯去過重慶，故想叔魯與重慶定有默契。又加以南方汪政權與重慶的關係，雙方併進，或許可能開一條和談之路。這是他們的理想耳。

一二三、松岡洋右急功反誤國

日本達官巨商，來華北遊歷者，大半總來看我。即住在頤和園時，亦承枉駕來訪，我不便拒絕。有勸我遊日本者，有交換意見者，更有勸我出來謀兩國親善者，我既不便拒絕，又不願多談，只好敷衍。有一日，松岡洋右來訪。松岡與我本相識，留學美國，英語流利，日本外交家中，無能出其右者。此次他赴歐洲，順道視察華北。他來訪時，開口即說你這次不出來，很對很對。在此混亂之時，出來有何益處？我答以既無能，又無才，出來對兩國，幫不了什麼。他說不然，這次我國對中國作戰，真是沒有遠大眼光，錯誤到了極點，要知我們共同的敵人是蘇俄。日俄之役，因日本獨力與戰，故不能貫徹到底。中國建國方始，國力尚弱，日本正應幫助中國，使之富強，共同抗俄。乃不此之圖，反背道而馳，真是可惜。倘使這幾年彼此合作，不作這樣的消耗戰爭，現在德國正想進攻蘇俄，蘇俄內部又不安定，蘇俄正在為難之時，若中日兩國出兵夾攻，正是絕好的機會。若將蘇俄打倒，我們兩國均可無後患，今坐失此機，豈不可惜？這次戰爭，即使日本得勝，試想日本小國，能把中國吞下去嗎？恐怕泥淖越陷越深，自己也拔不出來呢。他呷了一口茶，又說，君應知道，日本自二二六政變以後，所謂政治家，不能控制軍人，反受制於軍人。故軍紀日弛，即上級軍人發號施令，亦須先得中級軍人的同意。這班中級軍人，所謂少壯派，既不知政治，又不明外情。現在日本有個名辭，叫做下尅上，即是要聽這班少壯派之意。如此一意孤行，日本必將失去國際的同情，成為孤立，我很為之躭心。

我答稱，我們兩國，合則共利，離則同害，正如唇齒相依。若彼此合作，至少可維持東亞和平。俄國自革命以來，連年饑饉，民不堪命。這種奴役人民的國家，即使沒有人攻他，也終有國內反抗的一天。史太林之兇暴，比沙皇更厲害，且看這次大戰的結果何如。我因談得投機，翌晨還到車站送行。他還緊握我手說，保重身體，以待時機，互道珍重而別。豈知他到了德國，見德國軍容之盛，軍械之精，已超出他的想像。又聽希特拉說德國軍事計畫，以為軸心國必勝。英國崩潰，只是時間問題。他聽了希特拉的話，又看歐洲情形，確有可能。時德國正每日以千數飛機，不分晝夜轟炸倫敦，英國卻是岌岌可危。他心中已有動搖，政治家沒有不重功利機會主義者，松岡亦不能例外。以為趁此時機，加入軸心國方面，日本更可大有作為。迨後過蘇俄，史太林突然出現車站送行，擁抱了松岡，大喊我也是亞洲人呀！松岡受寵若驚，竟墮入俄國的圈套，於是對俄心理，又大受衝動，平日思想，根

本改變。當日與我的談話，早已丟在腦後。政治家的思想，本是隨時變遷，不足為異。回國後出任外務大臣，即決定加入軸心國的政策。又赴德國，與德義訂立軸心同盟的條約。又到俄國，與史太林訂立日俄不侵犯條約。又訂中立條約。以為如此計畫周密，兩面討好，即與英美開戰，亦沒有後顧之憂。松岡的豹變，亦可證明政治家的野心，只有利害，沒有信義。他以為時勢造英雄，自己可名震全球，日本亦可為東亞盟主，與西方大國並駕齊驅。詎知結果反造成日本悲慘的終局，而我國反得了轉勝的機會。

一二四、日襲珍珠港掀起大戰

　　日本近衛第三次組閣，以豐田海軍大將為外務大臣。時美國雖未參戰，對日凍結資金，禁廢鐵售日本，態度已有變相。而對英之接濟，日益增加。日政府派野村大使與美商整外交，又派來栖以特使參加。美國提出大綱，竟有使重慶承認滿洲國，且與南京政府合流之暗示。惟一條件，日本在中國及東三省之軍隊須一律撤回。這大綱已使中國受到損害，然日本仍不承受，遂決意與美開戰。其海軍又躍躍欲試，由海軍大將山本五十六祕密特別訓練奇襲美國之法。迨訓練成功，開會議時，海軍方面亦恐奇襲危險，贊否參半。卒以海軍多數贊成，遂開御前會議，決定偷襲，傾日本海軍之全力，祕密動員，趁週末度假，各種戰艦飛機，竟暗渡太平洋，用俯衝飛機，將美國珍珠港內停泊之大小戰艦，轟炸殆盡。其時美國赫爾國務卿尚約日本兩大使商談，而日本宣戰佈告，僅在偷襲時已宣布矣。

　　美國突受意外大打擊，全國震動。越三日，日軍又炸沉威爾斯親王號戰艦，同時炸沉抵抗號戰艦，均為英國最新裝配三萬噸以上之戰艦，日本遂進攻南洋。那時日本氣燄之盛，真是不可一世。此次日本海軍奇襲之成功，固由於山本五十六之計畫周密，訓練認真，而美國海軍之輕視日本，不預為嚴備，致令日本之戰艦飛機，暗渡三千五百哩而不覺，亦真是奇聞。此係美國福開森告訴我的，他還說，據說美國空軍已得知消息，告知海軍方面，海軍不信，沒有報告艦隊司令，致成此慘局。

　　回顧我國，南京失陷後，臨時修築防禦，武漢會戰，稍挽頹勢。其間大小戰事，不能盡悉。政府由武漢遷至重慶，只知臺兒莊長沙，曾獲幾次戰勝，仍不能阻止日軍南下，直達廣州，海口全部被封鎖。僅存滇緬公路可通外，又被英國封閉。敵軍到處佔領地點，共黨又在後方擾亂，那時國軍之艱苦，真到了極點。然仍不屈不撓，依然抗戰。

　　日本在國內設大本營，完全成為戰時體制。又設興亞院，在中國設分院，以國會參眾兩院成為翼贊委員會。因為軍費無限制的擴大，致通貨膨脹，物價高漲，雖施行統制，然物資日缺，民窮財盡。其在中國之軍隊，本以戰養戰之方法，華中設振華公司，華北設開發公司，收括物資，以濟軍需。又將華南產米之區，劃為軍米區。

　　平津日本人，如瘋如狂，夜夜開提燈會，示中國以戰勝姿態，高唱日軍萬歲，氣燄不可一世。對我作戰，起初謂膺懲暴支，嗣改為大東亞聖戰，到處張貼建設大東亞新秩序的標語，甚至官署公司，亦須製額懸之壁上。廢止聯絡官，置公使於興亞院，為政務委員長之對手。第一任公使為鹽澤清宣，

喜多駿一遂調回日本。

其時平津張貼反對英美之標語，到處都是。最可笑者，將英美兩字加以一旁，此是前清對犯人姓名之寫法，以為屬於獸類之意。憲兵檢查，更加嚴厲，在各處設站檢查，行人均須下車受檢始放行。認為可疑者，不分男女，須解衣脫褲檢查，尤以城門為甚。

余以出入城門太不方便，遂搬進入城，在東城貢院西大街，典了一棟房屋居住。慶稀仍在慕貞女中學攻讀。日本在中國中小學校，添設日文一課，由日本教員教授，寓有監視學生行動之意。對於教會所設之學校，監視更嚴。又令中學學生，輪流在街道演說，登在桌上，向大眾演說，作成白話演說，令學生登高朗誦，無非列舉英美在中國種種罪狀。對英則說焚掠圓明園，鴉片戰爭，侵略廣東，逼開租界，佔據香港，以中國為殖民地等等。對美則說，內地傳教，屢鬧教案，開設醫院學校，均為文化侵略等等。其意不過要教知道英美對中國如何壓迫，如何欺負，如何侵略，喚起中國百姓對英美的敵愾心，日本是為中國報仇。但百姓聽了，毫不在意。

有一日，輪到慶稀露天演說。她那肯做這樣無恥的事，哭了回家說，我再不上學校了。綺霞亦一同回家。我亦同情於她們，兩人就此退學，日教員大為不滿。慶稀與綺霞，在家請左明澈女士補習中英文。左女士由陳頌平兄介紹，中英文均有根底，又熱心教授。教了一些時，慶稀考入輔仁大學外語系，綺霞入美術系。其時大學和醫院，有英美關係者，均目為有反日嫌疑，勒令停辦。輔仁大學不屬於英美系，且美國教士，已盡換了德國人，故得倖存。

自日本與英美宣戰後，日軍即侵入新加坡印尼香港等處，掠取戰略物資，與英美聯軍作戰甚為劇烈。當香港未佔領之前，上海各大銀行大企業已遷至香港。當時政府召集各銀行首長到重慶開金融會議，我友胡筆江時任交通銀行董事長，應召飛往，日方誤傳該機有孫科在內，飛機起飛不久，即遭日本飛機擊落，沉於海中，而我友胡筆江兄不幸罹難，真是無妄之災，為之嘆惋。筆江長於貨殖，與余在北京交通銀行共事有年，交誼素篤。後因南北睽違，音信遂稀。當此盛年，未展抱負，遽遭意外，能不傷悼。同機被難者尚有浙江興業銀行總經理徐新六君。新六曾為我財部秘書，才華內蘊，心思細密，相助益多。筆江兄長子惠春，次子惠宣，均能克承父志，在海外經商立業，對異母弟妹，盡力教養，俾能自立，筆江其有後矣。

我政府遷重慶後，國民黨推蔣先生為總裁，頒布抗戰建國綱領，重整軍備。美國加入協約盟國後，訂立租借法案，接濟同盟國以軍械物資，成為盟國之軍需庫。我國亦得接濟，惜因滇緬尚未通路，運輸力薄弱。又得陳納德氏以飛虎隊正式加入作戰，又代我訓練新軍三十萬。後滇緬路開通，軍援物資，漸次增加，抗戰雖仍艱難，然已漸露勝利之曙光矣。

一二五、收容協和醫生之經過

　　日軍已將燕京清華南開各大學關閉，又要接收協和醫院。我以協和醫院雖為美國開辦，然是慈善機關，與中國社會大有關係。即免費施診，每天總有千人以上，亦有遠道而來者。設無此醫院，窮苦之人，無處求醫。此與政治無關，院內醫生都是中國人，只有美國數人為研究工作之導師，遂請臨時政府與日本方面商請免予接收，為社會留一慈善機關，豈知商無結果。

　　其時日本華北司令為多田駿，曾為阪西利八郎之輔助官，余亦相識。我即直接去見多田司令，說明協和醫院在北京之重要，請他收回成命。且說該院雖為美國創辦，目的在養成醫士，到各處設診療所，以開西醫風氣。現各處設立醫院或診所，皆是協和出身之醫生。在北京本院之醫生，亦皆是中國人。美國只有幾個專家，為研究工作之導師。該院對於北京社會，貢獻很大，每日免費施診者，總在千人以上。若使停辦，窮人沒有求診之處，這是大失人心，於日本聲譽亦大有關係。多田云，這醫院名為慈善機關，其實都是培養反日份子，日本軍部決不能容許留此反日機關。我們接收後，還要請日本名醫來接辦，於北京社會不會生不良影響。我說內容我也不知，但不能以有美國關係即認為反日機關。我認識的醫生亦不少，他們都是熱心為社會服務，沒有聽過有反日的言論，請閣下再調查考察。我與協和醫院既無關係，又沒有受人請託，完全為社會請求，請你們諒解。多田答，我們考慮已久，此事已成定案，很難變更，請你原諒。我知無法挽回，遂與素稔之醫生說，日本定要接收協和，恐另有用意，微力不能挽回。我與友人在西城設有中央醫院，規模設備，自然不能與協和相比，然為社會服務著想，未知諸君能否暫時屈就。他們答，容與各主任商量後再復。就在此時，日軍已下令將協和醫院關閉了，改為軍醫院。

　　該院醫生有來自南方者，正擬束裝南下，聞中央醫院有收容之說，都很興奮，願意到中央醫院來。惟須先去參觀一次，由我陪往參觀，認為可以對付。於是我在中央醫院開一茶話會，約願意來的醫生先來商議。除了少數醫生，擬在天津另辦一醫院外，全部都來參加。我就心經費問題，他們說，君為協和同人，如此熱心，我們暫時願盡義務，不必顧慮。我真出之意外，遂說諸君如此之熱忱，必能以協和之精神為社會服務。我以微力，如有為難之處，必盡我力效勞，以答諸君之誠意，遂即定期開辦。他們推我為院長，我說我不是醫生，何能擔任院長。他們說，君非擔任院長不可，不然，我們怎能對付日本人？我想，這亦是實情，遂允暫時擔任。原來中央醫院有三位醫

生，亦願通力合作，後來已回南之腦系科關頌韜博士，亦請了回來。他是中外馳名的腦系醫生，中國那時還沒有第二人。每日亦有施診，除貧病外，只收藥費。開辦後一切順利，由他們推鍾薈蘭博士為醫務長。雜務主任，我請徐春松擔任，因他是天主教徒，可與修女們接洽。但協和的醫生與護士，習慣不同，格格不相入。雙方來告，我只好兩面勸說敷衍，終不得圓滿。後來修士自動請上海天主教會調回，此事遂告解決。

　　豈知一波未平，一波又起。日本憲兵，始終嫉視協和醫生，隨時電傳問話。最難者是外科醫生，正在動手術中，離開了於病人生命攸關，遲到了，又受憲兵申斥，因之醫生中有了灰心。他們對我說，如此下去，我們受閒氣，你亦遭麻煩，不如散了吧。但開辦後，門診日增，住院病人亦漸漸多了，散了不但可惜，且有違素願，遂極力慰留。我想此事本與多田司令談過，雖未允許，趁此將收容到中央醫院之事向他報告，亦是應有之義。且可與他商量，免去傳詢，亦許可能。我又去見多田，說明收容協和醫生之經過。我說收容的醫生，如有反日情事，我願負責。我以外行，擔任院長，即是要明了他們的行動。但有一事，須請閣下幫忙，遂將憲兵無理由任意傳詢醫生之事向他說，這雖是憲兵部權限內的事，但在醫生方面很有為難之處。尤其是外科醫生正在動手術之時，忽奉電傳，離開了恐有關病人生命，遲到了又要受憲兵嚴厲申斥，真是兩難。他們都是專家，又是守法之人，無故受此麻煩，要告退了。但自收容協和醫生以來，院務日有進步，外間名聲亦好，病人亦逐漸增加，門診仍舊施診，每日人數亦有增加，若半途而廢，自覺可惜，故特來請閣下想一辦法。多田答稱，憲兵總疑心協和醫生，怕有反日行動，故特別注意。君既負責收容，又充該院院長，以後比較可放心。但君能以何法保證他們不是反日份子，能使憲兵安心呢？我想了少頃說，我以院長名義，發給醫生及護士一種證明，由我簽名蓋章，隨身帶著。持有證明者，我可負責保證，沒有證明者，即不是中央醫院的人，這辦法怎樣？多田說，好是好的，可是責任不輕呢，君當考慮。我說，我約的人，決無反日份子，我敢保證。但憲兵方面，若無實在憑據，請勿隨意召喚。多田亦答應，從此傳詢問題解決了。我簽發證明時，告誡青年醫士及護士，切勿攪政治，免生無謂的麻煩。鍾薈蘭君亦同時對他們說，我們協和同人向不預聞外事，院長既熱心負責，你們更應體諒院長的苦心，更加留意等語。

　　修士回南，後樓改為宿舍，教堂改為會議室。一年後院務蒸蒸日上，經濟亦漸充裕。遠來就醫住院者日多，病房住滿。因內外名醫甚多，尤以關頌韜博士來就醫者多。婦產科林巧稚博士，曾遊學美國，係一獨身主義之女性，手術純熟，亦甚熱心，亦是中外聞名。因本院無婦產科，不甚方便，鍾

君商余另建一棟，添設婦產科。成立後，林博士住在院中，不論夜半更深，有電話來即坐人力車往，無間寒暑。服務精神，更為可佩。時值混亂，女子深夜乘人力車往來，深恐不便，為置一輛舊汽車，她更感激。

後又改建一大手術室，添置用器，用特別電燈，光線充足，更能適用手術。又添設試驗室。收入富裕，院譽日隆。惟電梯因限於電力，只能供病人之用，亦無可如何也。勝利後，由美國配給一架新式X光機器。

余於院務，亦感興趣，不時往觀。見各科醫生忙於一作，護士伺候病人，亦和氣周到，為之欣慰。一日，參觀手術室，適關博士診治腦系病人，係來自上海，須用手術。先用一部麻醉，後鋸開腦蓋，帶了特別光鏡，視察腦際病情，才動手術。據云這種手術，須七八小時才能完畢，中途不可停止。故助手尚能換班，主醫只有一人，屏氣聚神，細心診治，不能暫離，真不容易。外科司徒博士亦是能手，他說若開盲腸炎，只要不到腐潰程度，下刀正確，三十分鐘即可了事，可見其手術之靈敏輕快。奇怪的病，外科最多，有一鄉婦腹大如匏，並非懷孕，已好幾年，聞名來求診，診為血瘤一類之症，非住院不可。這婦無力住院，由周華康電商靜真（華康係寄梅之子，曾留學美國，與我家很稔。）如何辦法？靜真答以即令住院，費由我們擔任，院長決不會不同意。後經手術，割出像大西瓜的血瘤，外皮堅韌。司徒大夫亦說沒有見過，置玻璃瓶，以備研究。婦住不久，稱謝而歸。以後遇有貧病須住院者，周大夫即商得我或靜真同意，許他住院，費由我擔。又有一個兩歲大的男孩，他父棄母遠去，母為傭過活，將此孩送人扶養。此人領去後，自己不管孩子，交給僕婦。僕婦又不用心照顧，因營養不足，到兩歲還不能直立，只能在地上爬。後又爬到爐邊，沸水燙傷，兩腳潰爛。此人仍送還其母，其母與稽迪生太太相熟，託她轉給別人。稽太太勸靜真留領，靜真不允，只允送中央醫院治。此孩不但燙傷，且全身是病，住院兩月餘，諸病悉癒，其母不願領回，囑託院中，如有人要，即願給人領養，自己永無異言。後有一對青年夫婦，參觀醫院，到病房時，此孩見了即叫媽媽……，嘻嘻的撲上去，要他們抱的樣子。青年夫婦本想領一孩子，見此孩面目清秀，認為與他們有緣，問明來歷，院中即告以其母不願領回，託院給人，遂由他母寫了字據，即行領回？稽太太來告靜真，都很滿意。後聞此孩領去以後，待他很好，亦是因緣也。

勝利後，接收員來院參觀，以中央醫院南京有國立中央醫院，不應用此名稱。不知北平中央醫院，早在南京十餘年以前，又不是同在一地區，何小器乃爾。因院名石額，嵌入正中牆內，若改他名，大費周折，遂改為中和醫院，只改一字，較為省事。後來杜聿明將軍忽患腰痛，由東北戰區送到北京

入中和醫院診治後，認為腎臟病，須動手術，手術後住院月餘而癒。對政府
亦算有點小貢獻。

　　後來參加中央醫院的醫生，在天津另設一醫院，名恩光醫院，與君實
合作。

一二六、四十七年夫妻竟永訣

　　我婦自侍母南下後，沒有同回，她住在乃兄王培孫家。越半年後，才北回，時樸兒邀集一部分醫生沒有參加中央醫院者，在天津設立恩光醫院。我婦糖尿病，即由恩光醫士診治。我婦對靜真瞭解，對慶稀喜歡，前已提及。對我態度亦大變，我每到特區宅，她必新沏龍井茶。如在特區宅吃飯，她必添菜，真有相敬如賓之意。在三層樓亦設經堂念佛。後來竟自動要來頤和園同居。自從由頤和園被樸逼走後，在唐山醫治不便，又搬回天津。後以特區出入不便，樸又在英租界另賃一房，與母同住。我去看視，說說閒話，即感觸滿懷，含淚不語。此病只許淡食，故胃口因之愈壞，精神萎頓，那時尚能勉強起床。越年正月，與靜真帶兩女同去賀年，她病體不支，疲乏不能起床，又不能多講話。見我們去很高興，與靜真慶稀更覺親切，依依不捨，竟叫人出去，獨留我們在房中說話。到旁晚臨行，慶稀到床前跟她說，姆媽您好好的靜養，過天再來看您。她執了慶稀的手，熱淚盈眶的說，阿七！你再來時，不能再看見我的了。慶稀安慰她說，不會的，只要好好的靜養。她執了慶稀的手，好久才放而別。此情此景，猶在目前。豈知才過一月，有一夜天津忽來電話，報告我婦故世了，臨終時並無痛苦。且有胞妹與子媳及二女五女都在床前送終，親視含殮。我聽了，非常傷感。翌晨早車赴天津，陳屍在床，尚未移動，面色無異。想不到正月一別，不到一月，就此永訣。回想貧賤夫妻百事哀，前塵往事，湧上心頭，覺得我實對不住她，不禁老淚縱橫，痛哭一場？我們結褵四十七年，雖因個性不同，難免隔閡，然從沒有鬧過口角。她有所需，無不允許。她有怨言，我總忍耐。她本性善良，自奉甚儉，故教子女很儉樸，這是她的美德。後特宅遭火修改，三層樓上亦設了經堂，念佛修行。惜與我個性不同，故年少時不能融洽，真是遺憾。此時她的子女婚嫁已了，死在夫前，尚算福氣。

　　喪事由我辦理，兩兒要由他們預備棺木，亦是應有之義。隨後子女五人（長女已亡），析分她遺產。我婦喜積蓄，故有遺產可分。惟將特區住宅，因其母常住此宅，亦作為母之遺產，變價共分，並沒有告知我。此則因子女與我太隔閡，不知那時我的景況亦迥非昔比矣。靜真堅持兩子女不要共分，親友笑其傻，我倒贊成她的見解。但是有人疑其亦有積蓄，故不必共分，將來可獨分給兩女，這真是冤哉枉也。

　　五七之日，樸兒借開源俱樂部開弔，弔祭來客不少，亦很風光。出殯停靈江蘇義園。

一二七、王克敏再起實行統制

日軍再以王叔魯出來，因聞其與宋子文有默契，似有利用他為橋樑，與重慶試談和平之意，前已略提。而此次王叔魯作風，亦與前不同。日軍到處收括物資，甚至將人家鐵門鐵窗及水汀之類運走，可見日本國內物質之缺乏。叔魯亦實行統制糧食及物資。對於衣食兩項，鄉間還用自織土布。紡織廠中國人辦的只有三廠，此外不是合辦，即是日本獨辦，亦不過十家左右。都市中人喜用洋布，故衣的方面，不成問題。厨房煮飯，都用煤球（煤屑土製）亦沒關係。最要的還是食的問題，普通人家，米麵合用，鄉民盡用麵食。油鹽兩項，北京鹽油店到處都有。鹽是公賣。藏油方法甚為神祕，不知藏在何處，亦不知如何藏法。平日門面應市，每家亦有幾缸。一聲統制令下，連應市的幾缸油都不見了，只剩應酬門市的油，以供顧客。日軍亦無法調查。因儲油豐富，據說即十年八年亦不成問題。北方稻田很少。鄉間都用土法磨麥粉充飢，都市麵粉廠亦設立很多，多用洋麥磨粉。稻米多來自南方，食米人家，亦以南方為多，故尚可敷衍。因麵粉廠不多，向來靠外來麵粉。現在外國麵粉不進口，自製麵粉又不夠，那能供應配給，故以豆餅磨粉雜和配給。後又想出一種配給的食糧，以高粱小麥與豆餅對半磨粉，配給民食，頗難下嚥。余以豆餅向來用以餵豬，今供民食，太不成話，又發傻氣，致函叔魯，謂以餵豬之料飼人，豈不是以豬待人，何勿除去豆餅，加以豆類，以配給民食。這是商量之意，詎叔魯復函，竟有此何時耶！尚作貴族化之夢，膏粱之子，何足以語此。我亦食此，並不難吃云云。余閱之甚憤，本想復函跟他辯論，繼想他亦許處境困難，發此牢騷。近來他的態度已變，說也無益，算了吧，不必多事了，遂置不復。

又有一事，向來政府對於年老之退職文武官員，對政府曾有成績者（文職居多），給以空名義，月給伕馬費，自二百元至四百元不等（四百元只限於待命公使），以資贍養，其數不過二十餘人。叔魯為節省起見，一律裁撤。我友戴雨農（陳霖）歷任各國公使，因有百歲老母，願以待命公使，在家侍養，亦被裁撤。雨農恃此終養，余不免同情，特為雨農函請叔魯特別優待。承他照允，函復有為「百齡老母筆下留情」之句，真太刻薄了。時逢歲終，有年老退職之輩，在雨雪載途之時，親往領伕馬費度年。到會門口，見委員長皇皇手諭，已被裁撤，至有流涕而歸者。此景此情，身受者何以遣此？叔魯此次上臺，作風大變，既傲且吝，余亦少與晤談。豈亦以為重慶無復歸之望，日軍情勢日強之故歟？抑受氣無從發洩歟？何竟前後判若兩人

也。後聞他每次請客，剩餘的水菓呂烟香烟都要將數目報上去，以備自用。他向來出手很寬，一擲千金，何以老來竟變到如此之吝嗇。

還有一事，原來權兒住的房屋，是向鹽務署租賃的。此屋本是鹽務署英國顧問丁恩所造，英國式樣，規模很美且大。叔魯來後，即向我說，令郎以一銀行經理（權為北京交通代理經理），何必住這樣的濶宅。我的家眷，不便全住大樓，我想要用。我答此屋是為我到京時住的，有時請外賓亦需要用。他亦無可奈何，故初次下臺，眷挈赴青島。此次上臺前，他知道我在京已典得一宅，即不通知我，竟令鹽務署向權收房，且限日遷移。權要我請他展期，以便找房。我說叔魯這次態度大變，我已跟他鬧彆扭，不止一次，故不便向他說，說亦無用。後叔魯因限日未遷出屋，遂派人去，以整理房屋為名，將箱籠等物件竟搬進去，說委員長即日要進宅，等於下逐客令。因之兒媳疑我不肯給她幫忙，對我生了惡感。但叔魯此舉，亦太不近情理了。

一二八、雷電一霎慈母痛歸天

自從日軍佔須華北後，我們很少到北戴河。適有一友來告，有一西人回國，將北戴河別墅貶價出售。我以公司年終花紅，儲為兩幼女教育費，因恐聯幣貶值，改買房產，較為妥當，遂想偕靜真携女兒先去看視。我母聞購別墅，亦想往觀，遂即同去。時在五月，尚未炎熱。該別墅離海很近，有地兩畝，屋亦軒敞，遂定購下。我母以我向借人居，今有別墅，頗為高興。每日仍照常唸佛做功課，偶有女友來，共作方城戲。這次帶了西餐的廚司去，日食西餐，母亦喜食。每逢母吃齋之日，則備素齋，如是者月餘。每逢朔望及菩薩誕日，我母必燒香燃燭以禮佛。六月十九為觀音誕，照例燃燭燒香，詎燭盡後，連錫蠟臺亦燒烊了一節？我覺有異，我母即說這是菩薩示意，以後不再用蠟臺了？我將回老家去乎？我們再三勸慰，謂恐怕天氣炎熱之故，不足為異，其實那天並不酷熱。我告靜真，須用心伺察我母行動，這不是好兆。隔了數日，母忽覺眼視不清，且時有頭眩，遂電請中央醫院眼科醫生來檢視。他說，眼並無病，恐病不在眼。然時清時糊，母云在京時亦有此現象，不必為慮。有時仍作方城之戲。有一次玩麻將，竟連莊十數次，母很興奮，說從來沒有。

過了一天，午飯起立時，忽覺頭暈，傾斜幾至跌倒。幸靜真在旁，極力扶住，沒有倒下。遂請母躺牀休息，仍覺眼視不清，即電中央醫院請鍾大夫來。鍾大夫偕周華康醫生同來，仔細檢查後，斷為血管拴塞症。他告我幸是慢性，否則這病當場即可出危險。不知那處血管拴塞，這裡沒有X光，不能斷定。遂留兩醫生住在別墅，以便隨時診治。其時母神志尚清，惟目不能視，亦不想飲食，只飲以雞汁。過了五天，鍾大夫說，病情沒有好轉，且有加重之勢？宜為預備。遂由慶稀趕回津宅取壽衣箱來。同時電唐山樸兒，告以祖母病情，囑其借一架搭牀，搭伙兩人，速來海濱，以便回津。慶稀取了壽衣箱連夜趕回。路警知是我女，深夜帶衣箱獨行，派一路警護送到北戴河，已在午夜後矣。回想我母前幾天特別連莊，竟是末次之娛樂。

翌晨，樸帶搭牀搭伙亦來。遂即商京奉路局，翌日黎明，開一專車回天津，一切均已齊備。我俯在我母耳邊，先唸一聲佛號，即告我母，我們即刻都回天津去了，請母安心。母似頷首，微露笑意。遂由我與大家動手，輕輕的移母至搭牀，覆以薄絨單，由搭伙緩步抬至車站。醫生同我們均在側隨行，到了車站，慢慢的抬上車廂。車廂中已預備兩塊大冰，尚有涼意。安臥後，由鍾大夫與我同在我母車廂，時時聽診。車行極慢，直到五時始抵天

津，仍由大家輕移我母到搭牀。時已旁晚，炎熱全消。到家後，搭牀直抬上樓至我母臥室，我又俯身告母，我們都已回家了。母似微睜眼一看，現出最後的笑意。經大夫聽診後，說一切照常，沒有變動，遂輕抬我母上牀安眠。又經聽診，仍說一切如常，沒有變化，大家始放心。飲以鷄汁，亦能受飲，但仍口噤，不能說話。此景此情，至今思之猶為心悸。

二妹自上海來，大聲喊叫，亦無回應。每日只飲以鷄汁，每次均受。鍾大夫告我，西醫說得這種病是有福之人，因不覺有感痛苦也。此雖慰藉之言，但亦是經驗之談。鍾大夫還請京中中外名醫會診，都說這是老年人的常病，無法治療，延至七月二十二日下午六時二十分，竟安然棄不肖等而長逝矣。從此我為無父無母之孩兒矣，哀哉！

我母早有遺言，臨終之時，不能放聲大哭，應高聲唸佛號，助其歸西。並將壽衣怎樣穿法，法袍怎樣穿法，納棺為何物，均預告靜真。故遵遺言，臨終時大家都高聲唸佛號。俗例於嚥氣時，須焚燒紙紮轎船跟隨等冥器。鍾大夫在病牀裡用聽筒證察，等到氣絕時，院中即燒冥器。正在此時，忽然電閃，且微有雷聲，頃刻即滅，人皆謂是接上天界之兆。大家在嚥氣前，朗誦佛號。等到鍾大夫報告氣絕，遺體亦漸冷，都已咽嗚唸不成聲，遂皆放聲大哭。雷電昇天之說，事涉渺茫，余亦不敢故神其說。惟我母虔修淨土宗二十餘年，樂善好施，亦應善證菩提。

我在一年之中，既悼亡，又喪母，悲痛自不待言，經濟亦覺拮据。海濱別墅本為兩女教育之費，因母在此得病，以後未必再去，故先將別墅出售。時在夏季，容易脫手，得回原價。但計算喪費，尚覺不敷，擬出以借貸。靜真說，兩兒教育費尚有兩萬聯銀幣，何勿先挪用？我說別墅已售為挪用，那兩萬不必再用。她說，兒孫自有兒孫福，目前辦喪事要緊。將來有了，再可補還，遂又挪用。靜真雖明大義，然我對兩幼女，因辦祖母喪事而挪用孫女教育費，終覺不安。

我母篤信佛教，故特由北京廣濟寺延僧來做佛事，於喪棚裡對靈堂搭一經臺，每日誦經拜懺。亦有親友送做佛事者，直到五虞領帖之日，中日友人來弔祭者，絡繹不絕。在此兵亂之時，靈柩不敢停在家中。翌日出殯，停靈於江蘇義園。後即與亡室假葬於義園中。

一二九、王蔭泰任末代委員長

王叔魯本只有獨眼，後一眼又病，不能治事，遂辭職。王孟群（蔭泰）本是農商署長，曾一度赴日本，受到隆重歡迎。又聽了日軍部說日美戰爭情形，他們說美國受了珍珠港打擊，非十年不能恢復；孟群亦同意他們的看法，又見美國沒有反攻迹象，回國後不久，叔魯辭職，即就任委員長，以美國無力反攻向日本一面倒為得計。聞有人勸他不必如此露骨，他說，你以為重慶還能回來嗎？他有這種想法，所以他覺得日本的舉動，是合乎現實，亦步亦趨，相處甚洽。時重心在軍事，對於政治經濟，本無甚問題。他對華北幣值漸貶，物價日漲，糧食缺乏，汽油奇缺，汽車全用木炭，以為在戰事情況之下，無法避免。而日憲兵之濫捕反日分子及地下工作之人，非刑逼供，以為咎由自取，亦未過問。他以為如此做法，十年後美國即使反攻，早已失去時效矣。豈知日本偷襲珍珠港，何能澈底的破壞，故船塢與油棧，依然完整。珍珠港海港不深，美國將被炸之戰艦船身悉行撈起，重新修理。船身未壞，配以新式裝備，原來老式之戰艦，反變為新式戰艦，威力更大。一年以後，完全修竣，出與日本海軍作戰，日本軍漸感難於抵抗。後在中途島一戰，日海軍損失奇重。麥克阿瑟將軍又作跳島作戰法，美海軍連佔各島，得了制空權，扭轉戰局，日海軍遂日趨下風矣。孟群為紹興世家，留學法比，又諳日語。其父書衡先生，道德文章，名重一時。余於朝考時始相識，後時相過從，亦頗相得。孟群曾佐楊鄰葛開辦奉天兵工廠，頗有幹才。不料其竟無父風，而功利之心，如此之重也。

時日本憲兵收捕反日分子，談虎色變。我家家庭教師左明澈之父，亦遭日憲兵捕去，母女請我營救。其父為中學教員，年近六旬，向來安分。余以情不可卻，遂去見日本岡村寧次司令官，告以憲兵所捕之左某，為我家庭教師之父，向為中學教員，安分守己，純粹係一老學究，不知為何被捕，特請查明，我願保釋。岡村答應查明奉復。過了數日，又去見岡村。他說此人雖無反日證據，然在地下工作處搜出名簿，有他名字，所以被捕。我說，重慶地下工作都是活潑青年，未必要這種老學究。且只在簿上有名，亦許本人尚不知道它人想要拉它入夥，亦未可知。外間傳聞日本憲兵濫捕好人，刑逼入罪，被冤之人亦是難免。這種老學究，有何用處？怎能熬刑？務請閣下查明。如果沒有證據，由我保釋。並請囑憲兵勿用刑訊。岡村說，憲兵亦不致濫用刑訊，請放心。經過一月之久，總算許我保釋。據左君云，自己雖沒受刑，獄中每至深夜，聽到呼號慘叫之聲，慘不忍聞，大約總是刑逼口供了。

因之學界傳聞，以為我有法保釋，於是偷渡去重慶之學生有半途被捕者，其家屬都來求我保釋。我無論識與不識，總為他們盡力，有成有不成，只好碰他們的運氣了。我曾設詞對岡村司令說，華北各大學都被封閉，聞重慶設有聯合大學，學生為求學，不遠數千里冒險奔波而去，其志可嘉，其情亦可憐。既不是反日，又不是地下工作，應令出口處憲兵遇有這種學生，放它過去，不必留難，為知識分子留一點感情。岡村對我建議，亦表同情。後於這種學生，只盤問檢查，不加截留。但帶有信件及可疑之書信等件，仍被拘捕。經我保釋，允釋者居多。

一三〇、釋放教授岡村踐諾言

有一日，輔仁大學學長某神父（忘其姓），忽來見我說，該大學教授四人董希凡，英千里，趙光咸（還有一人名忘了）等，連學生共有十五人，同日被日憲兵捕去。並說這幾位教授，都是本校重要之人，任教多年，人品亦好。現在北平大學，只有輔仁一校，若將教授捕去，輔仁亦將開不成了。被捕的學生，亦都是優秀分子。聽說先生熱心維護教育界，故敢冒昧請求，務請設法營救。

我與這位神父初次見面，見他態度誠懇，說中國話很清楚。但我想被捕教授學生如此之多，必非簡單，恐怕難辦。又以事關學界，又經神父一再請求，遂說此事恐非尋常可比，能否辦到，不敢逆料，既承敦囑，姑先試試。若微力不能辦到，務請原諒。他即稱謝而去。遂與岡村約期會見，我說前日輔仁大學學長神父來見，他說大學被捕教授及學生十五人，這幾位教授學問人品都好，執教多年，熱心教育，從沒有不端的事。被捕的學生亦都是成績優良，不知何故忽被抓去。他敢保證這些人決不是做壞事的人，我與這神父向不相識，被捕的人亦沒有一個相識的。現北平只有這一大學，若使教授被捕，即將無法開校。閣下應知道中國知識分子，很有潛力，共黨往往利用知識分子做他們的反日工作。共產黨做法靈敏，自己不會露面，又不留痕跡，總是嫁禍於他人。日憲兵腦筋簡單，不抓共黨，而抓被利用的知識分子，亦恐難免。故請貴司令慎重審查，如無重大嫌疑，可否保釋。我與該校與被捕的人都無關係，我可再約幾人，連環具保亦可。岡村說此案重大，我們偵查已久，確是重慶文教地下工作之人，證據確實，決不是嫌疑，故捕後即交軍法審訊。現正審訊，不但不能保釋，連取保候審亦不可能，請你原諒。但不會用刑，請你放心。既已在審訊，無可再說，遂辭出。

翌日，神父又來，我將岡村與我談話告知他，只好聽他們審訊後，如何情形再說。這幾位教授太太，亦來聽消息，我亦把談話經過告知他們，現在審訊中，不便說話取保，只好靜待。並告他們，岡村說不會用刑，你們亦可放心。我又問，日本憲兵到你們家裡去搜查過沒有？他們都說去過了，沒搜出什麼信任證據等等。我說，那好極了，我必盡力幫忙。我又囑咐他們，如有人來說能運動日軍，切勿誤信行賄被騙，這是要緊的，請你們注意。他們稱謝而去。但他們不放心，時來打聽，這亦是人情之常。我說審判的事，沒有這樣快的。我也做過律師，審判是有程序，軍法審判亦是一樣，不便常去問司令官。但她們那里肯信，過幾天總來問信，只好敷衍。日子久了，我沒

話說，只好由靜真招待他們，有時留吃飯。他們說，麵難買。我家有餘的，即送他們每人一包。又送他們難買的東西，相處甚洽，與靜真倒交了朋友。

　　過了月餘，我又去見岡村。他先說，真對不起，他們實在證據確實，情節太重。審判結果，都判有罪了，重者有十五年徒刑；最輕的判了兩年，我已令緩刑；其餘都已送陸軍監獄執行了，請你原諒。我知道軍法裁判，沒有上告，只好說，這種文弱書生，怎能受長期監獄的生活，請閣下如有機會，令予特赦。他笑答道，盡力而為。遂辭出。歸而告知他們家屬。幾位太太又來問詳細情形，他們聽了都流淚說不出話，我亦覺得難過。遂說我已請求司令官設法特赦，亦許還有一線希望。我不能辦到圓滿，我亦萬分抱歉，只好請你們原諒。他們都含淚道謝而去。我想國府文教地下工作，左女士知道，她到我家來做教師即是伏線，但頌平未必能知也。

　　經過半年有餘，一日忽接日軍法處電話，約我明天上午九時到軍法處，有事面談。我沒有知道軍法處地址，在電話裡問明。翌晨驅車而去，該處長告我，你以前曾保過輔仁大學的教授們，已經岡村司令臨行前請准東京本部特赦了，請你明晨九時到本處來辦交保手續。並通知他們家屬到陸軍監獄去候接。時岡村司令已赴南京就任最高派遣軍總司令官，大約在臨行前了結此案，我很感他能踐諾言。遂即回家通知他們各家屬，各家屬立刻到我家，我將岡村司令臨行了結此案情形告知，大家都高興道謝。但我對各位教授，向未見過，遂問各位太太，他們先生的面貌身段，恐臨時不認識，豈不成為笑話。並說取保手續，由我明晨到軍法處去辦。你們到南砲子陸軍監獄候接好了。他們都稱謝不止而回。

　　明晨我準時到軍法處，由軍法處派一軍官同到陸軍監獄應接室。他們已將保釋證書預備好，只等我簽字。並說，請你看明證書內所列各條，若有違反，保人亦應同時負責。我知道這是官樣文章，即答應了，將證書一一簽字後，由監獄官領了本人經過我面前，然後由他們家屬領回。這事我很感謝岡村做到盡力而為之諾言。

一三一、雅爾達協定中俄詭計

　　國軍自得到租借法案軍資，又由美國訓練遠征軍三十萬，完全美式配備。又有陳納德飛虎隊正式加入助戰，扭轉戰機，與美英聯軍於南洋方面併肩作戰，進攻緬甸，解英軍之圍。迨華盛頓會議，發表對德日作戰到底，推蔣委員長為中國兼暹越盟軍統帥，以史迪威為參謀長。後蔣委員長又與羅斯福、邱吉爾會於開羅，發表懲罰侵略國之宣言，議決日本投降後，將以前侵略中國之領土如東三省臺灣澎湖群島歸還中國。自日本失了太平洋制空權後，日海軍屢戰屢敗，美海軍則愈戰愈烈。美國飛機又到日本各處作地氈式的轟炸，除京都及名勝區外，都燒夷彈。投一個燒夷彈，即燒毀木造民房一大片。東京除沿皇城之會社銀行大廈預留美軍自用外，此外幾成廢墟。軍器極度缺乏，軍部以竹竿木槍訓練民軍，以備登陸作殊死戰。又製一種飛機，名曰神風機，一機一人，裝好炸彈，猛撞敵艦，以肉彈與戰艦相拚，中則同歸於盡。在此情形之下，顯然已到山窮水盡之末路了。

　　但美國不明真相，猶高估日本戰力，恐登陸戰損失太重，遂與俄國史太林商請出兵，由東三省進兵攻日。史太林與羅斯福、邱吉爾兩巨頭會於雅爾達，史太林要求以中國旅順大連及東清鐵路恢復帝俄時代之權利為出兵交換條件，協定內容：（一）維持外蒙現狀；（二）恢復俄國在中國東北所享之權利；（三）中國旅順大連國際化。英美要求蘇俄俟德國投降後即進兵東北，後德國投降，仍未出兵，要求須得中國同意該協定。其時羅斯福已病態不支，只望登陸日本時美軍少受損失，勸中國與俄國訂立友好條約，附帶承認該協定，惟不得越出原定範圍。中國不得已派宋子文與俄史太林商無結果。後史太林催促中國訂立友好條約，該協定另作議定書，然與原約範圍越出很多矣。我因昔日二十一條交涉之經驗，深知弱國外交之痛苦，故世論攻擊，我倒反原諒。惟該協定有與二十一條不同之處，該協定訂立之時，沒有通知中國，中國政府更未參加，何能迫我事後承認。協定自的，要俄出兵攻日，那時即使美國原子彈不成功，然日本投降，勢所必至，何必再要俄國出兵攻東北。且俄國早已宣布廢止帝俄時代與中國所訂之一切不平等條約，旅大條約，當然在內。中國既未預聞雅爾達協定，若據此力爭，不承認此協定，充其極不過觸怒於俄，失歡於美。然後來結果，俄與中共聯合傾覆我國，美國發表白皮書對我一筆勾銷，我仍得了同樣之惡果，在歷史上反留了污點，勝利後更受了惡果矣。

一三二、波茨坦宣言日本乞降

德國降伏，羅斯福已逝世，故在波茨坦開會時由杜魯門出席。邱吉爾因保守黨落選，由艾德禮出席會議，發表四強宣言，勸日本降伏。其時日本猶希望俄國調停，未即決定。後知俄國無望，接連開始討論，接受與否，不能決定。又開御前會議，日皇為免生靈塗炭，主張接受。群臣仰體上意，無可異議。惟阿南陸軍大臣，堅持登陸作戰。自後日本投降，阿南切腹自盡。後美軍投原子彈於廣島，越日又投一枚於長崎附近，於是日本浼瑞士政府為介，轉達盟邦，願意接受波茨坦宣言降伏。口頭惟一希望，仍保全皇位，聞美英及我國均無異言，獨俄反對。於是蔣委員長主張由日本人民自決；美國遷就俄意，日皇置於盟國佔領司令官之下；均有維護保全之意。日本降伏後，遵照四強宣言，將甲午以後佔領之領土一律放棄，於是五十年來之臺灣澎湖群島復歸於中國懷抱矣。

至八月十五日，日皇親自廣播，宣布投降詔書。其時日軍在中國各地尚有二百五十餘萬人，有人恐在華之日軍不肯服從投降；亦有人恐即服從投降對中國人來一次屠殺以洩忿。豈知日軍在無線電中聽了日皇廣播詔書，莫不垂頭喪氣，且多流淚，一致服從。昔時耀武揚威之勇士，頓變為馴變之羔羊。友人議論，加以嗤笑，以為由強忽變為懦弱，存有輕視之心。我則謂能服從命令之軍隊，即是能屈能伸，既能忍辱，必能復興，這種民族未可輕視。惟經此次教訓，再要以軍國主義領導，恐不可能了。大家聽了我言，有贊成者；亦有笑我者；以為總不脫親日口吻，我只好聽之。

又聞盟國決定以美國代表佔領日本，蘇俄要求分佔北海道，為美峻拒。俄外相對美駐俄大使哈理門說，難道日本的事只許美國包辦？哈理門答道，美國與日本苦戰四年，才得到戰果，自非僅出兵兩天垂手而得東三省可比。俄外相無言可答。哈氏以幽默之言嚴拒，對於日本，真可謂一語興邦。

勝利後政府派治安署長齊燮元為先遣軍指揮。並令崗村寧次於國軍未到之前仍須負地方治安之責。並對日本廣播，政府不念舊惡，以德報急，不要求賠償。所有日本軍民，除戰犯外，一律遣送回國。日本人聽了，都安心感激，至今不忘。又對偽政權廣播，各守崗位，不准亂動。政府只問行為，不問職守。於是各署偽官，仍舊到署整理檔案，靜候交代。余於華北偽政權公式宴會，無論有無外賓，皆託詞辭謝，從未出席。此次王孟群（蔭泰）見招，這是最後別筵，且無外人，曲終人散，並要看著孟群等如何態度，說些什麼，遂出席。孟群態度相當自然，先謝同僚幫忙，繼稱政府既云只問行為，不問職守，請大家不必驚惶，仍守崗位，聽候接收等語。說得尚算得體，華北偽政權從此終了。

一三三、太和殿受降盛極一時

抗戰八年，我在淪陷區既不能見到重慶的報紙，又沒有聽到戰地的消息，孤陋寡聞，故於抗戰情形，只好付之闕如。將來國史之外，還有身歷其境的私家著述，亦可知道事實的真相。有人說這次戰勝，是徼天之倖，「貪人之功，以為己有」。不知我國得到美國援助之時，已入抗戰第三期，以前之獨力抵抗，只靠士氣的高揚和人民之擁護，以陳舊之武器，抗精銳之敵軍，五年中之艱難卓絕，雖敗亦榮，不能說全靠盟軍之援助也。聽說勝利後，白健生（崇禧）氏曾建議不必急於受降，可令日軍防守鐵路橋樑，國軍先收復長江流域各省，同時沿津浦路進兵北上，收復華北。再乘共黨尚未在東北紮穩之時，進攻東北。等全局安定再行受降，遣日軍歸國。白氏建議，卻有先見之明。惟役使降兵，有背國際法。未蒙採納，或因為此。

行軍要著，最重交通，稍有軍事知識者，無不知之。共軍長於襲擊破壞，國軍早有經驗，自應先為周密之預防，方可期行軍之順利。其時國軍號稱六百萬，何勿扼守要隘，保護鐵路橋樑。乃以敵偽未嘗破壞交通，僅派工程人員量為修理。豈知共軍肆意破壞鐵路橋樑，隨修隨壞，工程人員雖趕緊修理，那能敵共軍破壞之速度。遂使國軍雖有精兵利器，無所施其技，到處障礙，不能前進。且華南華北之雜軍，久望收編，國軍置之不顧。假使收編雜軍，加以訓編，至少不至為共軍利用。若能沿路撫恤流亡，收復人心，亦可減少共軍之助力，先安定華南華北，然後進攻東北。聞滿洲偽軍六十萬，以久受日軍之壓迫，亦願歸順中央。若能收編，加以訓練，東北未嘗無收復可能。乃不此之圖，冒昧揮軍前進，致受大挫折。聞有精良偽軍，多為共黨收編，為淵驅魚，得了勝利，失了和平，一開始即種了因了。

中央派何應欽上將為總受降官，分區受降。東北由俄國受降，東南亞由英國受降。我在北平，見太和殿受降場面，由孫連仲將軍主持，真是如火如荼，民眾之歡欣鼓舞，極一時之盛。可惜好景不常，外患方停，內戰又起，曾幾何時，已形移勢易，到處傳來消息，漸漸由盛而衰，真不勝感慨。我在北平，只好就我所見所聞，說說平津勝利後之情形而已。

一三四、勝利後平津形形色色

中央設行營於北平，以李宗仁為主任，孫連仲為總指揮。時國軍士氣尚旺，又有美軍配備，對共軍作戰，無往不利。後中央循美國之要求，與共軍商議停戰，在北平設立軍事調查委員會（簡稱軍調會），由中央共方美國三方面各派代表。中央派鄭介民，共方派葉劍英，美國由馬歇爾將軍以代表身分，居中調停，商議停戰方法。又設小組委員會，到各處調查。

北平市長在東交民巷奧國舊使館設一俱樂部，為中美人員遊憩之所。會中既有共方代表，共方人員當然亦可入內。司令部內余心清者，為孫司令的親信，初不知他亦是共產黨，時將軍事作戰計畫，出兵方向，報告共方，因此精銳之國軍，不久每次敗於共軍。於是司令生疑，經過好久種種的偵查，始獲破案。然國軍已損失不少，士氣亦減退，遂亦停止攻擊。而共軍仍四出騷擾，且於郊外設有招待所，誘惑雜軍及青年護送到延安。雜軍正無路可走，青年又不滿現實，盲從而去者不可勝計。

有一日，共軍竟攻到通州，距北平甚近。齊燮元雖為先遣軍指揮，置之不問。其時國軍未來，尚留少數日軍在京。岡村負有維持治安之責，遂由日軍出城將共軍擊退。

其時北平尚駐有少數美軍，共方對之最為礙眼。這班美軍又天真幼稚得可笑，初到北平，看了種種未曾見過的事，都覺新奇。有的竟出了一元美鈔給人力伕叫他坐車，自己拉車疾跑以為樂。有的看見街上舊式剃頭擔，手中拿了一個鋼質鉗形的東西，將鋼條一撥，發出噹郎噹郎的聲音，竟出了五元美鈔，買了這東西，並教他怎樣撥法，一路且撥且走。人民見了，都在匿笑。有一次，有一美國兵喝醉了酒，在長安街平安電影院看電影，散後出門時，見有一女郎在門口，他即挾這女郎拉過長安街，在東交民巷外牆角落施行非禮。女郎大喊，警察聞聲趕到，將兩人押到警廳。美兵自認因酒醉，不知東方習慣，致犯錯誤，自己認罪。警廳即將美兵送美軍司令部，女郎送回家，美軍司令部，將該兵判罪，送回美國執行，事已了結。豈知共方借題發揮，鼓動女郎，聲稱美兵判罪，需要在中國執行。美司令部不允，共方即鼓動學生遊行示威，喊出美軍滾出去的口號。大約美軍本無常駐北平之意，不久亦即撤走，共方又得了一次勝利。

北平有一部分知識分子，自稱為民主人士，雖不是共黨，卻與共黨互相呼應，成為共黨的外圍。馬歇爾將軍勸政府設立聯合政府，他們亦說政府不民主，獨裁專制，非改造不可。美國新派的大使為前燕大校長司徒雷登，民

主人士中亦有燕大出身者。司徒大使受了他們的包圍，也認為我政府非改組不可。於是民主人士，竟結成為民主同盟，在重慶政協會中亦分得席位，有發言權，與共方在政協會互相呼應，攻訐政府。嗣後大陸變色後，這班民主人士，多數都靠攏了紅朝。

後來中央先遣軍官到了，中央國軍隨後亦到。有一部分國軍，適駐在我家前面日本小學校原址。時已冬令，兵士們尚穿夾衣，未換冬裝，在院中砍樹枝焚燒取暖，時來我家借鍋灶碗碟之類。時余已預備回天津，因典屋已將滿期，爐煤還有剩餘，都送給他們，隊長特來道謝。問他何以還穿夾衣，答因後勤部尚沒有發下，故連鍋灶等也沒有。我一向聽說後勤部隊只管自己舒服，不管軍隊的生活，豈竟可信。先遣軍官到了北平，在慶王府或懷仁堂常開派對，並演平劇，幾乎朝朝歌舞，夜夜尋歡。他們以為八年抗戰，受盡辛苦，勝利後應該享樂。不知更受辛苦的兵士，尚在挨凍受餓哩！軍官們開派對演平劇時，還因親及友，邀良家婦女同樂，參加的婦女猶以為榮。後來竟鬧了與言慧珠女伶戀愛笑話，傳遍京城，引起人民之刺笑。

當這班將軍及國軍來北平之時，人民莫不竭力歡迎，由商會代表，宰豬載酒，歡迎國軍，對將軍們亦由幼女獻花致敬。豈知這班將軍，勝利沖昏了腦筋，鬧出種種笑話。而商會會長鄒荃蓀，竟為他們謀取便利，人民因之莫不齒冷。

不久又來了一批接收人員，有從天上飛來的，有從地下鑽出的。中央派的接收員人都正派，且有技術知識。即如接收農事試驗場，秩序井然。該場規模相當大，技師相當多，分系研究試驗，在敵偽時亦絕無僅有。接收員不但維持現狀，並留下十餘人以為指導。該場有白金杯數十只，亦完全保存無缺。至地下鑽出來者即大不同，只想發財。但北方公務員不比南京，無油水可撈，於是向聯銀予取予求。聯銀以外貨絕迹，無可套進外匯，本已搖搖欲墜。加以若輩狂取濫支，促使貶值更快。

有一接收員，接收龍烟鍊鋼廠。此廠本是北洋政府產物，日本更加擴充，接收員令即停火。司其事者，告以須待這鑪鋼鍊成方可停火，否則連鍊鑪亦毀了。接收員不聽，勒令停火，遂使名貴之鍊鑪，變成廢物。作踐寶貴物資，豈不令人可氣。

再有偽直魯聯軍留在關內蘇北一帶者約有二十餘萬人，國軍不予收編，都為共軍收羅而去。滿洲國軍隊六十萬人，極願歸順中央，亦為國軍拒絕，忿而投入共軍。蘇俄將關東軍遺下的軍械予以配備，更添加砲兵，加以訓練，遂使共方頓添了百萬雄師。國軍既與共軍作戰，何以不收編這兩支軍隊，反都為共方加添新力，這種矛盾心理，可稱為長他人之氣概，滅自己之

威風了。

　　至接收日本公司時，他們要董事長交代。日本副董事長告以董事長是我們為公司名譽，請他擔任的，他不管公司的事，由我交代。你們如有疑問，由我負責答復。故我對于我有關係的公司交代，沒有過問。後井陘煤礦公司請留資金發工資，他們說將礦場存煤，充作工資好了，遂將資金全部沒收。而公司存我家之預備工資（詳後），不便取出，後作為職員遣散費。

　　其時北平奇怪的事很多。有中國大學校長何其鞏，我素昧平生，經友介紹來見。其人面目可僧，語言無味，只常常請客。初以寒舍不足以招待，以我家廚司有名，欲借我家請客，我無法只得應允。豈知一再借用，我遂推以自己請客拒之。後又要請日本人，問以何人，均是一時有名之人。詎知他用心狡詐，恐日人不光臨，故借用我家為辭也。我以其卑鄙，遂以廚司請假拒之。一日請我在中國大學，見門前掛了蔣委員長代表辦事處的招牌，神氣十足。後聞招搖撞騙，向偽政權的人說，他可出證明書，免其漢奸罪名，索價甚昂，被騙者亦不少。大約鬧得聲名太大，不知何時竟逃之夭夭了。又有傻瓜被罪者。我有一李姓之友，窮無所歸，曾請我為他覓一啖飯之所。我從沒有向當局推薦過人，遂交井陘公司副董事長派一事，此亦我破題兒第一遭。公司派他為售煤處處長，亦是微不足道的小處長，到處都有。而這位朋友倒是潔己從公，勝利後除了遣散費外，還賺膚百萬元，工人要公分，他說這點要交代接收員，報效國家了。工人含恨，遂密告接收員，說他貪污。他這小職員，本可無事，因此判了五年徒刑，真是為好反成怨了。後來山西軍隊，進駐平津，晉軍中有商啟予氏（震），余初未識，承他枉駕先施，儒雅和藹，思想亦新。他曾參預開羅會議，相談甚契，遂與締交。他的軍隊，頗有新鮮精神，在北平時曾與美國軍隊比賽騎馬打冰球，余亦被邀往觀，中外人觀者甚多。商氏的馬隊，比賽活潑，不輸美軍。國軍與外國軍比賽，在北平尚是初次，可謂開風氣之先矣。

　　東城長安街兩旁都設有日本售貨地攤，精品有收音機電風扇望遠鏡及各種擺設等等，粗品有廚房用具雜用器具各式具備，標價便宜，買者不少。日人以不能携帶東西想易錢而歸，那知遣送時帶錢有限制，反為遣送軍警搜去。入官入私，不得而知矣。

　　美國以民間收來的物資交救濟總署，賑濟中國人民。但救濟總署運北者，都是美國人用品為多，無所用之。於是以物品易錢為賑，這辦法倒是合理。其中舊洋裝大衣銷路最多。其他有女子高跟皮鞋、男子領帶。鄉人將領帶結於畊牛三角，孩子以高跟皮鞋作玩具，可發一笑。至機犁等農具，農人不懂用法，堆在田塍，任其銹爛。其時因老友張新吾所辦的丹華火柴公司

（前已提過），因營業發達，遭同行嫉妒，為人誣告，託我代行他的總經理職。我本是該公司董事，公司同事中時以外面的事情，閒談告我。以上所記，亦有我知道的，亦有他們告我的，於此可知北方人民對政府的心理。

有一日，稅務局員來公司，查賬核稅。會計員不與查賬，即約出外吃館子，我以為是請客之意，豈知是講盤子。歸來報告我，這次照稅額繳了六成，稅務員自然亦可沾點光。這算完得多的了，其他店鋪最多的只繳五成。我驚奇問道，完稅亦可講盤子減成嗎？他說，這是公開的祕密，南北公司商店都是這樣。這辦法是通天的，局長亦都沾惠。若照定額繳稅，家家只好關門大吉。原因由於部定稅率，不切實際，比之前清幾加了一倍。商家售貨那能加價一倍？我說，這不是逃稅嗎？他說，因為是通天的，自上至下都有好處，因之明知不合商情，從沒有建議改訂合理的稅則。我始恍然，政府定章不查商情，只想多征稅額，知道了亦不改正，反因而為利，無怪人多說政府貪污了。

一三五、肅奸工作北方亦開始

　　南方對偽政權人員早已開始逮捕，報紙連日登載，凡沾有一點敵偽關係者無一倖免，都沒收財產。但是出來捕人的，不是法警是特務。被捕的人，不送法院而分別安置。其時在北方尚無舉動，經過約半月以後才開始行動。有一日下午三時許，有一軍官模樣的人送一分請帖來，主人為馬漢三、張本銓（軍統頭腦）。請帖上寫時刻五點，地點為北兵馬司汪宅。余看了即說，你送錯了吧，我與兩位主人素不相識。他說不錯的，因為戴先生（笠）要來，跟諸位談談，所以設此一局。我想這也許可能。他又問，先生到不到？我答，可以到。他即取出名單請我簽到，我一瞥名單約有十餘人，都是政委會署長及警察廳長等諸人，殷汝耕亦在內。

　　余於六時後才去，適值停電，大廳上只點了兩支洋蠟，黑黝黝的，只見來客已多，莫辨何人。汪翊唐（時璟）即過來招呼，且說我們在疑慮，潤老亦來，我們可以放心了。我莫名其妙，問翊唐此局是何用意？他答，我也不知道。昨天晚上，馬漢三來電話說明晚要在我家請客，囑備兩桌筵席。我告以廚司有病告假。他說那麼外叫亦好，要上好的，地點仍在府上。此時已過七點，主人還未到。所請的客，除張燕卿外，都是政委會有關的人，但沒有兩位王委員長。我們正在疑心，不知什麼意思。今您老亦被請想沒有什麼問題了。我說，我跟兩位主人從未相識，據送帖的人說因為戴雨農來，要跟我們談談，故設此局。我與戴君亦不相識，到底來了沒有？汪答，聽說雨農到天津去了，不知回來沒有？正在談話，已過八點，主人來了，翊唐為我介紹。他們只說久仰久仰，今天因有要公，到得遲了，對不起，即叫開席。副官說，還有湯薌銘沒到，電話催請，回說出門不在家。馬即說不必候了，遂請入席，主人殷勤勸酒，旨酒佳餚，吃得很痛快，但沒有提過戴雨農一句。余覺得這個局面，有點蹊蹺。

　　席罷大家仍回到客廳。我們剛坐定，忽來了一個不尋常的客，即北平督察長齊慶斌！帶了一名憲兵，昂然而進，對人點頭，似招呼非招呼的樣子。廳內空氣，頓時緊張。他即坐在正面沙發長椅，鐵青著臉，一語不發。余適坐在他的左邊，眾人寂靜無聲。不一瞬間，他即吩咐憲兵，把名單拿出來，他接了名單，即起立唱名，第一名王蔭泰，接續唱下，殷汝耕、齊燮元、余晉龢、潘毓桂、劉玉書、鄒荃蓀（北京商會會長）共八人（一人忘了）。唱畢後，即叫憲兵帶下去。遂又進來八個憲兵，一人押一人出去了。齊亦同時出去，真是剛為座上客，忽作階下囚。鄒荃蓀與政治並無關係，這次被押，

恐為某將軍與女伶言慧珠拉皮條之故。但王叔魯王揖唐卻沒有被請。後來叔魯在家逮捕，揖唐在中央醫院捕去，可見捕法亦各有不同。汪宅還留六人，留憲兵兩名看守。齊慶斌又回來對憲兵說，這六人對政府立過功，要特別看待，不得有無禮舉動，惟不許他們出門。汪時璟亦只能住在客廳，不能進內室。吩咐完了，即回去了，六人中有我及燕卿。

我方知道這次招宴，即算是最後的別筵。北方肅奸工作，就此開始。我們六人大約篇是陪客，但是陪客留住，恐怕還有下文。因作主人的張本銓是燕卿的族姪（或是族孫），遂問本銓，你知道到底怎麼一回事？他也不知。但是我的心境倒很泰然，一點沒有緊張。後憲兵說，你們需要被褥應用之物，可寫字條給家裡，我派人去拿來。我遂寫一字條給靜真說，我在汪家，今夜不能回家，望將被褥牙刷等應用之物交來人帶下。很優待，望放心。靜真看了自然著急，翌朝即到被保釋各教授家，說以前你們請我先生幫忙，今天我要請你們幫我先生的忙了。他們說，曹先生做的事，我們都報告重慶，黨部都有存案，不要緊，請放心。我們再當聯名公保，黨部不會亂來的。這是靜真事後告訴我的，我想這不過是安慰而已，倘使出了事，豈是幾位教授所能為力？我在汪家倒頭即睡，一夜過了，次日他人愁眉苦臉，心事重重，我仍談笑自若，若無其事。到了午飯，仍是外叫的很豐富的飯菜。我對翊康說笑話，如果天天這樣招待，我倒願意常住在你家了。大家笑我，還有心思開玩笑。

吃過夜飯，齊慶斌又來了。見了我即對我說，老先生跟我走。我倒一楞，只好跟他走。他又說，帶來的東西帶回去。即叫我司機進來收拾物件，我見此情形，已有點明白他的來意。我與同住的朋友告辭出來，到了大門口，他才告我，天津戴先生來電話，囑送您老回家，遂同車到家。汽車進了大門，將要下車時候，慶頤即大聲叫喊，爸爸回來了。大家正在談這事，她即出來擁抱了我一同下車。靜真慶稀均出意外，都很高興。齊慶斌送我到家後，還對我說，外邊不很安靜，請您不要出門，我留一警察一憲兵住在這里保護。這明明是監視，只好再聽下文吧。

靜真告訴我，慶頤這孩子雖小，真懂事。你那夜沒回家，他醒來聽說你沒回家，即大哭（他跟我同牀睡），喊要爸爸呀。你一天沒回家，他整天沒吃東西，到晚又不肯睡覺，想起即哭，要等爸爸回來才睡覺，居然給他等著了。慶稀也說小妹妹可真懂事。我問靜真，她的六哥（樸）來過沒有？靜真說，你在汪家那天來過了。他說這件事不簡單，即使沒事，也不能很快了結。我不能等了，我今天即回天津去了。承他關切，對我說，你們應該趁沒有查封的時候，好運的東西，趕緊運出。我（靜真）對他說，

謝謝你的好意，我這裡只有聯幣十幾萬，法幣五萬，有什麼值得運出。倘若出了事，只好聽天由命了。我聽了嘆道，以後的事還不知道哩。我若出了事，真不堪設想。

其時井陘公司及新民印書館恐接收員封鎖他們資財，預將發工資的聯幣裝了三個大柳條箱，新民印書館亦有兩個大柳條箱，數目之巨，可想而知。他們以為我總沒問題，故寄存我家。並有職員的衣服一柳箱。有人勸靜真說，寄存敵產，查出亦是犯罪，不如將衣服投之鍋爐，付之一炬。聯幣取了自用，只說被接收員沒收罷了。靜真答道，這如何使得！這能對自己的良心！那時又不能叫公司來取回，真是一件傷腦筋的事。

三天後，將憲兵警察撤回，換了一個便衣的人來，說是軍統局的科員。這人既是科員，不便叫他同僕役住在一起，遂叫他住在樓上，跟我們同樣起居。他是回教，故給他另備伙食。這人倒很和善，在我家到處走動，時跟司機僕役們講話，又時跟我們隨便聊天。他說是行動科科員。過了幾天，他對靜真說，局裡派我來，本是監視性質。我監視人家多了，他們是慌慌張張，偷偷的運出細軟，甚至已經封鎖的箱櫃，也請託我啟封取物。我能方便人，總是給人方便。我看你們家裡，一點沒有慌張。我老實給你說，派人監視的家，這案沒有算完結，將來怎樣辦，都不能定。你們如果要把心愛的東西運走，趁現在儘管移動，我決不干涉。靜真答道，我既沒有首飾，又沒有金銀細軟的東西，你看即我兩個女兒，也是樸素得很，故沒有值得要運出的東西。若說到心愛的東西，無論一隻椅子，一張桌子，都是因心愛喜歡牠才買的。如果我的先生真是出了事，那是人都沒有了，還有何物值得我留戀！他聽了很表同情，他說，我沒有見過受監視的人家像你這樣坦白的說話，我也沒有見過像你們這樣安靜的樣子。我知道你說的話確是真實可信的。慶稀亦著急，時時跟他的老師左明澈，商討未來的看法，時左女士已任了北平市政府涉外局的處長。左告慶稀說，你父親在淪陷區內做的事都報告重慶，委員長諒亦知道，照目前情形看來，對你父親已是特別看待。聽說戴先生對於一般被捕的人，將來分法律和政治兩種辦法解決。我想對你父親總可放心。慶稀跟母親說了，稍覺寬心。

一三六、蔣先生關垂戴笠道歉

　　又過了幾天，聽說蔣委員長來北平了。是夜晚上將近十二點，天津杜市長忽來看我，他進門即說，我剛從委員長那邊來，聽委員長責備戴雨農說，您老的事，早已跟你說過，與這案無關，怎麼你們仍去跟他囉嗦？戴答，那天剛去天津，部下不知道，把他一起請到汪家吃飯，留在汪家，我即電話令即送他回家。又問有沒有派人看守？答，有一科員陪視。委員長即說，快令撤去，明天應去慰問道歉。雨農稱是。我聽委員長的話，對您老很關切，不知您老跟委員長什麼關係，故來送一個信，可請放心。我請他坐談，他說不早了，改天再談，即告辭而去。我與杜君只在天津席間見過數次，談不上交誼，很感他熱心。

　　翌日下午，戴雨農果然來了，先令科員回去，對我拱手說道對不起，我特來道歉。您不肯做偽主席，重慶方面，連蔣先生亦說不容易。那天我剛去天津，想不到部下會驚動您老，真對不起。我說，承委員長關切，真是感激。又承您勞駕，不敢當。但我家世清白，我因母老，不能離遠。我在淪陷區內，能盡我力的，總為同胞盡力，自問無愧於心。今報上亦將我與漢奸同列，這種侮辱的惡名，我看了真難受，應請為我昭雪！戴說，這次委座對您老的行動，盡人皆知，連我也吃了排頭（滬語譴責意），還不夠為您老昭雪嗎？您老在淪陷區做的事，重慶都有報告，委座也知道。委座對我說過，說您老向稱為親日，這次竟決然拒絕偽主席，又不就政治方面職務，在他的立場真不容易。他當公司的董事長，我們應該原諒。故在重慶時，已將您老除外，我部下不知道內容，真是對不起。我聽了只好感謝不答。他又問幾個華北偽主席，那個比較好些？我答，這幾個人都是我的朋友，論他們平日品格，都不是附敵求榮之輩，也有迴護老百姓之意思。但在這種環境之下，亦是枉然。比較起來，還算王克敏最有骨氣，亦敢直言。談了約有三十分鐘，我託他對蔣委員長代致謝意而去。此人表面看來，溫文爾雅，並沒有傳聞那樣殺人不眨眼的氣息。我與蔣先生毫無淵源，只在廬山見過兩次面，談過一次話。憑這一點因緣，而承他存記於心，惟感惶愧而已。

　　次日兩公司寄存的貨幣衣服，都叫他們取去，他們自然特別感謝。後來接收公司時，接收員要董事長出來交代。日本副董事長告訴他們說，我們公司的董事長是為名譽請他出來的，公司的事他一概不問，你們若有問題要問，我可負責答復。至於交代，亦由我負責交代，不必請董事長出來。故我於公司交代的事，未嘗過問。

後聞戴雨農曾看過叔魯兩次，說些什麼，我不知道。我見叔魯似有自信的樣子，我想左明澈所說分政治法律辦法解決，似非無因。惟只有戴氏一人能分別情形，權衡輕重，他人未必知道。後戴氏在戴山撞機身亡，部下人員，不知其他，只要有黏著一點敵偽關係，一律送交法院。

華北各首長都屬我朋友。王揖唐本病在醫院，逮捕後即送監獄，庭訊三次，不發一言。法官告以不發言於你不利，他仍守緘默。在獄中寫了數次三寸見方的蠅頭小楷信，言詞慘惻，不忍卒讀，託我寄吳禮卿（忠信）。他與吳係同鄉又至好，我與吳沒有往來，只好寄吳達詮轉交。但吳禮卿始終無一字回答。行刑時中了七槍才畢命，死得最慘。王叔魯到監獄時，病已很重。法官要他寫自白書，他說政府如要加罪於我，我都承受。華北的事，都是我幹的，與他人無關，要辦就辦我一人好了，沒有什麼話可說，這即是自白。再問即不答。三日後病危，送回家即死。人說他服毒而亡，恐非事實。張棣生（大理院院長）逮捕時已服毒，迨到監獄已奄奄一息，即日死亡。其次子仲直為叔魯當翻譯，位只局長，亦判死刑。其餘都送南方審判，我不甚明白矣。

一三七、老友受累達銓盡友誼

我友章仲和，本居青島，無意出來，因揖唐再三囑我寫信約他，遂函約就諮詢委員而來北平。他擔任職務，與我相同。他因住官舍，接收員立刻限遷移，因之暫住我家，後借得友人空宅住下。隔了半月以後，忽於夜間被捕。其子德安偵知其父押在督察處，密探踪迹，見其父擠在該處一屋中，屋小人多，擠得不能動彈，且一晝夜沒有進過滴水。他來告我，這樣情形，再站下去，恐怕我父吃不消。我詢問確實，即買了麵包水菓親到督察處。齊慶斌見了我一呆說，你為什麼來此？我說，我有一個好友押在這裡，一晝夜沒有飲食。他身體不很好，恐吃不消，我來送他一點麵包水菜。他問，怎麼會知道在這裡？我笑答，我自然會知道。又問叫什麼？我說姓章名仲和，曾做電力公司董事長。他說有是有的，但這裡羈押的人，任何人不能接見。我說我知道，我不要見他，只請你將這包東西交給他，以解饑渴好了。他說好吧，留下吧。我遂出來，在門口只聽他說，這人好大的膽，竟到這裡來找人。

第二日，把被押在那邊的人都送，到陸軍監獄。後又在裡面挑出十幾人，送到汪時璟宅，仲和亦在內。在汪宅家裡，好送飯菜，送衣服，比較優待。過了一時，又送陸軍監獄。聞那時陸軍監獄，修理得潔淨了一點，又設了合作社小販攤，可買零食，在裡面可以互相往來。我即寫信給吳達銓，請他設法營救。他那時當文官長，與蔣先生朝夕相見。我與國民黨素無往來，國府要人只認識達銓一人。他與仲和也相好，回信允相機設法進言。以後去信，即沒復信了。仲和夫人屢屢催促，我說我對仲和的交情，用不著相託，自當盡力。何如我只認識達銓一人，已屢函催，迄無復信。但我相信達銓定能為仲和盡力，我們只能安心以待。直到勝利那年的冬臘，達銓請假回天津過年，他來訪我，見面後，才告我你為仲和事屢來函催促，那時軍書旁午，日不暇給，蔣先生事必躬親，一朝忙到晚，那有進言機會。直到我請假北來，臨行去辭行，蔣先生知道我回天津，還問到你，才趁此機會答道，他很好，時有信來。他有一好友章宗祥，本在青島，不想出來。王揖唐設諮詢委員會，堅約他到北平，現亦被補，曹兄屢來信請營救。此人我亦相識多年，是法律家，人甚正派，決不是附日分子，我亦敢保證。蔣先生聽了，想了一回，問道章宗祥是誰？我（達銓）答即五四運動時稱為曹陸章的章宗祥。又問，送法院沒有？答，尚沒送法院，現在陸軍監獄。蔣先生即說，既沒有大過，你們都肯保他，即保釋好了。達銓即請下一手諭，以便到北平交肅奸處遵辦。蔣先生即寫一手諭，「著將章宗祥取保釋放」。吳得手諭，即電北平肅奸處。一面電告余，余到肅奸處，記得處

長是吳克祥。他說,既有委座親筆手諭,即釋放好了,不必再辦取保手續。仲和遂得恢復自由,然已拘留了幾月了。不出數日,押在陸軍監獄的人全部移送法院,總算幸運,余亦以為慰。

後約吳達銓吃飯,沒有幾人,以便談話。我說,這次重慶成了陪都,何以毫沒有建設?他說,君真局外人不知局中事。軍事忙不了,還能談建設?日機不絕轟炸,有建設亦都完了。如築公路,建機場,通油管,都是為了軍事。即設防空壕一項,工程已不小了。有的機關,即在防空壕裏辦事。戰事情形,非局外人所能料到。這次勝利,真是僥倖。在美援未來以前,以陳舊的武器,怎能與新式的槍砲相拚?全仗軍士一鼓作氣,拚命奮鬥,竟能越打越有勁,戰爭真是靠士氣。其後雖得美援,分派之權,不操在我,往往坐失時機。蔣先生不滿美國,實由於此。我們雖有美援之名,運用權操之美軍,且靠飛機運送,得到的能有幾何?後來雖然逐漸增加,然難關重重,一言難盡。緬甸之役,我軍與日軍劇戰,解了英軍之圍,我軍損失奇重,並沒有得到盟軍的好感。美國政府受了共黨同路人之誘惑,始終認共黨為土地改革者,處處總帶一點偏見。又以重歐輕亞之故,開羅會議,許了我們的願,等於空頭支票,沒有全部履行。人說美國政府決策機關有共黨同路人,決非虛語。日軍攻桂之役,到了獨山,貴陽政府機關已奉命撤退,日軍又不前進,真是靠了運氣。自政協會中加入共黨後,表面服從中央,實則處處掣肘。以蔣先生強毅個性,碰到共產黨的陰險詭詐,怎能相容?後來羅斯福病體難支,只希望戰事速了,高估了日本戰力,原子彈又未成功,恐登陸戰損失太大,遂有《雅爾達密約》,要俄國出兵攻日,又上了史太林的大當,吃虧的總是中國。以後為難日子多著呢,勝利何可樂觀?我因為獨山之役,原子彈忽而成功,亦相信命運之說,未可全非。你記得嗎?當時任振采的親戚陳君(忘其名)為我兩人算命,他說我目前產業全不是我的,以後還要帶兵,當時大家付之一笑。那知我任貴州主席兼警備司令,竟帶了好幾萬兵呢。被他竟說對了。於是我也想起來了,我說陳說我經手的錢不可數計,但不是我的。他還說我命財庫有漏洞,不能聚財,亦給他說對了。我們久別相逢,無話不談,越談越起勁,由國事談到私事,從過去說到將來,一直談到十二點鐘,他才告辭。他說在津不能久留,恐不能再來奉訪。我亦告以不日要回鄉葬母而別。

一三八、摒擋還鄉葬先母亡室

時國軍困阻在東北，共軍到處猖獗，勢力方張，國軍已呈頹勢，正與共軍膠持在濟南方面。濟南防守工程堅固，不易攻下。國府派傅作義為華北剿匪總司令，平津警備屬於傅氏。傅作義人稱他為百靈廟抗日英雄，又為堅守涿州的名將。他的軍隊很有紀律，故北方人民對他頗有好感，天津得保小康。余遂趁此時機，將假葬於江蘇義園先母及先室的靈柩起出，還鄉安葬，以遂心願。

此次歸葬，因局勢關係，沒有通知親友。津滬商輪，僅以不滿千噸的美國運輸艦改為客輪，靈柩只能安置在貨艙。客房無多，故由靜真等乘輪陪靈柩同行。四女幼梅有病，又暈船，我與四女搭乘飛機，先赴上海。四女自飛機起飛起，直到上海，嘔吐不止。迨到滬埠，已疲乏不堪，面無人色，即到岱孫弟家休息。岱孫夫婦堅留住在他家，殷勤備至。迨靜真抵滬，亦留同住。他們房間不多，四女又須休息，她遂另遷居其女同學家。

靈柩到滬，即換民船，直運墓地，已由方允常兄預先布置一切。親友送葬者，由王爾絢內弟借了一輛公共汽車，直駛安亭，再換民船到橫涇。時上海至安亭，已築了煤屑公路，可通汽車，然顛簸殊甚。下葬後只備了幾桌酒席，邀請墓園四隣。豫材小學校學生已畢業好幾班，對小學生發了一些小獎品而已。墓園剛二十年，已松杉成林，花木茂盛。時適繡球花盛開，親友都稱讚不已，余亦流連不忍去。允常為我營生壙，同時亦為靜真營生壙。靜真堅執不要。她說將來死在那裏，即埋在那裏，何必先營生壙？你營生壙，是應該與元配同穴的。當時覺得她是謙讓，現竟反成為先見了。海天遙望，每念松楸，此生不知能再掃我親之墓否？傷哉！

此次南下前，手頭拮据，遂檢無用之物，悉行變賣，易以金條，合美金不過一萬數千元。來日大難，與靜真相對無言，真有床頭金盡壯士無顏之感。余何以會窘到如此，自咎不善生計，手頭又鬆，又投資於烏有之鄉，而以最後匯業銀行倒閉影響最大。

一三九、追述匯業倒閉之經過

匯業銀行開辦於西原借款之時，為匯兌便利，由中日合辦，資本一千萬元，先收一半。前已提及，但未詳述，故今補述。

余投資五萬元，以日本興業朝鮮臺灣三銀行為後援，訂有透支契約。首任董事長為陸閏生，繼以章仲和，又繼以王孟群。日本人為副董事長。經理為中國人，以日本人為副。初只設總行於北平，經理為楊蔭森（楊本為交通銀行經理），經營得法，營業發達，遂於津滬設分行。第二任經理為李祖恩，副理為周叔廉，營業亦平穩。後由謝霖甫經理之時，因上海分行，擔保某商行借款，商行倒閉，滬行負擔保之責，遂至周轉不靈，求濟於總行。總行頭寸，亦不寬裕。經理謝霖甫本是會計師，長於稽核，而短於營業。政府借款，無法歸還，日本三銀行又以戰事關係，不能透支。董事長王孟群與東三省官銀號有關係，詎官銀號亦不肯援手。於是滬行先倒，總行受其影響，種種設法，終於無濟。以僅十餘齡脆弱之銀行，根底薄弱，何堪經此打擊，終於宣告停業。余亦為董事之一，平時只有存進。若向借支，手續繁重，以我愚昧，以為經理辦事認真，那知這種做作，只為博得董事之信用。因之余之現金，全部存入該行，並將北京中央醫院的基金約四十萬元，亦存該行。當董事會議決停業之時，余於席上宣告，余個人存款，將近二十萬，分文沒有提出。且最近由他處收得的三千元，還存入本行，總算對得起股東。惟中央醫院基金，關係該院甚大，無論如何，應設法提出。經此力爭，總算免息將本金提還，而余自己之存款盡付東流矣。霖甫與孟群留了幾個行員，名為清理，坐吃將近一年。大約能收者，隨收隨吃，等到收盡吃光，賸下濫賬，關門大吉。孟群不久亦做農商署長，霖甫則到重慶重執舊業，余則受此打擊，捉襟見肘矣。

說到匯業，又想起日友中江丑吉。他自帝大畢業後，於民國三年到北京來找我，要借住我家，研究中國古代政治史。我住官舍，不便留日人同住。相近有一所七間房，相當合適，本要出租，遂提供給他。本想囑其與日本通訊，月給五百元。過了兩月，他說對通訊沒有興趣，辭去兩百元，只收生活費三百元。他是獨身者，買了許多中國書籍，用心研究，且請我介紹學人如王書衡、汪袞父諸君，時常請益。與我家很近，時相往來。這人性格耿介，頗有父風。五四之役，營救仲和。九一八事變，自願赴奉視督。華北成立政權，他勸我保全晚節，不要參加偽政權（前已提及）。他不慕功名，曾勸他寫博士論文，不願也。後匯業倒閉，自動來辭生活費。他說，我累君二十餘

年，君在優裕之時，我不跟你客氣，君亦不在乎此。現在君自己亦不優裕，我那能再加重你的負擔。但我願住在北京，請你寫一信給西園寺公，說明你我二十年來的經過，現因受匯業影響，難於相助之意，他定能為我設法。我說，我與西園寺公毫無淵源，何能冒昧去信。他說，我亦沒有見過，他與我父交深，君若去信，不會不理。余遂去信，果然回信道謝，並贈我以所書字條，書法極佳。可知明治時代的元老，都有漢學造詣。聞後由滿鐵會社給中江以囑託名義，月給如我數。

及太平洋戰起，他來津對我說，這班狂妄的軍閥要將日本送掉了，我是病夫，但願死在亡國之前，不願做亡國之民。我勸慰而去，從此年餘沒有來過天津。後來我又回住北京，有一日，他的弟子加藤唯孝忽來說，中江先生常憂軍閥亡國，但願早死，病益加重。現聞九州大醫院用放射線治療肺病，很有效，勸他就醫，岡村司令曾送他醫費三千元，他還了他，不願受軍閥的錢。他想見您，常說希望在生前見先生一面。我初不知他病重，遂帶了三千元支票去看他。見他骨瘦形銷，與前判若兩人，知已病入膏肓。他含淚對我說，我不願做亡國之民，以前已跟你說過。日本將亡於軍閥之手，今竟驗了。說罷，淚下如雨。我說，日本不會亡的。你現在治病要緊，我已預備醫費帶來了，不必去想他事，趕緊去九州，不可再延。即將支票交與加藤，中江猶豫了片刻，忽爬起跪在蹋蹋米席上，感激涕零的叩頭收受。翌日，即由軍機飛往九州，治了兩月。據云他每次進食，說我不想吃，但為了曹先生，不能不吃一點，我聽了十分感動。他肺病卻有起色，因身體太弱，其他部分經不住劇烈的放射線，遂至不起。臨終說要將一部分骨灰埋在西山，以示不忘中國，尤其姊氏竹內夫人來北京料理後事。著有《中國古代政治思想史》，尚屬草稿，由他弟子整理，經小島祐馬文學博士加以校訂刊行。藏書捐助母校，骨灰由竹內夫人携歸日本，留一部分瘞於西山，余為寫墓碑。

時平津方面，幣值益跌，物價益高。前方軍事消息沉悶，報紙所載，尚是樂觀。取巧之徒，都在家裡掛了銀號招牌，做投機倒把的買賣。人民叫苦，奸商反發他的國難財，怨聲載道，民不堪命矣。

一四〇、父老相勸還鄉度晚年

余本擬葬事完畢，仍回天津，親友以我在北方既無事業，何勿在家鄉度晚年。余想人生落葉歸根，總是離不了鄉土，久別故鄉，在家度我餘生，常與親戚相敘，重嘗童年風味，亦是一樂。豈知我之故居，當汪政權時，在高昌廟圈地築營舍練兵場，南至江邊，北至馬路，東至望塔橋，西至製造局，其中本有砲隊營及操場佔地三份之一，其餘民居，悉行圈入，既不給價，又未通知，余之故居，亦在其內，總算為抗戰而犧牲了。

余既決留居上海，既無房屋，又無用具。靜真說，此次來上海，只帶隨身行李，現要久居，又須添置。不如我回天津，將應用物件衣服等類，還有你要的東西，開單給我，我去運來，免得再置。她遂獨身搭火車回津。

岱孫弟夫婦竭誠招待，我暫住他家，亦不寬敞。全家擠在一房及亭子間，餘房盡讓給我們，心頗不安，惟因兄弟之情，遂亦領其盛意。

我到上海之時，法幣已貶值，物價亦高漲，民生不安，比天津尤甚。囤積倒把之風，盛行於市。還鄉本是樂事，所謂青春結伴好還鄉。但我這次雖亦是勝利還鄉，見此情形，反覺索然無趣。外患雖清，內亂無已，在此情況，那能引起快樂的興致，反覺情緒沉重。父執故舊健在者，只有族丈伯符老人，且康健如常。我在津臨行時，承北京金城銀行經理楊濟成兄，特囑上海金城銀行為我預備一汽車，故往來各處，甚為方便。

我還故鄉，舊宅既已無存，只能賃屋而居。適梧孫之婿圖南，調任青島金城銀行經理，在上海格羅希路賃有兩樓兩底三層樓的一棟寓居，離滬時暫轉租他人。這人不肯遷還，梧孫以老父要住，始允給以遷費，騰房他徙。余想與梧孫合住，可節省開銷。那知那寓居被轉賃之家毀壞不堪，不但門窗牆壁，都須修理，連家具桌椅、沙發床墊，都糟蹋到不成樣子。因主人他去，只留孩子們留住，故致如此。因之全部修理、油漆沙發等件，一律整理如新，由梧孫留滬監修。結賬下來，竟花了金子五條。手頭本已拮据，仍不能改大方的作風，真是本性難移，徒自感嘆。房屋修竣，梧孫為我雇了一個女廚，余即遷入。屋雖逼窄，然煥然一新，亦有新鮮之感。余對於住的問題，向有隨遇而安之意，故居大廈不覺其奢侈，居小屋亦不感其簡陋，居之安而已。迨靜真自津回滬，她知我與二女同住，雖覺過費，不發一言，只說若住公寓，可省多矣。

時老友章仲和、錢新之、周作民、顏駿人、劉厚生、章行嚴、陳仲恕、陳叔通、王孟鍾、葉葵初、許漢卿諸君，都在上海。新之、作民兩兄，先約

在他家讌飲，介紹金融界聞名而未相識之人。作民新從美國回滬，金城銀行開股東會，余亦忝任該行董事，自遷滬後，從未出席。此次初出席，作民報告在美調查情形，並為我介紹。交通銀行總經理唐壽民邀宴，更介識銀行界巨子多人。仲和約我在滬西某別墅晚餐，介識他諸婿。時越界築路已達滬西，蓋別墅者都是西式，寬敞華麗，環境清靜。我久居北方，到此一開眼界，始覺上海有錢人之享受，非北方所可比也。張公權兄亦在上海，約我午飯，盡是同鄉，餚亦家常便飯，倒有與鄉人把酒話蜇麻之感。時任振采、徐端甫為送兒子出洋，亦來上海，時相往來。適逢故友胡筆江兄周年之忌，其子惠春等在玉佛寺營奠，時余住在岱孫家。岱孫家與玉佛寺在一條街，余特穿了馬褂，步行往祭。振采端甫已先到，竟笑我為北方老，余莫名其意。環顧在座之人，竟無一人穿馬褂者，方覺不合時宜。可見住在上海租界的人，久習洋化，馬褂久已作為古董矣。

余遷格羅希路後，與胡政之君住處甚近，始知他臥病已久，我即常去看他。他在病中尚不忘時事，每得到消息，言時嘆息，後竟不起。《大公報》創辦之三人，遷重慶後，久不通音問，嗣後《大公報》遷回上海，方知季鸞亦作古人。後《大公報》遷往香港，由王芸生主政，而論調遂大變矣。

我此次到滬，應酬不多，故在靜真回津以後，獨居上海，常到仲和家吃午飯。二妹久居上海。二妹本善烹調，亦常去便飯。她長子宏燕，已娶親馬氏，已有子女三人。宏燕亦服務於上海電力公司，夫婦對我很好。弟妹二人，已去香港謀生。三妹與她，五女住公寓。她四女新江，適張友梅，留法學醫，對我特親切，時約我吃飯。五女慶五，因競生就業上海，亦同在滬，居然亦能烹調。我初到時，曾在她家住過兩宵。

陳仲恕與叔通，雖是昆季，而旨趣不同。後叔通北上靠攏紅朝，仲恕適在病中，未使聞知也。厚生與我本有姻誼，過從較多，他消息又多。余離津不久，東北軍事崩潰。勝利後，共軍對各條鐵路，節節破壞，交通癱瘓，因之國軍收復東北，大受挫折。各處軍事不利，報紙不許發表，時被檢查刪去。報紙即於刪去之處，留一空白，名曰開天窗。後來天窗越開越多，即可揣測，軍事越來越壞。厚生談起，每只嘆息。

余本擬葬事完畢，與靜真舉行扶正儀式。先母亦曾有此意，對我說過，等媳婦服滿，可將靜真扶正。詎婦服未滿，而母已逝世，故於葬事畢後，與靜真提及此事。靜真堅辭道，千萬不可多此一舉。夫妻以和愛瞭解為最要。我們已結合了二十餘年，彼此意氣相投，早已成為夫婦。雖然老太太曾有此意，亦不必再多此舉，反使家中又多口舌。以前他們已造謠言，於老太太喪中鬧過。今若舉行，豈非自己證實。我家口舌本多，往往無中生有，含血噴

人，我又氣又怕。今已相安無事，萬不可自起風波，徒尋煩惱。況這次到上海，你的弟與妹，都已自動的改了稱呼，他們已稱我為嫂，即是認為你的繼配，何必再多此繁文，白糟蹋了錢，還恐受閒氣，務必請你取消此意。我聽她這一番話，倒也合情合理。扶正本為正名份，在封建時代，似不可少。現已不是封建社會，她的主張有理，余即同意作罷。她從我二十餘年，克勤克儉，既不愛金錢，又不喜首飾。對我老母，能得歡心。對我身體，又能愛護。對二女管教有方，對僕役寬嚴適當，親友多加讚揚。我覺她有主中饋的資格，先母亦有此意，故擬假以虛名，以正名份，她竟堅拒不受，但我從此認為我之妻室矣。

　　靜真這次回滬，始與她父親及繼母相見，繼母還是初次見面。父女離別二十餘年，音信不通，存亡莫卜，忽然相見，自然悲喜交集，難以形容。她父名亮甫，原籍潮州，自祖遷上海，開辦紡織廠。她父亦辦鴻章紗廠。上海淪陷時，日人要他合辦。他說你們如果要這廠，即拿去好了，合辦我不幹的，後倒沒有沒收。潮州人自有一種強項之風，之後，彼此酬酢，互介親戚。他們在上海的親戚不多，靜真只有兩姑母，一適我友陸伯鴻之子英畔氏，他們為天主教世家。伯鴻氏曾受羅馬教廷神職，一生從事社會事業。北京中央醫院，他亦盡力不少。淪陷時候，為衛護事業及救護難民，與日本人不免有接觸，被重慶特務疑與日本人有勾結，致遭暗殺，滬人多惜之。勝利後，始獲政府昭雪。

　　後又同靜真去看王培孫內兄，時培孫患攝護腺病，因手術不良，久已臥牀不起。然神志甚清，初次見靜真，即覺有親切之感，堅留午飯。他前去北京，同遊湯山，對薛蘇兩姬，似不屑一睬，這次對靜真如此親切，真有知人之明。他說，聽說你留上海，不回天津。天津情形，我不知道，上海亦未必能安全。國家有敵國外患，都不足慮，可慮者惟失人心。人心一失，無能為矣。我聽了亦有同感。培孫畢生盡力於教育，不慕榮利，自奉極儉。庚子年接辦育材學塾。後遷日暉橋，來學者愈多，改為南洋中學。歷年擴充，設寄宿舍、圖書館、體育場，四方來學者竟過千人。人勸其辦大學，則謝力不逮也。他對學生取自由主義，然學生無不恪守校規，無有踰越。淪陷時，學校為日軍佔領，他分設數處，仍絃歌不輟。病後，校友在校左近，為蓋茅屋數椽以居，因上海故居燬於敵火也。他病攝護腺腫脹，因動手術不良，後益沉重。初時尚能赴校，我到滬時已不能起牀。他所教學生，對一年生，必親自授修身課。他說，新生經過一年之後，即能知其性情志趣，以後即易於因材施教。培孫與我同案入泮，但他的文學造詣，我何能比。尤善詩詞，惟不常作。淪陷之時，他雇了一船，無目的地避難。在舟中半年，箋註蒼雪大師南

來詩集。蒼雪詩集,成於明末清初,故搜集明末清初遺老與蒼雪唱和之作甚多,加以註釋,可稱為詩史,於治亂興亡之跡尤三致意焉。校友刊為其七十壽。其夫人竹書女士,照料寄宿舍,對學生有病,親自調護,亦有足稱者。歿時年八十二。桃李遍及海外。竹書夫人已早故。

　　我女聞喜之墓,本在靜安寺公墓。因租界用地,託由伯符丈遷葬於上海郊外之大場公墓。余來滬後因請伯丈陪往一視,見郭嘯麓所書之墓碑,尚立在墓前。惟公墓既無樹木,又不整齊,荒煙蔓草,不勝淒其。伯丈告我,興平之如君亦葬於此。興平納妾,墮機身亡,我知其事,尚未見其人。兩座孤墳,遙遙相對,既傷我女,又憐庶姬,徘徊憑弔,燒紙而還。後余到日本,忽接權兒(即興平)來信云,法租界老墳,四周更形熱鬧,恐不能久保。還有一處祖塋,聞將收設工廠,故已將兩處老墳之列代祖宗遺骨,分別安裝骨壜,遷葬公墓,較為安全云云。閱之憤甚。法租界老墳,重修不久,早在熱鬧之區,其他一處祖塋,年代亦久。世事劇變,若被迫遷,自不得已。今乃貪高地價,出賣祖塋,暴露遺骨,於心何安。然若非余流亡出國,決不致有此妄舉,思之能不痛心。

一四一、徐蚌會戰國軍受重創

余來滬不久，東北淪陷，山東失守，山西繼陷，五百國殤，無一生存。不久，平津易手，傅作義投降。國府以形勢日益嚴重，思以一戰挽回頹勢，遂集精銳之師於徐州蚌埠之間。此戰可稱為最後之決戰，成敗在此一舉。上海民眾，特別重視。徐州位於蘇省之西北，與安徽山東河南接壤，貫通南北，為古今兵家必爭之地。現又為津浦隴海兩路相交之點，形勢更為重要。國軍集精銳之師六十萬，詳為布置。共方陳毅亦出師相抗，加以劉伯承所部，號稱百萬。雙方旗鼓相當，相持三月餘，國軍仍失敗。

余因以問消息靈通之某友，徐蚌作戰情形。他說，他亦只能知其大略。此次國軍置剿總部徐州，以劉峙為總司令，調集黃伯韜兵團、孫元良兵團、邱清泉兵團、李彌兵團，還有其他兵團，皆是最精銳之軍隊，美式配備，機械俱全，論理決不能敗於共軍。那知作戰尚未開始，馮治安的部隊即被共方滲透說降，遂使魯南臺兒莊出了一缺口，共軍即乘此缺口，從魯南橫衝而來，先進攻黃兵團。時黃兵團方過隴海路鐵橋，輜重糧食，都沒過橋，出其不意，只好在碾莊倉卒應戰。共軍即用人海戰術，前仆後繼，不斷進攻。黃兵團糧餉子彈，被共軍截斷，彈盡糧絕。碾莊又是小地方，糧秣無法補充。徐州總部派邱兵團赴援，又為共軍中途到處襲擊。黃伯韜在緊急之下，還突圍衝出打了一次勝仗。終因援軍不到，幾至全軍覆沒，黃伯韜自戕，此為失敗最大的關鍵。

共軍慣用偷襲、埋伏、迂迴種種的游擊戰。又將行軍道路，掘溝拆橋，破壞無餘，使國軍重武器，難於通行，國軍隨修隨進，不能順利行軍。邱兵團赴援，在青龍集被共軍四面重重包圍，不能赴援。徐州總部又派黃維兵團赴援，仍遇同樣困難。總部以徐州受威脅，令兵團西撤。百姓見徐州軍隊撤退，即隨軍同撤。因之行軍遲緩，不能如期到達目的地。邱師尚陷於青龍集，又派黃師赴援，又被共軍圍凶於宿縣附近的雙堆集。而撤退的軍隊，與數十萬難民，混在一氣，混雜情形，可想而知。偌大兵團困於小鎮，糧彈無法補充，中央空投接濟，無濟於事。共軍出沒無常，國軍疲於奔命，援軍不能趕到，糧彈不能補充，杜聿明病在軍中，不能逃出重圍，遂為共軍所俘。

此次國軍中途向西撤退，這種忽進忽退的命令，已使軍士疲於奔命。共軍方面消息靈通，我軍動作，他們都先探悉，遂使我軍處處被截斷，個個被擊破，六十萬精銳之師，尚未正式交戰，竟給共軍零零碎碎吃光了。那些隨軍逃難的老百姓，更是無路可走，說來真是好慘。從此國軍失掉戰鬥力，共

軍聲勢越來越大，這亦只是大概的情形耳。聽了我友的話，惟有嘆息。此不能說天之亡我，恐亦由於人為之不臧也。

　　於是蔣總統一時引退，由李宗仁副總統代理。蔣居溪口，李氏才短無謀，一籌莫展，既不能戰，只好談和，已到山窮水盡之時矣。

一四二、和談不成金融總崩潰

　　李氏代總統時，國軍無力再戰，遂主張畫江而治，與共黨談和。共黨席捲全國之勢，已在目前，那肯談和，但亦不拒絕。聞提出條件，雖未發表，有知其內容者，竟是逼降。李氏先派在野名流，以民間代表名義北上，與共方交換意見。民間代表五人，有我友顏駿人（惠慶）、章行嚴（士釗）二君。聞到北京後，共方對之相當客氣。又到石家莊見毛澤東、周恩來，語氣之間，非照共方條件不可。因民間代表，尚未表明意見，只說同是一家人，有何分別？政權交出，何必打仗？我方只聽他們說話，沒有發表意見。駿人回滬後，我曾去問他和談情形。他已神氣頹唐，只搖頭說完了！這那是談和，直是投降。他們的口氣，亦只是逼降？還有甚麼可說。我本有頭暈病，醫生囑不可乘飛機，故從來沒有乘過飛機。這次接連坐了幾次飛機，共方飛機小，波動得厲害，頭暈加重，至今亦未癒，說時不時嘆氣。我看他精神衰弱，說話很累，遂勸他好好休養，即告辭。我初到上海，他在家約了從前外交舊友，相與歡聚，談笑風生，精神充沛。曾幾何時，竟頹唐至此。後余離滬不久，顏氏噩耗即傳來了，為之惋惜。

　　後政府派正式代表六人北上議和，共方承認五人，拒絕一人，不得結果，形勢更不如前。國軍士氣消沉，共方氣燄更盛，人心惶惶，已有不可終日之勢。幣值愈跌，物價愈高，黑市猖獗，人民惶恐緊張，一若大難即臨。幣值一日數變，如脫韁野馬，任意狂奔，無法阻止。翁文灝組閣時曾改革幣制，發行金圓券，以二億為度。規定兌換率以三百萬元法幣兌金圓券一元。這種兌換率，駭人聽聞。金圓券對美鈔兌換率，以二十元兌一元。於各大都市設經濟督察員，執行嚴厲，上海特派蔣經國為督察員，辦事認真。市民除首飾外，凡私有金銀硬幣，金條美鈔，一律須向國家銀行兌換金圓券。有投機巨商，破壞金融者，亦遭逮捕收禁。據說當時收兌得來的金銀美鈔，值一億數千萬美金之巨，悉以作為軍費。無如戰事不利，且共方間諜滿布，百般造謠，民主人士，為虎作倀，代為宣傳。於是金圓券值一跌再跌，又蹈法幣的覆轍，民心大起恐慌，不敢藏幣，遂起搶購貨物之風。店鋪日用食品，兩日之間，搶購一空，真有人間何世之感。而軍費龐大，無法應付，只能乞靈於印鈔之機，愈印愈多，不數月間，金元鈔券聞已超過定額六倍以上，尚不知伊於胡底。中央銀行自將金元券貶值到百分之八十，又定以金圓券存進一年者，可照存入時金債折合償還，以為金圓券回籠之計。然人民對金圓券已失信用，無論如何優厚條件，均不感興趣，徒供黑市操縱獲利之工具而已。政府到此地步，亦無辦法，只見市面混亂，人心惶恐，過了今日，不知明日，已臨到金融崩潰之前夕矣。

一四三、共軍渡長江直下上海

　　自徐蚌之戰失敗以後，國軍已無戰鬥力，和談又不成，政府已無法支持。各省中只有川滇黔及西南殘破幾省，名為傾向國府，實已預備「陣前起義」，各自為計。共方自和談破裂，即開始渡江南下。長江江陰要塞司令戴戎光，又為共軍所給，棄守投共。共軍即陸續在各處渡江，如入無人之境。蔣總統令湯恩伯率大軍堅守上海，並親到吳淞口巡閱。上海浦東守軍，曾與共黨激戰數次，惜人少槍缺，徒供犧牲。其時西北方面，胡宗南、宋希濂尚與共軍苦戰，雖有勝負，但形勢已非，不能挽狂瀾於既倒矣。

　　共軍駸駸前進，將到崑山，距上海不過百餘里。風聲鶴唳，一夕數驚，親友勸我暫避，我以為不問政治已三十餘年，以老百姓身分，住在家鄉，有何關係？不肯離滬。錢新之將去香港，勸我與他同行，已為我買了飛機票。我仍堅持未走，只謝其好意。一日，有一晚輩親戚聞我不肯離滬，特冒大雨而來，上樓密談。他懇切的對我說，聽說您不肯離滬，這是萬萬不可的，故特冒雨而來，勸您非速離上海不可。他們對您，向有惡感，不管您有沒有政治關係。他們要怎麼辦，即怎麼辦，到那時無理可說，亦無法可想。我知道一點他們的情形，他們正好借您的名聲，向人民號召，作大大的宣傳。您何必冒危險而作無謂的犧牲呢！您非走不可，萬萬不能再猶豫不決！我聽了他的話，始即變計，決定離滬。親人尚有不主張我走的，但我已決意離開上海。

　　其時權尚在漢口交通銀行，孫兒女亦有住在我處者。梧孫夫婦又在青島。靜真須留滬照料，不能同行。慶稀以夫婿履和在美國大學院研究，尚未得博士學位，遂自告奮勇，願以不滿兩歲的兒子交與母親，自己伴我遠行。適三妹要去臺灣看子女，遂約同行。但民航客機，票已售完，只買得運輸機票。雖與三妹同日啟行，不能同機。離滬之時，對於久別重來之故鄉，又有不勝依依之感。是日清晨，二妹等至親數人知我將遠行，均來話別。我尚存有不久還鄉之幻想，囑他們不必送到機場，就此各道珍重而別。誰知一出國門，即無還鄉之日，思之能不淒然。離滬不久，上海即告失守。

一四四、慶稀告奮勇陪我遠行

　　到機場送我者，只有靜真，還有章德安（仲和之子）。運輸機滿載貨物，乘客座位，只是兩邊板櫈，幾至不能動彈。機上又無侍應生，又餓又渴。到了臺灣機場，錢廷玉（新之之子）王越千及瑪莉外甥在機場候接。瑪莉為三妹之女，適趙武，趙與我家亦有世誼。他們誠懇招待，即暫住趙家。

　　其時中共已在北京建立政權。美國發表白皮書，將中國失敗，盡歸咎於蔣先生，以有色眼鏡看中國，歪曲糊塗。溯自定都南京以來，一時頗有朝氣。不久即起黨爭，會議議而不決，決而不行，建設方面，以退回庚子賠款修造鐵路，最有成績。惜鐵路網尚未完成，日寇已侵入，遂至中斷。然因抗戰而修公路，於開發交通亦有裨益。八年抗戰，加以四年內戰，民窮財盡，富饒之省，變為貧瘠；貧瘠之省，更不堪言。今被共黨蹂躪，不知成何景象。然往者已矣，誠如蔣總統所言，以往種種，譬如昨日死，以後種種，譬如今日生。惟望毋忘在莒，勵精圖治，除舊更新，整肅官常，力行民主，盡人力以聽天命。天命靡常，惟德是輔，以蔣總統不屈不撓之精神，為繼往開來之大業，但願河山終我屬，相期珍重歲寒身。至於大陸淪陷之原委，有蔣總統所著之《蘇俄在中國》，及陳孝威所著《為什麼失去大陸》，兩巨著中詳言之矣。

　　趙武留學法國，習農業，其父隨節赴法，即居留法國。趙武在臺經商，夫婦勤儉治家。有一子二女，子名儒，女名青，尚有小女，年不滿十齡，每日必檢雞蛋留為我吃。青亦不過十餘歲，很用功，且有秩序。每自學校回家，做完功課，即出門學琴，風雨無阻。每日必檢查兄妹的功課，曾否做完，且幫他們作課。我很稱讚他們，住了月餘，遷居屏東。

　　越千亦在臺經商，導遊臺北名勝之區。初遊草山，有一公園，滿植櫻花，花時很熱鬧。又有溫泉旅館，和洋合璧，亦尚美麗。今改名陽明山，為臺灣政治文化中心矣。又遊碧潭，潭水甚清，遊艇擁擠。後又導遊北投，此處是溫泉娛樂之所，日式旅館林立，兼有中國日本料理，亦有變相之日本妓女，能歌能舞。又有臺女，均能操國語日語，應酬遊客，陪浴溫泉，純是日本風情。每間旅館，遊客常滿，醉翁之意不在酒也。後來開闢新北投，此處即名為老北投。新北投亦有溫泉，惟純是鄉村，只有火車可通臺北。後又到過高雄，則係商船埠頭，市街熱鬧，一無足觀。嗣越千約與三妹同遊淡水，在旅館小住數日。此處夏天有海水浴場，又有高爾夫球場，為西人遊玩之處。衛心微為淡水港務局局長，夫婦均住於此，時相過從。時惟冬令。一片

蕭條，又無遊客，住了幾日，即同回臺北。

後與越千又遊日月潭，潭在山上，鑿山開道，如螺絲形，盤旋而上。山上有一旅館，名涵碧樓，設備華麗，料理華洋兼備。聞蔣先生亦常來此休息，故常備房間兩間，不外賃。登樓一望，風景絕佳。潭分兩邊，中亦可通。潭很廣濶，一望無邊。兩潭一圓一彎，確如日月，故以為名。備有馬達遊艇，以便遊潭。潭中有一小山，不知何名，發電廠亦設此。

潭之近邊，有高山族，臺灣原始民族，有生番熟番之別。熟番與漢人相往來。漢人自閩移來者為多，故臺灣語即是閩南語。中國方言各異，閩南話我們亦聽不懂。高山族已為熟番，有酋長，居於日月潭邊山上。屋雖簡陋，亦是瓦屋。酋長有兩女，年均十二三歲，平時衣裝與漢人無異。遊山者欲觀番舞，即換上番裝，紅綠相配，頭插羽毛，且唱且舞。又有兩人用木杵撞地，邊撞邊唱，以木杵為節奏。雖是番歌，亦頗悅耳，觀者給酬數元而已。其生番則仍紋身畫臉，奇形怪狀，服飾亦與熟番不同。偶然下山，到臺北購物，與漢人不相往來。現聞國府擬設學校教育，假以時日，自能同化也。

臺灣為鄭成功於明末驅逐荷蘭人而佔居，初歸福建省管轄，由福建巡撫沈保楨、丁日昌在臺灣築砲臺，注意海防，後改設行省，劉銘傳為首任巡撫，更添築砲臺，備戰艦、造馬路，由內地移民。後又築埠頭、置輪船、與外埠通商。更修鐵路、興學校、開山路、闢市廛、安撫番民、練兵防衛、劃分府縣、設官分治。更設電報，與內地通消息。由閩移民而來者益多，已具有行省規模。甲午割臺時，臺民不願服從日本，曾舉巡撫唐景崧為總統，稱為伯里璽天德（總統譯音），創立獨立國。後唐內渡，劉銘傳抗日很久，與日兵激戰，因眾寡懸殊，武器不敵，遂至失敗。

日治時代，擴充鐵路，增修公路，市政設備，更覺整齊。電燈水道，亦已完成，改進農產，建設輕工業，然仍不脫殖民地政策。蔗糖只成粗糖，運日精製出口。一切日用品，多仰給於日本。設中小學校，授以日文。後設大學，只有理工科。更開山闢路，置旅館，設水電廠。又設製樟腦廠，獎勵出口。出產以蔗糖、樟腦、鳳梨、香蕉、臺蓆等為巨。臺灣草蓆，銷於中國者最多，由番人手編，精細而涼，宜於夏天之用，中國上等人家多喜用之。

時國府播遷伊始，設立官制，依然故國規模，尚未開始建設，惟中國飯館、雜貨店，已遍設於臺北市矣。嗣後韓戰發生，美國以臺灣為太平洋外圍之要點，又恢復經援軍援，派第七艦隊駐臺防護。政府亦練兵務農，設學校，建工廠。又改革土地，使耕者有其田，農民生活，因而提高。假使早在大陸施行分田制，則農民即不至為共黨所誘惑矣。

余在臺灣，知友極少，除衛心微外，還有周文彬（日本同學）、黃國

安（臺大體育教員）、李組才諸君。後以國安之介，遷居屏東，與國安為鄰。屏東房屋，前為日本神風飛機員之宿舍，由美軍接管。房皆西式，賃價極廉。聞神風飛機員出發時，發日幣萬元，即為賣命錢，言之可憐。屏東距臺北市，火車亦須一夜路程。屏東沿途多植椰樹、棕櫚、香蕉、鳳梨，已有南國風光。又產西瓜，無間冬夏。後三妹亦來同住，住了不到一年，越千為其母營屋於新北投，家有溫泉，余亦遷往同住。越千之弟君穆，服務於美援農復會，回時亦來住此。半年之後，三易其居，幸有慶稀相隨，不但照料老父，對三姑母亦有幫忙之處也。

臺人自國府播遷後，年輕者漸漸學習國語。臺民性甚活動，又多迷信，有所謂拜拜者，不論祭神、祀祖，都稱為拜拜。除了過年過節外，還有拜三官、拜觀音、拜城隍等等，以七月十五日拜中元為最大，幾乎每月都有。每逢拜拜，招親約友，以請客多為榮。每次請客大魚大肉，全雞全鴨。至中元大拜拜，則殺豬宰羊，有備至數十桌者。雖是習俗相沿，然不免過於浪費。

余來臺時，旅費本帶無多，故託越千存於商行，藉高利貸補助生活。豈知不數月間，該商店倒閉，余又吃了倒賬，更形拮据。後靜真來信，說孫兒其繩患急性盲腸炎，誤於醫生，認為慢性，遂至腸潰。急送醫院，動手術兩次，瀕於危險，住院月餘，輸血西藥均感困難。權尚在漢口。君實與慶五雖在上海，仍由她獨力負擔，極感困難，勸我歸去。余亦引起鄉愁，以李組才君先約在他家夜飯，故擬應李君之約後，即作歸計。在座見其嫂組紳夫人，其嫂與夫久已分居，現依夫弟而居，面帶愁容，靜默無言，聞已長齋禮佛，居然有女居士之風矣。

後上海又來信，慶頤亦患盲腸炎，因有其繩貽誤之經驗，速送醫院，即動手術，現已出院。旅人得此消息，不免引起鄉愁。正擬束裝作歸計，而中共最高法院對我下通緝令，真令我出之意外。既遭通緝，歸鄉之計，只好作罷。後由家中寄示十月十七日《大公報》所登載該令，不只我一人，劈頭即說，先行沒收他的財產。對我的罪名，是出賣祖國利益，抗戰後充大漢奸，先後擔任華北政務委員會會長，東亞經濟懇談會會長，及新民印書館理事長等職務等語。出賣祖國利益，沒有實據，何得任意誣蔑？我從沒有擔任過華北政務會委員長，盡人皆知。東亞經濟懇談會，連這個會名我都很陌生。至區區商辦印書館董事長，似乎不配稱為大漢奸。我與日本人多所往來，自清至民國，職務關係，卻是事實。若以此為罪，試問中共要人與日本談經濟文化交流等等，當作何解？欲加之罪，何患無辭，垂老投荒，欲歸不得。家鄉薄產，盜劫無餘。天涯淪落，告貸無門。因思香港尚有故知，或能相助，遂決計隻身先赴香港。

我住臺灣將近一年，總算得了勝利之賜。勝利後，政府派福建省長陳公俠（儀）前往接收。公俠前在日本士官學校學陸軍，與我很相得。其人拘謹文雅，不善辭令。在福建時，習聞臺民多由閩南移殖，忠厚易治，惟不知中國文化，應加以教育。故蒞臺時，從者都是文人教育家，未帶軍隊，想以文治治臺。有謝雪紅者，係臺灣女性，久在中國，為共產黨黨員。勝利後，回臺組織臺盟，聯絡知識分子，並煽動臺民之獷悍者，反對政府接收，主張臺民自治，而公俠不知也。

　　一年後共黨以為時機已熟，謝雪紅即發動暴動，屠殺內地去的官民。幸政府派有軍隊駐基隆，公俠星月求援，國軍開入臺北臺南等地，臺人死傷亦多，事變即平。謝雪紅逃入山中，未得捕獲。政府以公俠處置不當，釀成民變，遂將公俠罷職。後在上海將變色時，忽中中共之毒，竟將變節，且欲迫令其素所提拔之湯恩伯同謀，遂致被戮，晚節不終，可為嘆息。

一四五、中共通緝窮途走香港

　　余乘飛機到香港，下機後，錢新之夫人已駕車在機場候接，並有一廣東朋友。故通過關口時，只問了幾句，行李只有手提皮包一件，亦未檢查，即同新之夫人同車向香港馳去。機場在九龍，錢宅在香港，香港與九龍尚隔一海。香港為割讓地，九龍則為租借地，故香港為英國殖民地，而九龍主權仍屬於中國。以前九龍城砦尚有一中國官廨，今則只存遺址了。汽車過海，可載在輪渡，不必下車，人車俱渡，甚為方便。新之相見之下，握手道故，甚為欣懷，招待我住在新寧招待所。招待所距錢宅不滿百步，故住於新寧而飯於錢家。新之深知我景況，與周作民兄商籌旅費。王孟鍾兄聞之，自動亦願加入，承三君湊成美金一萬元之贈。自動加入，尤為感激，此種念舊周急之情，即古之管鮑，不過是也，既感且謝，惶悚無既。

　　聞上海共黨開始土改，以地主為剝削農民而被清算者，不計其數。惟對於出境者，只要請准路條限制並不嚴。靜真之父，時為區長，故在本區居民，可發路條。君實以工人翻身，亦不敢留在國內，託領路條，偕媳與孫兒女一同離滬，還帶了金瀛和劉媽。

　　我二妹家向以莊田收稅，恃以為生。土改後田畝盡歸國有，幸對地主無恙。我妹有二子一女（前已提及），現與長子宏燕同住，子媳均能孝養，只恃子之月薪過活，亦甚艱難。

　　時粵漢鐵路修復通車，越千在滬無事，靜真遂同買車票約其同行，搭二等車，行李極其簡單，恐路上檢查麻煩，連慶頤一點小首飾，外孫頸上的金鎖片，都不敢帶。在津整理之書畫古董及衣箱等，仍寄存梧孫家。君實偕媳及孫兒女等，亦同車來港。抵港之日，新之夫人約我到九龍候接，在半島飯店候了半天之久。火車已到了兩次，都不見他們，只好回家。豈知他們在油蔴地車站下車，將近黃昏，都來到新寧招待所。慶頤布衣布履，倒像一個鄉下姑娘。靜真則蓬頭垢面，塵垢滿身，像一村婦，又像難民。相見之下，悲歡交集，盥洗後，才同到錢家與新之夫婦相見，她在津時固已相識也。新之夫人又為備晚膳，君實夫婦亦來，遂即同餐，邊吃邊講沿路情形。到深圳交界之處，適逢停電，故未檢查。君實在新寧招待所住了兩天，即搬九龍另住。靜真在滬動身前，因旅費不敷，向梧孫借美金二千元，本擬將來出售津宅歸還，後被沒收，無法歸還，只好將由滬運出之箱籠物件寄在他家者，全部作抵，此非得已，至今抱歉。

　　新之兄向來嗜酒好客，賓客常滿座，為我介紹，有知而未見者，有本

不知者，不能記憶。晚餐非有威士忌酒不歡，無客之時，自限其量，有客同飲，非到醺醺然不止。兩腳不良於行，據云因在重慶，常在防空壕辦事，受了寒濕所致，當時重慶之困苦，可想而知。新之夫人對我們殷勤招待，殊可感也。

余在香港，舊知尚多，除新之、作民、孟鍾三君外，尚有吳達詮、吳蘊齋、王毅靈、李北濤、史詠賡、葛仲勛、林康侯諸君，及內弟王爾絢兄弟，彼此來往，不免稍有酬酢。在新之家，又識了李嘉有君，嘉有服務於上海交通銀行，曾經一面，未獲深談。其人能文能詩，寫作俱佳，人亦溫文爾雅，日來新之家相談甚契。新之手顫，不能寫字，嘉有即為他代筆。後訪達詮，即在其家吃飯。飯後同遊淺水灣，恍若臺灣的日月潭，沒有日月潭的寬廣，夏天在此游泳者甚多。旁有旅館茶寮，備極華美，遊人亦多。香港為商業區，絕少名勝，繁華不亞於上海。有主山名為太平山，因山頂樹有英國旗，俗稱為升旗山，有馬路可通，又有電纜拖車而上，曾與李嘉有乘拖車上山，頓覺新鮮。香港地不甚廣，那時人口不過數十萬，華人居其八九。九龍則地廣人稀，亦有商店酒樓旅館，較香港清靜，宜於住宅，故住宅較多。每於夜間由九龍輪渡上遙望香港，萬家燈火，燦若繁星，雜以霓虹電光，閃爍於昏夜之間，真若萬紫千紅，照耀空中，蔚為奇觀，不愧為東方明珠。九龍新界，曾與友人坐車一遊，一無足觀，尚有日軍進攻時之戰蹟，及英國防禦的鐵絲殘網。中途有大埔鎮，歸途在大埔樓飯館吃飯，菜餚不差，飽啖而歸。

香港多粵菜館，又有路邊攤檔，余喜粵菜，聞了香味，饞涎欲滴。每到農曆年底，設有花市，冬天有桃花。有名吊鐘者，上海所無，余曾往觀，買了蟹爪水仙而歸。香港蔬菜肉類，都是來自廣州。自大陸難民逃來以後，都在新界築木屋而居，現聞人口已超過三百萬。我在港時，只數十萬而已。難民都能自食其力，有闢池塘養魚者，有種蔬菜養雞者，亦有就地作工者，聞港政府為建造樓屋，令他們遷徙。然屋少人多，不夠分配，菜蔬雞肉之類，足以供本地需用。商人來港者，都是開工廠，製造應用品，不但可供港地之用，且可製品輸出，在外國商場競爭，華僑之力真不可輕視也。至文人學士，來港避難者，亦不在少數。他們在港辦報館雜誌，寫文章，記述抗戰事迹為人所不知者。雖為稗官野史，然補偏紀實，足補正史所不及。近又聞開設中文大學，將來發揚中國文化，用意深遠，中華文化，恐恃臺灣及香港而得保存留傳歟！

余曾訪吳蘊齋兄於荃灣之弘法精舍，見荃灣地方紡織廠已有多處，華商之工業已在開始。弘法精舍，由倓虛法師主持，注重佛學教育。僧不滿百，戒律綦嚴。蘊齋皈依倓虛法師，受戒茹素，住於精舍，亦為檀越之一。

倓虛法師，年逾古稀，精神飽滿，聲音宏亮，時講經典，透澈明了。宏揚佛法，作育僧才，其人又和藹可親。偶聆法音，如飲甘露，心自清涼，惜留港日短，未獲常沐法雨，臨行贈我《法華經》一部，且囑多唸佛。蘊齋皈依三寶，常住精舍，長齋禮佛，已為受戒居士。親炙高僧，精進未可限量。青島之湛山禪寺，亦為倓虛法師開山老祖。余遊青島，未獲瞻仰湛山寺，後遊臺灣，未獲瞻仰赤嵌樓鄭公祠，均引為遺憾。

曾家外甥宏點，與謝嘉樂醫士早已訂婚，現在香港政府公證結婚。婚後宴客，推我以舅氏之資格，代表主婚人，向來賓致謝，亦旅中難逢之喜事也。余以香港政府公證結婚，甚為簡單，只要有兩位證人證明確非重婚。證婚書收價亦廉，只須港幣五元，即為註冊。靜真不肯舉行扶正儀式，恐招搖費錢，若在港政府公證結婚，即沒有此事，但正名分，諒可同意。豈知與她商談，仍被拒絕。可知她不但不要名，不要利，連虛榮心也沒有，真是純潔淡泊的人，我尚不能忘名，自愧勿如矣。

後偕新之訪杜月笙，月笙患喘症，時需吸氧氣，然精神尚好。越數日，月笙招宴於其家，筵開五桌，讓余首座。賓客數十人，大半都是香港名人，商界巨子，許靜老（世英）亦在座。席後餘興，尚有清唱說書，承姚玉蘭夫人清唱青衣一齣，亦很熱鬧。然那年在上海華格臬路招宴，其氣派已不能比矣。

在新寧招待所雖很舒適，靜真以開銷太大，且每餐擾錢家，亦覺不安。有人說國泰公寓有一空房，價較便宜，遂告新之擬遷國泰公寓。豈知新寧招待所之開銷，又破費了新之兄，只好領謝。後遷國泰，只有一廳一房，房價並沒有便宜多少。慶稀晚睡客廳沙發椅，慶頤即睡地舖，均孫與我們睡一榻，亦覺很擠。後又遷到北角的海角公寓，房價較廉，又多一間房。惟在樓上，樓下是店鋪，樓梯狹窄，那時腳健，無甚關係。附近多上海店，吃食方便。惟前有街電，日夜馳行，不免喧鬧。後有人說日本戰後生活甚低，每月若有美金百元，即可過寬裕的生活，遂又想遷往日本。因香港住了半年，已費美金三千元，決非流亡久居之地，因託作民函張岳軍（群）請政府發給護照，久無回音。後知請發入日護照，須由駐日代表團申請，我初不知有此手續。時君實與越千已獨自先行赴日本，來信謂已向代表團以華僑身分請發接眷證明書，故即不催政府護照。豈知接眷證明書，以直系家屬為限，他遂異想天開，將金瀛作兒子，劉媽作為我之妻，靜真作為越千之母，慶稀作為越千之妻，填得亂七八糟，我固然不知，越千亦未來信說過。迨到動身之前，到移民局宣誓時，媳婦才取出，我始看見，然亦無可如何。後買船票，我主張買二等，媳以旅費不敷，要買三等。及到船入三等艙，媳亦忍受不住臭

氣，改換二等，票已售盡。船主特別讓船頂病室以居，而船價反比二等貴。將抵日本，聽廣播韓國開戰，美國杜魯門總統以聯合國名義出兵助南韓。我在船上聽了廣播，興奮異常，以為聯合軍助南韓，韓國必能統一。臺灣若參加韓戰，趁此進攻大陸，必有復國之望。豈知道了日本，始知這次援助南韓，名為聯合軍，實以美軍為主。美國政府定為有限度的戰，不能越三十八度兩韓交界之線，更不能渡過鴨綠江。於是麥克阿瑟將軍，先從日本抽調一部分軍隊赴援，初甚得勢，已將北韓軍隊驅出南韓。蘇聯恐北韓不支，嗾令中共出兵，以志願軍的名義公然援助北韓，並許中共以種種利益，供給其軍火。中共知聯合軍不能渡過鴨綠江，遂組織志願軍大膽渡江，為人海之戰。各人懷手榴彈，向美軍猛撲，不怕砲火，屍積如山，亦不後退。因後面有機關槍隊，退亦是死。美軍沒有見過人海與火海之戰，且前仆後繼，接連不斷，反使手足無措，死傷亦多。美軍用大砲轟擊，共軍至不能抵抗時，即渡江而回。美軍雖有飛機大砲，亦不能過江追擊。這種只許挨打不許還手之戰爭，真是史無前例。麥帥又要使臺灣出兵參加，臺灣已整備參戰，又為美政府所拒，相持數月之久。後麥帥增加援軍，由仁川登陸作戰，始挽回頹勢，然美軍已傷亡甚重。美國最重人命，人民呼籲停戰，以麥帥之軍事天才，而受此重創，實由於杜魯門總統恐蘇聯出兵援助中共一念所致也。迨艾森豪就任總統，實行諾言，命令停戰，在板門店劃為緩衝地帶。雙方談判，交換俘虜，聽俘虜自由選擇。聞中共俘虜願回臺灣者，竟達四分之三。板門店設監視站，至今未撤。

一四六、避居日本感舊雨溫情

　　此次赴日，目的只在省錢，亦是避秦，本擬閉門謝客，遁世逃名，不意到了橫濱埠頭，日本外務省已派員迎候。越千君實亦在埠頭。余帶有兩大木箱，都是在香港日用什物，免得再置。外務省即令海關免驗放行，其實亦沒有應稅之物也。君實住鎌倉，亦為我租了一屋。我與慶頤乘汽車先到君實家，靜真等隨後亦來，住了一宵。翌日閒談，問君實將代表團證明書填得這樣亂七八糟，怎能向政府換領護照？他說，只要能出來，管他怎麼填法，既已到了日本，還想往那裡去？我說，我們不想到那裡去，但履和在美國，將來七妹怎能不去？他不答，我又帶笑的說，你倒願意認劉媽為媽媽？他即變色。我以剛到日本，何必即鬧得不愉快，即不往下再說。適日友長野勳夫婦，知我到了東京，特由水戶來看我。他們遠道而來，誠意可感，遂留午飯。飯後，長野太太對靜真說，我們先去看看你們新屋，我可幫你收拾打掃。他們走後，慶稀請六哥雇一輛大車，運行李到新屋，君實即說，我不管你們的事。慶稀即說，都是為了爸爸，誰跟你分你們我們！兩人言語衝突，君實即動手打慶稀。我因長野在場，不說別的，只說不講理的人不要理他，我們走吧。君實還在說什麼話，我亦不聽。長野為我們雇了一輛大車，裝了行李，三人步行到新屋。長野夫婦，還幫我打掃房屋，收拾什物，又買了米糧油鹽應用的東西，住了一宵，明日才回。外人這樣關切，自己人見面即吵鬧，真覺慚愧。從此同住在鎌倉，即沒有來往，豈不可氣又可笑。回想廿年前，君實剛從士官學校畢業回國，我們在北戴河，他特來北戴河。那年我母沒去，他對靜真亦很客氣。慶稀才五歲，見了六哥，即很親熱，一同在海濱騎驢乘馬為玩。我想嚴格教育，確能變化不馴氣質，很為高興。住了四天，臨行時，慶稀竟要同六哥一道回去。此景此情，如在目前，諒君實亦不至健忘。何以年歲長了十餘年，老脾氣依然如舊，真是江山易改，本性難移。但我自省，我亦有過，三字經即說，子不教，父之過，甚矣難為其為父矣。

　　樸為我賃的住處，屋有四間，南向，有一小院，還有幾棵松，空氣尚好。惟屋內空無所有，幸日本都是席地而坐，靜真與二女一孫，擠在六疊一間作為臥室，余獨佔六疊一間。吃飯沒有桌子，以衣箱權充餐桌。中國人不慣席地而坐，我亦不能常坐。後來做了幾張木牀，又買了幾副褥墊，又在舊貨店買了幾隻椅子，一張桌子，總算坐臥稍安。家用什物，由港帶來，不必另置。這種生活，我尚是初次度過。吉田氏第二日即遣秘書來慰問，送了水蜜桃一籃，且問有無所需。翌日，又送餽贈金。板橋喜介與小倉正恆兩氏，

亦送餽贈金。其他舊友亦有點綴。由友代雇一女傭。越千亦住鎌倉，常來照料。老友坂西利八郎，於我到日本前數日去世，最後緣慳一面，為之嘆息。住在鎌倉之日友，有町野彥吉（前北京正金銀行行員），又有細井（輔仁大學講師），又有武內（前正金銀行經理，忘其名），又有石渡信二郎，亦是明治礦業會社創辦人，由板橋喜介紹相識。越日板橋君招宴於東京柳橋日本料亭，介識明治礦業創辦人松本健次郎，現已退休，年逾八十，精神矍鑠，步履如常，望之如六十許人，令人欣羨。同席者除板本氏外，有石渡諸氏，共二十餘人。余久沒有看到的日本藝妓舞蹈，如今得見，覺其文靜幽雅，猶有古色古香。日本料亭，依然如舊，惟從前用高腳盤，現改用紅木長桌。我覺得不如高腳盤有意思，高腳盤即中國古時之案，藝妓進膳時，將高腳盤高舉而行，即所謂舉案齊眉之意。板橋起立致詞，語多溢美，反增慚愧，余亦答詞，大家盡歡而散。

　　鎌倉為六百年前日本幕府時代的重鎮，古跡甚多，戰時亦未遭轟炸。其時日本佛教正盛，在中國唐朝時代，僧人有到中國學習經典儀規者。鎌倉寺廟的建築，都仿中國樣式，惟僧人不多，寺廟大都傾圮。寺中松柏甚多，有一寺中有一棵海棠，云為唐時由中國移植而來，老幹已枯，旁生新枝，春時亦開花結子。鎌倉之北一站名北鎌倉，古寺更多，都甚整齊莊嚴，建築都仿中國式樣。院中古松參天，亦有櫻花。櫻花時節，大開山門，善男信女，前往禮拜看花者，絡繹不絕。鎌倉瀕海，夏時假日來海邊游泳者，日以萬計。日本人都喜旅行，學校休日，教員都帶了學生出外作遠足之行。從前都著草鞋步行，現在都賃坐大巴士了。海邊有一盤膝而坐石佛，高達數丈，腹空可容百數十人，亦古跡之一也。街道清淨，行人不多，余每外出散步，頗有幽穆之感。惟慶頤每天到東京聖心學校上學，須坐兩小時電車，再換巴士，尤其冬天，黎明即行，黃昏才回，頗覺不便。

　　過了數日，與吉田氏約日往訪，他囑由後門走，我莫名其妙。後才知他最不喜歡新聞記者，尤其是攝影班新聞記者，在他大門前賃一小屋，進出的人不能逃過他們，亦是惡作劇。余與越千同去，進了後門，走到玄關（堂屋門口），吉田先生已在玄關笑迎。入室後，在他書房坐談，陳設簡單，但頗雅緻，沒有富貴氣。我先謝他厚意。他開口即問，段祺瑞先生身後如何？我即答以段先生移靈北京後，即厝於西郊臥佛寺。與碧雲寺中山衣冠塚，遙遙相對。因連年戰爭，尚沒有葬，身後蕭條。他聽了嘆息，又說中國事真要小心，一大意即容易陷入泥淖，不能自拔，這次軍閥即犯了此病。我對軍閥的亂暴行為，早已痛心疾首，他們亦恨透了我，時時對我找岔尋事。有一次，竟硬指我通敵，關我在陸軍監獄四十餘天。原因由於

美國格萊大使回國之時，給我一函惜別，我亦復他一函，同有惜別之意，有希望能早日相見之語。這是極平常的話，他們借此硬指我有通敵之意。那時軍閥無理可講，就此即關我於陸軍監獄，他們目的只是禁止我活動。在監獄裡，別的倒無所謂，只是毒蚊太多，螫人可怕。他說話時，總是面帶微笑，語含雙關，聽了頗覺幽默。即想到當年他密赴天津的事，可知他奔走和平的熱心。說說笑笑，到了午膳之時。他說，聽說你牙不好，故備軟熱西餐，不知可口否？我說很好，並謝他特別用意。飯後雜談天津舊事，尚有思故之情。又說日本戰後，我第一次組閣時，食糧奇缺，幸虧美國大量接濟，得過難關。那時真是困難，民力凋敝，故極力主減稅以輕人民負擔。日本人民，戰後道德墮落，故對於教育，我亦特別注意。他說話常帶微笑，娓娓清談，沒有倦意，真有他鄉遇故知之感。我只聽其談話，可知其對於人民之關切。而念舊之情，露於言表，連說今天愉快極了，又說我在家時多，可常來談談。臨行又說，我在仙石原，預備有一別墅，可供你居停。余謝其盛情，並說，因為小女在東京聖心學校上學，故已在鎌倉租得一屋，謝其好意。別時送到玄關，珍重握手而別。與越千搭電車回家，已見沿途炊烟四起，暮色蒼茫，到家已上燈後矣。

　　老友町野武馬氏，常囑其弟彥吉邀往其別墅。其東京的家，毀於兵燹，別墅在湯河原，亦是溫泉勝地。彥吉君亦住在鎌倉，一日遂由他作嚮導，全家坐火車到湯河原。町野同夫人已在車站相迓，坐汽車到他家，沿途旅館林立，亦很繁榮。町野好客，家中備有客房兩間，又有溫泉浴室，故常有賓客。由他介識古島一雄氏，是一老政治家，年逾八十，康健如常，曾當選九次眾議院議員，與犬養木堂氏（毅）至好。又緒方竹虎氏，曾任小磯內閣國務相，後任吉田內閣副首相。又有山浦貫一氏，是評論家。這幾位與老友芳澤謙吉氏，都是他家的常客。客房窗外，有一小瀑布，由遠處引來，淙淙之聲，澈夜不絕，聽了覺得心境清靜，不嫌繁鬧，反容易入睡。他夫人善於中國烹調，每日盛餚相待，情意可感。我們住了三天告辭。他知道我喜溫泉，堅留再住，並說你們來時，我當通知常客不來。我說，下次再來，只能以常客相待，不能再勞累夫人，不然，我不敢再來叨擾了。他亦答應，但說你們闔第光臨，內人亦非常高興，以後遵命好了。我以後有時同慶頤去住一兩天。慶稀有「愛司馬」病，不能聞花草香，每睡塌塌米蓆，即易引起愛司馬舊病，容易咳嗽，故不肯常去。我在他家又介識了近衛公爵夫人，又有鄰居豬熊夫人，常陪共餐。古島氏為自民黨元老，故吉田茂氏常到町野別墅，與古島氏商談黨務政事。因之町野別墅，亦聞名於時。古島氏家在東京澀谷區經堂町，因喜浴溫泉，故常住於町野別墅。後來到八十八歲（日本稱米

壽），受了友人的慶祝會，不久無病而終於町野別墅。

近衛公在湯河原亦新置別墅，近衛只到過兩次。盟軍列他為戰犯，受審前，美憲兵到他邸時，他說我不能受外國的審判，即仰毒自盡。他夫人很平民化，住在別墅，不雇女傭，自行操作。有一花圃，亦自行種植，時送鮮花與町野老人。

初到東京，舊雨新知，不免應酬。草場義夫時已離開貝島會社，隱居鄉間，特遠道來東京，招宴於日本料亭，陪客是華北礦業公司舊人。宴罷即還鄉。前在北京貝島會社的貝島弘人，則不請讌飲，改遊名勝。他囑遠藤君陪遊，全家都去。他在熱海，本有別墅，遂住在別墅，導遊熱海多處古跡。熱海亦是溫泉勝地，旅館比湯河原多，離東京近，故名人別墅更多。住了一宵，同遊箱根。箱根為日本有名之溫泉區，亦為我舊遊之地，但比以前進步得多。從前如遊蘆之湖。須乘籐輿上山，現可汽車直達湖邊，湖中有遊艇，湖邊有旅館酒樓，惜是日逢雨，遠藤殷勤再留幾天，可遊別處。我們已遊興闌珊，不想再遊，又住了一宵，遂回東京，適逢節日，電車擠得沒有座位，反為掃興。

我住鎌倉，將近一年。有一日，町野翁來看我們。其時屋內家具已楚楚齊備，他見了即說，君住此屋，太委屈了。君家北京府邸，門房還比這屋寬敞呢（他曾借住北京大樓。）我在東京友人奧田家，借有數屋，以備我去東京居住。現我不常去東京，此屋可轉讓與君。我說我居於此，沒有關係，惟小女上學，到了冬天，黎明即起，旁晚歸來，女兒獨行，頗不放心，既承惠讓，感謝之至，惟須同內人先去看房再定。過了數日，由町野夫人陪同我與靜真到奧田家。他家在澀谷區代代木町，院落頗大，客廳亦大，約有二十疊之譜。惟向北，無庭院。臥室兩間，都八疊，還有六疊一間，下房俱全，惜均西向。租金月一萬三千円，大門公用，頗具規模。惟廚房浴室須公用，我們覺得不便，商請添蓋一小廚房和浴室，奧田亦允。惟只有餘地數尺，故廚房與浴室相連，甚偪窄，然比之鎌倉屋較寬，而租價反廉，遂定下。搬家之日，適逢大雨，承張燕卿自煮一罐油燜茄子，又承長野勳夫婦做了日本式豆腐皮包米團以充饑，且均來幫忙。奧田家四鄰均遭轟炸，他家獨存，亦云幸運。

有一狗，中途逸脫。在鎌倉時，幾乎家家養一狗防夜。這狗每遇均孫出外，必跟隨以示保護，故同携至東京，那知在雨中半途逸脫，慶稀說，牠一定回鎌倉舊居去了。過了數日，借了友人汽車到鎌倉，這狗果然已回到舊居，臥在原處。見慶稀去即吠叫，搖尾歡迎。聞鄰家給以食，不食亦不走，一若等候主人，遂載而歸。可說是狗有義氣，人若無義，可以人而

不如狗乎。

我在鎌倉時，老友李北濤君為新之事曾來日。他與十河信二氏相熟。十河氏前為華北開發公司總裁，我在北平已相識，此次尚未謀面。一日，十河氏約北濤和我在他快婿官邸（快婿時任鐵道院總裁余不相識）午飯，特自駕車來接。後他臥病鐵道醫院，余曾往視，從此又時相過從。後其婿因故辭職，十河是鐵道界長老，被推為鐵道院總裁。此事最繁重，又易出事，往往吃力不討好。其婿即因橫濱櫻木町覆車事引咎而辭職者也。

我在香港時，友人都說日本生活低廉，若月有美金百元，可過優裕生活，故決定來日本。這次我來日本，自定三不主義，即不浪費，不談政治，不交新貴，想閉戶讀書，以度清淨生涯。豈知道了日本，生活程度，並不便宜，比之香港生活，相差無幾。恐友人所說是，日本戰敗初年的情形。其時日本一無所有，物資食品，缺乏到極點，自然即有錢亦無處可用。現已經過將近三年，一切物資，應有盡有。當時食糧，靠美國接濟，豆腐味噌，為日本人必需品，亦均沒有。現在卻大不同，惟價格昂貴。故每月開銷，連慶頤學費，總須美金兩百左右。我來日本後，即將我與靜真剩餘之美金託越千全買了日本會社證券（股票）。其時美金尚有黑市，可調日丹。豈知因韓戰美軍一時吃了敗仗，會社證券大跌。我在鎌倉時即動用友人餽贈之金，到了東京，所賸無幾。又以必須添購家具桌椅之類，餽贈金用完，只好將會社證券認賠出售。我想區區證券，能維持幾時？售完之後，如何度日！一生從未低頭求人，難道餓死他邦！正在徬徨無計之時，忽有絕路逢生之望，真是出之意外。

一四七、日暮窮途友情之可貴

　　我正在躊躇之時，忽接町野老人短簡，略云我昨與吉田首相商談，關於君在日本居留的生活問題。首相說，不必費心咧，我已有了安排，特聞等語。展閱之下，想不到老友如此關懷，莫名感激，但不知如何安排，高木陸郎，舊識也，久未晤面，此次來日尚未晤面。一日忽來云，吉田首相，關心君居住生活，囑我與實業家與君相識者，商議辦法。豈知明治礦業板橋喜介君亦為此事，已在安排，故即由板橋君辦理。將來安排好了，必來報告。我深謝其意，並請代謝吉田首相。後知板橋君發起華北交友會，約同業曾與華北有關係及與我相識者為會員，共十人，會費每月每人五千円，即以會費，送我作生活費，且避免伙助之名。每次包成送禮的格式，由秘書面致。其用意之周，情誼之重，尤為可感。板橋君且告我，日本戰後會社重役，都有監察監督，戔戔之數，實不能有所補助，惟表示寸心而已。但我已深為感謝。每年由首相或外務大臣設鷄尾酒，招待交友會會員，及我相識之日友，以示酬謝聯歡之意。交友會幹事三人（板橋貝島白川），每年亦約集會員及我相識之日友，聚餐一次，可謂仁至義盡矣。

　　但我用度不敷時，仍售股票貼補。滯日八年，承日友自動的同情相助，始終如一，得以維持生活於不匱。此種誠摯溫厚之情，真令人銘感難忘。後有野上辰之助者，本非會員，係後進礦業家，在北京時與我只見過兩三次，自動向板橋氏聲稱，願加入交友會會員，並另有餽贈，表示對我敬意。板橋送來，我請他辭謝。他說，不必辭，日本人常說，我們尊重曹先生，是尊重他的人格。他雖親日，然在華北對日本軍閥之要求，堅強不屈，這是他的人格。野上君雖然與君向無關係，他亦是表示對君之敬意，辭謝反使他有失望之感。我聽了他言，不勝感慨。本國人不能諒解我，日本人反能道出我意，不勝浩嘆。日本人富於念舊之情，我對中江丑吉君的交誼，知之者亦多稱道。有一次，中江命日（即死日），曾有前朝日新聞記者，現為著作家之嘉治隆一君來，約我同去參墓。中江與其父母均葬於青山公墓。青山公墓為東京最宏大之公墓，佔地極廣，林木森然，道路寬潤。葬於斯者都是名人顯宦，豐碑石塚，氣象宏壯。獨中江家墓，只在平地，不封不樹，以木阡為記。只丑吉君埋骨之所，立一石碑，尚是我手書者，不愧為平民之墓。日本參墓，多用淨水澆在墓上，又以鮮花供在墓前。他人之墓，都有石臺石瓶，預備插花。中江家墓地，一無所有，只好以鮮花置於地上。回想故人，彌增感愴。

一四八、留日時間種種之接觸

有一日，值前大藏大臣（財政部長）勝田主計氏逝世之日，開追悼會。他們約我參加，且希望我致辭。我與勝田氏當年雖有西原借款關係，但尚未相識。他辭世還在盛年，故遺容依然英俊。我即略述當年他謀兩國親善，借我巨款而卒未成功。現段先生亦已長辭，你們兩君在天之靈，若彼此相見，談及此事，當亦欷歔不止也等語。及見臺鮮兩銀行重役（董事），當年都是英俊壯年，今皆老態龍鍾，相見不相識，至交換名刺，始恍然記憶當年的面貌。他們亦感慨地說，當年君是翩翩年少，風頭甚健，我們很羨慕你白頭少年得志，今亦成了真的白頭翁了，相與嘆息，朝鮮銀行重役還告我鮮銀尚有復業希望，惟名稱須改。余怕他們談這段傷心史，遂匆匆告辭而別。

有一次町野老人囑其夫人陪觀大相撲（即日本式摔角）。他說這是日本傳統之玩意，至今沒有變質，亦觀風問俗，不可不觀，並約朱世明君（前在盟總之中國代表）同去。相撲場所相當廣大，座分兩層，每座可容六七人，用布帘相隔，中留一十字形通路，皆席地而坐，此特為別座。以下即不用布帘相隔，即等於散座。對面有一土臺，名為土俵，高出地數尺，即是相撲之臺。據云築土俵另有專門家，不可硬，但亦要堅，不可草草。相撲員有二十餘人，都是肥胖龐然大漢，看上去總有三百磅以上，都裸著身體，留髮結髻於頂，腰間連袴堅繫一帶。開場前，各相撲員束一條硬質的盤金花的半邊錦裙，一列向觀眾行一鞠躬。這錦裙備極華麗，大約算是禮服吧。於是兩人為一對上臺，相對先一鞠躬，錦裙已不穿了。兩人繞臺數匝，雙手搓沙十餘次，始開始相撲。有一似中國道士裝的人，手執一柄葵形扇，從中監視。稍有越規，即以葵形扇加以糾正。若不分勝負，兩員又各繞臺搓沙，作相撲之勢，仍不動手。又繞臺搓沙，始實行相撲。至將對方摔倒，始分勝負。執葵形扇的人即朗聲報告，某人勝了。觀眾即大拍其掌。休息以後，再換一對上臺，亦如前法。有大公司預為某演員獎金者，其人若勝，報告某員得勝時，同時報告某公司獎金數目。我們看了，莫名其妙，日本人特別重視。每年開賽兩場，每場約開兩月，場場滿座。相撲員平時穿和服，與常人無異，惟頭上結一髻而已。相撲員都有別名，紅員所入甚豐。聞從小養成相撲員，有另一套功夫，使其龐大而不失為大力士也。

東京兩國橋，夏天暑熱時看放烟火（日本稱為火花），亦是民眾行樂之一事，且可藉以遣暑。有一次夏天，鄭煒顯與張燕卿兩君約觀放烟火，先在他家晚膳。將近黃昏，往觀烟火。新月初上，涼風習習，兩國橋一帶，人山

人海，車不能行，觀眾有在臨湖料亭者，有在船上者，亦有搭棚賣座者，此外在湖邊道上成了人海。黃昏後在對湖開放，有若萬條金蛇自天而下者，亦有散若火傘者，又有火球直升上空散為無數星球者，千變萬化，與美國製造者相仿，而式樣較多。其在地上放者，有若龍舟，有若樓閣，五色繽紛，光耀奪目。集東西之大成，更加以近代之技巧，別出心裁，更覺奇異，亦日本風俗之一也。中國亦有煙火，以廣東北京江浙製者為勝，在正月元宵放之，惟無近代之技巧耳。

　　日本對於孔子，亦很崇敬，孔廟稱為聖堂。湯島舊聖堂，燬於兵燹，重新建造，全用鐵筋，式樣仍舊。每年聖誕，由文部大臣主祭，慎重將事。惟祀典不用八佾，而以神官執行，禮成請人演說。有一次聖誕，執事者約我參加，並請演說。余不善演說，辭之不獲，遂以「孔子聖之時者也」為題，祭後在講堂演說。聽者甚眾，有漢學家，有大學生，亦有記者。演辭我已不能記憶，惟以仁為主。大旨說孔子之道，順乎天理，合於人情，不矜奇立異，不好高騖遠。中庸之道，人人能行，都是做人之道，治國之理。對於修身、齊家、治國、平天下，最要者是一個仁字。故論語常常說親仁的道理。這是孔子處亂世，悲天憫人，要人君行仁政，要及門講仁道的意思。但對於及門問仁，所答不同，故有人疑孔子對仁的解釋不同。實即孔子對及門知有所不及，故因才施教。及門聽之，即心領神會，自知增益其所不能了。孔子說仁的意義，是包羅萬象，巨細不遺，大而天地化育萬物，小而至於人倫道德，立身行事，都不能離開仁的範圍，故曰惟仁者能愛人。有人說孔子是重君輕民者，故歷代帝王都奉其說，以固其位，其實非也。孔子生於周末時代，見王室衰微，諸侯不講仁政，惟以爭鬥為事，他又不在其位，故作春秋，以尊重王室，褒貶諸侯，故曰孔子作春秋而亂臣賊子懼，並沒重君輕民之意。中國向以民為邦本，本固邦寧，為治國之道。又說國以民為本，民以食為天，都離不了仁字。故孔子亦說，百姓足，君孰與不足？百姓不足，君孰與足？孟子引申其說，民為貴，社稷次之，即可證明孔孟之說，均以民為本，而治民之道，均以仁為先。論語有民可使由之，不可使知之，若照宋儒註釋，一若孔子有愚民之意。近代學者，認為句讀錯誤，應為民可，使由之，不可，使知之。這樣讀法，才與聖人的真意相符。後世佛教講慈悲，耶教講博愛，亦是以仁為主。時無論古今，人無論賢愚，其本能總是仁愛的，故孔子之道，以仁為本，真是傳之百世而不惑，放之四海而皆準，故稱之為聖之時者。因孔子之道，合乎理而應乎時，即是現在以至將來，凡為人者，都不能變孔子所說之理，是則可信者也。說畢，大家鼓掌。而漢學者諸君深以民可使由之新讀法為然，承他們獎飾，更覺慚愧。聚餐後，大家始散。日本對孔

子尚至今崇敬，而我國講新學的竟要打倒孔家店，抑何荒謬！

大倉喜八郎，為喜七郎之子，聞我到東京，亦來看我。他說，我們兩代相好，照中國說法，可稱為世交了。他請了闔家到他家吃晚飯，備的完全日本料理。他家很宏敞，雖遭轟炸，一部分毀壞，然規模尚在。其父喜七郎以營造業起家，前清時遊歷到北京，始與余結識。他主張兩國親善，他說日本文化，根本來自中國。現在西風東漸，然不應忘本。他居常以年輕女郎相伴，後過了八十歲，又到中國，仍帶少女兩人同伴。他說，我的養生哲學，是吃的是蒲燒（烤鰻），伴的是女郎。日本烤鰻另有秘法，卻肥而不膩，我亦喜食。他盛讚中國民風之敦厚，及大家庭制。他喜平劇，曾約梅蘭芳劇團到日本演唱，大受歡迎。蘭芳出國演劇，即由此起。他曾蒐集日本有關歷史文物，設一大倉博物館，後獻呈皇室，錫以男爵。歿時年已九十二。

我又想起前清時代，又有一位親華家澀澤榮一氏。他是大企業家，亦是男爵。日本新企業，只要有他列名發起，即易於成功，可見民眾對他的信用。他在前清時，亦曾來北京，與余相識。他服膺論語，印有精緻袖珍本，隨身攜帶。他說古人以半部論語治天下，余一生立業，即得力於論語。他在北京遍訪王公大臣，後到天津，對袁項城相談尤契。他說兩國親善，應從合辦實業做起。他創議合辦中日實業公司，以此為基幹，徐圖拓充。中國方面，由項城派楊杏城（士琦）為總經理，孫多森副之。日本方面，他自任社長，高木陸郎副之。惜時局不定，僅在各處設立幾處小型電燈公司，沒有多大發展。

我曾訪前駐華日軍總司令岡村寧次氏。他家未遭轟炸，然簡陋狹小，出我意外。家中不雇女傭，家事操作，都由他夫人自理。對客奉茶，亦由夫人自奉，毫無貴家氣派，可想其向來之家風。以大將身分，在中國極其煊赫，而在本國之家庭，竟如此簡儉，不覺肅然起敬。他有一聚餐會，每逢集會，必邀我作特客。會員十餘人，但無一軍人，今余不能記其姓名矣。

又有小倉正恆與小玉吞象兩氏，亦有聚餐會，兩氏迭相為主，亦約我為特賓。會員不多，除八田嘉明氏外，尚有兩三人。聚會總在小倉和小玉兩家，櫻花時節則到熱海等處，作一小旅行。小倉氏與大企業「住友」關係極深，現雖退休，遇有難題，仍向他領教。他於八十歲時寫一叢談，其中論政治、經濟、道德、技術、勞工諸問題，很有獨得之見。於戰後道德，尤三致意焉。旁及禪理劍術，並論及漢詩，可知其於漢學，造詣亦很深。小玉吞象為易象家。八田嘉明為土木專家，於日本鐵道，頗多貢獻，曾任華北開發公司總裁，余其時始與相識。

余搬到東京後，交通方便，因請板橋喜介氏往訪松本健次郎氏。他住

家離東京市中心較遠，沿路都是耕種地。他家是我老友船津辰一之故居。他精神矍鑠，而他的夫人卻已老態龍鍾矣。他贈自寫之回舊談，持歸展閱，始知他當少年時創辦明治礦業會社之艱難，曾到中國與盛宣懷氏談合辦事業，亦未成功。記有一事，很有關係。當日俄戰後，曾與美國大企業家哈理曼商將南滿鐵路股分讓半數與美合辦。哈理曼亦以日本戰後未得俄國賠款，亦願承受，以助日本經濟。歸國後，已得高橋同意（想係大藏大臣高橋是清）。哈理曼有建造大陸橫斷鐵路，與南滿聯絡，可周歷世界之計畫。哈氏又來日本，又到中國視察，已與桂太郎（當時首相）、井上馨、添田壽諸巨頭會談，已訂有草約。適小村壽太郎全權議和特使歸國，大為反對，遂取消草約等語，並未說明反對的理由。余閱之，深佩松本氏有此遠大眼光，惜未實行。以井上馨、桂太郎等大力，何以竟為小村反對，可知國家之興衰成敗，非人力所能挽回者也。

日本民族，富於情感，又易激動。自認共產黨為合法政黨以後，時常煽動民眾。有一年五月一日，日本亦稱為勞動節，慶祝遊行，不下十數萬人，浩浩蕩蕩，遊行街市。不知何故，遊行到美軍司令部時，忽起衝動，大喊撤退美軍，反對美國的口號，恐又是受了共產黨的鼓煽。幸美軍並未出動，政府亦處置得當，沒有衝入司令部，僅將美軍汽車十餘輛悉行焚毀，未釀大禍。第二日適慶稀偕履和由香港省視父親，回到東京，戒嚴尚未解除，氣象森嚴，街上計時汽車亦少有，深為詫異。但翌日恢復如常矣。

履和此次來日，以得了博士學位，想接慶稀赴美。但慶稀尚無政府護照，不能同行。履和住了數日，獨自回美，接受美國陶化學公司之招聘，即入陶公司擔任研究工作（陶為美國第二化工公司）。嗣後中日復交，政府派董顯光為駐日大使，董氏本余相識，遂將代表團證明書，向日外務省取得了解，改給居留證，由董大使發給入美護照，慶稀方能赴美。所乘之輪船，適與日本皇太子同行，在船上由外務省隨員介紹，得識皇太子。偶與皇太子作方城之戲，為隨行記者攝影登報，始知董夫人即是我的女兒，日人傳以為榮。慶稀因履和在美尚未定居，故先獨自赴美，將外孫留日，進美國小學校，一切由他負擔。後到美國，功課可以啣接，沒有白費光陰。現已入高中，稱優等生。此孫聰明，學校功課好，人品亦好。

在東京時，日友過從漸多，未能悉記。惟長野勳、永井洵一、神田正雄不時來談。長野之兄長野朗，亦是誠篤君子，志在反共，曾辦《思想戰》刊物，因經費不濟，遂即停刊。其餘有因事忙，有因年老，見面很少。惟板橋宗近兩氏，忙裡抽暇，時來問候，至為可感。中國方面，時相過從者有張燕卿、宿夢公、商啟予（震）、史詠賡諸氏，尤以商啟老夫婦往來更多，且常

邀吃便飯。啟老曾參加大小戰事八十餘次，從未受過傷，年逾古稀，康健如常，誠福將也。又曾隨蔣委員長參加開羅會議。詠賡為量才之子，曾在日辦一小畫報及廣告公司，不久停辦。燕卿與鄭煒顯於淪陷後由舟山冒險東渡，曾設大成公司。後日本獨立，各國直接貿易，不須第三者媒介，大成停業，改開香港飯店。中國人在東京除開飯店外，很難得經營事業的機會。又有林繼誠、章德容夫婦。林為斐臣之子，德容為伯初之女，世誼攸關，更覺親近。李耀藩夫婦，亦均有世誼，過從亦多。後姚嘉林女士開國泰飯店。嘉林為姚更生（曾任職代表團）未亡人，擅交際，能英日文。國泰樓上賣座，樓下售中國顧繡絲織品，及磁器零星雜品。德容常去幫忙，慶稀亦偶去幫忙。因地點適中，友人常去吃飯聊天，因認識許密甫、錢培榮、胡其俊夫婦、沈泰魁夫婦、俞吉夫婦等。章商賢（仲和族叔）陸家鼎兩君亦常往來。我因叨擾友好之招飲，故每於聖誕夜，由荊妻自製家肴，紮聖誕樹，約友好家屬，來寓歡聚，以度聖誕夜。嗣後繼成夫婦渡美，耀藩偕眷調任西貢，胡沈兩家遷回香港，章商賢張厚賢先後病故，夢公又回大陸，外孫回美，友好又寥落，遂無興致紮聖誕樹，度聖誕夜。友好留日者，只啟老燕卿等寥寥數人，往往應啟老之約，全家與燕卿同到商家度聖誕夜矣。

　　友好由香港來日者，均承枉顧，以吳蘊齋、李北濤兩君留東京較久，時來閒談，盤桓竟日。蘊兄已為受戒居士，時約燕卿等談禪，余因之亦常念佛，看《法華經》，誦《彌陀經》，持大悲咒，然不免一曝十寒，愧對良朋。蘊齋居士回港，仍常寄新出之佛經講義等書，誠意可感。北濤兄即敦促我寫五四運動回憶錄。因此啟發我寫我之一生之因緣。後來杜孟令輝女士遊日，居錢培榮家。培榮適它出，時值嚴冬，一無可遊，獨居寂寞，常來我家圍爐夜談。令輝女士即孟小冬女士，為余叔岩嫡傳弟子，當今鬚生，無出其右，故均譽之為冬皇。喜談往事，娓娓不倦。曾談及勝利後因慰勞重慶來的勝利將士們，屢約她唱義務戲，她皆欣然應允。詎後來前幾排都是勝利將軍，後面卻是買票看戲者，心滋不悅。唱義務戲，慶祝勝利，各演員並不拿錢。現在賣票，此錢顯係有人借名中飽。她說唱戲慶祝是應該的，但不能像這樣的辦法。要唱戲慰勞，需要在天壇廣場，搭蓆棚演唱，只要是後方來的人，都可不買票入場聽戲，方合普天同慶之意。若像上次行為，我敬謝不敏。這班將軍們及其一夥人，大為掃興。那時天上飛來，地下鑽出的重慶份子，氣燄不可一世，我恐找麻煩，遂潛到上海，託庇於杜月笙。這一段經過，你們恐還不知道，言時有聲有色，誠不愧為巾幗中有鬚眉氣者也。

　　後來堂弟春孫，由印尼泗水同觀光團來日，留住兩月，即在我房搭了一床。老兄弟聯床夜談，閒話家常，久矣無此樂趣；而能得之於海外旅中，能

不引為樂事？春孫服務外交部，後由顧少川調往華盛頓會議，遂隨節赴英充隨員。國民政府又調回部，余於廬山回滬時曾匆匆一面，今又十餘年矣。後又調任印尼泗水領事。印尼獨立時，我政府曾派專使往賀；隨後又與中共締交。泗水華僑，執糖業牛耳，久為印尼垂涎。與中共締交，將華僑產業收歸國有，強令華僑入籍，春孫遂攜弟婦返回臺灣。春孫現有二子一女，子一名楠，一名桐。楠入大陸進大學，桐則隨回臺灣。女曾在協和醫院習護士，適劉漢生，仍在大陸。

一四九、日本五十年之今昔觀

　　余離日本五十年。此五十年中，經過八年的戰爭，七年的佔領，國土只剩了原來的四島。北海道外之群島，日韓相近之竹島，尚是未決的問題。沖繩島美國佔為軍事基地。至東京已改為都，比以前擴大到一倍以上。人口增加，不止一倍，幾近千萬。其工業之進步，商業之發展，農業之改進，更無論矣。以戰敗之國，不數年間，竟能恢復如此之速，能不驚人。所惜者工業原料，須由外來，領土縮小，而人口增加。至風俗娛樂，家屋設備，亦多趨歐化，生活方式，亦大有變更，迥非昔比。

　　東京代代木練兵場，當年為日皇天長節觀兵式之所，占地很大。今則外苑改為公園，樹木成林，草地如茵，供人遊玩。明治神宮占一角，其中尚陳列明治天皇御用之物，可買票入觀。其旁有明治紀念館，四壁都油畫明治一生事蹟。近又蓋了一體育館，設備完全。御花園仍在。此外盡作為美軍住宅，稱為華盛頓村，內修馬路，自成一區。美軍住宅，櫛比林立，汽車列若長龍。有飲食店、售物所、俱樂部、娛樂場，應有盡有，供美軍家屬之用。這是敗戰的結果。余住代代木到外苑散步時，不禁有今昔之感。但日本人對於天皇，現雖已不作為神，仍然崇敬如昔。皇宮內廣場，以前人民不能進去，今逢帝后生誕即開放，人民可便衣自由進去祝賀，一批一批的進去，高呼萬歲。帝后亦分次出陽臺，向眾揮手。從前日皇對各國使節，每年有觀櫻會、賞菊會，大臣議長亦與焉，現都由總理大臣代行。至宮內狩獵會，似尚未聞也。觀櫻賞菊，都在外苑舉行。外苑櫻花，種類有好幾種，花亦穠而艷。賞菊時在外苑搭蓆棚，陳列各種菊花，任人買票入覽，此則民主多矣。日本藝菊之法，與中國不同。中國尚好種，取姿態。日本則尚花大，一包平頭，一盆同根，開到百朵以上，都一律平頭，全用人工，然少天然雅緻矣。

　　交通方面，余離日本時，才廢鐵軌馬車，始行電汽街車。今則以東京為中心，東海道內上有高架鐵電車（即火車不用煤改用電），下有地下鐵電車，更有街電，四通八達，取費甚廉，每數分鐘，即開一次。在員工上下班，學生上下學時，則加班，每二三分即開一次，等於啣接。此等鐵路網之設計，誠屬方便。至計時巴士，沿路都有，隨時可雇。人力車已絕迹，馬車亦不見，都改用汽車。汽車亦能自製，尚不及外國來的。為獎勵國產，舶來汽車限制進口。只因路窄人稠，車禍甚多，在警察署牌示者，每天總有四五十次。現在道路，亦不用小石子，都用士敏土舖裝。即住宅區小路，亦都舖裝。至遊覽處之交通，上山有電拖車，空中有電吊車，均是自製，且很安

全。工業以造船業最為發達，各國定造者亦不少。大的可製造容十萬噸油船，在世界已得到第三位。其他如貨船、郵船，早已能自製，力求進步。汽油原料，則均須取之外國，即煉焦之煤亦沒有。近來盛行汽車，但原油購自外國，設廠加以煉製，成為精油。精油煉廠，越來越多。

房屋衣飾，亦大有改變。高樓大廈，都用鐵筋，月有增加，都是預備為大會社、大商店，及旅館公寓。住宅仍以和式者為多，但普通住宅，因燬者多，尚嫌不敷，故都遷居於東京郊外。因交通方便，不覺為難。惟東京道路，沒有路標，這是缺點。佔領時美軍於十字路口，樹一木牌，編以字母，另製地圖，可按圖索驥。此則市政當局應加以注意也。衣飾方面，女子在二十歲以下者，除大家主婦外，都穿西裝。大宴會之貴婦人，則仍服和服。據云洋裝便宜，又便於工作。從前女學生，一律束長紫裙，今則不可見矣。惟男子回家，仍改和服，便於起坐。至職業女子，多到與前無從比例。以至鄉間女子，都到東京找工作，尚嫌不敷。

娛樂方面，余以老邁，如夜總會等處，從未觀光，故不甚了了。惟除歌舞伎座外，有東寶松竹日活等，都是西式舞場，場面很大。大的舞館，演員多至二百以上的美秀女郎，出演時集團共舞，露臂袒胸，一律短褲西裝，行動劃一，花樣亦多，輕快活潑，模仿西洋舞蹈，維妙維肖，令人目眩神迷。至脫衣舞，老人已無興觀覽矣。還有電影館，大小到處皆有。余亦曾攜外孫觀覽，映美國西部牛仔片居多，亦有專映日本片者。又有賽馬會，月必數次，類於賭博。有人主張禁止，以地方稅有關，不易實行。至滾球場，高爾夫場，則為高等娛樂，入會者都是高等人員，借此聯絡。

再有一種名「拍金谷」者，只有一方匣及小鐵珠，掛於牆壁。用手撥玩，以烟卷物品為輸贏，到處都有，玩者常滿座。這是新玩意，不知如何玩法，大約為消遣而已。至喫茶店，咖啡店，更是生意興隆，大的晚上有歌星唱歌，更是引人入勝，座客更滿，另加座位。次者亦有音樂唱片，侍應都是少女，可以休憩，可以聊天，亦可作幽會，談生意，沒有喧鬧，費錢不多，享受利用。此種本輕利重的生意，正方興未艾也。

至西洋餐館，從前只有精養軒，稱為高等，風月堂亦別有風味，此外均不足道。今則規模宏敞的各國餐館，到處都有，且都為上流人物光顧。就我所知者，即不下數十家。至中國飯店，從前稱為支那料理，規模很小，日本人且嫌其油氣，不屑一顧。只有××館，名為中國菜館，只有東坡肉一味，尚未變質，其他菜餚完全變質。現在小型的中華料理，大街小巷，正如雨後春笋，隨處可見，而光顧者日本人居多。至規模較大，設備完全之中國餐館，老闆都是中國人。廚司來自香港，工資之高，比日本職員還大數倍，

亦以少為貴也。據我所知,先有新橋亭、新雅兩家,後有國泰（姚嘉林女士辦）,又有香港飯店（鄭煒顯辦）、福祿壽（丁女士辦）、雲樓（寶氏夫婦辦）、赤坂飯店（程乃昌辦）、迎賓酒家（俞吉夫婦辦）。純廣東味者有中國飯店,純北京味者有東昇園,純四川味者有香港園,日本人西洋人都有光顧。日本人亦有借此宴客者,竟駕日本料理之上。足見日本人口味,亦有與我們同嗜者,與廉價亦有關係也。

至日本人有潔癖,日必喜浴。從前大小街巷,只要有住家,隔十餘家,即有一公共浴堂,自晨至晚,男女浴客,絡繹不絕,取費極廉。現在家有浴室者多,公共浴堂比以前少得多矣。日本人喜浴近乎沸點的熱水澡,我人都受不了。每日燒了一桶浴水,全家合用,故不能在浴桶內擦洗,須在桶外擦洗,再進浴桶泡上一時。桶深及肩,渾身都熱,很舒服。余亦喜之,因水深比西洋浴舒適也。

至百貨商店,都是七八層高樓,用電梯上下。從前之白木屋,亦今非昔比,連我學生時常照顧之鳩居堂文具店,亦已成為高樓大廈。我初到時,似只有三越、高島屋、伊勢丹等三四家。年年增設,至余離日時,八年之間,增加了十餘家,一家比一家大。可見日本人之消費日多,即可證生產之日增。但年輕人都喜用舶來品,無復從前之愛國心,願捨精品而甩國貨矣。

還有女子的高裝古髮型,只有少數藝妓尚可見到,大多數女子都是效法西洋,故美容店亦生意興隆。至整容店可將鼻改高,斜眼改正,日本女子,亦都趨之若鶩。我總覺矯揉造作,看了有點怪樣,不很自然。我以前沒有見過,亦許是少見多怪。

至料理方面,尚沒有變樣者,食的方面只有天福羅（油炸魚蝦之類隨炸隨食）,味雖未變,形色亦有不同者。有的炸鍋可轉兩面,一面炸了餉了食客,炸鍋即轉到那邊,等一回又轉過來,可使兩面食客不至向隅,這改的有意思。還有司基約基（燒牛肉鍋）亦未變味,但價格卻大變了。以前一鍋牛肉,可吃四人,連米飯合現在幣不過一千餘円。現在所謂神戶牛肉,每人即須千円。再有薩希米（生魚）,與從前一樣,惟中國人不甚喜歡。我生於魚米之鄉,在本國吃慣搶活蝦,故亦喜食生魚。其餘茶道插花,亦存有古風。惟昔時茶道,另有儀式。茶爐茶具,講究者都是古董。現在茶爐茶具,雖另有一種,但沒有古董,儀式亦普通而已。日本茶道所用之茶,是用碾末之綠茶。中國古時,亦用碾末之茶,亦臨時煮飲,味極濃釅,名謂品茶,不能一喝而盡。日本茶道之法,恐來自中國。至插花,日本大會社、料亭、大戶人家,甚至新興的咖啡館,都以插花為陳飾。故日本鮮花店仍很多,惟插法前用竹夾,今用鋼針盤,比前容易多矣。

至文化方面，戰後私立大學之多，不知其數。更有短大，專攻一二門功課。因戰後須用大學專門學生之地方很多，故尚感不夠。戰後以宗教團體可以免稅，故宗教團體亦應運而生。又有一宗教團體，名創價學會。這是特別團體，名為日蓮宗，又談佛學，又談政治。會員有數十萬，有組織，有分會，分會遍於全國，聲勢浩大，且競選國會議員。余離日時，當選議席已有十餘人，合宗教政治於一體，亦是別開生面之宗教團體。議席雖少，在國會中亦可左右逢源，發生作用，前途亦未可限量也。

至總評（總工會）領導之工人罷工遊行，數不見鮮，目的無非要求加工資，或工人被開除要求復工。警察對於工人遊行，不但不干涉，且加以保護，此是民主自由。更有不法少年，如愚聯隊之類，橫行無忌。警察為尊重人權，亦熟視無睹，非有違法實據，不敢干涉，恐犯民主作風，遂使若輩任意胡鬧。甚矣民主政治之難行也。

余以見聞所及，日本在五十年中變化之速，固屬當然。而於戰後僅數年之內，工業之突飛猛進，惟西德堪與倫比。日本工業固有良好之基礎，加以與美國訂協防之約，省卻製造軍火，作為建設資本。又與美國技術合作，進步更速，成長率每年提高，竟超出先進。原來軍國主義之國家，一變而為工商貿易之政策，此後之發展，更未可限量。以其疆土之縮小，不能向外開拓，只能向本國內海擴展。我離日時，已有東京灣填海之計畫。工廠日增，人口愈多，地狹人稠，陸地不能容，填海以拓土，其艱難奮鬥之精神，令人可佩。返顧祖國，在五十年中紛紛擾擾，成就幾何。五強之一，曇花一現，言念及此，能不憮然。

一五○、盟軍佔領日本之聞見

　　盟軍佔領日本，以麥克阿瑟將軍為總司令，置日皇於總司令部下，情形
極其嚴重。日本首相吉田茂，以大無畏之精神，極誠懇之態度，與麥帥推誠
相見，絕不以戰敗國之首相自居，終能使麥帥明瞭日本民族之精神，化敵為
友，並自動縮短佔領年限，俾日本早日獨立，吉田茂真再造日本之功臣。茲
將所知所聞，略述一二。

　　盟軍組織，有極東委員會，總司令部，及對日理事會。極東委員會，由
各盟國參加，設於華盛頓，為最高決策機構。對日理事會，亦由盟國參加，
設於東京，備總司令部諮詢，但取決權則屬於總司令。當時決策方面，視
日本為軍國主義極權主義的國家，雖已戰敗，仍恐餘燼復燃，估價過高，時
存戒心。故總司令部，初設於橫濱。佔領取嚴屬方針，初定方針為：（一）
日本天皇置於總司令指揮之下。（二）取消全國裁判所，歸軍事法庭審理。
（三）取消日本通貨，全國統用軍票。布告已擬定，將於翌日公布，為日本
終戰聯絡長官岡崎勝男（後任外務大臣）偵知，報告外務大臣重光葵，謂若
照這樣辦法，何以為國？但明日即將公布，非今晚想法不可。岡崎遂乘夜赴
橫濱，要與司令部負責人員談話，時已夜半，人都入睡。岡崎闖進司令部，
見臥房內熟睡者，正是參謀部員，遂開電燈，告以日本政府有緊急事，非今
夜解決不可。遂同去見參謀長，懇切說明這種命令，明日若發表，全國如暴
動，日本方面不能負責。參謀長告以今夜太晚，此事非由總司令裁決不可，
以岡崎乘夜趕去，料想此事嚴重，允明日不發表，俟總司令取決再定。岡崎
得此諾言，即回東京報告重光外相，並請明日再同去見麥帥。第二天凌晨，
又同重光到橫濱美軍司令部，請見麥帥，詳陳此事的窒礙，萬不可行。若行
了，可能引起日本人意外的舉動，且與將來佔領管理上大有關係，務請詳細
考慮。麥帥允暫不發表，容再考慮，後即閣置，此真一髮千鈞之際，得以挽
回危局，不能不佩岡崎之偵探靈敏。後吉田茂出任幣原內閣之外務大臣，美
軍總司令部已由橫濱遷至東京。麥帥在四十年前，曾隨其父到過日本，見過
東鄉乃木兩大將，備致崇敬，故對日本早已存有好印象。此次體察戰後之日
本，亦覺本國決策有錯誤之處，故對佔領政策，初尚嚴屬，漸漸瞭解，改變
方針。即如日本重工業設備，本定拆除，作為賠償中國，後令停止，即為其
中之一。總司令部內部分兩派：一派由美國派來者，偏重理論；一派是同麥
帥作戰之軍人，注重現實，對日本有瞭解，有同情。而偏重理論之人，尚主
嚴屬管制。理事會之蘇俄代表，最是野心勃勃，隨員多至三百餘人，主張俄

國應分佔領北海道一部分，爭論極烈，為麥帥堅拒。這件事日本應永誌麥帥之功，不然，日本即為韓國越國德國之續矣。

嗣後吉田氏組閣，以岡崎為外務大臣。吉田識見遠大，思慮周密，以大無畏的精神，極誠懇之態度，與麥帥折衝，煞費苦心，終能得到相互融洽，使麥帥同情，化敵為友，其為國為民之心，真非常人可及。當吉田初次組閣，日本糧食缺乏，首先與麥帥商請美國大量接濟糧食，得以解決民食。日本初經佔領之時，人人自危，以為一經佔領，不知何時始獲解放，人民不免有頹廢自卑之感。故吉田氏特別注重教育，恢復人民自尊心，重道德，愛國家，各自盡其力，從頭建設日本。政治方面，雖在財政困難之時，仍竭力減稅，以輕人民負擔，使人民對政府發生信心，以怯除其頹廢自卑的劣根性，使人民人有自信心，重新建設，自力更生，這都是吉田氏遠大之見也。

盟軍總司令部之民政局，本為對日本政府交涉之對手，吉田則越過民政局直接與麥帥商談。對於民政局提出的議案，總要以書面提出，吉田即携書面直接去見麥帥。其中有過份者，說明過份之處，與日本國情不能相容，提出理由，再請考慮。麥帥聽了吉田的意見，有即取消提議，有的根本不是麥帥的主張，說明了亦即取消。吉田與麥帥直接談判，民政局亦無可如何，不過不免懷恨於心而已。至麥帥雖逐漸瞭解日本情形，然其根本國策，要使日本成為民主自由的國家。以前認為不民主的各種措施及法制，一律廢止，故釋放政治犯（大半是共產黨），以共產黨為合法政黨。又定保護勞工法，規定有罷工權（此係美國辦法）。其提出應行整肅逐放之人，多至十餘萬人，其中包有實業家、政治家、新聞記者、著作家，及以前之官吏。幾經磋商，才獲減少。至廢特務警察，解散財團，改革農田等，雖與日本政治經濟有所不便，然以美國國策關係，只得照辦。此是大改革。至日本改定新憲法，亦是極重要問題。政府設調查起草委員會，經過五月之久，草案尚未提出。總司令部嫌其遲緩，遂由總司令部起草案，半月而成，交日本政府作為參考。日本自明治維新，立了憲法，此是日本立國之根本法，日本人自難改定，難怪日本人起草之遲疑難決，不若美國人以日本國情為本，參以美國國策，沒有顧慮，起草自然容易。嗣經國會政府及學者詳為研究，參以美國草案，製定新憲法。其中對於天皇稱為象徵一語，都不敢決定。終以天皇認為象徵一語很好，始行決定。再有第九條，定為放棄戰爭，否定軍備及交戰權。當時對於此條，在美國方面有處罰預防之意，而日本方面，亦有懲前毖後之心。當時政府以軍閥誤國，創巨痛深，故反容易同意，列入憲法。但是終成為問題，自韓戰一起，麥帥即主張設警察預備隊，後又改為保安隊，最後改為自衛隊，可知國無軍不立。況在今日，我不侵人，難保人不侵我，至今形成護

憲與改憲兩派，在野黨與執政黨更利用為互爭之工具，特設研究委員會詳為研究，何去何從，不知何時才能解決也。

麥帥初到日本，與臨別日本之作法態度，完全不同。他於初次見日皇時，一種傲慢不遜態度，令人難堪。而日皇坦然不以為意，麥帥亦佩其誠意偉大。及其臨行晉謁日皇時，態度恭敬，與前迥異。從這種細節上觀察，已可決定日美兩國前途之光明。迨麥帥與杜魯門總統牴牾，至被免職，日本人同情麥帥，遠道而來，自動送行，送行場面長達數里。麥帥車騎經過，歡聲雷動，日本人對麥帥的真誠流露，使麥帥亦非常感動。麥帥雖遭本國總統之挫折，而在日本受此空前偉大之歡送，亦可以自慰，且可以傲杜魯門矣。至吉田氏當佔領內閣之時，外受佔領之管理，內為國會革新派之搗亂，而能舉重若輕，應付裕如，連組五次內閣，物望所歸，出於自然。盟軍方面，以麥帥已深切瞭解日本國情，加以吉田氏與麥帥之推誠相與，亦願縮短佔領時期，使日本得早日獨立，自由發展，充實日本國力，以當太平洋外圍之重任，故能於六年零七月之短時間，即結束佔領，使日本恢復獨立，與各國締約復交重立於國際之林。設非吉田氏與麥帥互相瞭解，何能得此成果。我以為日本中興之功，應推吉田首相為第一，日本國人亦應永誌勿忘也。

其時日本國會，對於議和方法，有主張合體同時議和者，亦有主張多數議和者，對內政有主張中立者，亦有主張集體防衛者。吉田氏毅然決定對多數議和，而對國防取集體防衛，故與各國簽定和約後，即與美國訂立安全防衛條約。而對於各國賠償問題，中國已聲明放棄賠償，其餘各國，定為役務賠償，使財政不受大影響，彼此均得實惠，亦良法也。

當吉田第一次組閣改選之時，社會黨爭取政權，吉田即放棄競選，坦然讓社會黨組閣。但不久，社會黨鳩山內閣，自行垮臺，吉田氏仍得多數擁護，當選組閣，連任五次，足見民望攸歸。至和約告成，人更有覬覦政權之心，國會爭權，閣員都主張解散，吉田首相卻不同意，坦然下野，誠不愧民主政治家之風度。我在日本，正是吉田連任首相之時。他公務繁忙，不便時去打擾，只時通信問候。但他對中國頗關心，有時遣外務省參事來訪，問我大陸情形，足見他對大陸亦關心。我說，我也不很清楚，因書信檢查，親友來信不敢多說。我有一未嫁的女兒，住在北京，來信亦常提到她經過的事，但亦不過一知半解而已。

有一日，忽來電話，吉田請我到白金町官邸吃便飯，余準時而去。我初次到官邸，秘書告我，總理公事未畢，請少候。在客廳等了半小時，秘書引我上樓，吉田氏即在公事室旁的客室相見。他仍帶微笑說，我即將赴舊金山，與各國簽訂和約，久未相見，故請你來談談，沒甚麼事。你跟外務省參

事說的話，他報告我了，你對大陸的看法很對。我看中俄目前友好，彼此各有目的，一時互相利用，恐不能長久。又談了一些大陸情形，即在客室進午餐。我見到公事室沒有男役，只有二三女侍，在旁伺候。吃了午飯，又談中國事。他說中國民族有特殊性，不容易與他民族和平相處。不是他民族與中國民族同化，即是中國民族與他民族起衝突，歷史記載都是如此。中俄兩國，恐亦不能例外。現有開始主義的爭論，俄人自居領袖，不肯讓人，將來不知如何演變。你說共產主義在中國行不通，我也這樣看法。我說，中共現在需要俄國幫助，離了俄國不能自存，不能不倒向俄國。俄國雖幫助中共，但監視甚嚴。俄國在中國的顧問，有數萬之多，都是有監視之意。我們中國人忍耐性很強，此時只能忍耐，等到羽毛豐滿，那即難說，須看將來變化如何了。吉田亦稱是。我問這次和議成後，對中國如何看法？他說，自然以臺灣政府為中華民國正式政府，和約定後，即將與中華民國締訂條約，恢復國交。後見女侍拿公事上來，即道珍重，且祝成功而別。後來日本與各國簽定和約，日本即恢復獨立，吉田氏對日本有再造之功，決非虛諛也。

一五一、故人云亡四女亦病故

余到日本後，第一次接到的噩音為吳達銓（鼎昌）君病故。達銓於我離港時，餞我於其家，健康如常，毫無病狀。後因患胃癌，初未發覺，迨發覺時，已不及治，病僅數日，即撒手塵寰。達銓長於貨殖，向佩其識見，無話不談，成為莫逆。他稱我渾厚有餘，惜缺少經濟腦筋，真是知己之言。相別僅三月，竟天人永隔，正在盛年，遽爾辭世，不但傷失良友，且為國家少一人才，更覺傷感，後又得王毅靈、杜月笙兩君耗音，都在相別一年之中，竟成永訣。又曾得周作民兄由港來函，以上海事業，不回上海，沒法交代。中共逼令同人要我回去交代，為友所逼，勢不能獨留在港，只好回上海，後會有期，務望珍重。寥寥數語，閱之不覺淒然。回滬後，初尚優待，後逼令將各種事業的外匯提回中國，已盡數提回，猶以為未足，不堪逼擾，遂至舊病復發，竟至不起。我在香港時，中共勸作民新之回國。作民家且留人等候，我已預料其無法規避。又以在滬之事業辦事人，連函催歸，作民既為事業，又為朋友，毅然就道，竟以身殉。如此情形，聞尚不止作民一人，真是事業累人。作民向為事業熱心之人，為之感嘆。

四女幼梅，自肺病用手術後，痰仍有菌，與伯勉相守八年之久，不得已解除婚約。自構一棟於中央公園圍牆之外，獨自療養。中共沒收我薄產後，亦要沒收她的房屋。她性剛強，力爭是她自己的房屋，與父親無涉，並出示造屋合同及購料等收條，都是由她簽字，與我沒有關係。但中共不信，時來詢問調查。她很大膽，時與我通信，告我大陸情形。當土改時，指地主為剝削遭清算而喪命者，不計其數，甚至為子女告密憤而自盡者，有不堪迫逼而跳樓自殺者，又有被僕人懷恨砍死者。我友唐伯文即跳樓自殺，袁迪庵即為僕人砍死，人倫之變，即已開始。伯文曾到港勸新之回滬者，迪庵曾辦北票煤礦。又有夏爽夫張軌中貧病交加而歿。張即前清朝考第一名之張鍈緒，夏亦與我同學，遭此厄運，為之傷感。

中共將四兒之房屋衣櫃等作為假扣押，用時須經許可。她雇有一僕，豈知該僕即是共黨令其監視報告者，但沒有破綻可報告。她竟利用該僕為代表，出席里衖會議，中共常去詢問，見壁上仍懸有我的照片，我寫的字條，問她你跟父通信否，她答通信。又問，你父現在何處？她答不知道，信由他人轉來。又問你父為何不回國？她答我父沒有罪，你們要通緝他，難道回來甘受你們收拾！後常來查詢，既沒有憑據，仍不解除假扣押，每次取衣，總得許可，不勝其煩。她遂對他們說，你們不是為人民服務的嗎？我也是人

民，這樣無理取鬧，我要去見毛主席，跟他評理。他們說道，查詢還沒有完，你是一女子，造房的錢那裡來的？難道不是你父給你的？她說不！這錢是與張家解婚約時，給我的慰藉金，我即用錢來蓋屋。你們不信，可到林行規律師處查詢。但林律師已故去了，不知能不能查出原約。遂同到林律師家，林太太將律師檔案箱給他們尋找，居然找到了解婚原約，有送二萬元作為慰藉金。此案總算了結，解除假扣押將近一年，仍舊歸物原主。

她與我通信，總稱八路長，八路短，毫不客氣，將大陸情形，據實告我，又加批評。我曾去信勸她不要說得太露骨。她回信說，我天不怕，地不怕，他們怎麼做，我就怎麼寫。我寫的信，由我負責，我是說實話，不是造謠言。我看了，暗誇她有父風。後有三個月沒有來信，我恐怕她寫信出了岔子，正在疑慮之時，二女忽來電告，四妹病故了。我看了電報，頓時渾身發抖，不覺涕泗交流。後由二女來信，詳述病的經過。她說四妹得了肺癌，亦說胃癌，因無錢，請中醫診治，沒有效果。俟病加重，始進醫院，等到危篤時，才由他人來電，接電後即去北平，已到了彌留之時，然姊妹還相聚了最後的一天，臨死時神志仍清，尚以老父流亡在外，姪輩學業未成為念。立有遺囑，將住房出租，以租金為姪輩教育費，遺體火葬。吩咐後事，井井有條，且請法院來人證明。老友洪竹蓀兄，亦來函稱世姪臨終神明不衰，殊為難得。我有初生之犢不畏虎之女兒，亦足以自豪。人莫不有死，此兒年逾五十，不算夭折。早得解脫，避免亂世之糾紛，未始非福。她自解除婚約後，心無罣礙，反得自然。她喜繪水彩畫，又好蒔花院中，培植佳種洋玫瑰，開花時滿院生香，品茗賞花，自得其樂。她嗜茶與我同癖。她自己辛苦經營，又力爭而得的住屋，能享受到最後的一天，沒有見到代管，總算幸運。遺骸尤其二姊梧孫葬於上海聯誼山莊公墓。余長女聞喜，早已亡故，年才三十六。今又在海外聞幼梅之喪，暮年聞之，既傷逝者，行自念也。

名畫家溥心畬君來東京造訪，說是要在東京開畫展。他是清室恭親王之子，能畫能書。昔在北平曾與我同住在頤和園，擅詩書畫三絕。尤研究經學，為畫名所掩。余為介於董大使，設宴介紹日本名流。後與日本畫家名流往來，讌談無虛夕。日本朝日新聞社為後援，開覽展會，觀者日常滿。日本名人，亦知中國現代畫家推南張（大千）北溥（心畬）也。余曾約他的弟婦嵯峨浩夫人在家便飯。浩為溥傑的夫人，亦日本貴族也。浩夫人說到滿洲國淪亡時的情形，遜帝及皇族要員本定乘飛機到日本，為關東軍飛機耽誤，致被俄人俘虜，後又全送到大陸，交與中共，在撫順受勞改。她幸因病得送回日本等語。

一五二、臥病東京慶頤成婚禮

　　時慶頤已畢業於東京聖心高等女學校，以優等生畢業，得赴美留學獎學金。後以旅費難籌，遂以親老辭謝，學校還許她延留一年，終未成行，頗為可惜。後有宋斐卿之子名允嵩者，因服役於美軍，隨美軍來東京。經友人之介，時來我家，其意有意與慶頤為友也。斐卿我亦相識，在天津辦東亞毛織廠。中共進了天津，逼他將外匯提回，因不滿其慾，索逼不堪，遂携家赴美。後又到阿根廷，想圖發展，忽患腦冲血症，逝於阿根廷。允嵩早已赴美，畢業於波士頓大學，已照美國移民法入籍，且服軍役，因之，軍役畢後，在軍中服務。其人沉默寡言，穩實無華，時來我家，與慶頤亦相得，遂談及婚事。余以年老在外，慶頤既畢業不赴美，僅此末子，亦想了卻向平之願，就允訂婚，約定明年一月行結婚禮。

　　余來日時，雖年逾七十，自覺身體不弱，精神亦佳，即有酬應，毫不覺累，與友聊天，亦從未有倦容。住奧田家數年後，他要出售房宅，只好搬家。多方覓屋，總難合式，嗣由慶頤在大森區找到一宅，純係西式，屋亦寬敞。惟房租較貴，姑且租下。此房在坡上，初時上下坡不覺累，一年後上坡時覺累，後更覺氣喘，以為年老力衰，不以為意。又為心畬幫忙畫展，上下陂較多，隨後平地走路，亦覺氣喘。往近處醫生診治，亦不悉是何病，後由姚嘉林女士介紹到聖路加病院檢查，經主任醫士日野原博士檢查後，認為心臟腎臟，均蘊有病象，須住院詳細檢查。遂住院逐部檢查，住了九天，服藥治療，氣喘已癒，心亦不跳，適逢年底，擬出院回家，醫云檢查尚未完畢，過了年再須住院檢查。遂由沈泰魁駕車回寓，晚飯時還吃年糕粽子，頗覺舒服，毫無異狀。因在醫院時不允入浴，久未洗澡，回家臨睡前洗了一次熱水澡，很覺適意。豈知出浴後，即覺不適，隨後更甚，頭暈、心跳、胸脹、苦悶不堪，終宵不寧。方信醫院不允入浴，不為無因。翌晨更甚，遂不等過年，自願再進醫院。到了醫院，醫生即用測心機測驗心跳之數，並診察心臟動脈，與前大異。醫即問，你洗了熱水澡了吧，余只好承認，並告以浴後情形。他即說，糟了，出院時沒有囑咐你，是我們疏忽，遂又打針服藥。過了一日（除夕），心跳得更厲害，又高燒，心房像要跳出來的樣子，氣喘更甚。醫生診治後亦說，病情加重了，囑預備氧氣，一面囑護士打電話請奧樣（太太）即來。等到靜真趕來，余已入了昏迷狀態，不省人事了。到第四天凌晨，我甦醒過來，見鮮花滿室，知係友好所贈。又見靜真坐在牀前注視著我，我即緊握她手說，你這樣早即來了？她說我們全家住在院中陪你已三畫

夜了，連允嵩也住在院中，那時你昏迷不知道。說時我鼻管有物堵塞，自己伸手要拔。她說，這是氧氣的膠管，要等醫生來拔，不能隨便拔，我又閉目睡了。過了一時，又醒了，醫生亦來了。他說，這次的病，變了急性心臟病，真是危險。幸虧本院有美國特效藥，單靠氧氣，已不成了。那晚病人已有逆呃，這是已有危篤的現象，現能轉危為安，真是幸運。

於是靜真將那天晚上的情形告訴我，據醫生說，如果特效藥針無效，恐怕不能過明天。最要緊是黎明時候，若有親人要看最後一面的，即速通知。我們聽了，十分著急。越千說，君實（樸字）亦得通知他。他即去鎌倉。到了明朝（元旦）。你雖昏迷，沒有變動。中日至好，都來探病賀年，應接室都坐滿。醫生囑探病的人，不宜近病人，只能在病室門外。因之友好都在門外探視，見你神氣都面現憂色。後來君實夫婦亦來了，只在應接室問了病情，沒有到病房門外探視，那天是最危險的日子。

又過了幾天，氧氣管撤掉了。我問靜真，慶頤婚禮還有幾天？她說還有十天哩。我想自己能扶最小的女兒上禮堂，成婚禮，何等有意思；慶頤亦願展期。遂問醫生，何時能出院參加婚禮。他說，只要病癒了，隨時可出院。若要扶令媛上禮堂，參加婚禮，怕至少還須休養半年以上。我聽了，即對靜真說，不必改期了。她說，你病剛好些，不要多說話，這些事不必去想，靜靜的養病為要。我也自己覺得說話有點累。其時為我日夜請了特別護士，日間那護士曾隨軍到過北京，院中特別約她來的，這人很討厭。夜間的護士，倒是親切注意，不嫌污穢。院中飲食，亦特為我預備西餐，但我沒有食慾，每次只呷點湯算了。醫生勸我多吃，我實在不想吃。即姚嘉林在國泰送來的中國菜，亦覺沒有胃口。

又過了幾天，慶頤婚期近了，靜真問我誰人扶她上禮堂。我想了想說，只好請商先生吧。靜真商之啟老，他說，君實是她的兄長，應由君實代父扶上禮堂。後由啟老去告君實，他不願意，仍請啟老扶上禮堂。婚式在天主教堂舉行，由神父照教規證婚。因余在病中，都從簡單。中日賓客，到的不少，吉田氏與町野夫婦特從遠道來參加。吉田氏還到醫院探病送花。

婚禮成後，借迎賓酒家宴客，到客不少，聞頗熱鬧，但君實夫婦沒有出席。我以商平之願，都已完了，很以為慰，新夫婦送喜糕到醫院，我在病牀，勉強起坐，略嘗喜糕，為他倆握手祝福。他們就到箱根去度蜜月了。以後每三天輸血一次，由靜脈管插入輸血，每次一百至二百CC。平臥牀上三小時，身體不能動彈，初時靜脈管好找，不覺痛苦，到後來靜脈管都找遍了，每次試找靜脈管，血流滿臂，瘦骨嶙峋，平臥三小時，渾身痠痛難受。我告醫生，如果沒有痊癒希望，聽其自然，不必再輸血，白受痛苦。醫生

說，以你衰弱，不輸血難於復元，這是我們的責任，請你忍耐些吧。後竟輸血到三千CC以上。我臥牀已過兩月，身體疲憊，不能起立，病情並沒有起色。自想這樣下去，等到油乾火盡，恐無再生之望了。有一日，史詠賡忽來病房，沒有他人，我對他說，我病恐將不治，我若不起，我不願火葬，家人亦知道，但想葬在水戶朱舜水先生墓的近旁，這話沒有跟家人說過。我的遭遇，有與朱先生相同之處，故願以骸骨與朱先生相近。我不敢與朱先生相比，但我很慕朱先生，望你不要忘告我家人。詠賡說，您病一定會痊癒的，不必作此想。後來病果然漸漸的好轉，而緒方竹虎、白川一雄、西原龜三諸氏，均在我病中先後下世，我聞而傷感。西原本已臥病在本鄉，緒方白川兩君均在盛年，未展抱負，遽爾淹逝。像我老朽無用的人，倒留在人間，有何用處，胡天之不仁也？噫！

慶頤夫婦回東京後，適余八十生辰，他們備了一大蛋糕，插了八十支小紅蠟，到醫院來為我慶祝。我勉強起坐在牀，那有氣力吹蠟，他們幫我代吹，並嘗了一點蛋糕。醫生護士知是日為我生辰，都來祝福，遂將蛋糕分享他們。後又過了月餘，想試起牀站立，終仍無力。病中承中日友好時來看視，而以史詠賡、商啟予夫婦、胡其俊夫婦諸位為勤，越千允嵩下班即來。日友以長野勳、板橋喜介、宗近鵬介、十河信二諸氏常來。十河氏以公忙又常遣秘書來問候，至情可感。鄰屋有松本俊二（後任大使）之父，住院檢查，年與我相若，曾到過中國，久聞我名，時常來聊天。我臥牀聊天，頓解寂寞。

後過了兩月，試行站立，每天起立一次，以練腳力。又過了半月，因住院太貴，定要出院。主任醫生只好許可，但囑回家後仍須照在醫院辦法休養。余剛要出院時，十河信二君適來望病，見我病情尚未痊癒，即說何必急於出院？我說醫生已許可我回家休養，我遂坐手推車，與十河氏同到院門而別。我此次患病，承中日友人之關切，時來訪問，住院費竟費了美金一千五百餘元。靜真出售股票，又承史詠賡惠贈一部分，在病中靜真真夠她忙。她以住房在坂上，因而得病，故決意搬家。又須料理慶頤婚事，每天來院，往返坐街車，須兩小時，來往奔波。又要籌款，每星期須交院費一次，必須及早預備，始終沒有向人借貸。明治會社宗近屢次問靜真，如有所需，請勿客氣，靜真終辭謝。豈知出院後，由板橋與十河兩氏送來一筆湊成可觀的醫藥費，余感友好之盛意，只好拜領。平時已承照顧，病時又蒙關切，這種溫厚之情意，豈尋常友誼所可比。

這次搬的新屋，在鉢石町，與游天雄家合住。游君服務於中華航空公司。游家住樓下，我們住樓上，有一院庭，亦有樹木，空氣亦好。樓上有大

小房屋七間，慶頤夫婦亦同住。此屋由商啟老代找，一切修理油飾，並在樓上添置一厨房，都承啟老代辦，又破費了啟老。到處受人幫助，又感又慚。

時孫女景陽（*君實之女*），已畢業於日本天主教學校，得有獎學金留美。臨行由商啟老陪同來給我辭行。我尚臥牀休養，見景陽來，勉強起來，找一相片，手還抖顫的簽字給她，留為紀念。豈知她來時昂然而進，旁若無人，走時啟老陪她下樓，到門口適允嵩回家，啟老為她介紹這位是八姑夫，她也不理。啟老大不願意，即囑司機駕車送她回家，自己上樓對我說，早知這樣，我就不陪她來了。我反勸他不必為我生這閒氣，我已聽其自然，君何必為她認真？靜真亦在旁勸慰。

余此次患心臟病後，在病院中引起了攝護腺腫脹，不能通小便。醫生說，本須動手術，因病後體弱不宜即動手術，只能用膠管插入通便，每週須洗膀胱一次。故回家後，仍由醫生每週來洗。靜真在旁見習，漸知其法，後來到了美國，即自己動手洗滌。休養了半年後，才能下樓，在院中小坐。又能應友人之約，出外吃飯。啟老以我能出門，常邀到他家便飯，去時總是全家。他家院庭很廣，草地如茵，且有幾棵倒垂櫻花，開花時恍若垂楊柳。此種垂櫻，日本亦很名貴。

越年，慶頤生了一子，命名致中。回想慶頤產生之時，我已花甲之年，自忖恐難見她成人。今竟能見到第二代出世，能不引以為慰？彌月在迎賓酒家設湯餅宴，我亦出席，同攝一影。又過了數月，在美國的慶稀女兒，因我病中未能來視疾，病後通信，總不放心，特由美國飛來日本省視。她不遠萬里而來，使我喜出望外。又以病後相逢，更覺愉快。因之病體更有進步，正合了人逢喜事精神爽的俗語。

她以我久留日本，常賴日本友人之相助，心有不安。故已商得履和夫婿的同意，想接我們赴美就養。我雖感其意熱情，恐病軀尚不勝跋涉長途，醫生亦以為時太早，她遂先將我們入美手續向駐日美國領事館辦妥，期以來年。慶稀特往板橋家，謝其照料老父之盛意。板橋夫人送她全套高貴的日本服裝，然自己不能穿著，徒感盛情而已。

其時我以上下樓不便，又遷居深澤町，仍與慶頤夫婦同住，房租則由允嵩擔任。新屋比較寬敞，院落亦大，且有草地樹木。慶稀勸我緩步行走，每日在院中策杖散步，腳力稍有進步。友人約慶稀吃飯，總約我同去，商啟老又時約吃便飯。慶稀住了半年，父母姊妹同在一處，恍若在國內得有家庭之樂。臨別時，先帶外孫均同行，大家都有依依不捨之情，尤以均孫一直與我們同住，今忽離開我們，更覺難過。告以我們明年亦要到美國來，不要難過，遂含淚而別。慶稀跟小妹偎依擁抱，黯然落淚，離別

之情，看了真覺神傷。

我三妹亦從臺灣來日本，久別相逢，快慰之至，八十歲老兄妹，能在海外見面，真是難得。她住在越千家，有時亦到我處小住，談談臺灣情形。其時新之亦遷臺灣，正在此時，忽得新之耗音，我妹亦很驚愕。她說，臨行去辭行，新之健康如常，相別僅匝月，何竟撒手西逝。人生如夢，真是難測。後聞新之係患胃潰瘍，一時出血不止，病不數日，即歸道山。新之尚少我十歲左右，香港一別，竟成永訣，老友又弱一個矣，為之不愉者累日。離港以來，僅八年間，老友之少於我者，都已撒手塵寰，而我則大病不死，豈命中磨劫，尚未歷盡耶！

在東京又逢新年了，這次恐是在日本最後一次的新年。是日商啟老合家來我家賀年，留在家吃午飯，聚了一天，旁晚才歸。翌日我們亦全家去賀年，留吃晚飯。旁晚君實夫婦同孫兒亦去賀年，八年不往來的父子，見了有點驚奇，是啟老有意的安排歟？抑是偶然巧合呢？我向富於情感的人，何況父子，以前種種，全都忘了。遊天雄為我父子照相，我想啟老也一定特別高興。

過了幾天，是我八二生辰，友好假香港飯店為我公祝，其時君實已遷橫濱，是日夫婦亦同孫兒到東京來祝壽，在我家午飯吃麵（上海習俗生日吃麵），徘徊竟日。晚上亦同到香港飯店攤份慶祝，從此和好如初。不久，他們先赴美國，初在西雅圖，經教會（他們在日本已受天主教洗禮）介紹到修士宿舍，婦任司餐，他任修士住房清潔工作。後又另找工作，因無專長，只能作勞工。美國勞工計時給資，待遇不薄。夫婦兩人積有工資，又到紐約，初仍作工，現開設乾洗衣服店。他自到了美國，倒能吃苦耐勞，不辭勞苦。自力更生，余亦心慰。但願他努力上進，成功立業。他年逾五十，久未相見，人生閱歷應與時益進，性情亦應隨時而改變。景陽已畢業於天主教大學，亦有工作。孫其綱，亦做工賺錢，現仍半工半讀。

一五三、留日八年別時多感慨

　　余居東京，忽忽已歷八度寒暑，其間還生了一次大病，承日本友好之厚意相待，已有第二故鄉之感。今以女兒殷勤勸赴美國，余亦不忍拂其孝心。但是，此次別離日本，恐沒有再來之日，思之能不憮然。中國友好，以我即將離日，紛紛為我餞行。日本友好，恐我病後，又將遠行，故多集體公宴，以節勞累。吉田諸氏，又致送賻儀，來時已有餽贈，去時又送賻儀，情意周至，使我卻之不恭，受之有愧。尤其明治之板橋氏，以交友會的餽贈，更加津貼，為我夫婦購送一等飛機票，並為我加買睡舖，更非尋常友誼所可比矣。

　　松本健次郎、小倉正恆、及町野、八田諸老翁，均由遠道來舍話別。還有五十年前在北平進士館的同事矢野仁一君，聞我將離日，特由家鄉來東京，並約那時同為教員的杉榮三郎來舍敘談。他們說，久要來京相訪，因路遠遲延，今聞君將赴美，恐此生無相見之日，故特來一敘。二君均年逾八旬，尚想到當年之舊侶，情尤可感，遂留便飯，徘徊半日而別。

　　外務省為我設送別會，時外務大臣藤山愛一郎外出，由次官山田久就氏代表，在霞關外務省俱樂部設酒尾會餞別，來賓全邀我的熟人，連聖路伽病院為我治病的主任醫生亦同招待。此局專為我設，故沒有他人。山田次官致辭後，又有芳澤謙吉氏之懷舊談，余亦致答辭。惜逢停電，雖然用蠟燭，光線暗淡，當面才能相識。幸入席時電炬忽然大放光明，始得盡歡攝影而散。

　　華北交友會亦設宴餞行，全體會員均出席，並無來賓。此次宴後，交友會即解散。

　　竹內夫人亦特來話別，並贈文房紀念品。余約期去辭行，她本不住老家，是日特回老家接見。家係西式，因她喜住和式房，故闢兩間和式房為臥室，待領我觀看。她囑媳婦自製各種和式食品，殷勤勸進，等於晚餐。她的長女嫁給鈴江君。鈴江為中江丑吉的弟子，丑吉生前曾許婚約。鈴江患肺病甚重，在北平因思想問題，被憲兵捕入獄，出獄後肺病更劇。丑吉故後，其女因舅氏遺言在前，仍嫁鈴江，不數月而鈴江病故。其女願度寡鵠生活，終身不再嫁。中江家人，都有特別個性，或係篤介先生之遺傳歟？

　　隔了一日，由允嵩駕車同宗近赴大磯吉田邸辭行，宗近報告交友會經過，吉田氏留午膳，贈以自著「回想十年」。此是佔領時期的回憶錄，敘述佔領時事情頗詳，亦日本終戰後珍貴之史料也。吉田氏不喜拍照，此次許允嵩攝影以為紀念。余因連日酬應，稍覺勞累，靜養了兩天，又到板橋等幾家

至好處辭行，不能一一辭別，只能託他們轉致抱歉之意。允嵩與慶頤本約隨後乘輪赴美。故將外孫致中交由我們坐飛機先行，他們隨後即來。臨行之夕，慶頤夫婦，在家約集中日至好十餘人聚餐，餐後即一同送至羽田機場。我夫婦與宗近同車。羽田機場落成不久，我尚是初次來到，電炬照耀，如同白晝。明治會社已在機場預賃一間待客室，並備酒點，以便招待送行之人。迨余到時，中日友好，均已先到，客已滿座，即與諸友一一握手道謝。少頃，中國大使沈覲鼎氏偕夫人，楊雲竹公使偕夫人，均來送行。日本外務省以清水董三公使代表外務大臣及次官亦來相送，濟濟一堂，場面相當熱鬧，遂同來賓共攝一影。又與沈大使十河信二氏另攝一影。余以平民受日本朝野及中國友好的隆重送別，曷勝銘感。至機場口，與諸君握手珍重道別之時，不覺黯然神傷。慶頤竟擁抱我大哭，我亦為之傷感，惟相見不遠，勸她不必悲感。航空公司特備輪椅，直達機門，連機梯亦不用走上，真覺方便，並特許送客亦可入機場。允嵩越千送進飛機，才道再見而別。飛機起飛時，猶隱約見到東京銀座霓虹燈光，閃爍空中。一轉瞬間，即飛渡了日本海，與日本離別了，回想滯日八年，舊雨新知相待之殷，留日友好亦有他鄉故知之感，一旦言別，感慨無量。

遂登睡舖，酣睡到天明，飛行平穩，毫不顛簸。致中時僅兩歲有零，在飛機上大家誇他聰明有禮貌，被人誇獎，我亦覺得自傲。同機有姚世瑜夫婦，在東京亦相識，以我們初次到美國，海關檢查等等，頗承照料。

翌日到夏威夷，下機時對各人項下套一花環，這是這裡的風俗。後回飛機，因有故障，停待修理，由航空公司代定旅館住了一宵。旅館臨海，風景絕佳。此間氣候溫暖，到處有花，真是迷人，日裔在此者特多，華人亦不少，到了午刻，飛機又起飛。

到加利福尼亞都市，允嵩之家即住在此，宋老夫人偕允嵩之弟已駕車在機場候接。致中初次見祖母及叔叔，叫他行禮，即鞠躬行禮，大家都喜歡，說他聰明可愛。宋太夫人留住在他家休息，致中不怕生，見人即鞠躬行禮，人都稱讚，余亦覺得可喜。加州與舊金山很近，由允嵩之弟允祁駕車先經過他肄業的加州大學（現已畢業），在學院中轉了一圈，遊觀市面。又到舊金山（三藩市）。舊金山唐人街亦頗整齊，余不便步行，到處只是坐在車中，走馬看花而已。只見市中高樓矗立，均達數十層。道路平坦，行人道亦寬。行人雖多，不覺擁擠，很有秩序。又過一長橋，汽車走了十餘分鐘，可見橋之長度。至橋之建築，但覺特別，在車中亦不能看得清楚了。

加州為美國大都市，氣候溫和，人烟稠密，物產豐富，國人住於此者甚夥。允嵩有一兄一姊一弟偕母同居，大兄嫂則另住。在宋家住了三天，承他

們殷勤招待，道謝而別。由允祁弟駕車送至機場，換乘飛機，抵達亥市。在飛機上望，每過一市，已見燈閃爍，光耀市區，足見到處繁華，將近黃昏。及抵地脫亥，已七時四十分。

　　自日本進了新大陸，即有另一種新鮮感覺，規模宏大，工役穿著整齊，對旅客都有歡迎之意。因夜色蒼茫，市容莫辨，惟見到處高樓，比鄰密接，街上寂靜，行人稀少。履和已帶均孫，早已駕車在此候接，飛機停下，均孫即入機與我們擁抱相吻。履和即將皮包等放入汽車，駕車而行，經過都是小市。車行約四小時，到了米特蘭履和家，慶稀已在久候，相見喜歡，不可言喻。略談路上情形，因覺稍倦，即行入睡。

一五四、來新大陸就養女兒家

米特蘭市屬於密歇根州，人口約有三萬，美國居第二位的陶化工總公司即在此地。陶化學公司分公司遍於各州，且及海外，履和即在該公司擔任研究工作，為中國學人進該公司之第一人。

晨起即看新生的外孫，取名融，時僅三月。慶稀流產兩次，生此兒時，備受痛苦，住醫院很久，產時甚難。融孫生時不足月（僅六月有零），體重只三磅零六，生後又得窒氣症，幾瀕於危。幸美國兒科醫生高明，人工育嬰，設備進步，留在醫院，用人工育嬰，經過兩月後，始抱回家。我們來時，才回家不久。此兒如此艱難得獲健生，可卜是寧馨兒也。均孫見我們來美，高興非常。他到美後，即入小學，與日本美國小學功課相同，可以啣接，沒有白費光陰。來美後，功課成績甚佳，身體亦強壯可慰。

此地經緯度與中國東北四平街相等，故氣候較寒冷，進了十一月，即開始下雪，直到翌年三四月間才融化。我們來時，尚屬晚秋，天高氣爽，有若北平，頗覺舒適，但不久即入冬令。屋內取暖之法，不用水汀電爐，裝一個燒水爐，由地下鋼管，將天然瓦斯（或用電汽）通進，造房時同時裝好。瓦斯或電，自然增加，不須人工，同時熱汽通到各房，冷熱度隨溫度表為上下，晝夜無間，故屋中溫度常在平均七十度之間，熱水隨時都有。此種設備，我是初見，又簡單，又方便，真是為人謀便，福利享受，惟工程浩大，恐非它國所能辦到也。

履和因沒有我們臥室，故將舊屋出售，另蓋新屋。美國蓋屋，盛行月賦法，即買置器具，亦用此法，按月付價，還清即歸己有。此次新屋，添一臥室，客廳亦寬大，又有地下室及汽車間。所擇之地，恰對預定的兒童遊戲場，故前面無一遮攔，留了一大塊場地，恍若自己院庭。慶稀知我喜歡住向南房，將我們臥室向南，自己臥室反向北。慶稀與履和對我們真是至誠周到，無微不至。慶稀是我女兒，猶可說也，履和亦同樣周到，真是難得。尤其對我身體，格外注意，指定醫生，每年必須檢查一兩次。

履和學問，能受陶公司重視，自不必說。而其誠實和藹，勤於治事，忠於職務，用度有節，儉而不吝，公私分明，絲毫不苟，家中從沒有用過公司的一絲一紙，尤為可貴。回家後又幫做家務，刈草地，修工具，暇則看書報，一無嗜好。此次新屋之內外油漆，都是他業餘工作，夜以繼日。往往晚飯後，又到公司去作未竣之工作，這種勤勉之人，我尚未之見也。

美國人家中零碎修理，都是自己動手，不用工人，已成習慣。故紳士穿

了工作衣，即是工人，工人換了白領衫，即是紳士，可稱為民主平等。新屋落成後，對面的兒童遊戲場亦同時開始。我的臥室，正對遊戲場，見兒童玩籃球、鞦韆架、滑梯等自由遊戲，天真活潑，無人看視，足見美國兒童，自小即養成自立精神。

後允嵩調往朝鮮，不能挈眷，慶頤遂獨自來美同住。將近一年，允嵩又調往沖繩島，慶頤才帶了致中，同赴沖繩島。敘時快樂，別時感觸，真是相見時難別亦難矣。越年，允嵩又調回日本，慶頤以日本為我舊遊之地；租了一所較大的房屋，來信請我們再赴日本就養，我雖感她們的誠意，然來美已兩年有餘，安土重遷，亦覺遊移，又恐不勝長途跋涉。慶稀履和又堅留不讓去，他們說允嵩調動不定，不如等他們來美後，兩面居住，往來亦方便，遂不果行。惟慶頤一定失望，兩個幼女，都有接養誠意；足慰老懷。

有一日，大家閒談，靜真說，我們在此，雖心裡感激，但與我原意相違。我願意獨立一家，房屋雖小，總算自己有一個家，即在外國，可與女兒相近之處，租房另住，亦可隨時往來。我說，我亦何嘗沒有此意，事勢所逼，力不從心，連你這點心願亦沒做到，真是慚愧。美國人娶親後即自立門戶，離開父母，父母老了，送養老院，絕少同住。至接養妻之父母，真是絕無僅有，在東方人看來，總覺得缺少親親之意。老我老以及人之老，幼我幼以及人之幼，這種親愛之精神，是東方中國傳統之文化。但時局變遷，不知再能維持多久？我們在此就養，靜真還可幫助家事，我則坐享其成，靜言思之，精神雖覺泰然，心裡總覺慊然也。

美國月賦法，另有專管機構，不但推銷物品，便利用戶，且可提高人民生活水準，鼓勵人民努力向上。生活水準愈高，消費產品愈增，於廠家出品，市面繁榮，亦有連帶關係。人們但知美國幾乎家家有汽車、電冰箱、電視機、機械化用具，以為美國人享受舒適。不知這種舒適的享受，都是從勞力得來。這是資本國家的優點，多出一分力，即多得一分報酬，不若共產主義的國家，人民只出勞力，不能得相當的代價也。

余來美以前，日本醫生初以身體尚未復元，攝護腺不能動手術，到美後可用手術根本治療，商啟老亦曾以為勸。余以得過且過，仍由靜真自洗膀胱，不想動手術。有一次，洗膀胱時剛插膠管，即流血不止，經醫生打止血針才止。余想此次恐將動手術了，函告啟老，承寄醫療費。後慶稀探悉此市亦有泌尿專科醫生，遂先去檢查，檢查並無異狀，仔細研究，發現用的膠管用金屬品，啟閉管太粗，摩擦日久，壓力過重，因之擦破細血管，至於出血。遂易以新膠管，不用金屬品，只用化學製的插梢，插閉管口，管亦較細。醫生說，如果再不合式，只要在小腹下用小手術開一小孔，以通小便。

年老病後的人，若用大手術，恐出血太多，得不償失云。後來改用新膠管，仍由靜真每週洗滌一次，至今無恙，足見美國不但醫學日新月異，即醫學用具亦時研究改良。在日本所用的膠管亦是美國製品，但不是新式。

我們初來時，履和與慶稀之友好，聞我們來到，都來作禮儀的訪問，送花請吃飯。後來他們往來，我以言語不通，絕少參加。那時中國學人，在陶公司服務者亦有三人，都有家屬，彼此很忙，亦少來往，此外無一中國人。至我之老友，住在紐約附近者居多，離此相當路遠。我來了不久，王孟鍾兄偕夫人全家即來看我，遠道而來，足見感情之濃厚。相別十年，握手道故，歡欣無比。他夫人與靜真亦相熟，歡談竟日，由他世兄拍了兩家合照，留為紀念。靜真與慶稀，自製家餚，留吃晚飯，因人多無法留住，談到深夜而別。始知紐約方面，尚有不少友人。到了夏天，葛仲勛兄偕夫人子女，作金婚旅行，順道枉顧。葛夫人本有腳病，不良於行，現竟能行步。老夫婦能得金婚，真不容易。因要向北遊行，匆匆即別，亦留一影。他兩位世兄，都在美國執教。越年，外甥王一峯（蓬）隨節華盛頓，亦偕婦同來。一峯為三妹之子，其婦為新之之女。香港一別，將近十年，客地相逢，倍覺親切。時駐美大使為葉公超（譽虎之姪），一峯任參贊，英法文俱佳。

又一年，林繼成偕夫人章德容，帶了兒子，亦從紐約來看我們。見了老友子女，倍覺親切。慶稀與德容很相好，留住兩宵而別。後姚嘉林女士携幼子同來。她的幼子，在日本時曾寄往我家數年，她與慶稀，在香港至稔，亦留住兩宵。她已再嫁，然距故夫更生逝世已過了六周年矣。

到了第四年之春，老友胡筆江之子惠宣，忽從紐約來看我。憶我在上海他家吃飯時，他尚在童年，相隔二十餘年，他已在紐約銀行界服務，還記得久未相見的父執，不遠數千哩而來，真是難得。我見了故人之子，欣喜不已。談及他家情形，始知筆江家屬，尚有留在大陸者。又談到項城之孫（忘其名），留學美國，研究物理原子，娶妻亦是研究物理原子，現已成名，深幸項城有後矣。又談及徐又錚之子道隣，現在臺灣，曾為其父編年譜，並將又錚詩文遺稿付梓，亦可喜也。

是年允嵩有公費省親假，十一月慶頤携外孫致中先來。允嵩在加州與母親兄弟盤桓一時，隨後亦來。慶頤見老父身體如常，深感乃姊之照顧周到。余仍盼望他們能早日來美，得能與兩女時相往來，以度餘年，不知能如願否？致中與貝尼初次見面，即異常親熱，小兄弟兩人，頃刻不離，可見血統親情，出於天性。中國分了男系女系，遂定親表之分，其實一脈象傳，無分彼此。見兒童天真愛好，更證明血統有特別之關係。慶頤他們住了兩月，攝了幾張影片，仍回日本，我悵然若失，又是相見時難別亦難矣。

一五五、米特蘭市巡遊之所見

此市規定，每家不設範籬，以各家自己行人道為界限，平房多，樓房少，每家前後多有草地，各家牆壁屋頂，顏色不同，在高處下望，恍若在大公園裡。綠茵草地中，點綴各式的房屋，亦頗別緻。街上兩旁，綠蔭成林，沒有站崗警察，只有小學校放學之時，有女警照料小童過街，亦沒有失竊車禍，可稱為道不拾遺，夜不閉戶，人民都在恬靜自由之中過其安居樂業的生活。沒有種族的觀念，亦沒有階級思想，真是和平共處，在大都市反不能得矣。

市面雖小，應有盡有，惟沒有貴重奢侈物品。余曾同慶稀到過一家百貨商店，門口置有手推小車數輛，車中還有幼童座位。購物者推了一車，隨買隨即置入車中。店中沒有賣貨員，只有一女管理，結賬收錢（用計算機），又有一女幫同點貨，偌大商店，只有女性兩人照料。若魚肉類新鮮之物，都已洗淨切好，用玻璃紙包好，潔淨之至，不必再加洗濯。分量價格，都已標明，到計算處結算付款，即推車而出，回家即可做菜，惜時省力。我在日本香港，未之見也。店中各攤陳列物品，無人看守，亦無人偷竊，可見美國人道德水準之高。

在此住戶，大半都是服務於陶公司者，男子勤於工作，女子勤於治家，即富裕之家亦不雇用女傭。娛樂之處，只有高爾夫球場、滾球場。初時還有一家電影院，後亦關閉，家有電視，即不必去看電影矣。不久，此市亦有架空高速度道路，四通八達，可通至遠處，交通更便。每當炎暑，駕車兜風，涼風吹來，甚為舒適。到處有灌木叢林，路旁立木雜有楓樹，秋間在高速度道上行車，兩邊楓樹，長達四五哩，紅黃繽紛，別有風景。雖沒有日本紅葉之艷麗，然長達如此之遠，亦是勝景。有一次，履和駕車遊密雪根湖，此湖連綿數州，有名於世，自米市去，亦有相當路程，惟公路平坦，行車毫不顛簸。沿途有加油站，有飲食店。及到湖畔，又有出賃之別墅，想夏天遊客必多。有一餐館，臨窗遠眺，雖名為湖，亦近似海。有人自帶划艇，在湖中自划為樂，自有一種靜穆之感，到此不覺憧憬故國之北戴河矣。

一五六、遊覽都市泱泱大國風

美國都市以紐約為最大，華盛頓雖為首都，反居其次。惟離此遙遠，余以老邁，恐難遠道觀光，只能於較近較大之都市，由高速度道路乘汽車往遊，亦只是走馬看花而已。余初來時，腳勁較健，慶頤在此之時，履和曾駕車同遊地脫亥及市外的動物園，帶了均孫和致中。此市亦是美國大都市，即我們來時下飛機之處。那時昏夜中，不能看清市容，當時汽車走四小時左右，現在只須二小時三十分了。市中大廈高達三四十層者，櫛比林立。道路寬廣，商店華麗，行人都循人行道來往，汽車都守秩序。亦有唐人街，華僑不多，店鋪亦少，沒有舊金山唐人街的清潔與整齊。繞市一周，即到市外動物園。該園面積極大，園內有遊覽小汽車，每車可容數十人，繞園緩行，各處都可看到。又有人推車。珍禽異獸，都野放在外，宜於山居的，為築造山洞穴居；宜於水性的，則掘池引水任其游泳；宜於樹林的，則就林木之處，為築巢安置；對於猛獸虎豹之類，則攔以鐵絲網，應禽獸性之所宜，各適其所，使之安處。我想禽獸在美國的動物園，亦較在日本的可得自由，不受牢籠的拘束，為之一笑。園中還有猴子戲，能演各種玩意，飯後往觀，致中大為高興。歸途在中途餐館晚餐，回家已黃昏後矣。

有一次，日本十河信二氏因公來美，他因旅程所限，來函希望在芝加哥能見一面，辭甚懇切。我在日本病中，他曾特別照料，趁此一遊芝加哥各都市，但離此間相當遠。慶稀以為應去相晤，遂由履和駕車，與慶稀同往芝加哥。自晨九點起程，到芝加哥已近五時，與十河氏通電話，約在他住的旅館相見。他見到我說，因限旅程，不能往訪，你竟遠道而來，真是至誠可感。握手道故，歡悅逾恆，即在旅館同進晚膳，邊食邊談，彼此覺得精神都健，更為欣慰。余遂詢及吉田與板橋兩氏之健康，及其他友好的情形。他說友好都很康健如常，惟炭礦業因工人時時罷工，出產過膹，有點斜陽景象，不甚興旺。又談到鐵道事繁責重，時覺困難，此次來美，亦是為了鐵道事，急於回國，故不及走訪為歉。談至午夜，履和慶稀到旅館來接，始殷殷握手珍重而別，並囑他代向友好致意。在旅館時，互簽一郵片寄給吉田板橋兩氏。是夜即宿於小型旅館，雖說小型，亦有百餘房間，惟只供宿住入浴。樓下備有餐廳，極為寬敞，此種旅館，到處都有，旅客可隨地居住，真是方便。

芝加哥在美國列為第二大都市，高至百層摩天大樓，比隣相接。人行道上，亦寬敞有秩序，毫無擁擠喧嘩，到處有噴水池小公園，人烟稠密，更覺繁華，此間有大博物館，很負盛名，因臺階很高，我腳無力，不能拾級而

上，入內參觀。此外可觀之處尚多，均因高臺階不能上去，很以為憾。美國雖無古蹟可觀，但人造建築，都是宏瑰偉大，極其壯觀。都市越大高樓越多，百層以上之高樓，我仰視瞻望，已覺頭眩眼花，不知居此高樓者，有無高處不勝寒之感？真是泱泱大國之風，惜余無此腳力，無法暢遊，只能坐在車中走馬看花而已。高度文明之享受，此生已無望矣，還是在此小市中過恬靜的生活，最為相宜。即是此市之陶公司，開放展覽之時，亦不能去參觀，所以人生行樂須及時也。

是年孫兒其繩，以醫病為由，竟出大陸，來到香港。其繩本有腸病，不能過勞，又以大陸營養不良，時發時癒。此病起於盲腸炎，前已提及，幸而及早出來，在香港沒有遇到五月流亡潮。這年五月，大陸人民因受不了中共之壓迫，集體衝出界線，逃亡到香港者達數萬之眾。亦有半途被共軍截回者，亦有傷餓而死者，更多被港府遞解回大陸者，真是一場大慘劇。從此中共關閉鐵幕，不許再有出國。香港政府亦以逃難來港太多，無法收容，禁止入境。其繩剛好早了數月出來，亦是幸運也。他在香港住了一年，賴外祖母照顧（胡伯平夫人），後來預備前往巴西。巴西有他父親之友王華兩君，允為照料，今已由王君幫助前往。兩君都在巴西經商，開設農場，但望其得父執之助，自力更生，從此成家立業。余以老邁，無從幫助，但愛之深，不覺望之切也。此間陶公司，自履和進公司後，始知在美之中國學人之學力，多方羅致，到今年為止，已有九人。

今年聖誕節，在公司服務者發起懇親會，九人之中，還有一女博士。到會者各攜餚食飲品，家屬共有三十人，餘興有電影。余亦參加，歡聚一堂，盡歡而散。亦盛會也，且定每年舉行一次。

一五七、故舊凋零我亦攖小極

　　我來美已達五年，一月梧孫來信，報告章仲和噩耗，閱後不覺悲從中來，淒然淚下。我與仲和，志趣相同，交誼尤篤。自上海一別，十餘年來，魚雁不通，音信隔絕，生不知其所居，死不知其何病，相隔萬里，想憑棺一哭，亦不可得，能無傷悼。後又得北濤自港來信，吳蘊齋居士亦急病逝世，等於無病而終，又令我傷感不已。蘊齋已受五戒，皈依倓虛法師，而能無病以終，足證修持有素。我祈禱念佛，亦只希望無病而終，屈指老友，在大陸者，尚有數人，久無音信，存亡莫卜。即在臺灣與香港之老友，亦寥若晨星，真有親朋寥落故人稀之感。蘊齋居士火葬於大嶼山，香港友好，為建一亭於其墓。亭柱刻有一聯，聯語為：「五蘊皆空觀自在，一齋獨坐讀文章。」蘊齋名在章，此聯將名號嵌入聯中，頗自然，聞係上海木道人乩筆。木道人不知何許人，其時蘊齋在金融界，尚未皈依佛法，此聯已預示皈依三寶之意，亦可異也。

　　余來美時，自覺精神腦力尚未衰退，每日在屋內練八段錦，常出外散步，可策杖走數百步，又賴女兒之護持，老妻之照顧，每次醫生檢查，總是如常。不料是年七月，得了惡性流行感冒，先由攝護腺腫痛，經過三日，有寒熱，由醫生給藥，服後無效，竟發高燒，非常疲憊。換藥服後，高燒漸退，已有好轉。過了十餘天，攝護腺又疼痛了，與初時相同。我恐病後又復發，再發高燒，身體難以支持了。慶稀急得背我而哭，急問醫生。我的常診醫生，知我不便進醫院，自動來我家診治，診後說此病易轉肺炎，老年肺炎即難醫治，現診病狀，不至轉肺炎，因此病病菌能入全體血管，遇有宿病之處，即能引起宿病。攝護腺疼痛，即由於此。大家聽了已放心，但慶稀還不放心，強邀泌尿科醫生來家診治，亦說攝護腺並無異狀，惟換了一種藥水，囑每日洗膀胱一次，方始安心。但老妻每日又多添了一件差事矣。適君實夫婦偕慶五與競生從紐約來省視。慶五夫婦來美後，已來過兩次。君實他們來美後，還是初次來省視。可惜我沒有精神，又沒有氣力和他們談話，他們住了四天，又同回紐約去了。

　　此次偶攖小病，竟纏綿病床兩月有餘，又休養了一時，方獲痊癒。可知老年衰弱，雖是小病，亦不易恢復。從此腳力愈弱，雖日練柔軟體操，亦無能為力。

　　我在病中，又聞倓虛老法師圓寂。他在病中，尚扶病講經，弘揚佛法，死而後已。末法時代，失此明燈，不但港島失一導師，亦佛教之大損失也。

不久又聞朱桂老（啟鈐）歿於大陸，溥心畬氏以鼻癌歿於臺灣。倓虛法師長我一歲，竟去西方；朱桂老年逾九十，亦歸道山；余以近九十之年，尚偷生人世，不禁為之感嘆。

越年均孫已入高中三年。他在高二時，因英文數學化學三門功課，已超出高二程度，故與高三班同學。及到高三，不必再學，學校方面，認為可進大學。父母以他尚年幼，仍入高三再讀一年，但只有半日功課，故考入陶康寧公司做半天練習工作。明年（一九六四）即入本州（密歇根）大學。均孫上年在本校六百人中得優等獎，今年又得全國性高中特別優等獎。他得獎後，毫無自滿自矜之色，我更喜他不自滿，前途有遠大之望。融孫亦入幼稚院，明年滿五歲，可入小學。他對學校很有興趣，每日早起用膳，不差時刻，晴時走路，雨時車送。慶頤來信，亦說致中孫已上小學，亦很喜歡上學。兩幼孫聰明活潑，從小喜歡上學，都使老人為之高興。其繩到了巴西，來信亦有進步，亦知努力上進，自力更生。老人心願，惟此而已。

到了十一月二十二日，新聞忽傳美國總統甘迺迪被刺消息，又是出之意外的一件大事。甘迺迪總統出於豪富之家，且曾從軍，年不滿五十，為美國史上最年輕之大統領，在任僅兩年零十月。在任期間，為人類保存福祉生存，與蘇俄暴力鬥爭，卒成立了一部分核子禁試條約。又主張種族平等，採用黑人為官吏，保護黑童與白童同入學校，擬訂人權平等法規，皆為破天荒的事業。惜抱負尚未實行，已中道崩殂。是日巡視德薩斯州，乘坐敞篷汽車，經過該州達拉市街道，於警備森嚴，萬眾瞻仰中，為暴徒奧斯華德在教科書庫房，由高樓上放兩槍中要害。迨至醫院，已氣絕身亡。不但美國失一好領袖，實為全世界大損失，全國悲哀，舉世震悼。奧斯華德行刺，言人人殊，經種種調查，認為嫌疑最重。當將由警察廳移送檢察廳之時，又為名魯比者槍斃，遂致滅口，有無背景，為何行刺，雖設專局調查，恐將成為疑案矣。我於電視見出殯儀仗，由白宮而國會，停留為人民參謁遺靈。又由國會至教堂，由教堂至墓場，所經之處，人山人海，多有人拭淚者，足見感人之深。各國送葬者，都派首相，亦有元首親臨者，我國只派駐美大使蔣廷黻為送殯專使。電視連續演了三天。

跋語

　　複閱前稿，以五四運動亦為我過程之一，不應另立一篇，因依次編入，更加入巴黎和會之經過。又以前稿急就，遺漏者尚多，重為整理，加以補充，時作時輟，又因臥病，幾經一年，才行閱竣。惟只憑記憶，年月無稽，前後倒置，亦仍難免。余因之有感焉，我幼受戊戌政變之刺激，後見日本立憲而自強，故醉心於君主立憲。當我從政，已在清季，以書生之見，只知理想，不察實際，以為清廷經甲午庚子兩次大動亂，元氣雖傷，國基尚未破壞，民黨起事十餘次，卒能隨起隨平。我並不是保皇黨，猶以德宗尚在盛年，雖遭幽禁，終有親政之一日，重行立憲，以繼戊戌未竟之功。民黨或能改變宗旨，共圖國是，免傷元氣，中興之業，未始無望。孰意慈禧狠毒，攝政昏庸，始知天運有終，即無武昌起義，亦難保其長治久安矣。

　　民國肇興，政府共和，人民望治，全國統一。以袁項城之雄才大略，若能實行民主，真是千載一時之機會。乃不此之圖，憑藉武力，鎮壓民黨，後更惑於僉壬，帝制自為，遂啟兵戎，南北分裂。合肥雖為中流砥柱，亦不能挽既倒之狂瀾，軍閥割據，而戰亂頻仍，北洋政權，從此瓦解。北伐告成，新陳代謝，以中山先生畢生未竟之大業，蔣先生竟一舉而成之，可云偉矣。南北統一，欣欣向榮，雖以黨治國，亦有行憲之準備，宜若可望昇平矣。曾幾何時，外患內憂，相繼迭乘，經八年抗戰，四年內爭，共黨肆虐，大陸淪胥，其中錯綜複雜，千頭萬緒，非我一知半解者所能道其萬一，只好付之闕如矣。

　　余歷經變亂，感慨興亡，每觀政權之隆替，莫不由於民心之向背。人民不滿現實，即寄期望於未來。若未來者仍不能滿足其期望，則仍不能得民心之歸附。得民者昌，失民者亡，古往今來，莫不如是。後之視今，猶今之視昔也。

　　余所記者，都是家常瑣屑，卑不足道，無關宏旨。惟關於及身之事，必求真實，不自隱瞞。偶涉時事，即身歷其境者，亦憑記憶，語焉不詳。若非親歷之事，或承友告，或據傳聞，信筆拈來，難免錯誤，深盼閱者直接賜告，指摘更正。自知譾陋，又不能文，寫此懷舊之作，不過為家人茶餘飯後談助之資，不足為外人道也。承北濤兄覆閱校勘，不勝銘感，敬此誌謝。夫以平凡之人寫平凡之事，以之面世，能不汗顏，因襲松雪老人句，以為結束。

八十九年一瞬間，一生事事總堪憐。
惟存筆墨情猶在，留與人間作笑談。

中華民國五十三年八月歲次甲辰八十九老人曹汝霖手記
於美國米特蘭市寄廬

血歷史153　PC0832

新鋭文創
INDEPENDENT & UNIQUE

曹汝霖回憶錄
（新注本）

原　　　著	曹汝霖
主　　　編	蔡登山
責任編輯	石書豪
圖文排版	林宛榆
封面設計	王嵩賀

出版策劃	新鋭文創
發 行 人	宋政坤
法律顧問	毛國樑　律師
製作發行	秀威資訊科技股份有限公司
	114 台北市內湖區瑞光路76巷65號1樓
	電話：+886-2-2796-3638　傳真：+886-2-2796-1377
	服務信箱：service@showwe.com.tw
	http://www.showwe.com.tw
郵政劃撥	19563868　戶名：秀威資訊科技股份有限公司
展售門市	國家書店【松江門市】
	104 台北市中山區松江路209號1樓
	電話：+886-2-2518-0207　傳真：+886-2-2518-0778
網路訂購	秀威網路書店：https://store.showwe.tw
	國家網路書店：https://www.govbooks.com.tw

出版日期	2019年7月　BOD一版
定　　　價	600元

版權所有・翻印必究（本書如有缺頁、破損或裝訂錯誤，請寄回更換）
Copyright © 2019 by Showwe Information Co., Ltd.
All Rights Reserved

Printed in Taiwan

國家圖書館出版品預行編目

曹汝霖回憶錄（新注本）/ 曹汝霖原著；蔡登山
主編. -- 一版. -- 臺北市：新銳文創,
　2019.07
　　面；　公分. -- (血歷史；153)
　ISBN 978-957-8924-58-1(平裝)

　1.曹汝霖 2.回憶錄

782.886　　　　　　　　　　　　108010532

讀者回函卡

感謝您購買本書，為提升服務品質，請填妥以下資料，將讀者回函卡直接寄回或傳真本公司，收到您的寶貴意見後，我們會收藏記錄及檢討，謝謝！如您需要了解本公司最新出版書目、購書優惠或企劃活動，歡迎您上網查詢或下載相關資料：http:// www.showwe.com.tw

您購買的書名：＿＿＿＿＿＿＿＿＿＿＿＿＿＿＿＿＿＿＿＿＿＿

出生日期：＿＿＿＿＿年＿＿＿＿＿月＿＿＿＿＿日

學歷：□高中 (含) 以下　　□大專　　□研究所 (含) 以上

職業：□製造業　□金融業　□資訊業　□軍警　□傳播業　□自由業
　　　□服務業　□公務員　□教職　　□學生　□家管　　□其它＿＿＿

購書地點：□網路書店　□實體書店　□書展　□郵購　□贈閱　□其他

您從何得知本書的消息？

　□網路書店　□實體書店　□網路搜尋　□電子報　□書訊　□雜誌
　□傳播媒體　□親友推薦　□網站推薦　□部落格　□其他＿＿＿＿＿

您對本書的評價：（請填代號　1.非常滿意　2.滿意　3.尚可　4.再改進）

　封面設計＿＿＿　版面編排＿＿＿　內容＿＿＿　文／譯筆＿＿＿　價格＿＿＿

讀完書後您覺得：

　□很有收穫　□有收穫　□收穫不多　□沒收穫

對我們的建議：＿＿＿＿＿＿＿＿＿＿＿＿＿＿＿＿＿＿＿＿＿＿

＿＿＿＿＿＿＿＿＿＿＿＿＿＿＿＿＿＿＿＿＿＿＿＿＿＿＿＿＿＿

＿＿＿＿＿＿＿＿＿＿＿＿＿＿＿＿＿＿＿＿＿＿＿＿＿＿＿＿＿＿

＿＿＿＿＿＿＿＿＿＿＿＿＿＿＿＿＿＿＿＿＿＿＿＿＿＿＿＿＿＿

請貼
郵票

11466
台北市內湖區瑞光路 76 巷 65 號 1 樓

秀威資訊科技股份有限公司 　　收

　　　　BOD 數位出版事業部

∙∙∙

（請沿線對折寄回，謝謝！）

姓　　名：＿＿＿＿＿＿＿＿＿　年齡：＿＿＿＿　性別：□女　□男

郵遞區號：□□□□□

地　　址：＿＿＿＿＿＿＿＿＿＿＿＿＿＿＿＿＿＿＿＿＿

聯絡電話：(日)＿＿＿＿＿＿＿＿＿＿　(夜)＿＿＿＿＿＿＿＿＿＿

E-mail：＿＿＿＿＿＿＿＿＿＿＿＿＿＿＿＿＿＿＿＿＿